THE ECONOMIC WEAPON

The Rise of Sanctions
as a Tool of Modern War

经济制裁

封锁、遏制与对抗的历史

［美］尼古拉斯·穆德 著
Nicholas Mulder

李旭 译

中国科学技术出版社
·北京·

The Economic Weapon: The Rise of Sanctions as a Tool of Modern War by Nicholas Mulder, ISBN: 9780300259360
Copyright © Nicholas Mulder
Originally published by Yale University Press
Simplified Chinese translation copyright © 2023 by China Science and Technology Press Co., Ltd.
All rights reserved.

北京市版权局著作权合同登记　图字：01-2023-5338

图书在版编目（CIP）数据

经济制裁：封锁、遏制与对抗的历史 /（美）尼古拉斯·穆德（Nicholas Mulder）著；李旭译. — 北京：中国科学技术出版社，2024.3（2024.6 重印）

书名原文：The Economic Weapon: The Rise of Sanctions as a Tool of Modern War

ISBN 978-7-5236-0365-9

Ⅰ.①经… Ⅱ.①尼… ②李… Ⅲ.①国际制裁—经济制裁—研究 Ⅳ.① F115

中国国家版本馆 CIP 数据核字（2023）第 220810 号

策划编辑	申永刚　屈昕雨
责任编辑	孙倩倩
版式设计	蚂蚁设计
封面设计	今亮新声
责任校对	焦　宁
责任印制	李晓霖

出　　版	中国科学技术出版社
发　　行	中国科学技术出版社有限公司
地　　址	北京市海淀区中关村南大街 16 号
邮　　编	100081
发行电话	010-62173865
传　　真	010-62173081
网　　址	http://www.cspbooks.com.cn

开　　本	710mm×1000mm　1/16
字　　数	424 千字
印　　张	31.5
版　　次	2024 年 3 月第 1 版
印　　次	2024 年 6 月第 2 次印刷
印　　刷	北京盛通印刷股份有限公司
书　　号	ISBN 978-7-5236-0365-9/F·1188
定　　价	89.00 元

（凡购买本社图书，如有缺页、倒页、脱页者，本社销售中心负责调换）

# 缩略语

组织机构

- AA 德国外交部（Auswärtiges Amt/ Wilhelmstraße）
- ABA 美国抵制协会（American Boycott Administration）
- ABC 协约国封锁委员会（Allied Blockade Committee）
- AMTC 协约国海上运输委员会（Allied Maritime Transport Council）
- ARA 美国救济署（American Relief Administration）
- ATB 战时贸易与封锁事务咨询委员会（Advisory Committee on Trading and Blockade in Time of War）（英国机构，是帝国防御委员会的下属机构）
- BoT 贸易委员会（Board of Trade）（英国机构）
- CFI 部际金融委员会（Commission Financière Inter-ministérielle）（法国机构）
- CIB 部际封锁委员会（Commission Inter-ministérielle de Blocus）（法国机构）
- CID 帝国防御委员会（Committee of Imperial Defence）（英国机构）
- Comité R 限制敌方商业与供应委员会（Comité de Restriction de l'approvisionnement de l'ennemi）（法国机构）
- CSDN 最高国防委员会（Conseil Supérieur de la Défense Nationale）（法国机构）

- CSG 最高战争委员会（Conseil Supérieur de Guerre）（法国机构）
- DLV 德国国联协会（Deutsche Liga für Völkerbund）
- EFO 经济与金融组织（Economic and Financial Organization）（国联机构）
- FO 外交部（Foreign Office）
- FEA 对外经济管理局（Foreign Economic Administration）（美国机构，1943—1945）
- FPA 外交政策协会（Foreign Policy Association）（美国智库）
- IBC 国际封锁委员会（International Blockade Committee）（国联机构）
- ICRC 国际红十字委员会（International Committee of the Red Cross）
- LCL 法国里昂信贷银行（Le Crédit Lyonnais）
- LEP 强制和平联盟（League to Enforce Peace）（美国非政府组织，1915—1919）
- LNU 国际联盟协会（League of Nations Union）（英国非政府组织）
- MAE 法国外交部（Ministère des Affaires Étrangeres / Quai d'Orsay）
- MEW 经济战部（Ministry of Economic Warfare）（英国机构，1939—1945）
- OHL 陆军最高司令部（Oberste Heeres Leitung）（德国机构，1914—1918）
- OKW 国防军最高统帅部（Oberkommando des Wehrmachts）（德国机构，1933—1945）
- PCIJ 国际常设法庭（Permanent Court of International Justice）（1922—1946）
- RWM 帝国经济部（Reichs Wirtschafts Ministerium）（德国机构）
- SC 协约国最高委员会（Supreme Council）

缩略语

- SCE 经济监管科（Section de Contrôle Économique）（法国经济情报部门）
- SEC 协约国最高经济委员会（Supreme Economic Council）
- TCH 贸易清算所（Trade Clearing House）（英国商业情报部门）
- TEA《对敌贸易法》(*Trading with the Enemy Act*)（在英国，该法于1914—1919年以及1939—1945年生效；在美国，该法诞生于1917年，至今有效）
- UDC 民主控制联盟（Union of Democratic Control）（英国政治组织）
- WILPF 国际妇女和平与自由联盟（Women's International League for Peace and Freedom）
- WTD 战争贸易司（War Trade Department）（英国封锁部的组成部分）
- WTID 战争贸易情报司（War Trade Intelligence Department）（英国封锁部的组成部分）

中文版序

历史学家绝不是这个世界上唯一一类会深深受到自身所处时代与地理位置影响的学者。但他们尤其应当意识到自己所处的环境对自己造成了多么深刻的影响。尽管本书是一部历史学著作,但毫无疑问,它也是这个时代的产物。

在经历了数年的研究与写作之后,我于 2021 年夏天将本书的书稿交给了出版社。在这期间,我一直密切关注着当今国际政治中的制裁问题。当我于 2010 年前后开始着手研究制裁这一问题时,制裁似乎是西方各国外交政策中一个十分常见但又不怎么让人满意的工具。但如今,在进入 21 世纪 20 年代后,制裁再一次成为国际政治与经济形势中至关重要的因素。因此,本书中译本的出版十分适时。接下来,我将简单地为中国读者介绍一下本书中所考察的历史与我们这个深受制裁影响的时代之间有什么关系。

本书所分析的政策范式——即为维护国际和平而实施的经济制裁——诞生于战争之中。这一点从名称上就能看出来,在第一次世界大战期间,人们将协约国对同盟国实施的封锁称作"经济武器"。与此同时,在早期,通常只有在和平危在旦夕之时,人们才会动用制裁。只有当发生入侵、边境小规模冲突以及有争议的自卫与侵略行为时,经济武器才会登场,对双方实施干预。在 1917 年俄国十月革命之后,西方各国十分担心共产主义革命会蔓延开来,于是他们在未宣战的情况下即对苏俄展开封锁，此后，制裁也成为遏制革命的一种手段。但在战间期的大部分时间里，这一意识形态目标并非制裁的核心目标。直到冷战时期，遏制共产主义革命、颠覆一国政权才成为制裁的首要目标以及实施制裁的核心理由。

如今，对资产阶级精英而言，遏制共产主义革命的蔓延已经不再是制裁的主要目标了。然而，实践证明，制裁能适应各种不同的场景，为新的意识形态服务，例如，制裁可以用来捍卫人权、反对独裁等。当前这一时期之所以显得如此奇怪，是因为：一方面，原先为反战而设计的制裁模式突然回归；另一方面，冷战期间旨在遏制某些政权的制裁模式也有所调整。在俄乌冲突爆发后，制裁的最初目标，即反对侵略战争、保护领土完整，再一次变得非常重要。与此同时，在冷战结束之后，西方各国仍然希望通过制裁来颠覆如委内瑞拉、叙利亚以及朝鲜等国的政权，使冷战时期以遏制与颠覆为核心目标的制裁模式在冷战后得以延续。

如果我们仅仅考察制裁这一工具的目标及其背后的意识形态因素，那么我们就只能止步于此了。而正如本书试图阐明的那样，为了更好地理解制裁的发展史，我们必须从物质层面对其进行考察。从这一角度出发，就可以发现，现代制裁的运作机制与打击目标都与战间期的制裁并无二致：货物贸易、货币流通、外汇储备、能源供应、战略基础设施以及航运都是经济武器的打击对象。不管是在战间期，还是在当下，要想了解制裁的真正作用，都需要研究全球范围内资本主义的运作机制，了解其复杂性、动态性与断裂之处。如今，决定实施制裁的主体可能是一国政府，但要想让制裁发挥作用，还主要依赖私营企业。在战间期，私营企业还在逐渐适应制裁这一政策工具。但如今，它们已经彻底习惯了。这一时期最大的封锁机构并非政府部门，而是跨国公司与银行的合规部门。因此，因制裁而发生的许多事情并非政府部门的决策直接导致的，而是私营部门决定的结果。通过全球性的商业贸易传播渠道，制裁能带来远远超出其预期目标的深远影响。这使得制裁变得更有威力，但也使得其效果更加难以预测。

事实上，当前我们所身处的这个世界与战间期不稳定的国际秩序之间最相似的地方，就是 2022 年 2 月以来针对俄罗斯的大规模制裁在世界市场上造成的冲击波。自从国际联盟试图制裁法西斯意大利——当时世界第七大经济体——对埃塞俄比亚的侵略以来，还没有一个如此规模的经济体成为国际制裁联盟的打击目标。如今世界经济体系的相互依存度要远高于 20 世纪二三十年代的情况，这使得这一系列震荡传播得更加迅速，给一些国家带来了严重的危机，但同时，整个系统所受到的破坏性影响也得到缓冲。最终，经济制裁成为影响 21 世纪 20 年代宏观经济前景的一个主要地缘政治因素。

从长远来看，美国针对俄罗斯的制裁在重要性上可能远远不如对中国的出口管制大。尽管现在判断其最终效果还为时过早，但中美这两个最大的经济体之间存在的尖端技术方面的出口管制很可能会深刻影响未来世界经济的走向。自 1945 年以来，大多数决策者都认为，制裁所影响的只是个别国家，而很难对整个世界经济秩序造成什么影响。那些负责全球经济治理的机构，如国际货币基金组织与世贸组织，几乎都没有将经济制裁纳入他们的思考与预测当中。这一疏忽使得当下的分析家们远远落后于快速发展的地缘政治现实。

经济分析非常重要，但只看重经济分析而忽视定性分析，忽视历史与文化背景分析的做法是错误的。如果要问哪类错误是本书最想避免的，那就是要避免对国家间权力关系的过度机械化理解，进而避免在此基础之上预测制裁的效果。国内生产总值（GDP）的规模或技术优势本身并不意味着制裁一定会取得成功。贸易依存度也不能保证制裁取得预期的效果，特别是当贸易转移可行，而执行制裁又十分困难的时候。事实上，每一次制裁所要面对的都是一个独特的国家–经济–社会综合体，它只能在给定的全球物质与战略条件下发挥作用。这种交锋的结果是无法确切预知的。马克·布洛赫在他的经典著作《封建社会》（*La société féodale*，1939 年）中指出，历史是一门"本质上处于运动状态的知识学科"。尽管过去的事情不会原样重现，但通过培养历史想象力，我们还是能够更好地把握这个充满不确定性的世界。

最重要的是，我们应当从战间期的历史中认识到，制裁不仅在稳定的世界体系之下发生，而且创造了新的世界。本书讲述了这样一个故事：作为在国际政策制定和国际体系建构方面的一项伟大实验的制裁是如何诞生的。我们可以看到，一个世纪之后，这场实验给整个世界带来了巨大的变化。但与此同时，制裁也带来了新的、难以解决的问题。制裁的出现使国际政治领域的可用工具增多，但同时也造成了先前所无法设想的后果。制裁就像是外交政策中的一把钥匙，似乎能打开每场危机的锁，但这把钥匙并没有打开任何一扇通往新世界的大门。在人类比以往任何时候都更需要国际合作来共同应对 21 世纪的挑战之时，我们更应当认识到经济制裁的局限，进而寻找新的工具来追求和平与进步。

尼古拉斯·穆德

2022 年 11 月 22 日于纽约州伊萨卡

有一次，拿破仑与歌德谈话，说到悲剧的性质，拿破仑表示了不同意见，认为现代悲剧和古代悲剧之所以不同，就是因为我们再没有支配人类的"命运"，古代的"命运"已经由"政治"代替了。所以他认为"政治"必须用在现代悲剧里，来代替古代悲剧里"命运"的地位，作为环境不可抵抗、个体不得不顺从的势力。

——黑格尔，《历史哲学》

目 录

导　论　比战争更可怕的东西　　　　　　　　　　1

第一部分　经济武器的缘起

第一章　**封锁机器（1914—1917 年）**　　　　34
　　　　锰与全球化　　　　　　　　　　　　37
　　　　建立封锁线　　　　　　　　　　　　43
　　　　经济总体战　　　　　　　　　　　　50
　　　　封锁与未来的强制执行措施　　　　　62
　　　　金融封锁　　　　　　　　　　　　　67

第二章　**从封锁中诞生的制裁（1917—1919 年）**　76
　　　　同盟国被迫实现的自给自足　　　　　79
　　　　《布列斯特-立托夫斯克和约》的经济后果　85
　　　　民主与经济武器　　　　　　　　　　98
　　　　战时制裁计划　　　　　　　　　　　106

《国联盟约》第 16 条的起草　　　　　　　　　122

第三章　**和平中的战争（1919—1921 年）**　　**131**
　　　　对匈牙利的封锁　　　　　　　　　　135
　　　　封锁的国内政治面向　　　　　　　　145
　　　　结束对苏俄的封锁　　　　　　　　　154

第二部分　经济武器的合法性

第四章　**经济武器的标准化（1921—1924 年）**　**166**
　　　　国际封锁委员会　　　　　　　　　　168
　　　　《凡尔赛条约》中的制裁措施　　　　177
　　　　拯救阿尔巴尼亚　　　　　　　　　　182
　　　　鲁尔与科孚　　　　　　　　　　　　187

第五章　**作为世界警察的国联（1924—1927 年）**　**199**
　　　　《日内瓦议定书》　　　　　　　　　201
　　　　德国与国联的制裁　　　　　　　　　211
　　　　大战略与英国战时贸易与封锁事务咨询委员会　218
　　　　东方的封锁与制裁　　　　　　　　　225
　　　　言辞中的经济武器与实践中的经济武器　234

目录

第六章　制裁主义与中立主义（1927—1931 年）　241
　　《财政援助公约》　245
　　《巴黎非战公约》与海洋自由　256
　　中立的衰落　264

第三部分　战间期危机中的经济制裁

第七章　对抗侵略的集体安全体系（1931—1935 年）
　　276
　　"九一八"事变与制裁的希望　280
　　螺旋上升的不安全感　291
　　禁运的模糊性　298
　　苏联与制裁　304
　　威慑的困难之处　311

第八章　现代历史上最伟大的一场实验（1935—1936 年）
　　316
　　相互依存与大萧条　320
　　有关制裁的"海军部理论"与"财政部理论"　327
　　东非大地上的战争　332
　　能源与基础设施　341

第九章　封锁恐惧症（1936—1939 年）　353
　　从政治"自我统治"到经济"自给自足"　359

作为抵御制裁的意大利自给自足计划　　366
　　　纳粹的封锁防御政策　　382
　　　与经济压力斗争的日本　　397

第十章　**积极经济武器（1939—1945 年）**　　413
　　　冬季战争与第 16 条　　417
　　　经济战再现　　424
　　　作为反侵略措施的《租借法案》　　433
　　　制裁与援助　　442
　　　新多边主义中的制裁　　457

结　论　从解药到替代品　　467
致　谢　　479
附　录　　485

 # 导 论

比战争更可怕的东西

  人类能彻底消灭战争吗？纵观整部近现代史，人们都在不停地追求世界和平这一伟大目标，同时，这也是人类最难以实现的理想之一。每场大战之后，都会诞生一批悲观主义者，同样也会诞生一批空想家。悲观主义者认为战争是人类的宿命；乐观主义者则认为，随着财富的增长、自治范围的扩大以及技术的进步，人类的道德水平也能缓步提升。在第一次世界大战给全球带来空前破坏之后，无论是对悲观主义者，还是对乐观主义者而言，世界和平这一议题都再次变得紧迫起来。战胜国创建了一个新的国际组织——国际联盟（以下简称"国联"），国联承诺其能将世界各国联合起来，通过谈判解决各国之间的争端。然而很快，20世纪30年代，全球陷入经济崩溃与政治动荡之中，紧接着，第二次世界大战爆发，这一切都很容易让人们将国联视为一项乌托邦式的事业。时人以及许多后来者都认为，第一次世界大战后签署的和约存在致命缺陷，新成立的国联实力太弱，无法维护世界的和平与稳定。认为国联缺乏将破坏和平之国绳之以法的相应手段的观点至今仍然十分普遍。然而，国联的奠基者却并不这么认为，他们认为自己已经为国联设计了一款新的、

威力强大的强制执行工具,以使国联适应现代世界。

这一工具即是制裁,1919年,美国总统威尔逊将制裁描述为"比战争更可怕的东西"。经济制裁带来的威胁是:"一种绝对的孤立……在这种孤立之下,一个国家不得不清醒过来,就好像一个马上就要窒息了的人不可能再有任何战斗欲望一样……只要动用这种和平的、悄无声息的、致命的强制措施,我们就不需要再动用武力了。这一强制措施相当可怕。经济制裁不会导致人员伤亡,但会给被制裁的国家施加极大的压力,我不认为有哪个现代国家能够承受得起这种程度的压力。"[1] 在国联成立的最初十年里,威尔逊所描述的这一工具在英语中通常被称为"经济武器"(the economic weapon)。在国联的另一种官方语言法语中,其被称为"l'arme économique"。这一工具的设计灵感源于战时实施的封锁。第一次世界大战期间,以英法为首的协约国对德国、奥匈帝国以及奥斯曼帝国发动了一场前所未有的经济战。这些国家相继建立了本国的封锁部,同时也成立了相应的国家间合作部门,来阻断货物、能源、食品以及信息流向他们的敌人。这场经济战给中欧与中东地区带来了巨大的影响,成千上万人死于饥饿、疾病,平民遭受了沉重打击,而这使人们认识到封锁的力量十分巨大。如今,在第一次世界大战结束一个多世纪后,这些措施有一个与先前不同但更广为人知的名字:经济制裁(economic sanctions)。

本书关注的焦点在于,经济制裁是如何在第一次世界大战后的30年中登上历史舞台,并逐步发展为我们当今所认识的这一形式的。经济制裁的出现标志着一种解决国际争端的独特的自由主义手段的兴起,这一手段至今仍然非常活跃。制裁改变了战争与和平之间的界

---

[1] Woodrow Wilson, *Woodrow Wilson's Case for the League of Nations* (Princeton, NJ: Princeton University Press, 1923), pp.67, 69, 71.

导 论

限，塑造了勾勒、操纵世界经济版图的新方法，改变了自由主义语境当中有关"强制"（coercion）的定义，同时也促进了国际法的转型。在欧洲最大的民主国家英国与法国，以及魏玛德国、早期的法西斯意大利和大西洋彼岸的美国，政治精英、民间团体以及技术专家都提出了自己有关制裁的思考，这些观点也迅速流传开来。但和如今一样，当时的制裁措施也激起了一部分人的反对。从1914年第一次世界大战爆发到1945年联合国成立，各式各样的国际主义者与其反对者之间就经济制裁能否让世界变得更安全这一主题展开了一场旷日持久的争论。

当第一次世界大战的战胜国将经济武器纳入《国联盟约》第16条时，他们将经济制裁从战时武器转变为一个能在和平时期动用的工具。和国联在全球经济治理、世界卫生以及国际司法领域所实现的创新一样，制裁这一工具的寿命超越了国联本身，在第二次世界大战后仍然作为联合国框架下的一个组成部分。自冷战结束后，制裁的频率激增；当下，经济制裁仍是各国频繁使用的政策工具。回顾历史，经济武器可以说是自由国际主义者在20世纪创造的最有效的工具之一，也是帮助我们理解自由国际主义者对战争与和平问题所持的矛盾态度的关键切入点。本书参考了六个国家、五种语言的档案以及出版物，试图将经济武器的起源梳理清楚。

在1919年的巴黎和会上，英国代表罗伯特·塞西尔勋爵（Lord Robert Cecil）与法国代表莱昂·布尔茹瓦（Léon Bourgeois）构思了最初的经济制裁制度。我们很难将这两个人视为同道中人。塞西尔本人是一位贵族，一位大律师，他曾是保守党成员，但后来脱离了保守党，他曾坚定地支持自由贸易，但同时在第一次世界大战期间担任了英国第一位封锁部部长；布尔茹瓦的父亲是一位钟表匠，在政治上是个共和党人，他本人则在19世纪90年代通过个人努力成为法国总理，推崇一种被称为"团结主义"（solidarisme）的互助政治理论。尽管两人背景差异巨大，但塞西尔与布尔茹瓦都同意，应当给国联设计一个强有力的执法工具。他们认为，第一次世界大战期间用来对付同盟国的经济武器也可以用来对付未来可能挑战凡尔赛体系的国家。那些冥顽不化的国家会被贴上"侵略者"的标签——这是一个新的、具有道德含义的法律概念——同时受到国联全体成员国的经济孤立。因此，经济战的相关措施被重新捡起并加以完善，以便在和平时期加以利用。在战间期，制裁之所以能演变为一项全新的制度，并非因为其能将特定国家排除在全球贸易与金融体系之外，而是因为这一强制措施能够**在和平时期**运用。

经济制裁的诞生使得战争与和平的含义发生了重大转变。过去只有在战争期间才可能使用的强制性手段——将特定国家与外部世界分隔开来——现在在和平时期也能使用了。最早作为经济战手段的商业封锁与金融封锁被重新设计为一种预防战争的手段。通过分析20世纪有关经济制裁的相关案例，我们能够发现，事实上，国联对现代历史产生的影响远比人们通常认为的要深刻得多。本书认为，经济制裁的诞生与运用深刻塑造了战间期的世界秩序，进而影响到了我们今天这个世界的政治与经济结构。首先，经济制裁的诞生标志着国际上出现了一种新形式的自由主义，在这种自由主义当中，法学家、外交官、军事专家与经济专家所组成的技术官僚队伍发挥着支撑性的作用。这些官员在第一次世界大战期间以及1919年之后的行动给世界带来了深远的影响。在欧洲各国政府扩大选举权范围、扩大福利以及扩大社会保险服务人群的时期，制裁使得各国政府都将他国人口视为对该国施加压力的适当目标。长期以来的传统，例如保护中立国、保护非战斗人员、尊重私有财产、不打击食品供应链等，都受到了严重的侵蚀。同时，一些新的手段——例如针对侵略国的执法行动以及对受侵略国的后勤援助等——也诞生了。所有这些都促使整个国际体系发生重大且复杂的转变。

如今，人们往往认为经济制裁是战争的替代选项。但对于战间期的大多数人来说，经济武器恰恰是总体战的表现形式。很多支持采取经济制裁手段的人意识到了经济制裁对平民造成的破坏性影响，但他们仍然完全接受了这一副作用。威尔逊认为，如果"一个人经过认真思考，真心认为战争是野蛮的……那么封锁就是一个更为可怕的战争工具"。[①] 英国负责管理封锁事务的国际主义者威廉·阿诺德-福斯特（William Arnold-Forster）承认，在第一次世界大战期间，"我们和德国人一样，都试图让敌人后悔生下自己的孩子；我们试图让敌人陷入物资的极端匮乏之中，这样即使孕妇能生出孩子，生出来的也是死胎。"[②] 国际主义者十分坦诚地承认了这一可怕的现实，而这背后是有原因的。通过刻意描绘经济制裁带来的恐怖景象，他们希望能迫使修正主义国家放弃挑战凡尔赛体系。对被封锁的恐惧将维持和平。

因此，经济武器最初的设计师之所以要打造这一武器，就是为了不使用它。对战间期的国际主义者来说，经济制裁是一种威慑，这和冷战时期的核威慑如出一辙。当然，经济制裁并不像核武器那样能够造成直接的破坏。但是，对于生活在20世纪初前核武器时代的人来说，经济制裁预示着一个恐怖的场面。一个遭到全面封锁的国家将不可避免地走向社会崩溃。封锁能够给一个国家留下几十年的影响，因为健康状况不佳、饥饿以及营养不良会影响到尚未出生的那一代人。虚弱的母亲诞下发育不全或营养不良的婴儿。[③] 因此，

[①] Ibid., pp.71–72.
[②] W. Arnold-Forster, "The Future of Blockades—Part II," *Foreign Affairs* 2, no.3 (September 1920): 38.
[③] Mary Elisabeth Cox, "Hunger Games: Or How the Allied Blockade in the First World War Deprived German Children of Nutrition, and Allied Food Aid Subsequently Saved Them," *Economic History Review* 68, no.2 (2015): 600–631.

经济武器能给受打击的国家带来持久的社会经济损害与生理损害,这与放射性尘埃并无二致。女权主义政治家和学者在第一次世界大战期间尤其认识到了这一点,并在这之后开展了大量运动,反对以平民为主要目标的经济武器。妇女运动在国际制裁史上发挥了积极的作用,在很大程度上缓和了制裁的威力——尽管有些时候,她们也会支持制裁,认为制裁比战争更可取。

经济武器并非战间期平民唯一的恐惧对象。1923年,后来成为英国首相的拉姆齐·麦克唐纳(Ramsay MacDonald)警告道,"下一场战争会比以往任何一场战争都要残酷。封锁、空袭、毒气等都会登场,这些武器将不费吹灰之力地摧毁整个城镇、村庄"。[1] 空袭和毒气之所以让人感到恐惧,是因为其不作任何区分地杀伤人类,但这两者的影响更多体现在心理上。在第一次世界大战期间,因空袭而死的英国平民只有约1400人;而在欧洲大陆,死于空袭的平民只有几百人;作为对比,第一次世界大战的总死亡人数在2000万左右。[2] 空袭很能制造恐慌感,在20世纪20年代,列强将空袭视作一种廉价的殖民控制手段。然而,只有到20世纪30年代末,四引擎轰炸机得到广泛应用之后,战略轰炸才真正具有可行性。[3] 毒气也是一种令人十分恐惧的武器。但在第一次世界大战期间,战争双方都并没有对敌方平民使用毒气,而且根据一份略显夸大的估算,在遭到毒气攻击的大约120万士兵中,大约有9万人(也就是7%)因此

---

[1] In House of Commons debate, July 23, 1923, in *Hansard*, vol. 167, p.82.
[2] John Buckley, *Air Power in the Age of Total War* (London: UCL Press, 1999), p.61.
[3] David Edgerton, *England and the Aeroplane: Militarism, Modernity and Machines* (London: Penguin, 2013); Thomas Hippler, *Governing from the Skies: A Global History of Aerial Bombing* (London: Verso, 2017); David Omissi, *Air Power and Colonial Control: The Royal Air Force, 1919–1939* (Manchester: Manchester University Press, 1990).

丧命。① 此外，1925年，经各国协商，化学武器被明确列为禁止使用的武器，而此时距离毒气被投入战场只有10年时间。

如果我们比较一下战间期这三个旨在打击平民的武器——空袭、毒气与经济封锁——我们就会发现，封锁是这一时期经验证的最致命的武器。在第一次世界大战中，中欧有30万—40万人死于封锁导致的饥饿与疾病，而在受英法封锁的奥斯曼帝国的中东部分，约有50万人因此丧生。② 在第二次世界大战之前，经济武器导致了数十万平民伤亡，是20世纪平民伤亡的主要原因。然而，与空袭和毒气战不同，封锁所带来的致命灾难并不显眼，也很难直接予以谴责，即使对那些直接操控着经济武器的人而言也是如此。阿诺德-福斯特担心，"经济武器是一种使用起来非常方便的武器，那些坐在办公室里的人很容易就会接受这种武器。钢笔似乎要比刺刀干净得多，非专业人士无须花费多少精力就能动用经济武器，与此同时，这些人对这一武器能带来何种后果也没有多少认识"。③ 制裁之所以有吸引力，不仅因为其巨大的能量，而且因为经济武器易于上手。经济武器所展现出的力量既不是从轰炸机中扔下来的，也不是从大炮的炮膛里发射出来的，相反，其力量源自一张张红木桌子。一位美国评论家认为，制裁之所以特殊，是因为其"发挥的作用不是肉眼可

---

① L. F. Haber, *The Poisonous Cloud: Chemical Warfare in the First World War* (Oxford: Clarendon Press, 1986), p.243.
② 有关中欧的相关数据，参见Avner Offer, *The First World War: An Agrarian Interpretation* (Oxford: Clarendon Press, 1989), pp.33–34；有关中东的相关数据，参见Linda Schatkowski-Schilcher, "The Famine of 1915–1918 in Greater Syria," in *Problems of the Modern Middle East in Historical Perspective: Essays in Honour of Albert Hourani*, ed. John Spagnolo, pp.229–258 (Reading, England: Ithaca Press, 1996).
③ W. Arnold-Forster, "Democratic Control and the Economic War," *Foreign Affairs* 9, no.1 (March 1920): 11.

见的，但其所展现的力量丝毫不亚于其他任何武器"。①

正因为制裁既能展现出强大的实力，同时施加压力的过程又不可见，人们就开始进一步关心这样一个问题：经济制裁如何改变那些受制裁之人的行为。威尔逊认为，经济制裁能够削弱一个现代贸易国家国民的生活水平。但他最终不仅把希望寄托在"物质层面上的打击，即你的工厂因无法获得原材料而不得不停产，你无法获得贷款，你的资产变得毫无价值"；而且还把希望寄托在制裁带来的精神压力之上，"当一个国家知道自己被全世界孤立时，这种打击更大"。威尔逊不怎么重视制裁给被封锁之人肉体造成的影响，而宣称制裁的真正威力在于心理压迫；制裁之所以起作用，是因为"心灵受到的伤害比身体受到的伤害严重得多"。②制裁之所以是战争的解毒剂，正是因为在现代社会，被排除在全球贸易之外的惩罚是任何一个国家都无法忍受的。

1919年引入的制裁并没有恢复战前自由贸易的确定性，相反，制裁的出现意味着第一次世界大战后的国际秩序带有深刻的经济战烙印。战后，许多人一直努力让针对平民的经济武器在技术上变得合法，在政治上拥有正当性。长期以来，国际法研究一直关注武力使用以及战争与和平等问题，因此自然会受到经济制裁兴起的影响。不过，与此同时，国内法也受到了相应影响。国家获得了掌控私人经济的新权力。尽管相关的法律原则有着自身的内在逻辑，但在制裁兴起的过程中，法律与其说是在限制政治权力，不如说是在论证制裁的正当性。在这一领域，争议的核心是关于监管的边界、紧急权力、经济强制与武力使用等问题。

国际法与国内法的变化带来了深远的政治影响以及战略影响。

---

① Garrard Glenn, "War without Guns," *Virginia Quarterly Review* 8, no.1 (July 1932): 393.
② Wilson, *Woodrow Wilson's Case for the League of Nations*, p.72.

正如第一次世界大战期间所展现的那样，如果希望彻底封锁一个现代贸易国家，那么就必须控制其国民在世界各地的行动。同时，如果希望封锁有效，还必须阻止第三国与敌国进行贸易。这种使经济封锁起效的愿景与两项古老的国际主义原则——海洋自由与中立权——相冲突。因此，支持制裁的人们开始重新定义国际法，以限制航行自由与中立国的贸易权利。每个国家、每个公司、每个个体都必须加入孤立侵略者的队伍中。这大大改变了世界经济中私人贸易、外国投资与资本流动的地位。跨国公司、商人、银行家与投资者越来越警惕和平时期的制裁措施，因为他们在战后花费了很大的心血以重建并保护他们在全球范围内的贸易网络。他们希望建设不受政治干扰的法律秩序与经济秩序，以保护他们的业务连续性，避免其资产承受贬值或被扣押的风险。制裁的历史是一个最好的例子，能帮助我们理解法律制度是如何带来物质上的后果的，同时也能说明法律制度是如何影响全球组织以及平民的日常生活的。法律并非只是抽象的概念或废纸一张，恰恰相反，法律是阐释国家政策与战略的一个核心场域。

除了新的法律依据之外，制裁的兴起还促使决策者推动新的技术干预措施。本书研究了战间期实施制裁的国家是如何发展出诸如能源控制、黑名单、进出口配给、财产扣押、资产冻结、贸易禁令、排他性购买以及金融封锁等一系列机制的，而这些机制又构成了现代金融制裁的前身。这些复杂的技术手段表明，经济战在很大程度上依赖情报收集和知识生产工作。为了切断一个国家与全球其他国家之间的紧密联系，有必要绘制连接该国与世界其他地区的物质交换结构图。但在20世纪20年代，许多欧洲国家的行政建设仍处于初级阶段。制裁的效果不仅取决于新获得的法律权力，还取决于更准确的统计数据。在追求权力与知识生产相结合的过程中，制裁越来越表现为所谓生命政治的典型样式——在全球化不断推进的时代，国家对人类生命与生计的管理。

⚓ 经济制裁：封锁、遏制与对抗的历史

制裁还牵扯出了一个重大问题，那就是如何定义欧洲与外部世界的关系。尽管人们曾认为很多措施都能彻底结束列强之间的战争，但通常，这些措施只用于对付那些小国。1917年，法国内阁部长艾蒂安·克莱蒙泰尔（Étienne Clémentel）曾表示，通过控制、封锁原材料，"欧洲、美洲和亚洲的诸国联合起来可以利用制裁实现武力无法实现的目标，迫使那些不守规矩、掠夺成性的民族接受和平"。[①] 尽管在设计之初，任何国家都有可能成为国联的制裁对象，但实际上，制裁主要适用于欧洲边缘国家以及"半文明"国家。对那些已经习惯在海外管理庞大殖民帝国，在国内捍卫本阶级的统治的欧洲精英而言，很容易就能找到对某个遥远的地方实施制裁的正当理由。1919年，苏俄与匈牙利成为第一批在没有正式宣战的情况下就被西方封锁的国家。在随后的几年当中，列强以实施经济制裁为威胁，成功化解了巴尔干地区的两场边界争端。1921年，南斯拉夫被迫停止侵略阿尔巴尼亚；1925年，希腊独裁者塞奥佐罗斯·潘卡洛斯（Theodoros Pangalos）也不再坚持与保加利亚开战。在随后的几年里，土耳其、中国与日本都曾先后面临经济制裁的威胁。作为全球性帝国，英法在威胁亚洲国家时远比对欧洲国家严苛。直到20世纪30年代，意大利、德国等欧洲修正主义国家才开始成为可能被制裁的对象。

支持制裁的相关人士最初将经济武器设想为一种能维持欧洲内部和平的工具。很多人认为，如果1914年7月时人们就有能力动用经济制裁这一武器，奥匈帝国与塞尔维亚之间的冲突可能就不会爆发，欧洲各国也就不会被相继拖入战争之中。但是事实上，第一次世界大战后的经济制裁通常用于打击那些边缘国家，因此，与其说制裁是一种新型的维和手段，倒不如说是西方列强的新式惩戒机制。世界上其

[①] MAE, Série Guerre 1914–1918, Box A-1276, Rapport sur la conference de Londres, 16–27 August 1917.

他国家和地区并没有多少参与制裁的热情，而这意味着如果希望经济制裁能够得到有效运行，就需要保证国联几个核心国家之间的合作不会出问题。而这种强大的物质破坏力与受限的政治合法性之间的组合——一种缺乏霸权的统治形式——越来越不稳定，等到20世纪30年代，各种问题都开始暴露出来。[1] 国联体系下的集体制裁与相互支援被称作"集体安全"，在这一模式之下，每个国家的主权都同样不可侵犯。[2] 但这很难与30年代的帝国主义及其等级制度相协调。

因此，经济制裁的兴起与更广阔视野下战间期的战争、自由主义、法律与帝国的转变联系在了一起。在20世纪30年代爆发的全球性危机中，经济制裁发挥了重要作用。第一次世界大战战后国际秩序崩溃的原因有很多：民主热情的消磨，共产主义的崛起，法西斯的横行，大萧条带来的冲击以及裁军运动的失败，等等。考虑到如此众多的不利因素，战后秩序的崩溃也就不令人感到惊讶了。但是，当我们将这一阶段的制裁史纳入考量时，我们就能在这个熟悉的故事中发现一些全新的东西。随着全球形势的变化，战间期的制裁效果也有所不同。在20世纪20年代，战争留存的记忆、各国的重建活动以及经济的增长使得经济武器能有效维护国际秩序的稳定。但在20世纪30年代不断恶化的环境当中，经济武器却进一步推动了国际秩序的不稳定。探究这些结构性变化是如何影响制裁效果的，能够帮助我们重新思考战间期国际秩序的脆弱之处。在一个高度全球化的时代，经济制裁以全新的方式将第一次世界大战后的世界经济政治化，这埋下了相当多的隐患，当经济大萧条后，国际大环境逐步恶化之时，这些隐患逐渐显露了出来。在20世纪30年代，面

---

[1] Ranajit Guha, *Dominance without Hegemony: History and Power in Colonial India* (Cambridge, MA: Harvard University Press, 1998).
[2] Hans Kelsen, *Collective Security under International Law* (Washington, DC: GPO, 1957).

经济制裁：封锁、遏制与对抗的历史

对不断恶化的经济环境，许多国家做出了自己的反应，他们转向国内市场，追求自给自足。制裁非但没有阻止这股民族主义浪潮及其带来的战争风险，反而加速了这一进程。虽然在当时，人们就已经认识到了经济制裁的反作用，但历史学家仍未对其进行系统性研究。本书则为战间期全球化危机的解读提供了一个新的视角。

对战间期危机的主流解释之一集中在霸权发挥的稳定剂功能上。[①] 根据这一观点，20 世纪初的世界陷入了霸权的过渡期：一方面，英帝国的实力正在消退；另一方面，美国的实力正在上升，但尚未成熟，美国没有承担起与其经济规模相称的领导责任。这种霸权之间过渡期的危险尤其体现在大萧条期间，当时的国际经济秩序濒临崩溃，全世界陷入了一场以民族主义等为标志的大危机之中。研究霸权的理论家强调，只有在第二次世界大战之后，美国才为全世界提供了一个稳定的国际货币与金融体系——布雷顿森林体系，成功将自由主义嵌入民族福利国家之中。[②] 但他们认为，在 20 世纪 30 年代，没有一个大国能为全世界提供拯救自由主义所必需的全球公共产品。

战间期的世界局势相当紧张，因此，很多历史学家以此为出发点，强调霸权过渡期是这一时期国际秩序崩溃的主要原因。这种现实主义–唯物主义的分析方式，一方面聚焦于经济增长与工业发展的不平衡所导致的局势升级，另一方面聚焦于军事对抗与意识形态斗争。大萧条为民族主义复兴打开了一扇窗，而那些担心自由资本主义国家掌握新霸权的国家抓住了这个机会。20 世纪 30 年代的各国并没有团结在美国

[①] 有关战间期霸权平稳过渡失败的经典论述，参见 Charles P. Kindleberger, *The World in Depression, 1929–1939* (Berkeley: University of California Press, 1973); 最新的论述，参见 Robert Boyce, *The Great Interwar Crisis and the Collapse of Globalization* (Basingstoke: Palgrave Macmillan, 2009).
[②] John G. Ruggie, "International Regimes, Transactions, and Change: Embedded Liberalism in the Postwar Economic Order," *International Organization* 36, no.2 (April 1982): 379–415.

的保护伞之下,而是掀起了一场独立浪潮,将全世界分割为众多独立的、由全副武装的帝国所主导的区域势力范围。持这一观点的历史学家大多认为国联之类的国际组织仅仅是这出悲剧的一个旁观者而已。①

  霸权真空与意识形态-经济竞争让各国的不安全感螺旋上升,这一叙事相当重要,但仍需要与过去十年间历史学家对战间期国际主义的研究相结合。这些学者已经让我们意识到20世纪初人们抱有的全球治理的宏大蓝图,从难民安置、公共卫生到禁毒、殖民监管与金融政策建议,人们希望实现全方位的全球治理。② 本书认为,经济

---

① 在亚当·图兹的作品中,我们发现了这样一条主线:相互关联但又不均衡的发展催生了针对自由主义的"反叛",参见Adam Tooze: *The Wages of Destruction: The Breaking and Making of the Nazi Economy* (London: Viking, 2006), and *The Deluge: The Great War and the Remaking of Global Order, 1916–1931* (London: Allen Lane, 2014); 有关军备竞赛在其中所扮演的角色,参见Joseph A. Maiolo, *Cry Havoc: How the Arms Race Drove the World to War, 1931–1941* (New York: Basic Books, 2010); 有关战间期外交史的综合性著作,参见Zara Steiner, *The Triumph of the Dark: Interwar International History, 1933–1939* (New York: Oxford University Press, 2011); 有关相互关联但在意识形态上相对立的大型工业项目,参见Stefan J. Link, *Forging Global Fordism: Nazi Germany, Soviet Russia, and the Contest over the Industrial Order* (Princeton, NJ: Princeton University Press, 2020).

② 有关这一问题的主要文献,参见Iris Borowy, *Coming to Terms with World Health: The League of Nations Health Organisation, 1921–1946* (Frankfurt: Peter Lang, 2009); Paul Knepper, *International Crime in the 20th Century: The League of Nations Era, 1919–1939* (New York: Palgrave Macmillan, 2011); Daniel Laqua, *Transnational Ideas and Movements between the World Wars* (London: Bloomsbury, 2011); Daniel Gorman, *The Emergence of International Society in the 1920s* (Cambridge: Cambridge University Press, 2012); Patricia Clavin, *Securing the World Economy: The Reinvention of the League of Nations, 1920–1946* (Oxford: Oxford University Press, 2013); Glenda Sluga, *Internationalism in the Age of Nationalism* (Philadelphia: University of Pennsylvania Press, 2013); Bruno Cabanes, *The Great War and the Origins of Humanitarianism, 1918–1924* (Cambridge: Cambridge University Press, 2014); Susan Pedersen, *The Guardians: The League of Nations and the Crisis of Empire* (New York: Oxford University Press, 2015); Amalia Ribi Forclaz, *Humanitarian Imperialism: The Politics of Anti-Slavery Activism, 1880–1940* (Oxford: Oxford University Press, 2015); Heidi J. S. Tworek, *News from Germany: The Competition to Control World Communications, 1900–1945* (Cambridge, MA: Harvard University Press, 2019); Diana S. Kim, *Empires of Vice: The Rise of Opium Prohibition across Southeast Asia* (Princeton, NJ: Princeton University Press, 2020); Mira Siegelberg, *Statelessness: A Modern History* (Cambridge, MA: Harvard University Press, 2020).

制裁是战间期国际主义者相当具有代表性的创新，因此，本研究可被纳入这一既有的研究脉络之中。但本书将注意力重新放回到国际安全领域。只有重新审视霸权主义者、现实主义者以及研究战间期国际主义的历史学家的一个共识，即国联欠缺强制力，我们才能真正了解经济制裁的发展源流。而经济武器恰恰就是为此设计的。

国联的设计初衷与自我定位在于反对权力政治。然而，国联的决策者大多或直接或间接地参与过第一次世界大战期间协约国对中欧进行的饥饿封锁。事实上，这些人事安排就表明了国联的政策取向；20世纪20年代的国际主义者与第一次世界大战期间参与封锁的人士之间有着高度的一致性，也正是这些人激发了30年代制裁主义者的灵感。在战间期欧洲人的思想当中，第一次世界大战期间封锁的记忆相当重要，对于诸多小国而言，对破坏和平的国家所做的经济制裁威胁具有相当的威慑力。1920年，国联信息部门的负责人、美国记者亚瑟·斯威策（Arthur Sweetser）宣称："如果有人认为国联因缺乏军事力量而无足轻重，那么我们可以很容易地反驳这一观点，因为国联拥有一种更巧妙、更强大的手段来对付那些企图破坏盟约的国家，即在经济上扼住他们的喉咙。"[1] 日内瓦、伦敦、巴黎、莫斯科与华盛顿的国际主义者都毫不避讳动用或威胁动用大规模经济制裁这一武器。[2]

诚然，经济制裁的执行还要考虑各种实际情况。但是，对经济

---

[1] Arthur Sweetser, *The League of Nations at Work* (New York: Macmillan, 1920), pp.175–176.
[2] David Edgerton, *Warfare State: Britain, 1920–1970* (Cambridge: Cambridge University Press, 2006), pp.66–75; 有关"经典美式国际主义"——即美国领导下的、以武装力量作为后盾的多边组织——的诞生这一主题，参见Stephen Wertheim, *Tomorrow, the World: The Birth of U.S. Global Supremacy* (Cambridge, MA: Harvard University Press, 2020).

孤立的恐惧比国联能在短时间内快速实施经济制裁的能力更重要。将第一次世界大战期间的记忆与国际主义话语相结合,使经济武器拥有了远超其物质层面的准备能带来的实际效果的意识形态力量。用法国法学家勒内·卡森(René Cassin)的话说,经济封锁获得了"一种永恒存在的潜力"(une virtualité permanente)。[①] 在战间期,经济制裁的幽灵一直在欧洲上空徘徊。

尽管制裁的威胁足以约束小国,但对于那些强大到足以考虑挑战国联的独裁国家而言,经济制裁的作用却适得其反。当法西斯意大利于1935年冒险入侵埃塞俄比亚时,经济武器的威慑力就灰飞烟灭了。在意大利入侵埃塞俄比亚期间,国联动用了《国联盟约》第16条。世界上3/4的国家都切断了自身与意大利的大部分商业联系,可以说这是第一次规模如此庞大的经济制裁。然而,这一系列制裁措施并未能迅速颠覆墨索里尼的政权,埃塞俄比亚最终被意大利占领。在发动战争之前,意大利已经做好了承受因封锁而导致的物资与外汇短缺的准备。然而,墨索里尼不得不发起一场全面反制裁的自给自足(autarchia)运动,以期能度过自身面临的财政与外汇危机。经济制裁极大地打击了意大利的经济实力,以至于在未来的几年当中,墨索里尼都无力发动另外一场对外侵略战争。

意大利入侵埃塞俄比亚的战争通常会被解释为国际主义在对抗法西斯与帝国主义过程中的一次失败。但从战略-物质层面来看,这次战争更应当被视为第一次大规模动用经济武器的时刻,在此之后,制裁越来越难以维护世界秩序了。对意大利的制裁让其他修正主义国家十分担忧。纳粹德国的官员们确信自己会成为下一个制裁目标。

[①] René Cassin, "L'évolution des conditions juridiques de la guerre économique," *Politique étrangère* 4, no.5 (October 1939): 488–512, 506. 20世纪40年代,卡森因参与起草《世界人权宣言》而闻名于世。

经济制裁：封锁、遏制与对抗的历史

1936年年初，德国开始在全国范围内推动"四年计划"，以加强自身"抵御封锁的能力"。日本也开始担心自身的区域霸权地位。对德国与日本而言，想要保证自给自足、动员民众、保持战略上的独立地位，就必须进行领土扩张。对外征服似乎是对抗封锁的有效途径。随着时间的推移，经济战争似乎越来越不可避免，这促使希特勒与日本领导人不得不通过一切可行的手段来确保资源安全。国际主义对更有效的经济武器的追求与极端民族主义对自给自足的追求由此开启了一连串恶性循环。当然，经济武器只是第二次世界大战爆发的原因之一；经济制裁的威胁并非推动修正主义国家向外扩张的唯一原因。然而，尽管历史学家已经充分考察了相关军事因素以及意识形态、政治、经济与社会方面的原因，但经济制裁在推动20世纪30年代末法西斯与军国主义大国对外侵略方面发挥的作用仍未得到充分研究。①

不过，《国联盟约》第16条绝非单纯的禁止性规定。在第一次世界大战期间，"经济武器"这一短语也指代了一种积极的援助措施，即向其他盟国提供物质资源。1916—1920年，这一后勤职能由协约国之间的跨国组织负责，例如协约国海上运输委员会（AMTC）与最高经济委员会（SEC），这些组织既负责将同盟国排除在世界市场之

---

① 有关第二次世界大战起源的概览，参见Robert Boyce and Joseph A. Maiolo, eds., *The Origins of World War Two: The Debate Continues* (Basingstoke: Palgrave Macmillan, 2003); 以及Dale C. Copeland: "Economic Interdependence and the Grand Strategies of Germany and Japan, 1925–1941," in *The Challenge of Grand Strategy: The Great Powers and the Broken Balance between the World Wars*, ed. Jeffrey W. Taliaferro, Norrin M. Ripsman, and Steven E. Lobell, pp.120–146 (Cambridge: Cambridge University Press, 2012), and *Economic Interdependence and War* (Princeton, NJ: Princeton University Press, 2014); 有关封锁与经济压力对德国战略思考造成的影响，参见Erik Sand, "Desperate Measures: The Effects of Economic Isolation on Warring Powers," *Texas National Security Review* 3, no.2 (Spring 2020): 12–37.

外，也负责在协约国内部调动资源。[①] 向盟国提供物资援助与禁止向敌人供应物资之间有着不可分割的联系。这是经济武器的一体两面。

曾参与设计协约国战时财政系统、在战后极力批判对德经济惩罚的约翰·梅纳德·凯恩斯（John Maynard Keynes）早在1924年就看到了这一系列积极措施的巨大前景。然而，尽管在战间期，一部分英国国际主义者与金融家对积极经济武器颇感兴趣，但实际上，在这一时期，只有法国一个大国一直坚持要建立一个为受侵略国提供紧急财政援助的永久性机制。如果小国在受到侵略时能依靠一个庞大联盟为其提供物质支援，那么潜在的侵略者就不得不认真对待这种保证所产生的威慑作用了。1930年，这一旨在预防侵略战争的经济计划催生出了《财政援助公约》(the Convention on Financial Assistance)，只可惜如今已经没有什么人记得这一国际主义倡议了。然而，由于政治上的分歧以及财政上的保守主义，这一公约从未生效。其结果是，国联大谈要对侵略者实施封锁，却没有建立一个援助受侵略国的机制——帮助和惩戒的组合相当不稳定，很容易遭到破坏。国联等国际组织之所以脆弱，很大程度上是因为其所关注的焦点出了问题，它们总是优先考虑惩戒——例如外部制裁——却忽视了积极经济武器所能发挥的团结作用。

随着第二次世界大战爆发，人们重新开始重视起积极经济武器所能发挥的作用。1938—1939年，罗斯福政府开始直接向拉丁美洲和中国提供财政援助，以对抗德国与日本的势力。[②] 然而，在全球范

[①] Jamie Martin, *Governing Capitalism in the Age of Total War* (Cambridge, MA: Harvard University Press, forthcoming).
[②] Eric Helleiner, *Forgotten Foundations of Bretton Woods: International Development and the Making of the Postwar Order* (Ithaca, NY: Cornell University Press, 2014); Ted Fertik, "Steel and Sovereignty: The United States, Nationalism, and the Transformation of World Order, 1898–1941" (PhD diss., Yale University, 2018), pp.423–506.

围内,最能体现援助受侵略国与惩罚侵略者同样重要的是1941年年初开始实施的《租借法案》。第二次世界大战结束之后,战间期的制裁与经济援助思想被联合国继承,此时的经济制裁与经济援助都以美国为核心。这一积极经济武器的历史源自20世纪初的战争经济学。然而,由于制裁已经主导了现代地缘政治学,人们便没能注意到这两种工具的共同起源与互补功能。

另外,战间期的制裁史也对21世纪的世界有启示意义。战间期的制裁基于当时全球化的经济网络,然而最终,制裁破坏了这一经济网络的政治基础。当今,整个世界经济仍处在金融危机、民族主义、贸易战以及全球大流行的泥潭当中,而制裁恰恰使得全球化内部现有的紧张关系不断加剧。尽管制裁的目的在于维护国际秩序的稳定,但很不幸,制裁也带来了相当程度的风险:无心之失带来的危害不一定就比有意而为带来的伤害要小。战间期的历史应该让我们更清楚地认识到:如果没有受到现实中或想象中因制裁导致的资源匮乏的影响,那么全世界的经济相互依赖能在维护稳定方面发挥何种作用。

只要政治存在,人们就会利用物质手段来拉拢或是胁迫对方。通常而言,最早的制裁可以追溯到修昔底德笔下的古希腊城邦。在《伯罗奔尼撒战争史》中,他记录了公元前432年雅典颁布的针对来自希腊港口城市麦加拉商人的禁令——国际关系学界通常认为这是历史上第一起经济制裁案例。① 然而,一方面,学者们仍未就麦加拉法令的性质达成一致;另一方面,这种关于经济制裁的古老起源的说法相当具有误导性,其试图在相隔甚远的空间与时间之间构建起

---

① Eric Helleiner, *Forgotten Foundations of Bretton Woods: International Development and the Making of the Postwar Order* (Ithaca, NY: Cornell University Press, 2014); Ted Fertik, "Steel and Sovereignty: The United States, Nationalism, and the Transformation of World Order, 1898–1941" (PhD diss., Yale University, 2018), pp.423–506.

模糊的连续性。[1] 纯粹以国家为中心的定义过分扩大了"经济制裁"一词的含义,使其可以用以指代任何具有政治目的的经济政策。然而,这一定义显然没有考虑经济制裁这一武器在当时的国际体系中所发挥的物质作用与道德作用。

现代经济制裁有两个突出特点,一是其与法律规范的强制执行之间的联系,二是其背后的国际法与国际经济图景。在中世纪与现代早期的大部分时间当中,"制裁"(sanction)一词(源自拉丁语 sancire,意为批准、认可)都意指"许可"。例如,在中世纪教会与天主教君主的宫廷中,通过颁布"国事诏书"(pragmatic sanctions)来许可女性继承人继承大统的情况是很常见的。然而,自19世纪末以来,"制裁"一词的含义开始发生微妙的变化。随着全球经济一体化的程度越来越深,这一国际秩序究竟秉持何种原则的问题变得愈加紧迫。此时,"制裁"一词获得了第二层含义,即"担保"或"强制执行"。由于19世纪的国际体系是列强统治下的、奉行文明等级论的体系,其所遵循的国际法为欧洲公法,所以,这一时期的制裁被认为是维护"文明"、对抗"野蛮"的惩戒性措施。就其规模与性质而言,这一时期的国际秩序与古代雅典人生活的爱琴海世界完全不同。在19世纪中叶全球化开启之前,现代意义上的经济制裁——将危害现行国际秩序的政治体排除在全球性物质交换之外来维护国际秩序——缺乏必要的经济前提与文化条件。

虽然经济压力这一武器相当古老,但通过经济制裁来维护国际秩序的做法明显是现代人的创制。本书所采取的对"制裁"的狭义定义有助于将其与贸易、工业、技术以及援助等相关但又不完全相

---

[1] Donald Kagan, *The Outbreak of the Peloponnesian War* (Ithaca, NY: Cornell University Press, 1969), pp.266–267; G. E. M. de Ste. Croix, *The Origins of the Peloponnesian War* (Ithaca, NY: Cornell University Press, 1972), pp.225–289.

同的政策工具区分开来。例如，人们经常将关税制度称为"贸易制裁"。但这一系列政策工具与本书所试图追溯的经济制裁之间有着至关重要的区别。关税是保护特定经济体或国内特定产业免受竞争冲击的一种法律形式，而经济制裁则是一种进攻性武器。尽管在某些方面，经济制裁可以通过国内立法实施，但其目标却超越了实施经济制裁之国的国界；同时，经济制裁还旨在打击一个或多个其他国家。关税类似税收，其作用在于迫使商业往来变得更加昂贵、更加困难，但并不直接切断商业往来；而制裁则旨在切断某一特定商品的流通，在这一点上，经济制裁主要受封锁技术的影响。这两者之间的关键区别在于，制裁是在外部限制交换，发起国试图在受制裁国的外部对其施加压力。

关税与制裁的共同之处在于，这两项措施都是禁止性的，只不过在禁止的程度上有所不同。在现代早期，随着禁止性措施的不断扩张，描述这些措施的词汇也在不断丰富。禁运（embargo）——源自西班牙语动词embargar，意指逮捕——一词最早出现于16世纪，用以指代扣押停泊在哈布斯堡港口中的敌船的皇室法令。[1]但不同的欧洲国家在执行这一系列禁止性措施时，程度有所不同。本国商人与敌国保持贸易往来的情况并不少见。在西班牙镇压荷兰叛乱的八十年战争（1568—1648年）期间，仍有很多荷兰商人将货物卖到西班牙，但是由于西班牙的禁运措施，他们无法在回国时带回西班牙生产的货品。在他们眼中，和敌人做生意来赚钱并非对本国独立事业的背叛，恰恰相反，这是一种积累财富的方式，通过积累财富，荷兰才能继续与西班牙作战，争取独立。因此，商业逻辑与战争逻

---

[1] Marjolein 't Hart, *The Dutch Wars of Independence: Warfare and Commerce in the Netherlands, 1570–1680* (London and New York: Routledge, 2014), pp.134–135.

辑之间经常相互对抗，而且在这一时期，商业逻辑往往能占据上风。

17世纪中期，大多数欧洲语言中都出现了用以指代围困城市、岛屿以及特定领土的"封锁"（blockade）一词。有两个因素限制了封锁的运用：第一，封锁是一种交战行为；只有双方处于交战状态之下，才能使用封锁这一措施。为了实施封锁，各国必须正式宣战。因此，封锁属于交战行为，而非仅仅是一个行政问题。乔纳森·斯威夫特（Jonathan Swift）称，18世纪20年代，一位英国军官表示："绅士只应当在军队当中接受教育……我很乐意看看你们这些学者究竟打算如何利用自己所学的名词、动词、哲学以及三角学来进行围城或封锁。"[①] 只要处于战争状态，军队就可以对平民施加巨大的压力。然而，当和约签署后，就必须解除封锁，恢复自由贸易。

第二个限制封锁的因素是物质上的。现代早期经济战争的主要目的在于减少敌国的收入、遏制流入敌国的资源；只有在围困某一特定的城镇之时，才有可能让当地自给自足的百姓挨饿。大多数疆域较大的农业国能实现相对的自给自足，而这意味着这些国家所需承受的外部压力并不算大。切断商品往来，阻止殖民地原材料流入敌国等措施能给其造成一定程度的损害，然而大多数国家对海外贸易的依赖程度并不高，仅通过施加物质上的压力还远不足以赢得一场战争。

19世纪之前，各国之间的相互依赖较为有限，这使近代的经济压力在质量与数量上都与现代的经济制裁有所不同。但从拿破仑时代开始，英国就开始更为系统地利用商业渠道对外施加压力。在1814—1815年的维也纳和会上，外交大臣卡斯尔雷勋爵（Lord Castlereagh）提议，为了能让大会反对奴隶贸易的国际宣言得到重视，可以组织一场抵制使用奴隶制造的商品的运动。如果这项提议

---

① Jonathan Swift, *The Intelligencer*, no.9 (Dublin: A. Moor, 1729), p.87.

能得到接受，那么西班牙、葡萄牙与法国就不得不逐步取消跨大西洋的奴隶贸易。尽管这一提议没能真正实现，但其表明人们越来越意识到，通过限制贸易可以达成某些人道主义目标。[1]

然而，总体而言，将特定国家排除出全球交流体系之外的做法，与19世纪资本主义扩张带来的更大规模的自由流动相悖。如今，历史学家普遍将19世纪40年代到1914年之间的这一段时间称作"第一个全球化的伟大时代"。[2] 不过，学者们不常提到的是，这一全球化进程的一个重要支柱是越来越多的法律条款保护私有财产免受国家间冲突影响。这种将战争与商业区分开来的理论借鉴了启蒙运动的思潮。卢梭的《社会契约论》认为，"战争绝不是人与人的关系，而是国与国的关系……一个国家只能与别的国家为敌，而不能与人为敌。"[3] 在拿破仑时代，这一观点成为所谓的卢梭-波塔利斯主义（Rousseau-Portalis Doctrine）的基础，这一理论认为，作为个体的平民不应对其政府的行为负责。因此，即便是在战争当中，作为公共政体的国家也不得侵犯私有财产。这一理论迅速成为欧陆各国法律、政策制定与外交实践中的主导思想。

在现代人看来，19世纪的战争对商业与金融的保护程度几乎达到了令人难以置信的地步。在英俄克里米亚战争期间（1854—1856

---

[1] Brian E. Vick, *The Congress of Vienna: Power and Politics after Napoleon* (Cambridge, MA: Harvard University Press, 2014), pp.204–205.
[2] Kevin H. O'Rourke and Jeffrey G. Williamson, *Globalization and History* (Cambridge, MA: MIT Press, 1999); Ronald Findlay and Kevin O'Rourke, *Power and Plenty: Trade, War and the World Economy in the Second Millennium* (Princeton, NJ: Princeton University Press, 2007), pp.365–428; Harold James, *The End of Globalization: Lessons from the Great Depression* (Cambridge, MA: Harvard University Press, 2009), pp.10–12; Donald Sassoon, *The Anxious Triumph: Global Capitalism, 1860–1914* (London: Allen Lane, 2019).
[3] Jean-Jacques Rousseau, *The Social Contract and Other Later Political Writings*, ed. Victor Gourevitch (Cambridge: Cambridge University Press, 1997 ［1762］), pp.46–47.

年），英国财政部仍在向沙俄政府偿还先前的贷款。与此同时，沙俄也忠实地向居住在英国的俄国国债持有者支付利息。①一位英国官员认为，"对一个文明国家而言，在战争期间向敌人偿还公共债务是无可争议的。"②1856年的《巴黎宣言》(The Paris Declaration)——第一个允许所有国家加入的多边条约——进一步保障了全球化所需的海洋航行自由，即规定交战各国不得扣押在公海上运输的"自由货"（free goods）。③与此同时，陆战当中也存在类似规则。当意大利贵族起兵反叛维也纳时，他们仍能从自己在奥地利控制下的伦巴第地产中获得定期收入。④意大利统一之后，其与奥匈帝国以及美国签署了条约，确保在冲突当中不扣押平民财产。在1864—1871年为统一德国而进行的一系列战争中，普鲁士也遵循了这些原则。⑤只有在极少数情况下，德国才会出于政治目的对他国实施金融限制，例如1887年，俾斯麦颁布了对俄罗斯的贷款禁令，而这恰恰能证明，在通常情况下，地缘政治与市场之间是相互分离的。俄罗斯政府主张交战国土地上的私有财产不可侵犯，这一原则经由1907年第二次海牙和平会议达成的公约而得到推广。⑥欧洲各国的传统贵族和新兴资

---

① Olive Anderson, "The Russian Loan of 1855: A Postscript," *Economica* 28, no.112 (November 1961): 425–426. 以及 Arnold D. McNair, *The Law of Treaties: British Practice and Opinions* (New York: Columbia University Press, 1938), p.550.
② 有关俄荷贷款的相关问题，参见House of Commons debate, 1 August 1854, in *Hansard*, vol. 135, p.1118.
③ Jan Lemnitzer, *Power, Law and the End of Privateering* (Basingstoke: Palgrave, 2014).
④ A. J. P. 泰勒（A. J. P. Taylor）曾评论道，"在那个文明的时代，人们认为，政治流亡者完全可以一边从其财产中获得巨额收入，一边煽动对其财产所在国统治者的革命，这两者完全是并行不悖的。"(*The Struggle for Mastery in Europe, 1848-1918* [Oxford: Oxford University Press, 1971], p.71n3).
⑤ Norman Bentwich, *The Law of Private Property in War, with a Chapter on Conquest* (London: Sweet and Maxwell, 1907), pp.85–86.
⑥ "Project of an International Declaration Concerning the Laws and Customs of War," [1874], in Dietrich Schindler and Jiří Toman, eds., *The Laws of Armed Conflicts: A Collection of Conventions, Resolutions and Other Documents* (Dordrecht: Martinus Nijhoff, 1988), pp.28, 32.

产阶级都支持将战争与商业分离：对贵族而言，无关商业的战争满足了他们对荣誉的追求，同时也保护了他们在土地上的财富；而对新兴资产阶级来说，如果财产与合同能够不受影响的话，那么他们也就能容忍不时发生的武装冲突了。经济学家卡尔·波兰尼（Karl Polanyi）将19世纪的这一安排描述为："一方面以极端严格的方式防止全面战争，另一方面在无休止的小规模战争中开辟出一片空间，以维护和平贸易。"[1] 由于公共战争与私人经济生活之间相互隔绝，在自由放任的自由主义理论框架之下，经济制裁几乎不可能成为一项影响经济与社会的国家政策。[2]

在19世纪，两个因素的出现导致这一旨在将战争与商业相互隔绝的系统出现问题。第一个因素是欧洲各国日益兴起的帝国主义政策。在这一政策的指导之下，欧洲各国经常对"文明"世界以外的民族发动战争，而在这些"文明"对"野蛮"的战争中，欧洲国家并未遵守战争与商业相互分离的原则。其中的一个表现即是和平封锁的兴起，在19世纪，和平封锁相当常见，且其与19世纪的制裁最为相似。随着英法两国在其他大陆的商业影响力与日俱增，他们开始利用和平与公开宣战之间巨大的灰色地带做文章。19世纪20年代，英法两国第一次在未宣战的情况下实施封锁，当时两国旨在利用和平封锁为反抗奥斯曼帝国的希腊武装提供支援。在随后的几十年里，伴随和平封锁而出现的侵略行动——例如海上搜捕、炮击

---

[1] Karl Polanyi, *The Great Transformation: The Political and Economic Origins of Our Time* (Boston: Beacon Press, 2001 [1944]), p.16.
[2] 20世纪的新自由主义史在很大程度上是先前历史的延续，即试图重新创造出一个"财产领域"与"主权领域"相分离的"双重世界"，卡尔·施米特首先提出了这一观点，在这之后，奎因·斯洛博迪安发展了这一观点。(Quinn Slobodian, *Globalists: The End of Empire and the Birth of Neoliberalism* [Cambridge, MA: Harvard University Press, 2018], p.10).

等——越来越多。列强动用和平封锁的常见目的是迫使受封锁国偿还债务、保护本国的海外公民与财产。1827—1913年，帝国主义列强至少采取了23次和平封锁来迫使弱小国家屈服。[1] 这种无须正式宣战即可动用的经济武器之所以能够兴起，是因为欧洲列强与拉丁美洲、地中海、巴尔干半岛以及东南亚等地的小国之间存在着不容忽视的实力差距。用一位考虑如何让委内瑞拉偿还债务的英国外交官的话说，这一措施"完全不适用于大国"，但"适用于一个顽固的小国与实力强大的大国发生争执的情况，这种情况下，这些大国虽然希望能够得到适当的补偿，却不愿意彻底摧毁一个弱小的对手"。[2]

然而，欧洲帝国主义者从未成功垄断过对经济武器的使用权。事实上，民间也存在对应的制裁措施，以呼应这些以国家为中心的禁运与封锁活动以及由此产生的制裁。民间的经济抵制措施由为反对外国压迫或道义不公而采取的政治运动或社会运动演变而来。早在18世纪，北美殖民者以及英国的贵格派就已经采取过此类措施了。因此，早在这一行为拥有一个确切名称之前，有组织地切断商品流通就已经成为一种全球范围内的现象了。如今，这一行为通常被称为"抵制"（boycott）。[3] 这个词最初出现于1880年，当时，为失地农民争取权利的爱尔兰土地同盟（the Irish Land League）利用这一策略，向一个在外地主的专横代理人查尔斯·博伊科特（Charles

---

[1] Horst P. Falcke: *Die Hauptperiode der sogenannten Friedensblockaden (1827–1850)* (Leipzig: Rossberg'sche Verlagsbuchhandlung, 1891), and *Le blocus pacifique* (Leipzig: Rossberg'sche Verlagsbuchhandlung, 1919); Albert E. Hogan, *Pacific Blockade* (Oxford: Clarendon Press, 1908); J. Teyssaire, *Le blocus pacifique* (Paris: Imprimerie centrale administrative, 1910); Albert Washburn, "The Legality of Pacific Blockade," *Columbia Law Review* 21, no.5 (May 1921): 442–459.
[2] TNA, FO 881/7827, Discussion with Count Metternich on the nature and attributes of pacific blockades, November 21, 1902, pp.9–10.
[3] Lawrence B. Glickman, *Buying Power: A History of Consumer Activism in America* (Chicago: University of Chicago Press, 2009), pp.116–120.

Boycott）施压，要求其向佃农做出让步。很快，他的名字就被人们当作名词与动词传播开来；一年后，这个词进入法语；十年后，西班牙语、意大利语、葡萄牙语、瑞典语、德语、荷兰语，甚至亚洲的几种语言当中都出现了这个词。[1] 这个词本身在19世纪80年代的迅速传播可以表明，抵制这一行为与19世纪末贸易与信息的全球化直接相关。随着蒸汽船以及电报网络使旅行与通信的速度越来越快，印刷媒体的传播面爆炸性增长，从中国的义和团运动，到印度的"抵制英货"（Swadeshi）运动，再到波兰的民族主义者都开始利用抵制这一武器，将人们组织起来，向对手施加来自私人的经济压力。

第二个因素是欧洲精英内部日益增多的反对意见。英国普通法的法官们一直都不怎么喜欢启蒙运动带来的分离主义理论。1800年，一位名叫约翰·尼科尔（John Nicholl）的法官宣称，"战争与商业上的和平不可能共存"。[2] 这一观点认为，战争状态悬置了私人经济生活的基础，在战争状态下，扣押敌人的财产，终止执行与敌人的合同都是被允许的。英国的保守派和海军至上主义者希望皇家海军有权不受限制地切断任何他们想切断的贸易物流；他们对国际法施加的限制十分不满，还秘密计划在战争期间否定国际法的分离主义规则。[3] 在法国，新一代的海军思想家——即新学派——认为通过在敌后制造社会动荡即可赢得一场战争，巴黎公社带来的社会动荡就是

---

[1] Sidney Tarrow, *The Language of Contention: Revolutions in Worlds, 1688–2012* (New York: Cambridge University Press, 2013), pp.54–57.
[2] Cited in Henry Wager Halleck, *Halleck's International Law: Or Rules Regulating the Intercourse of States in Peace and War* (London: K. Paul, Trench, Trübner, 1908), p.160.
[3] Offer, *The First World War*, pp.275–281.

最好的证据。[1]他们主张应当全面攻击敌人的贸易供应线，还应当炮击平民区。这与美国秉持的战略思想如出一辙，在南北战争期间，北方在陆上发动了总体战，同时还对南方的棉花出口实施海上封锁，最终这一系列手段帮助北方赢得了内战。因此，美国的精英们同意英法两国海军专家的观点，即在一个工业化、全球化的时代，交战双方可以合法打击平民。美国海军理论家阿尔弗雷德·塞耶·马汉（Alfred Thayer Mahan）是19世纪末拥护者最多的军事思想家，他认为商业活动带来的财富是"国家繁荣的命脉……因此，贸易不可避免地拥有国家属性，只不过相关货物的所有权归属私人而已。如果一国能切断贸易流通，那么其就可以遏制敌国的繁荣；而战争依赖的正是国家的繁荣，由此，可以说切断贸易流通的手段是真正的军事手段，是和在战场上杀伤敌军一样的军事手段"。[2]

在19世纪末，这一系列试图对平民发动经济战的设想并没有得到多少支持。但在某些方面，这些反分离主义者确实明确地指出，在一个全球化的世界，这样的物质基础在逻辑上必然会带来这样的结论。在历史上，一个完全与战争绝缘的、非政治性的、自由放任的国际经济图景才是新颖的。这显示了19世纪人们对于作为西方文明进步标志的贸易与法律的独特信念。英国的自由派政治家、德国的官僚、比利时与法国的国际法学家、意大利的贵族、俄国的将军，以及从不来梅到孟买再到布宜诺斯艾利斯的资产阶级商人都接受了分离主义原则。

---

[1] Thomas Hippler, *Bombing the People: Giulio Douhet and the Foundations of Air-Power Strategy, 1884–1939* (Cambridge: Cambridge University Press, 2013), pp.14–19; Theodore Ropp, *The Development of a Modern Navy: French Naval Policy, 1871–1904* (Annapolis, MD: Naval Institute Press, 1987), pp.155–180, 254–280; Arne Roksund, *The Jeune École: The Strategy of the Weak* (Leiden: Brill, 2007); Martin Motte, *Une éducation géostratégique: La pensée navale française de la jeune école à 1914* (Paris: Economica, 2004).

[2] Alfred Thayer Mahan, *Sea Power in Its Relations to the War of 1812* (Boston: Little, Brown, 1905), 2:144.

经济制裁：封锁、遏制与对抗的历史

因此，到 20 世纪初，在许多人看来，世界各国在贸易与金融上的联系是阻止大规模冲突爆发的重要力量。经济制裁仍然躲在幕后，只有一部分乌托邦主义者会将经济制裁视作捍卫自身计划的重要武器。在国际仲裁运动当中，人们逐渐将经济制裁视作仲裁得以强制执行的手段之一，国际仲裁运动是一个由欧美法学家组成的松散团体，他们希望将所有国家间的争端提交给一个中立的仲裁者，最好是交由一个世界法院来处理，进而彻底结束战争。但为了确保仲裁有效，仲裁者就必须拥有一些"强制执行的措施"或其他保证措施来确保仲裁结果能得到不愿服从的国家的尊重。[1] 根据国内法，各国都有权对违法者施加各种惩罚措施。但在国际政治当中，如何惩罚一个国家就成了一个问题。1906 年，一群法国仲裁主义者表示，可以将经济制裁纳入强制执行的武库当中。[2] 他们提出，可以利用抵制或暂时冻结其海外资产来强制执行裁决。法学家雅克·杜马（Jacques Dumas）认为"经济制裁比武力还要有效"。[3] 而其他更具侵略性的手段，例如派遣多国海军与陆军对不服从国实施干预，则更具争议性。[4] 因为这些手段本身就是战争的一种形式，而非用来阻止战争的工具。另外一位法学家表示："如果仲裁会导致战争，那么我们就没能推动和平大业前进哪怕一步。"[5]

---

[1] Kristina Lovric-Pernak, "Aim: Peace—Sanction: War. International Arbitration and the Problem of Enforcement," in *Paradoxes of Peace in Nineteenth-Century Europe*, ed. Thomas Hippler and Milos Vec (Oxford: Oxford University Press, 2015).

[2] Sandi E. Cooper, *Patriotic Pacifism: Waging War on War in Europe, 1815–1914* (New York: Oxford University Press, 1991), p.108.

[3] Jacques Dumas, "Sanctions of International Arbitration," *American Journal of International Law* 5, no.4 (October 1911): 934–957. 以及 Dumas, *Les sanctions de l'arbitrage international* (Paris: Publications de la Ligue Inter- Fédérale, 1905).

[4] E. Duplessix, *La loi des nations: Projet d'institution d'une autorité internationale* (Paris: Delagrave, 1906), pp.42–47.

[5] L. de Montluc, "La loi des nations," *La paix par le droit* 17 (1907): 18.

因此，仲裁主义者们开始认真考虑利用经济上的相互依存关系来维护法律与和平的可行性。第一个集中表达这一观点的人是法国人莱昂·博拉克（Léon Bollack），他是一名商人，同时也是一个国际主义者。他自己曾发明过一种新语言，还曾设计过一款全球通用的金币，还提议英法应当联合起来，组建一个名为威斯提亚（Westia）或优斯提亚（Ouestie）的邦联。1911年，博拉克提出了另一个想法：颁布一部"全球海关抵制法"。根据这一法律，如果一个国家拒绝执行仲裁裁决，那么其他所有奉行仲裁主义的国家都可以通过拒绝其货物入境、没收其海外资产、封锁其海外资金流动等方式来惩罚这个国家。[1]1912年9月，博拉克在日内瓦举行的世界和平大会上提出了这个想法。[2] 其目标直截了当：消灭战争。

博拉克的想法立即激起了仲裁主义者的批判，他们认为世界经济以及劳动分工是一个需要悉心保护的复杂有机体。其中，匈牙利社会学家安德烈·德·马代（André de Maday）警告称，"将一个民族完全孤立，特别是……将其排除在国际交往之外"的想法相当危险。他问道，对平民施加"明显不公正的压力"，例如禁止粮食进口等，虽然能让他们不因战争而死，但会让他们因饥荒而死，这么做真的明智吗？[3] 杜马表示同意，他宣称抵制的时代"已经过去了"，现代道德观认为抵制是"不公正的，我们不能因为政府的过错而去惩罚个人"。[4]

---

[1] Léon Bollack, "Le boycottage, instrument de justice internationale," *La Paix par le Droit* 21 (June 1911): 254–263.
[2] Léon Bollack, *Comment tuer la guerre: La loi mondiale du boycottage douanier. Rapport présenté à la commission juridique du XIXe Congrès Universel de la Paix (Genève, Septembre 1912) sur les sanctions économiques* (Paris: Published by the author, 1912).
[3] M. A. De Maday, "Economic Sanctions in Cases of Violation of International Law," *Advocate of Peace* 75, no.11 (December 1913): 258–259.
[4] Cited in "Bericht über die Verhandlungen des XIX. Weltfriedenskongresses," *Die Friedensbewegung* 1, nos. 19–20 (15 October 1912): 305.

仲裁主义者就经济制裁进行的辩论是当时的人们对一种仅存在于纸面上的工具进行的理论探讨。马代与杜马对经济制裁进行了审慎的批判，这是历史上第一次有人发出这样的警告，但肯定不是最后一次。相比之下，博拉克的乌托邦理想似乎与世界各地日益加剧的地缘政治紧张局势严重脱节。事实证明，仲裁主义在政治上过于软弱，根本无法阻止欧洲各国政府于1914年7月发动战争。然而，经过一次意想不到的转折，这场战争最终使仲裁主义者所设想的经济制裁变成了现实。在绝大多数欧洲国家中，鼓吹总体战的人们压倒了"照常营业"派的支持者。财产被没收，航道被封锁，银行账户被冻结，私人公司被置于严密监视之下。在利用一切手段赢得胜利的逻辑之下，世界经济自然也难以幸免于难。但是，经过四年剧烈的全球军事冲突之后，战胜国事实上缔造了一个国际机制，试图以经济制裁来捍卫和平。仲裁主义者所面临的难题——如何使国际法具有约束力——在协约国发动的新型工业、商业与金融战争中找到了答案。当高度的全球化与总体战相遇后，经济制裁应运而生。本书主要向读者展示这一突如其来的转变是如何改变整个世界的。

本书分为三个部分，笔者在每一部分都选取了一个独特的观察视角来考察经济制裁的一个历史阶段。第一部分，"经济武器的缘起"，主要讲述了英法两国自1914年开始实施的封锁，这一封锁行动到停战后依旧延续，一直持续到1921年英法与苏俄恢复贸易。第一章从对中立国贸易的管理与对同盟国的金融制裁入手，描绘了战时封锁的演变如何为干预深度依存的世界经济提供了新的挑战与机会。第二章考察了在从1917年至1919年初巴黎和会起草《国联盟约》第16条制裁条款期间，经济武器是如何形成的。正是在这一时期，封锁从一项国家政策工具转变为由技术官僚主导的国际主义武器，在美国参战后，经济制裁的效果更加显著。本章展示了这种在全球范围内控制原材料的做法如何激发了战后利用全球范围内的资源实施抵制的想法。本章还讨论了在巴黎和会上，伍德罗·威尔逊、罗伯特·塞西尔与莱昂·布尔茹瓦之间的谈判是如何在无意之中创造了一个可以在不对侵略国宣战的情况下对其实施封锁等经济制裁政策的国际联盟。第三章讨论了1919年协约国在和平时期第一次使用经济武器的历史，他们封锁了俄国与匈牙利的共产主义政权。这一事件引发了整个欧洲关于对平民发动经济战争这一行为的道德问题的公开辩论。女权主义者、人道主义者、左派、自由派团体对封锁的声讨最终迫使协约国放松了对中欧与东欧施加的经济压力，因为他们担心过大的经济压力会将民众推到激进分子一边，反而不利于建立稳定的资产阶级政权。

第二部分，"经济武器的合法性"是一部制度史，主要讨论了20世纪20年代，各国精英与国联的技术官僚是如何管理国联强大但尚不完整的体系的。本部分讨论的时间范围自1921年国联设立国际封锁委员会开始，到1931年"九一八"事变引发的国际危机结束。第四章与第五章追溯了经济制裁的手段是如何出现在这一时期几乎所有国际危机之中的。在这一时期，经济武器的运作方式有着浓重的帝国主义色彩。在经济制裁的威胁下，巴尔干地区的边境冲突得到遏制，土耳其也在这一威胁之下被迫放弃了对伊拉克的领土诉求，帝国主义国家还试图动用经济制裁来对抗中国的工人罢工运动与反殖民的民族主义斗争运动。第六章主要讨论了这样一个问题，即围绕平民与私人经济利益进行的经济制裁的合法性问题而展开的辩论，是如何导致西方自由主义精英内部出现一个深刻但未被重视的政治裂痕的。主张实施制裁的人与主张维护中立权利的人之间的分裂，削弱了国联赖以生存的帝国主义–国际主义基础，还使得国联与非国联国家，特别是与美国的关系变得复杂起来。

第三部分,"战间期危机中的经济制裁",评估了经济武器在20世纪30年代(大萧条开始)与40年代(第二次世界大战结束)期间的全球危机中发挥的作用。第七章考察了从"九一八"事变到南美危机中实施制裁的困难,以及为遏制日本、纳粹德国与法西斯意大利对战后秩序的挑战所做的艰苦努力。第八章重新考察了战间期最著名的一次经济制裁案例,即国联在意大利-埃塞俄比亚战争期间对墨索里尼政权的制裁,笔者认为此次危机使世人对制裁产生了新的理解,即制裁的重点在于消耗被制裁国家的有生力量。然而,为什么制裁没有阻止冲突升级,也没能阻止第二次世界大战的爆发?要回答这个问题,我们就需要跳出20世纪30年代自由主义与极权主义或民主国家与独裁国家之间意识形态斗争的叙事逻辑。本书论证了一个新观点,即在经济压力的刺激下,各国开始争相囤积原材料,增加金融储备,同时谋求领土扩张。第九章指出,20世纪30年代中期自给自足运动的加剧在某种程度上源自普遍存在的"封锁恐惧症",这一恐惧症源自对经济战争的记忆,经济制裁威胁的存在又让这一恐惧症得以维持。第十章为第二次世界大战的爆发提供了一个物质层面上的解释,即第二次世界大战是一场围绕建立资源控制型联盟而爆发的冲突。1941年后,美国的《租借法案》(Land-Lease Program)补充了英法对轴心国发动的经济战,进而将强制与援助统一起来,制裁主义者等来了迟到的集体安全,而在20世纪30年代,制裁主义者设想的集体安全没能成为现实。本书最后探讨了战间期经济武器的遗产如何塑造了1945年以后的国际秩序,以及这段历史对21世纪的我们意味着什么,因为如今,广泛使用的制裁引发了有关全球化政治的新问题。

第一部分
经济武器的缘起

第一章

封锁机器（1914—1917 年）

1914 年 8 月底，也就是战争开始三周后，德国外交官库尔特·里兹勒（Kurt Riezler）给他的未婚妻凯特·利伯曼（Käthe Liebermann）写了一封信。在慕尼黑接受了古典学教育之后，里兹勒担任了德国首相特奥巴登·冯·贝特曼-霍尔韦格（Theobald von Bethmann-Hollweg）的私人政治顾问，他在这个岗位上已经工作了好几年了。1914 年时，他 32 岁，在他身上我们能看到德意志帝国统治阶级精英所拥有的那种绝对自信。处于德意志帝国军队指挥中枢的里兹勒向凯特保证："一切都相当顺利，供应问题也得到了解决，我们不会挨饿。英国人肯定会像对付拿破仑那样坚持到最后，但我们会建立一个比拿破仑时代的先例还要精致的大陆体系来与之对抗。"①

我们能够理解为什么里兹勒会回顾拿破仑时代的历史。1914 年 8 月，欧洲所发生的事情似乎只是历史的重复。英国再一次面对一个强大的陆上帝国，而这样一个陆上帝国的战略目标是在欧洲大陆取得主导地位。而且，英国再一次利用自己的海上力量将陆上对手排除在世界贸易之外，迫使其——先前是法国，现在是德国——建立一个自给自足的欧洲经济集团。但我们并不能仅仅着眼于这些相似之处，事实上，这样的比较掩盖了其背后众多值得探究的地

---

① Brief Nr. 11 [Koblenz, 27 August 1914], in Guenther Roth and John C. G. Röhl, eds., *Aus dem Großen Hauptquartier. Kurt Riezlers Briefe an Käthe Liebermann, 1914–1915* (Wiesbaden: Harassowitz Verlag, 2016), p.131.

方。在物质方面,里兹勒所处的世界与 19 世纪完全不同。在过去的一个世纪里,全球贸易得到了空前发展,世界市场得到了充分整合,工业生产进步飞速,城市化率大幅提高,各国的民主化进程正稳步推进。因此,当英、法、俄三国协约对德奥同盟(以及随后几个月被列为打击对象的奥斯曼帝国与保加利亚)发动经济战时,大环境与拿破仑时代已经大不相同。为了切断敌国与外部市场之间的联系,协约国发展出了一个在历史上尚无先例的经济监管与控制体系。

为了实现上述目标,协约国建立了一个庞大的跨国机制,以掌控全球贸易体系。战时运作这一机构的经验使得协约国的决策者们相信,经济压力具有强大的实力,可以在未来阻止战争的爆发。然而,经济武器是如何发展起来的,以至于人们相信在它的帮助下,战争将不复存在?从行政机构角度对封锁史的研究已经相当充分了。[1] 然而,很少有人研究战时的封锁经验与巴黎和会上的经济武器

---

[1] Louis Guichard, *The Naval Blockade* (New York: D. Appleton, 1930); Archibald C. Bell, *A History of the Blockade of Germany and the Countries Associated with Her in the Great War, Austria-Hungary, Bulgaria, and Turkey, 1914–1918* (London: HMSO, 1937); Marion C. Siney, *The Allied Blockade of Germany, 1914–1916* (Ann Arbor: University of Michigan Press, 1957); Marjorie M. Farrar, *Conflict and Compromise: The Strategy, Politics and Diplomacy of the French Blockade, 1914–1918* (The Hague: Martinus Nijhoff, 1974); Eric W. Osborne, *Britain's Economic Blockade of Germany, 1914–1919* (London: Frank Cass, 2004); Lance E. Davis and Stanley L. Engerman, *Naval Blockades in Peace and War: An Economic History since 1750* (New York: Cambridge University Press, 2006), pp.159–238; Paul G. Halpern, "World War I: The Blockade," in *Naval Blockades and Seapower: Strategies and Counter-Strategies, 1805–2005*, ed. Bruce A. Elleman and S. C. M. Paine, pp.91–104 (London: Routledge, 2006); Nicholas Lambert, *Planning Armageddon: British Economic Warfare and the First World War* (Cambridge, MA: Harvard University Press, 2012); Isabel Hull, *A Scrap of Paper: Breaking and Making International Law in the Great War* (Ithaca, NY: Cornell University Press, 2014), pp.141–210.

提案之间是如何关联起来的。[①] 在学习如何打经济战的过程中，英法两国的官员及其盟友开始利用全球化带来的国家间的相互依存关系。为了实现这一点，他们对世界经济运行当中的基础设施实施了干预。这需要协约国收集情报、生产足够多定性与定量的相关知识，在此基础上，还需要协约国设计相应的政策工具，以将其敌人强行排除在世界市场之外。尽管打造经济武器需要大量的知识储备，但在应当如何利用这些信息的问题上，仍然涉及政治决断问题。[②] 在控制经济战的节奏时，彼此冲突的组织、个体以及利益集团也同时进行着博弈，然而，随着时间的推移，恰恰是封锁具有的可随政治目的变化调整自身烈度的灵活性，使人们越来越倾向于利用封锁来作为未来强制执行国际法的重要工具。

封锁是 20 世纪全球经济治理中最具影响的实践之一。协约国在一个完全相互依赖的世界中开始打造属于自己的经济武器。为了说明这一过程，最好的办法莫过于深入研究第一次世界大战期间的封锁机制。本章概述了协约国对同盟国实施的封锁机制的发展历程，同时重点关注了两个特别有启发性的点：一是协约国对原材料的控制，二是金融封锁的兴起。这些第一次世界大战期间的政策成为后来商品禁运与金融制裁的先例。协约国制裁机制对矿产与货币的关注，使得经济武器在物质与金融层面紧密地交织在一起。因此，本章选择从 1914 年世界贸易当中一种虽不起眼但相当重要的商品——锰矿石——开始。

[①] 近来的研究，参见Phillip A. Dehne, *After the Great War: Economic Warfare and the Promise of Peace in Paris 1919* (London: Bloomsbury, 2019).
[②] Christian Götter, "Von der militärischen Maßnahme zum politischen Machtmittel. Die Evolution der Wirtschaftsblockade im Ersten Weltkrieg," *Militärgeschichtliche Zeitschrift* 75 (November 2016): pp.359–387.

锰与全球化

　　锰是一种银灰色的金属，地壳中的锰常以块状以及矿脉形式存在。长期以来，人们都知道锰能够使铁硬化。在 19 世纪的中欧，铁匠会在冶炼生铁时往熔炉中加入少量的锰来锻造一种更坚硬、更富有光泽的合金，即镜铁（Spiegeleisen）。19 世纪 50 年代，酸性底吹转炉炼钢法（又称贝塞麦炼钢法）的发明推动了现代冶钢业的革命，而这一炼钢法的诞生也使得锰成为冶钢业当中的关键矿物。亨利·贝塞麦（Henry Bessemer）与罗伯特·马希特（Robert Mushet）在英格兰格洛斯特郡的山上冶钢时，发明了这种全新的生产钢铁的方法，即通过添加锰使得熔化的生铁脱氧，进而从根本上提高合金的质量，同时还能防止其生锈或被腐蚀。由此，锰成为制造坚固但相对便宜的不锈钢合金的首选原材料。到 19 世纪 90 年代，使用高质量锰矿的电炉可以生产出优质的工业用合金。

　　在 20 世纪初，德国是世界上第二大钢铁生产国，仅次于美国。其钢铁工业的产量占西欧总产量的一半，几乎占全球产量的 1/4。德国的钢铁业以克虏伯公司（Krupp）等企业集团为主导，克虏伯的产品范围包括从船体、大梁、横梁到电镀金属、金属管、轨道、头盔等一切钢铁制品。[1] 然而，维持如此庞大产量的原材料却来自四面八方。其中，铁矿石主要来自法国与卢森堡，靠铁路运抵德国；煤炭则来自德国鲁尔区。稳步改善的供应线意味着克虏伯的工厂全年都能得到来自世界各地不间断的材料供应。这使得该公司能够在维持巨大的年产钢量的同时无须囤积大量原材料；1913 年，克虏伯的原

---

[1] B. Scheffer, *Die Bedeutung der Mangan und Manganeisenerze für die Deutsche Industrie* (Essen: W. Gebhardt, 1913).

材料库存仅能维持两个月的生产需要。①

尽管德国在欧洲的冶钢业中处于领先地位，但德国工业仍然十分依赖海外的供应渠道。欧洲矿藏储量很少的锰就是一个很好的例子。世界上大部分的锰都产于格鲁吉亚的奇阿图拉，当时这里属于俄国。英属印度的马拉巴尔海岸的锰矿则为全世界供应了第二多的锰矿石。1913年，俄国与印度矿山的年产量达到200万吨，约占全球总产量的90%。②第三与第四大矿藏位于巴西，1913年与1914年，这里共出口了大约18.3万吨锰矿石，而西班牙只出产了2.1万吨锰矿石，不到全球总产量的1%。③与其在全球钢铁总产量中的份额相称，德国消耗了世界锰矿石年产量的1/4。总体而言，这意味着在1912年有超过50万吨锰矿石运抵德国，其中将近2/3来自俄国，1/4来自印度，6%来自西班牙，4%来自巴西。④

德国钢铁生产商的需求促使德国大量进口锰矿石。然而，从哪里进口这些锰矿石，则需要综合考虑各种因素。运输方面的基础设施建设就是其中一个因素。19世纪中期的运输业革命大大降低了海运运费。尽管近几十年来，各国都在铁路上砸下重金，但海运在很多情况下仍比铁路运输更便宜。像锰矿石这样的固体散装货物，即使是短距离的铁路运输也会大大提高其批发价格。从奇阿图拉到黑

---

① Lothar Burchardt, *Friedenswirtschaft und Kriegsvorsorge: Deutschlands wirtschaftliche Rüstungsbestrebungen vor 1914* (Boppard am Rhein: Harald Boldt Verlag, 1968), p.93.
② SHD 4 N 14, Comité de Restriction de l'approvisionnement et du commerce de l'ennemi (Comité R), "La question des matiéres premiéres dans les rapports des Alliés et des Empires Centraux: Le manganèse," No. 1407, 9 November 1918.
③ Winston Fritsch, *External Constraints on Economic Policy in Brazil, 1889–1930* (Basingstoke: Macmillan, 1988), p.42, table 3.3.
④ *Norddeutsche Allgemeine Zeitung*, 26 April 1918; cited in SHD, 5 N 277, 2ème bureau, Etat-major de l'armée, Section économique, "Note sur les besoins de l'Allemagne en denrées alimentaires et en matières premières d'industrie après la guerre," 24 May 1918, f. 11.

第一部分　经济武器的缘起

海港口波季的总里程只有 180 千米，但由于沙皇时期格鲁吉亚境内铁路运输的糟糕状况，锰矿石的单价已经从每千克 10 法郎飙升到了 30 法郎。[①] 德国公司之所以要从巴西进口锰矿石，就是因为从拉美运抵德国的锰矿石往往比从俄国陆路运输来的更便宜。克虏伯的主要工厂位于德国西部的鲁尔河谷，其依靠流经荷兰的莱茵河与世界市场相连。19 世纪 80 年代到 90 年代，欧洲各国大力投资建设了巴西境内的铁路网，这使得德国能够更便利地利用来自拉美的锰矿石，因此与来自俄国的锰矿石相比，拉美锰矿石的竞争力更强，因为俄国的锰矿石只能依靠质量差得多的铁路来运输。

矿石生产的物理条件与政治条件也影响到了矿石供应。印度的锰矿石之所以有竞争力，在很大程度上是因为印度次大陆低廉的劳动力价格。[②] 然而，尽管俄国位于奇阿图拉的锰矿矿藏丰富，但这里却是激进革命的温床。年轻的格鲁吉亚人约瑟夫·朱加什维利——也就是斯大林——的政治生涯便开始于组织奇阿图拉的采矿工人进行斗争。[③] 最后，锰矿石的品质也很重要。锰含量较高的矿石更受重视，因为生产一单位的钢所需要的锰并不多。巴西的锰矿石纯度能达到 50%，是十分优质的锰矿石，而俄国的锰矿石虽便宜，但品质较差。以上所有原因——良好的基础设施、政治上的稳定以及高品质的矿石——使得巴西有能力向德国出口锰矿石，也使得来自巴西的锰矿石极具竞争力。

克虏伯在采购巴西锰矿石的过程中涉及的交易链相当复杂。首先，克虏伯公司会向其在伦敦的代理商发送写有所需锰矿石数量的

---

① SHD, 4 N 14, "La question des matières premières," p.7.
② Ibid., p.4.
③ Stephen Kotkin, *Stalin*, vol. 1: *The Paradoxes of Power, 1878–1928* (New York: Penguin, 2014), pp.76–78.

订单,代理商会根据克虏伯的需求,参考全球锰矿生产商在伦敦的报价。之后,代理商会向一个特定的矿场发送订单,同时会将订单转发给克虏伯的合作银行——德意志银行——来安排贸易融资。作为世界第二大银行,德意志银行会通过其在拉美的子公司——德意志海外银行——来发放贸易信贷,该银行在拉美地区以跨大西洋德意志银行为名开展商业活动。[1] 同时,位于巴西内陆米纳斯吉拉斯州的大型锰矿正在进行生产工作。[2] 其中一处锰矿位于伊塔比拉,自1911年以来,英资伊塔比拉铁矿公司就一直在此处经营一个锰矿场。[3] 这个矿场与巴西的主要内陆铁路,即巴西国有的中部铁路相连,该铁路穿过州府贝洛奥里藏特。[4] 装有锰矿石的列车从贝洛奥里藏特出发,开往东南方向300英里[5]的里约热内卢。之后,伊塔比拉铁矿公司在里约热内卢的销售部门收到跨大西洋德意志银行代表克虏伯公司开出的汇票。这张汇票实际上是一项承诺,即一旦客户收到锰矿,该公司即能收到货款。因为这张汇票是由德意志银行发行并背书的,而德意志银行是一家大型银行,如果客户要求其付款,那么德意志银行就会向那家矿业公司支付款项,所以汇票本身就是一种

---

[1] Werner Plumpe, Alexander Nützenadel, and Catherine Schenk, *Deutsche Bank: The Global Hausbank, 1870–2020* (London: Bloomsbury, 2020), pp.110–113.

[2] Tyler Priest, *Global Gambits: Big Steel and the U.S. Quest for Manganese* (Westport, CT: Praeger, 2005), pp.23–56.

[3] Alzira Alves de Abreu, "Itabira Iron Ore Company," Centro de Pesquisa e Documentação de História do Brasil: http://cpdoc.fgv.br/sites/default/files/verbetes/primeirarepublica/ITABIRA%20IRON%20ORE%20COMPANY.pdf. Accessed 15 December 2019.

[4] 贝洛奥里藏特建于1897年,在当时,靠着伦敦输出的欧洲资本,巴西内地的经济正飞速发展。此外,伊塔比拉铁矿公司也在伦敦证券交易所上市。在巴西铁路仍归私人拥有之时,英国与欧洲的投资者为其日常运营提供了资金,在1889年铁路国有化之后,这些投资者转而向巴西政府提供贷款。Richard Graham, *Britain and the Onset of Modernization in Brazil, 1850–1914* (Cambridge: Cambridge University Press, 1972), p.54.

[5] 1英里约等于1.609千米。——编者注

信用工具，收到汇票的一方也可以卖出汇票，以换得现金（评级高的汇票甚至可以用来充当货币，以购买其他商品）。

在里约热内卢，工人们将锰矿石从火车车厢中转移到蒸汽船上，而后，这些锰矿石会通过全球贸易体系的核心——海洋——运至欧洲。英国、德国、美国与挪威都经营着大型商船船队，在拉美与欧洲之间从事货物运输工作。这种长距离运输货物的商船需要上保险。通常情况下，这些商船都会在英国劳埃德公司（Lloyd's）投保，这家公司是世界上主要的海运保险公司，其总部位于伦敦。同时，此类贸易还依赖充足的燃料供应。将锰矿石运抵港口的巴西火车与将锰矿石运过大西洋的挪威蒸汽船都以煤炭为主要燃料。在巴西进口的所有煤炭中，几乎90%都来自英国。英国的煤炭贸易商直接向世界各地的航运公司以及私人所有的煤仓销售煤炭。在整场交易当中，保险、燃料以及仓储环节都由英国公司主导。[1] 任何从里约热内卢出发、装载锰矿石前往欧洲的蒸汽船，都很可能烧着威尔士的煤炭，先向南横跨大西洋，而后北上。从巴西出发，一般蒸汽船需要三周才能到达西欧河流贸易的中转港——鹿特丹。在那里，锰矿石将被转移到另一列火车或另一艘船只上，最后再经过130英里的路程，抵达位于埃森的克虏伯工厂，在那里，钢铁工人会利用高科技鼓风炉将锰矿石与铁矿石冶炼成不锈钢。

与矿石贸易供应链一同运作的还有国际金融支付链。克虏伯高速运转的订单系统意味着其通常在原材料运抵工厂时就已经为成品找到了买家。这使得克虏伯能够给客户开具本公司为生产钢铁而进口锰矿石所需费用的发票。在拥有预期付款的情况下，克虏伯抵消

---

[1] John Darwin, *The Empire Project: The Rise and Fall of the British World System, 1830–1970* (Cambridge: Cambridge University Press, 2009), p.140; Guy E. Snider, *Brazil: A Study of Economic Conditions since 1913* (Washington, DC: GPO, 1920), p.38.

了自己对德意志银行的债务。从巴西开采锰矿到实际交付到克虏伯之间的 4~6 周中，德意志银行将承担价格波动的风险，并最终支付货款。为了弥补以这种方式无法用作他途的资金，德意志银行会在伦敦的货币市场上向其他银行借款，例如法国里昂信贷银行。如此一来，当运输锰矿石的商船航行在大西洋上之时，德意志银行还可以自由地进行其他贷款业务。

因此，从米纳斯吉拉斯进口一批锰矿石到鲁尔，会涉及除克虏伯与伊塔比拉铁矿公司之外至少六个不同国家的七方：巴西政府及其国有铁路、负责海运的一家挪威航运公司、为锰矿石运输提供保险的劳埃德公司、另一家提供燃料煤的英国公司、将货物运到德国的荷兰铁路运营商、为克虏伯提供采购资金的德意志银行、为德意志银行提供短期流动资金以帮助其不受代支付货款影响的一家法国跨国银行。仅仅一次贸易所涉及的供应链与支付链的复杂性就足以表明，在第一次世界大战爆发时，全球化贸易的架构与基础设施已经变得相当复杂了。除此之外，从不同的角度进行观察，此项交易的表现形式还不尽相同。从最直接的角度来看，锰矿石的交易发生在巴西与德国之间；但从法人的角度来看，在这个例子当中，贸易的双方似乎是英国与德国，因为向德国供货的企业是一家英国公司。贸易统计虽然有助于我们理清正在发生的事情，但也不能让局面完全明朗。通过荷兰等转口经济体的进口与再出口让事情变得更加复杂。由于锰矿石在跨越国界运输时会被海关官员登记，所以在国际贸易统计中，伊塔比拉和克虏伯之间的交易会出现两次，分别是巴西—荷兰之间的贸易与荷兰—德国之间的贸易。

在 1914 年高度全球化的背景之下，伊塔比拉—克虏伯之间的锰矿石交易是非常正常的。高附加值产业，例如化学品、造船业与电气行业所需的大部分原材料供给都更为复杂。即使各国的经济都严重依赖这些贸易网络，但这种私营主体间进行互动的生态系统很少受到政府的监管。英国贸易委员会与德意志帝国海关总署会保存有关运输的统计数据（例如，从威尔士运往巴西的煤炭，以及通过铁路进入鲁尔区的锰矿石），但这只能反映出整场交易过程中的一部分。最了解其中情况的人是那些位于伦敦的矿业公司工作人员与银行家，他们为达成此次交易提供了重要帮助。但是，即使是他们，也并没能掌控整场贸易的全部流程，例如，这批货物是由挪威航运公司负责运过大西洋的，在运抵荷兰之后，是由荷兰的铁路将其运输至克虏伯的。因此，一艘装满锰矿石的蒸汽船的案例足以让人感受到1914年全球贸易网络的复杂性，以及其中涉及的大量交易、联结。那么如果战争爆发，如何才能掌控整个系统，以防止锰矿石到达德国？正是为了解决这一问题，英法两国才开始建立封锁机制，而这套封锁机制为现代意义上的经济制裁奠定了基础。

建立封锁线

显然，在这个全球经济体系中，英国占据了关键地位。尽管在从巴西采购锰矿石时，克虏伯并不认为自己是在与英国进行贸易，但实际上，英国公司与英国银行的专业性、资源以及影响力体现在这场交易的方方面面。在战前的世界经济当中，伦敦无疑是绝对的中心。1912年，伦敦金融城通过其贴现市场为世界上大约60%的贸易提供资金，其中的短期贸易信贷大多体现为汇票的形式。[1] 每天至少有价值400万英镑的此类票据到期。[2] 战争爆发时，伦敦的经纪人

---

[1] David Kynaston, *The City of London*, vol. 2: *Golden Years, 1890–1914* (London: Vintage, 1995), p.8.
[2] Robert Brand, "Lombard Street and War," *Round Table 2*, no.6 (March 1912): 249.

与承兑行的账面上有超过 3.5 亿英镑的汇票,其中 1/5 借给了德奥两国的借款人。① 英国拥有世界上最大的商船船队,其航运公司承担了世界上 55% 的海运贸易。② 全球 2/3 的海事保险合同都是由英国公司负责的。③ 由于其巨大的煤炭出口量,英国也是世界上最重要的能源出口国;用一位历史学家的话说,英国是"1900 年的沙特阿拉伯"。世界上的货船每年所使用的总燃料中有 96%——总计 8000 万吨——为焦煤,而超过 3/4 的焦煤是由英国供应的。④ 在任何时候,英国的港口当中都有大约 2000 万吨焦煤,同时还有 2500 万吨焦煤储存在从马岛到直布罗陀之间由英国控制的煤仓网络之中,其余大部分燃煤是由英国的私营公司供给当地煤仓主的。⑤ 此外,英国公司控制了全球电报网 70% 的份额。⑥ 因此,英国控制了全球化的命脉——货物、资金、能源、信息,而对这些基础设施的掌控给英国带来了巨大的权力。

战前,英国海军参谋曾试图利用英国庞大的经济实力打击德国的金融与商业系统。⑦ 但在战争的头几周里,海军部所制订的"经济

---

① Richard Roberts, *Saving the City: The Great Financial Crisis of 1914* (Oxford: Oxford University Press, 2013), p.31.
② Lambert, *Planning Armageddon*, p.239.
③ Michael Ball and David Sunderland, *An Economic History of London, 1800–1914* (London: Routledge, 2001), p.356.
④ David Edgerton, *The Rise and Fall of the British Nation* (London: Penguin, 2018), p.79.
⑤ Frederick E. Saward, *The Coal Trade: A Compendium of Valuable Information Relative to Coal Production, Prices, Transportation, at Home and Abroad with Many Facts Worthy of Preservation for Future Reference* (New York, 1914), p.52; Max E. Fletcher, "From Coal to Oil in British Shipping," *Journal of Transport History* 3, no.1 (1975): 1–19.
⑥ Jonathan R. Winkler, *Nexus: Strategic Communication and American Security in World War I* (Cambridge, MA: Harvard University Press, 2009), p.207.
⑦ 第一部深入研究这一主题的著作,参见 Avner Offer, *The First World War: An Agrarian Interpretation* (Oxford: Clarendon Press, 1989). 有关迅速实施的"经济战"这一主题最为详尽的论述,参见 Lambert, *Planning Armageddon*. 有关这一主题的概览式作品,参见 Stephen Cobb, *Preparing for Blockade, 1885–1914: Naval Contingency for Economic Warfare* (Farnham, Surrey: Ashgate, 2013).

战版施里芬计划"未能实施。① 因此，主要负责实施封锁的部门是外交部，而非海军部。尽管封锁需要依靠皇家海军的舰队来执行，但在整个封锁机制当中，文官系统与海军发挥着同样重要的作用。② 尽管海军方面的人士仍然能对经济武器的运作施加影响，但大部分具体工作仍由文官负责。这一安排造成了两方面的影响：一是封锁与制裁不再仅仅是一种军事战略，而演变为了一项国家战略；二是在战争初期，协约国并没有直接实施全方位封锁，而是选择了一种没有太多法律障碍的经济武器。起初，协约国实施的经济"封锁"实际上是一种禁运品管制制度，其效果要比合法实施的全方位封锁差一些。③ 如果实施了全方位封锁，协约国就有权禁止任何船只进出敌方港口。相比之下，禁运品管制则是一种检查制度，协约国只有权

---

① 兰伯特（Lambert）的论点受到了一些历史学家的质疑，他们认为使用步步为营式（slow-acting）封锁的经济战是英国当时主要的作战策略，还有人认为，步步为营式的封锁本身就是为了迫使德国舰队出海，好让皇家海军与之决战，因此封锁只是一种促使决定性战役爆发的手段而已。参见John W. Coogan, "The Short-War Illusion Resurrected: The Myth of Economic Warfare as the British Schlieffen Plan," *Journal of Strategic Studies* 38, no.7 (2015): 1045–1064; Matthew Seligmann: "Naval History by Conspiracy Theory: The British Admiralty before the First World War and the Methodology of Revisionism," *Journal of Strategic Studies* 38, no.7 (2015): 966–984, and "Failing to Prepare for the Great War? The Absence of Grand Strategy in British Planning before 1914," *War in History 24*, no.4 (2017): 414–437. 最广为流传、同时也是最早强调封锁是作为帮助协约国赢得战争的重要战略的作品，参见B. H. Liddell Hart, *The Real War, 1914–1918* (Boston: Little, Brown, 1964 ［1930］), pp.471–472. 有关战时封锁的最新研究发现，"有证据表明，有关实施封锁的计划实际上只是一个半成品，而远不是一份完整的计划。" (Osborne, *Britain's Economic Blockade*, pp.59, 79).
② Greg Kennedy, "Intelligence and the Blockade, 1914–1917: A Study in Administration, Friction and Command," *Intelligence and National Security* 22, no.5 (2007): 699–721, esp.717.
③ 塞利格曼（Seligmann）指出，"尽管在何为'有效'这一问题上，各国并非没有意见分歧，但通常而言，人们都同意，'有效'意味着实施封锁的一方需要有足够数量、足够有实力、离被封锁的海岸线足够近的舰队来实施封锁，进而能够在绝大部分情况下阻断船只进出被封锁的港口。这一基本含义带来了很多层面上的影响，其中最为重要的是，在法律意义上，不存在，也不可能存在'远距离封锁'这一方案，因为'有效'封锁对封锁部队与被封锁区域的距离有要求，一旦过远，就无法构成'有效'封锁。"（"Failing to Prepare for the Great War?" p.5).

45

扣押禁运品以及供敌国军队或政府使用的货物。交战国有权在公海上的任何海域拦截船只以进行检查。然而事实上，只有皇家海军拥有这一实力。① 英国之所以有权如此行事，是因为英国于1914年11月宣布整个北海地区为战区。英法两国政府为这一事实上的"远距离封锁"政策进行了辩护——根据1856年《巴黎宣言》，远距离封锁是不合法的——他们辩称，现代海战条件的改变使得交战国只能进行远距离封锁与禁运品管制。他们试图援引国际法背后的精神来为其违反法条的行为进行辩护。② 尽管最初，英国实施的封锁效果有限，但到1915年年初，法国逐步加入了进来。2月，德国宣布对协约国的商船实施无限制潜艇战。这促使英国政府进一步加大了对德的封锁力度，并在此过程中与法国方面进行了更为密切的协调与配合。③

负责实施封锁的官员们很快意识到，仅仅依靠英法合作是远远不够的。如果希望禁运品管控体系能够真正打击到同盟国，就需要控制运往欧洲各主要中立国——荷兰、瑞士、斯堪的纳维亚国家、西班牙——的货物。为处理与这些国家产生的冲突，协约国不得不进行持续的外交活动。例如，荷兰政府不能中断与英国或德国的贸

---

① Farrar, *Conflict and Compromise*, p.6.
② 法国政府意识到了其所实施的行为并不能被称为"封锁"，因此在官方报告中，法国人将"封锁"（blocus）一词放到了引号当中。See, for example, SHD, 4 N 14, Comité R, "Etude sur l'effet des mesures restrictives prises par les Alliés sur les approvisionnements et le commerce de l'ennemi du 1er octobre 1915 au 31 décembre 1916," April 1917, pp.xxxii, 384. (Cited hereafter as SHD, 4 N 14, "Etude sur l'effet des mesures restrictives, 1915–1916.")
③ 法国著名的第一次世界大战时期经济史学家乔治-亨利·苏图（Georges-Henri Soutou）认为，法国政府在极短的时间内就"从简单的海上封锁转向发动一场经济总体战了"。(*L'or et le sang: Les buts de guerre économiques de la Première Guerre Mondiale* [Paris: Fayard, 1989]), p.146. 有关英法两国之间的合作问题，参见Elizabeth Greenhalgh, *Victory through Coalition: Britain and France during the First World War* (Cambridge: Cambridge University Press, 2005).

易，否则就有可能威胁到自身的中立地位。①然而，对英国外交部与海军部而言，大量的货物经由荷兰运输到了德国，因此必须解决这一漏洞。②1914年11月，一群荷兰商人与银行家创建了荷兰海外信托协会。荷兰海外信托协会的商人承诺，他们进口的所有货物都只用于国内消费，而不会再出口到德国。这既缓解了英国人原本的担忧，同时又使荷兰政府得以保持政治上的中立性。一年后，瑞士经济监管协会成立，并以类似的方式管理瑞士的对外贸易。在与英国外交代表的协调下，瑞士经济监管协会利用本国法律迫使私人公司与商人切断其与同盟国之间的经济联系。尽管荷兰海外信托协会与瑞士经济监管协会并不受协约国政府的直接控制，但这两个机构存在的主要目的就是满足英法两国的战略需求。荷兰与瑞士不愿卷入这场欧洲历史上规模最大的战争，因此两国政府同意了这两个机构的成立，出让了本国部分经济主权，以换取和平。③

为了理解官方的封锁是如何运作的，我们有必要探究其如何获取、处理相关信息，并将必要的信息传播给其他部门。在英国，整个封锁机制的核心机构是贸易清算所（TCH），这是财政部新成立的战争贸易司（WTD）的一个下属部门。1915年2月，贸易清算所开始运转，隶属于这一部门的30名工作人员负责处理封锁需要的所有

---

① Marc Frey, *Der Erste Weltkrieg und die Niederlande: Ein neutrales Land im politischen und wirtschaftlichen Kalkül des Kriegsgegner* (Berlin: De Gruyter, 1998), pp.110–120.
② 德国总参谋部并没有忽视荷兰港口对德国的重要意义，在其战争计划之中，德国总参谋部将荷兰视为德国经济的"气管"（Luftröhre）。参见Memorandum by Helmuth von Moltke, 1911, cited in Annika Mombauer, *Helmuth von Moltke and the Origins of the First World War* (Cambridge: Cambridge University Press, 2001), p.94.
③ 有关荷兰海外信托协会的研究，尤其参见Samuël Kruizinga, "Economische Politiek: De Nederlandsche Overzee Trustmaatschappij (1914–1919) en de Eerste Wereldoorlog" (PhD diss., University of Amsterdam, 2011), and Heinz Ochsenbein, 有关瑞士经济监管协会的研究，参见*Die verlorene Wirtschaftsfreiheit, 1914–1918: Methoden ausländischer Wirtschaftskontrollen über die Schweiz* (Bern: Stämpfi, 1971).

信息。他们会从德国报纸、海关记录、外交使团的报告、截获的电报、航运清单以及伦敦金融城流传出的传闻中搜寻有用的信息。在接下来的几个月中,由于贸易清算所须处理的信息量大幅上涨,到9月,这里的工作人员总数几乎翻了5倍,达到145人之多。[1]

与此同时,战争贸易司还负责处理希望避免受到封锁影响的商人提出的进出口许可证申请。想继续贸易的外贸商与银行必须披露他们正在进行的所有商业交易的信息,这些信息会被汇总到贸易清算所负责的情报网中。[2] 根据英国1914年8月通过的《对敌贸易法》(*Trading with the Enemy Act*),战争贸易司还有权在大英帝国境内没收敌方财产与投资。[3] 到1917年1月,战争贸易司有权扣押任何外国人(无论是敌国公民还是中立国公民)在伦敦金融城持有的证券。[4] 由此,财政部实际掌控了英国经济的一个领域,而在战前,除了英格兰银行外,整个经济领域几乎都是自我调节、不受政府监督。战争贸易司与贸易清算所在日常工作中处理了大量的信息,并在这些信息的基础上为经济战提供建议,最终,这些信息与建议被提交给限制敌方供应委员会。这个部际委员会由来自外交部、海军部与贸易委员会的代表组成,并负责最终敲定相关政策。限制敌方供应委员会做出的决定随后会被转达给禁运品委员会,该委员会再就拟议的措施是否符合国际法中有关封锁的规定提供专家意见。[5]

外交部自然也会从国外寻找切断同盟国外贸的方法。外交部拥

---

[1] TNA, FO 382/470/136095A, confidential memo, 11 September 1915.
[2] G. Kennedy, "Intelligence and the Blockade," p.706.
[3] Nicholas Mulder, "The Trading with the Enemy Acts in the Age of Expropriation, 1914–49," *Journal of Global History* 15, no.1 (March 2020): 81–99.
[4] Hew Strachan, *The First World War*, vol. 1: *To Arms* (Oxford: Oxford University Press, 2001), p.965.
[5] 有关1914年时国际法中有关封锁的概述,参见I. Hull, *A Scrap of Paper*, pp.141–155.

有一个由大使馆官员、公使馆工作人员、当地领事以及代理人组成的全球网络。战争开始时,英国在海外的外交人员只有414人,而且其中只有1/3是职业外交官。① 其余的则是地方领事、公使馆工作人员以及在当地做生意的半官方代表。传统的高级外交官并不希望赋予当地人发动经济战的自由裁量权,在他们眼中,这些当地人一点儿都不可靠。② 然而,外交部并没有做好准备,让全职的专业外交团队接手封锁工作。因此,英国在海外的外交官员不得不随机应变,他们开始大量汇报与德奥两国进行贸易的外国公司的相关活动,同时还将从亚洲与拉丁美洲向中欧运输货物的外国船只信息汇报给英国政府。③

在战争的前三年中,法国主要负责封锁的机构是限制敌方商业与供应委员会。该委员会被称为"R委员会",1915年3月,R委员会成立,是外交部下属的一个部门,共有9名成员,其中既有军官,也有文职人员。④ 战争期间,该委员会根据经济监管科(SCE)收集的信息,按周共发布了195份有关同盟国经济状况的报告。经济监管科是战争部下属的一个小办公室,主要负责整理邮件与电报检查员呈交的相关信息。⑤ 经济监管科的负责人让·坦纳里(Jean

---

① Jürgen Osterhammel, *The Transformation of the World: A Global History of the Nineteenth Century* (Princeton, NJ: Princeton University Press, 2014), p.499.
② Zara S. Steiner, *The Foreign Office and Foreign Policy, 1898–1914* (Cambridge: Cambridge University Press, 1969); T. G. Otte, *The Foreign Office Mind: The Making of British Foreign Policy, 1865–1914* (Cambridge: Cambridge University Press, 2011).
③ 有关基层行政人员日益增长的焦虑是如何推动政策转变的这一问题,参见Diana S. Kim, *Empires of Vice: The Rise of Opium Prohibition across Southeast Asia* (Princeton, NJ: Princeton University Press, 2020).
④ MAE, Blocus 1914–1920, Box 267, Comité R, "Constitution du Comité R," 22 March 1915.
⑤ Ibid., p.147. "Comité de restriction des approvisionnements et du commerce de l'ennemi. Bulletin hebdomadaire," 30 April 1915–24 October 1917 (Nos. 1–130), thereafter "Bulletin hebdomadaire du Comité de restriction des approvisionnements et du commerce de l'ennemi," 27 October 1917–18 January 1919 (Nos. 131–195).

Tannery）认为该组织是一个"负责战争中禁运品信息的情报部门"。[①]到1916年年初，法国外交部还建立了一个相当庞大的外国信息收集网络，其中包括位于世界各地的49个领事馆，这其中有32个位于可能与同盟国进行贸易的欧洲重要中立国境内。[②]尽管英法两国的机构大体一致，但在具体的封锁措施上，法国与英国还不太相同。英国负责封锁事务的人员普遍认为应当遵循"照常营业"原则。外交部与财政部的官员不太希望对中立国施加过大的压力，他们认为这会损害英国的商业利益与金融地位。相比之下，法国人则认为，如果协约国不愿承受一定的经济损失，就不可能对敌人施加真正强有力的经济压力。对他们而言，如果英国人只想着规避风险，那么协约国就不可能赢得经济战。

经济总体战

到1915年年底，协约国的封锁还没能成功实现将同盟国完全

---

① SHD, 7 N 883, Section de contrôle économique, "Note pour le chef du cabinet," 9 January 1915. Mickaël Bourlet: "Jean Tannery (1878–1939) à l'origine de la guerre économique," in *Guerres mondiales et conflits contemporains*, no.214 (2004): 81–95, and "La section économique du 2e bureau de l'état-major de l'armée pendant la Première Guerre Mondiale," in *Naissance et évolution du renseignement dans l'espace européen (1870–1940)*, ed. Abdil Bicer and Frédéric Guelton, pp.117–135 (Vincennes: Société historique de la défense, 2006); Emmanuelle Braud, "Imperatifs stratégiques et économie de guerre: Le renseignement économique militaire en France pendant la Première Guerre Mondiale" (PhD diss., Université de Paris IVSorbonne, 2005); Frédéric Guelton, "La naissance du renseignement économique en France pendant la Première Guerre Mondiale," *Revue historique des armées*, no.4 (2002): 73–88; Ali Laïdi, *L'histoire mondiale de la guerre économique* (Paris: Edition Perrin, 2016), pp.351–361; Fabien Senger, "La prise en compte de l'intelligence économique par l'institution militaire française au cours du premier conflit mondial (1914–1918)" (PhD diss., Université de Belfort-Montbéliard, 2005).

② MAE, Blocus 1914–1920, A374–1A, Surveillance de contrabande.

从世界市场中孤立出去的目标。在欧洲战场上,同盟国的军队坚守在法国、比利时、阿尔卑斯山与加利波利等地,同时还向俄国与波罗的海地区深入推进。协约国各国的议会与新闻界都开始指责政府没有发动总体战的决心。法国总理阿里斯蒂德·白里安(Aristide Briand)于1916年1月到访伦敦,提议双方应加强合作。英国首相赫伯特·阿斯奎斯(Herbert Asquith)及其内阁同意发动一场更有力的经济战。1916年2月23日,到当时为止英国所有参与禁运品管制的机构都被合并为一个新的部级单位:封锁部。该部门名义上是外交部的组成单位,但实际上是个完全独立的部门,其工作人员遍布英国,财政部的贸易清算所也被整合进了封锁部之中,并改名为战争贸易情报司(WTID)。[1]

阿斯奎斯任命罗伯特·塞西尔勋爵为封锁部部长(图1.1)。可以说塞西尔是这一岗位的绝佳人选。他出身贵族政治世家,是索尔兹伯里侯爵(Marquess of Salisbury)的第三个儿子,其父索尔兹伯里侯爵是19世纪最有权势的保守党首相之一。塞西尔本人曾就读于伊顿公学与牛津大学。在1906年的大选中,自由党成为执政党,这距离他们上次掌权已经过去20年了,而也正是在这一年,塞西尔当选为保守党议员,在这之前的20年中,塞西尔未曾涉足政界,而是从事法律工作。在保守党内,塞西尔强烈支持自由贸易。在关税改革的斗争中,他站在了阿斯奎斯的自由党一边,反对由约瑟夫·张伯伦(Joseph Chamberlain)与兰斯多恩勋爵(Lord Lansdowne)领导的奉行贸易保护主义的保守派。[2] 在政治上,塞西尔有分寸地背叛了自己的家族:他十分自豪地反对由他自己的表亲亚瑟·贝尔福(Arthur

---

[1] G. Kennedy, "Intelligence and the Blockade," pp.710–711.
[2] Gaynor Johnson, *Lord Robert Cecil: Politician and Internationalist* (Farnham, Surrey: Ashgate, 2013).

图 1.1　罗伯特·塞西尔勋爵（约摄于 1915 年，藏于美国国会图书馆）

Balfour）领导的保守党中更为反动的、鼓吹帝国主义的一派。而且尽管塞西尔出身贵族，但他本人有一些平民主义倾向。他乐于发表长篇大论，喜欢接受记者的采访，还与几十个国家的国际主义者保持通信。然而，即使是在后来塞西尔在议会体系之外为推动国际联盟的有效运转而做出大量努力时（这一努力使得他获得了 1937 年的诺贝尔和平奖），他作为英国统治阶级重要成员的身份也从未改变过。

乍一看，像塞西尔这样一个坚定的自由贸易主义者竟然在战争期间负责运作一个如此庞大的全球性商业管制系统，不禁让人觉得十分奇怪。但在战时的英国，这一点都不稀奇。事实上，自由党与保守党中最狂热的自由贸易主义者——包括劳合·乔治（Lloyd George）、爱德华·格雷（Edward Grey）以及寇松勋爵（Lord Curzon）——都支持对德实施经济总体战。原因在于，他们相信经济相互依赖的绝对重要性。爱德华时代的精英们已经充分认识到英国对出口贸易与进口食品的依赖之深。英国人的日常食品大多需要从海外进口：英国人日常摄入的65%以上的热量来自海外。① 由于塞西尔等人将商业视为将文明世界联系起来的黏合剂，操纵这些商业上的联系似乎是迫使那些反常国家回归正途的一种有效方式。战争让英国政府重新审视了自身在贸易管理方面应发挥的作用，英国政府开始更加积极主动地干预贸易，但这并没有改变战前自由贸易主义者一致认定的商业所具有的绝对优先地位。②

出任封锁部部长后，塞西尔成了英国经济战的最高负责人。他如此描绘自己的工作："实际上，我要做的远不只是封锁……我需要负责对敌人施加各种各样的经济与商业压力。"③封锁部将针对同盟国的经济战系统化、集中化。经济战之所以发生了如此大的转变，一方面是因为英国政府对经济战的认识发生了转变，另一方面是因为负责实施封锁的组织发生了变化。④英国实施封锁的官员认为，要想完善封锁体系，英国就需要逐渐了解应当如何获取、处理以及生产封锁过程当中所需的各种信息。在战间期对封锁的研究中，这一进步通常被描述为从原始的"证据"系统向更先进、更"科学"的统计系统发展。这一创新源于封锁机构的内部，塞西尔的下属兼亲密战友威廉·阿诺德-福斯特（William Arnold-Forster）是其背后的主

---

① Mancur Olson, *The Economics of the Wartime Shortage: A History of British Food Supplies in the Napoleonic Wars and in World Wars I and II* (Durham, NC: Duke University Press, 1963), p.74; Cornelius Torp, *The Challenges of Globalization: Economy and Politics in Germany, 1860-1914* (New York: Berghahn Books, 2005), pp.39–47.
② 菲利普·邓恩（Philip Dehne）认为，出任封锁部部长一职标志着塞西尔从根本上改变了其自由放任的立场，与战前的自由贸易立场发生了决裂。参见"The Ministry of Blockade in the First World War and the Demise of Free Trade," *Twentieth Century British History* 27, no.3 (2016): 333-356; 尽管战间期的制裁以及20世纪30年代之前的英帝国国防计划总是将实力强大的私人自由贸易视作经济战得以成功的前提条件。
③ Robert Cecil, *A Great Experiment: An Autobiography by Viscount Cecil* (London: Jonathan Cape, 1941), p.40.
④ Michel Foucault, *Security, Territory, Population: Lectures at the Collège de France, 1977-1978* (London: Palgrave Macmillan, 2004), pp.19–20.

要推手。

威廉·阿诺德-福斯特的家庭背景与塞西尔相差不少，但也不算太差。他家的很多长辈都是自由统一党（Liberal Unionist）的政治家，他的曾叔父是维多利亚时代著名的诗人、评论家马修·阿诺德（Matthew Arnold）。他的父亲休（Hugh）被贵格派的羊毛商威廉·福斯特（William Forster）收养，后来，休成了自由统一党议员，1903年，休进入了亚瑟·贝尔福领导的保守党内阁，担任陆军大臣。[①] 因此，威廉生活在一个处于大英帝国核心精英阶层、信奉自由主义-帝国主义的家庭中。1914年12月，威廉加入了皇家海军志愿后备队，之后，他转去海军部贸易司任职，成为海军部在禁运品委员会的代表，在那里，他与外交部代表塞西尔一同工作。禁运品委员会拥有大量运往敌方港口货物的信息，根据这些信息，皇家海军会派遣军舰拦截这些货物。禁运品委员会的基本职能就是根据运载禁运品的线索对全球贸易体系进行针对性干预。

在这里，威廉·阿诺德-福斯特成了新时代经济武器的设计师。禁运品委员会原有的证据系统的主要缺点在于其所需成本巨大。情报分析员、检查员等工作人员长时间处于超负荷工作的状态下。由于在海上搜查船只会面临诸多困难，所以除非一艘船只十分明显地从事非法贸易，否则皇家海军不得不予以放行。1915年期间，拥有18艘武装商船，由海军少将杜德利·德·查尔（Dudley de Chair）负责指挥的第十巡洋舰中队在北海拦截了至少3098班船只，平均每天拦截8艘。其中，有743艘船（占所有被拦截船只的1/4）被送入港口接受进一步检

---

① 威廉·福斯特因在19世纪80年代主张严厉镇压爱尔兰土地同盟而被人们称为"鹿弹·福斯特"（Buckshot Forster），他的养子，陆军大臣休·阿诺德-福斯特通过《埃舍尔报告》（the Esher Report）在英国陆军以及陆军部的改革中扮演了重要角色。"H. E. Arnold-Forster," *Dictionary of National Biography* (London: Smith, Elder, 1912).

查。① 这些船只主要被送往柯克沃尔与唐斯，在港口中，皇家海军的工作人员将检查货物清单，并将其具体内容用电报发送给禁运品委员会，之后，工作人员还会仔细检查船只所装载的货物。但是，由于船只大小不一，所以很难规定检查时间的上限。如果要仔细检查一艘载有500名乘客的大型客轮，那么皇家海军需要派出10名军官、20名水手不停工作至少18个小时才能完成。② 其他较小的船只则无须花费这么长时间。除了情报与执行上不可避免的错误外，这样一支队伍也根本无力控制所有进入中立国港口的海上通道。

阿诺德–福斯特意识到，流入中立国的大量货物最终会落入敌手。为了改进现有的检查方式，不把有限的人力物力投入收效甚微的检查工作当中，他建议大幅扩展封锁的范围。1915年，他建议海军部采用配给制的统计模式来取代现有的证据模式。③ 战争贸易司将以战前的消费水平作为基准，估算中立国季度、年度的"正常"进口量。阿诺德–福斯特认为，中立国对特定商品的进口量不得超过其战前平均水平，英国应当禁止超额的进口部分，而非将时间与资源浪费在寻找某一特定船只运输禁运品的证据上。

从英国的角度来看，一旦适用配给制，英国就可以更加有效地控制全球贸易。但对中立国来说，配给制造成了相当严重的问题。事实上，战争贸易对中立国"正常"需求的估算往往低于其实际需求，因为在战争年代，中立国的国内工业以及全球贸易陷入混乱之中，所以中立国的实际需求相较战前而言有所增加。④ 而且，统计模式的一个

---

① "Blockade," *Encyclopedia Britannica*, 12th ed. (London: Encyclopedia Britannica, 1922), 30:464–466.
② Ibid., 30:465.
③ Osborne, *Britain's Economic Blockade*, pp.93–94.
④ Kruizinga, "Economische Politiek," pp.255–258, 266–268.

固有缺陷在于，随着时间的推移，按照先前某一时刻统计所得的需求量一定会逐渐低于实际需求量。以荷兰为例，1916年年初，战争贸易司认为，荷兰于1915年第四季度进口的亚麻籽、润滑油以及汽油超过了正常数量。因此，皇家海军立刻下令禁止上述货物流入荷兰。①与此同时，战争贸易司也进一步下调了荷兰进口玉米、黑麦、豆饼、棉花以及精炼石油的配额，因为在上一季度，这些货物的进口量低于配额。英国官员的理由是，如果荷兰人不需要进口那么多就能满足需求，那就说明现有的配额太多了，理应调低。②

因此，在配给制下，中立国几乎无法维持现有的进口水平，要么会因为超过配额而受到惩罚，要么会因为没有用完配额而使之后得到的配额遭到削减。新制度完全倒置了国际法要求交战方承担的举证责任。通常情况下，实施封锁的一方必须证明货物实际上是被运往受封锁地区的。到了1916年，英国多次宣布，除非有相反证据，否则中立国进口的超出配额的货物即为禁运品。这完全突破了国际法赋予交战国的权利。但就其实际效果（防止禁运品流入德国）而言，配给制比旧有制度要有效得多。原先，英国实施的证据模式表明其封锁的运作逻辑是法律；而现在，英国实施的统计模式则表明新一阶段的封锁运作逻辑变成了经济。

阿诺德–福斯特带来的革新终结了所谓的"早期不科学的封锁阶段"，③也为后来不断诞生的新封锁工具奠定了基础。1916年年初，整个封锁体系主要包括皇家海军构建的海上屏障、进出口许可证制

---

① TNA, FO 551/4, 25491, War Trade Department, "Statement of the Imports into the Netherlands during the Month of January 1916, Compared with the Quantities to Be Imported under the Rationing Agreement with the N.O.T.," 8 February 1916.
② Kruizinga, "Economische Politiek," pp.279–280.
③ BL, RCP MS 51143, Arnold-Forster, "Rationing Neutrals in the Blockade," 3 December 1939, f. 120.

度、中立国进口货物配给制三方面。随着塞西尔领导的封锁部逐渐整合了不同部门,封锁部又推出了三项新的政策工具。

第一项政策工具是黑名单制度。英国政府会定期公布一份清单,其中列举了已知与敌方有贸易往来的公司。[1]一旦上了这份名单,该公司就在事实上(ipso facto)违反了英国法律,英国政府可以根据《对敌贸易法》扣押该公司的货物,还可以没收其资产。除了公开名单之外,英国外交部还制定了三份秘密黑名单:一份是银行黑名单,一份是船只黑名单,还有一份是涉嫌与敌方进行贸易的公司黑名单。法国也制定了一份黑名单,一个部际委员会负责定期更新这份名单。通常而言,与德国进行贸易的美国公司会被列入秘密黑名单,英法两国的封锁机构会进一步收集其活动的相关信息。

为了不将美国推向对立面,英国推出了第二项政策工具,用以处理美国对欧洲的贸易问题:建立"航行许可证"制度。在该制度下,如果一个外国出口商向当地英国大使馆登记其要出口的货物,那么他就有机会获得英国政府签发的航行许可证,进而有权通过皇家海军设立的海上封锁线。[2]

1916年春,封锁部推出了第三项政策工具——煤仓控制,这是一个强大的能源控制机制,其基础是由英国所有或由英国负责供货的、位于全球各地的煤仓站点。[3]1916年3月,贸易委员会下属的一个名为"非官方煤炭委员会"的小部门开始实施煤仓控制政策。在这一政策之下,如果中立国的船只希望获得英国的煤炭,那么就需

---

[1] Osborne, *Britain's Economic Blockade*, pp.124–126. 第一份黑名单于1916年2月29日公布,其中包括了希腊、摩洛哥、荷兰、挪威、葡萄牙、葡属东非、西班牙以及瑞典的公司与个人。
[2] Siney, *The Allied Blockade of Germany, 1914–1916*, pp.135–142.
[3] Osborne, *Britain's Economic Blockade*, pp.104–105.

要在英国港口停靠，接受货物检查。如果船只距离欧洲太远，那么其运载的货物将由当地领事或皇家海军随员进行检查。获准添加英国煤炭的船只将被载入白名单中。对于中立国的公司而言，他们无法承受失去英国燃煤带来的损失，因此这些公司都会主动向英国登记自己运输的货物，同时避免与同盟国进行贸易。很快，在煤仓控制的压力之下，原本难以追踪的船只信息都被纳入一个不断扩大的世界航运数据库之中。

与此同时，法国人还开发出了第四项封锁工具。如果交战国无法控制中立国之间的贸易，那么全数购买这些中立国家的特定商品可能是防止敌人从中立国获取这些物资的最好方法。这种"排他性购买"方案最早出现于1916年1月白里安与阿斯奎斯在伦敦的会议上。法国陆军部成立了一个国外采购委员会。[1] 这一方案的唯一限制就是有没有充足的资金。由于法国政府为了维持战争开支，其财政压力已经达到了极限，而英国政府仍能够在国际市场（主要是纽约）上借款，所以主要由英国来负责筹措用于购买关键物资的资金。[2]

到1916年8月，法国的封锁委员会已经成为法国外交部下属的一个完整部门了。其中包括统计部门、技术部门、翻译部门、负责密码的部门以及一个印刷间；到1916年年底时，该部门已有35名至40名长期工作人员。[3] 法国封锁部与巴黎其他负责经济事务的官员试图将指导封锁的战略概念化，并将其纳入现有体系中。法国的人力资源利用效率也远胜于英国，他们仅用53人（其中26人是女书记员与女打字员）就能管理所有与封锁有关的事务，而塞西尔领

---

[1] MAE, Blocus 1914–1920, Box 267, Comité R, Procès-verbal du 18 mars 1916.
[2] Marjorie M. Farrar, "Preclusive Purchases: Politics and Economic Warfare in France during the First World War," *Economic History Review* 26, no.1 (1973): 117–133.
[3] MAE, Blocus 1914–1920, Box 266, A 378–1, Borderau d'Envoi, Comité R, 1 January 1917.

导的封锁部以及外交部相关部门共有 1880 名工作人员。

　　法国能够在人力使用上如此精简，主要应当归功于雅克·塞杜（Jacques Seydoux），他是一个典型的法国外交部官员，同时也是法国内部"推动封锁的关键人物"。塞杜出生在一个巴黎资产阶级自由派的新教家庭当中。他曾就读于巴黎政治学院，在伦敦、柏林与雅典当过外交官，在战争期间，他担任封锁部助理主任一职。[1] 塞杜决心战胜德国，但与此同时，他也希望利用封锁机构为战后重建调集资源，他认为为了完成重建，就必须整合所有欧洲国家的资源。这一富有前瞻性、务实的态度让塞杜在法国政府的体制内遭到艾蒂安·克莱芒特的反对，后者是一名技术官僚，担任工业、商业、邮政与电报部部长。克莱芒特是一个专横、自负的人，在 1916 年 6 月的巴黎经济会议上，他违背了外交部的意愿，推动通过了一项协约国之间的决议，该决议要求在战后永久限制德国的贸易。[2] 但其他的事务分散了克莱芒特的注意力，使得他并未能将这一计划进行到底。这让塞杜得以将法国重新定位为经济战中一个更具建设性的伙伴。1916 年 3 月，协约国在巴黎召开了一次经济会议，来自英国、法国、意大利、俄国、塞尔维亚、日本、葡萄牙以及（后来的）罗马尼亚[3]的代表参加了此次会议，以整合各国的封锁措施。[4] 美国参战后，协约国封锁委员会得以设立，其目标与巴黎经济会议一致。即使封锁

---

[1] Stanislas Jeannesson, *Jacques Seydoux diplomate, 1870-1929* (Paris: Presses Universitaires de Paris, 2013), pp.15-99, 113, 116.
[2] 有关日后他就这些主题发表的观点，参见Étienne Clémentel, *La France et la politique économique interalliée* (New Haven: Yale University Press, 1931); Soutou, L'or et le sang, pp.261-265.
[3] 此处应指罗马尼亚王国。第一次世界大战后，罗马尼亚王国与特兰西瓦尼亚王国合并，罗马尼亚正式统一，现代罗马尼亚的疆域基本成型。——编者注
[4] MAE, Blocus 1914-1920, Box 98, A 374-2A, Comité permanent international d'action économique, procès-verbaux.

所需的大部分资源与情报都流向了伦敦，巴黎仍然是协约国的一个重要决策场所。

如果我们回到本章开头的那个例子，我们就能清晰地认识到封锁机制的用途与局限：从巴西将锰矿石运往德国的过程中都发生了什么？负责封锁的官员追踪了矿石的流动路径，在这期间，他们取得了重大进展，但也遇到了很多严重的问题。早在1914年10月，英法就将锰列入"绝对禁运品"清单之中，也就是说，在英法看来，锰只能用于军事目的，因此所有运往同盟国的锰都将被没收。[1] 从战前的商业统计数据，我们能清楚地看出德国极度依赖来自俄国、印度、西班牙以及巴西的锰矿石。[2] 自战争开始以来，法国的经济情报部门就对德国的生产情况进行了详细的调查。[3] 据坦纳里手下的分析人员估算，到1916年年底，同盟国每年需要大约100万吨锰矿石，他们认为，即便算上同盟国拥有的少量库存，德国也将面临日益严

---

[1] 由于锰存在诸多不同的形态，有关锰产品的法律地位的变化是分阶段发生的：1914年10月3日，锰矿石被列入绝对禁运品清单；1915年1月3日，金属锰及其矿物被列入清单中；1915年10月14日，二氧化锰作为一个单独的材料类别被列入清单中。此外，1915年12月，锰矿石与锰矿物制品都被列入了禁止出口的物品清单中；SHD 4 N 14, "Etude sur l'effet des mesures restrictives, 1915–1916," pp.285–286.

[2] MAE, Blocus 1914–1920, Box 276, War Trade Advisory Committee, Memorandum D/1902, The present position of the metal industries in Germany and Austria-Hungary in respect of raw materials［fall 1916］.

[3] SHD, 4 N 14, "Etude sur l'effet des mesures restrictives, 1915–1916," pp.287–291, 299. 法国的分析师从战前生产中德国消耗的锰的数量以及已知的战争中的生产数量，推算出了目前德国能投入生产的锰的数量。但这一推算并非完全准确，因为存在一些不确定因素，例如生产不锈钢所需的锰矿石的数量取决于矿石的纯度，而锰矿石的纯度因产地不同而有所不同，巴西产的锰矿石纯度为47%—50%，印度产的锰矿石纯度为40%—55%，俄罗斯产的锰矿石纯度不一，乌克兰的矿石纯度在46%左右，而格鲁吉亚的矿石纯度在49%左右，而在战前俄国每年出口的超过100万吨锰矿石中，大部分都是纯度为40%的劣等矿石。HD, 4 N 14, Comité R, "La question des matières premières," pp.3–4, 6–7.

峻的原材料短缺问题。①

战争使得德国不得不重新考虑如何获取国外的锰矿石这一问题。由于当时印度被大英帝国控制，而同盟国又在东线与俄国作战，德国失去了两个最大的锰矿石供应商。德国现在完全依赖中立的西班牙以及奥地利控制下的布科维纳的雅各布尼（Jakobeny）矿区供应少量锰矿石。② 到 1916 年年底，全球 90% 的锰矿石产量被德国的敌人控制。随着航运价格上涨，从印度进口锰矿石的海运成本提高，从俄国进口的铁路运输渠道被切断，巴西锰矿获得了得天独厚的地位，进而从这种全球混乱的局面中获利。受价格高涨的刺激，巴西的锰产量从 1914 年的 18.3 万吨飙升到 1915 年的 31 万吨，在美国对锰的需求激增的情况下，1916 年，巴西的锰产量达到了 35 万吨。协约国大量的军火与物资订单流向美国，让美国的经济开始发生转变，以适应战时的生产需求。③ 生产 1 吨钢需要 14 磅锰，而美国从巴西进口锰的总量从 1913 年的 6.3 万吨上升到 1917 年的 46.8 万吨。④

战争开始两年后，战前德国工业的海外供应链已经被彻底切断了。法国情报部门报告称，德国企业试图走私并囤积一些锰，但他

---

① 法国负责封锁的相关人员最初就能否生产出足够的用于钢铁生产的"人造锰"这一问题进行了激烈的争论。SHD 7 N 875, "Note de M. Sayous, chargé de mission en Suisse (resumé critique)," 15 March 1916, pp.2, 10. 一年后，他们指出，"在不否认德国工程师能力的前提下，我们有理由怀疑德国能否使用锰的替代品来进行工业生产，以缓解目前锰资源的匮乏。"(SHD, 4 N 14, "Etude sur l'effet des mesures restrictives, 1915–1916," p.299).
② 由于靠近俄奥边境，在第一次世界大战期间，雅各布尼矿区四次易主。J. Robert Wegs, *Die österreichische Kriegswirtschaft, 1914–1918* (Vienna: Schendl, 1979), pp.56–65; Alexander Watson, *Ring of Steel* (London: Penguin, 2014), p.327.
③ Adam Tooze, *The Deluge: The Great War and the Remaking of World Order, 1916–1931* (London: Allen Lane, 2014), pp.215–216.
④ *The Mineral Industry of the British Empire and Foreign Countries: War Period: Manganese (1913–1919)* (London: His Majesty's Stationery Office, 1921), p.122.

们隐藏的货物被英国海军巡逻队截获。[1] 在协约国的封锁体系之下，对情报的搜集、预判，与和盟国以及中立国的外交协调以及海上封锁线相结合，成功实现了对这种关键金属的封锁。但封锁一方的成功并没能立即遏止同盟国的战争投入。在战时，德奥两国的工厂开始重新使用低等级的钢铁，而钢铁等级的降低反映到战场上还需要一段时间。此外，面对原材料的短缺这一问题，同盟国的解决方案是转换战争目标。正如我们将要看到的，由于海外供应被切断，德国的军官、官僚与工业家们把战争重点转向了其陆上邻国——俄国。

封锁与未来的强制执行措施

封锁部部长塞西尔将他的工作描述为实施"一个完全新奇的、在世界历史上前所未有的封锁制度"。[2] 他毫不掩饰地捍卫英国干涉全球货物、资金与信息流动的权利。通过美国的报刊渠道，塞西尔向美国人解释称，英国必须拦截跨大西洋的邮件与电报。[3] 1916年下半年，他也开始思考在未来的全球合作当中，封锁会发挥什么样的作用。[4] 当年9月，他给劳合·乔治内阁提交了一份关于维护战后和平所面临的挑战的备忘录。其中，塞西尔利用反事实的写作手法提出了一个问题：1914年"七月危机"的升级究竟能否得以避免？当奥匈帝国向塞尔维亚宣战时，和平解决争端的选择尚未被穷尽。塞西尔认为，无论是通过大国会议还是通过某种仲裁程序，都能以谈

---

[1] SHD, 4 N 14, "Etude sur l'effet des mesures restrictives, 1915–1916," pp.287–288.
[2] Robert Cecil, "Blockade of Enemies," House of Commons debate, 21 March 1918, in *Hansard*, vol. 104, p.1254.
[3] Maurice de Bunsen, *Why Mail Censorship Is Vital to Britain: An Interview with the Rt. Hon. Lord Robert Cecil* (London: J. A. S. Truscott and Son, 1916).
[4] Dehne, *After the Great War*, pp.32–37.

判的方式解决危机。然而，真正困难的地方在于如何迫使争议各方尊重谈判结果。塞西尔写道：

> 然而，如果能够找到这样一种工具，既能够对一个冥顽不化的国家施加相当大的压力，同时又不至于给使用这一工具的国家带来过大的风险，那么我们就能解决这一困难了。我认为，在这场战争中大放异彩的封锁就是这样一种工具。毫无疑问，要想让封锁充分发挥作用，就需要拥有压倒性的海军实力。然而，仅仅依靠压倒性的财政实力也能实现很多目标，当这两者结合起来之时，没有任何一个现代国家能够真正承受其带来的压力。假设在1914年7月，协约国对德奥两国说，除非修改针对塞尔维亚的最后通牒或召开会议，否则我们将切断与你们的所有商业与金融往来，那么同盟国是否还会继续采取军事行动就非常值得怀疑了。如果能说服美国加入这一声明，那么其效果还会大大提升。①

在这份备忘录中，英国内阁官员第一次提出将封锁转变成和平时期预防战争的机制。在很长一段时间内，塞西尔的这一观点都将深刻影响和国际组织建设相关的计划。② 然而，他所领导的封锁部还只是战争期间发展起来的管制经济的一个分支，通过调动全球资源以支持

---

① TNA, CAB 24/10/GT484, Robert Cecil, "Memorandum on Proposals for Diminishing the Occasion of Future Wars," n.d. (probably September 1916); reproduced in Cecil, *A Great Experiment*, pp.353–357。
② Peter Yearwood, *Guarantee of Peace: The League of Nations in British Policy, 1914-1925* (Oxford: Oxford University Press, 2009), pp.24–28.

协约国战争努力的大业也已成形。自 1915 年年初以来，包括年轻的凯恩斯在内的一部分财政部官员就一直致力于整合协约国各国的资产负债表。到 1916 年，来自华尔街的信贷使得英法两国有能力在美国大规模采购军备。在英国官员亚瑟·萨尔特（Arthur Salter）与法国商人让·莫内（Jean Monnet）的领导下，一个管理航运吨位的新型政府间机构——协约国海上运输委员会——成立了。到 1918 年，协约国海运理事会已经征募了全球大部分商船来为协约国提供运输服务。[1] 在将敌人排除出世界经济的同时，国际经济合作也为协约国提供了战争资源。这种战略上的双重性与拿破仑在 1806—1813 年建立的大陆体系有些相似，法国历史学家阿尔伯特·索雷尔（Albert Sorel）曾将这一体系描述为"一石二鸟的机制"，即在构建以大陆为导向的新经济体系的同时破坏英国的对外贸易。[2] 第一次世界大战期间，协约国内部的经济国际主义也以类似的方式运作：塞西尔、阿诺德–福斯特与塞杜专注于切断敌人从海外获取资源的通道，而萨尔特、凯恩斯与莫内则专注于为协约国动员足够的资源。

尽管这一雅努斯式[3]的全球机制的两副面孔相辅相成，但这并不意味着人们已经就封锁应当朝何处发展或是应当达成何种目的等问题达成了一致。许多人认为，如果将针对中立国的禁运品管制网收得太紧，那么协约国就无法获得这些中立国内部的资源。像塞杜这样的温和派认为，应该在将同盟国排除出世界经济体系之外与让世界经济体系为协约国服务这两者之间保持一种微妙的平衡。然而，像克莱芒特

---

[1] Arthur Salter, *Allied Shipping Control: An Experiment in International Administration* (Oxford: Clarendon Press, 1921).
[2] Albert Sorel, *L'Europe et la Révolution Française, septième partie: Le blocus continental—Le grand empire, 1806-1812* (Paris: Plon, 1904), p.114.
[3] 雅努斯是罗马神话中掌管开始与终结的神。他通常被描述成有前后两副面孔，一副看向过去，一副看向未来。此处喻指协约国制裁机制的双面性。——译者注

第一部分　经济武器的缘起

这样的强硬派以及其他法国干预主义者既想要实现协约国内部的进一步整合，又想要给同盟国施加更大的压力。正是在这一背景之下，1917年，"经济武器"这一概念首次广为人知。[1] 克莱芒特的首席顾问、经济史学家亨利·豪瑟（Henri Hauser）在给法国内阁与威尔逊政府的备忘录中阐明了这个词的含义。在豪瑟看来，协约国的经济联盟发挥了五个方面的作用：第一，这是打击同盟国士气的一件"武器"；第二，这是"对和谈最为重要的保障"；第三，"其能够说服、吸引中立国倒向协约国"；第四，"是协约国经济复苏与发展的互助手段"；第五，也许也是最重要的一点，"是这场战争后必须建立的新国际秩序的基础以及最有效的保障之一"。[2]

实际上，上述设想中包含了一组十分重要的紧张关系。经济武器可以成为公正地维护和平的手段，同时它也会保留自身的攻击性，可以施加诸如"毁灭一国工业"的威胁，这一点尤其可以针对德国。困难在于，如何将这两个目标融合到单一的机制之中，特别是如何让经济制裁在战后获得战败国的承认，进而获得更为普遍的合法性。[3] 与英国政府内部的争论不同，法国内部就这一问题的分歧不在于经济武器的可行性，而在于其背后的最终目的。经济武器究竟应

---

[1] Séverine-Antigone Marin and Georges-Henri Soutou, eds., *Henri Hauser (1866-1946), Humaniste, Historien, Républicain* (Paris: Presses de l'Universitéde Paris-Sorbonne, 2006), pp.39–44.
[2] Ibid., p.159. 豪瑟写道："协约国对原材料的控制可以为其成员国提供帮助……这一控制是这场战争后必须建立的新国际秩序的基础以及最有效的保障之一。一旦拥有了这种控制能力，我们就能直接，甚至自动地剥夺那些破坏和平的国家在国际市场上购买原材料的权利。"（cited in SHD, 4 N 14, "Contrôle interallié des matières premières. Texte retenu par le Bureau dans les séances des 30 Novembre et 28 Décembre 1917"）.
[3] Soutou, *L'or et le sang*, p.559. 塞杜希望德国接受协约国的和平条件，但从长远来看，他本人也是支持合作式经济外交的。克莱芒特则更担心德国在长时段里体现出的竞争能力，因此他希望永久地限制德国，以防其在经济上实现复苏。(ibid., pp.493–494, 507–517).

65

当用来延续强权政治,还是用来超越强权政治?这一问题将伴随经济制裁走过整个战间期,成为英法两国的一个主要争论点。在1917年8月与英国官员的一次会议上,克莱芒特提出在协约国内部建立一个跨国组织来控制全球原材料,以迫使德国接受和平。在他看来,战后的国际组织或仲裁机构可以通过原材料控制来维护和平。克莱芒特反问道:"在未来,欧洲、美洲与亚洲联合起来的各国就会意识到,武力并不能维护和平,只有控制了原材料,才能让那些不守规矩、掠夺成性的民族保持和平,这难道不是保障仲裁结果得以实施的最佳手段吗?"[①]他的等级论观点充分说明了其致力于维护的世界秩序究竟是哪一种。

在第一次世界大战中,希腊的遭遇能够证明封锁是如何(更为精细地)为旧有的强权政治服务的。在官方层面,希腊是保持中立的,然而在其内部,共和派总理埃莱夫塞里奥斯·韦尼泽洛斯(Eleftherios Venizelos)领导下的亲协约国派与威廉二世的妹夫、希腊国王康斯坦丁(Constantine)身边的亲德派之间产生了矛盾。1916年年底,这一分裂升级为事实上的内战。为了迫使康斯坦丁加入协约国,法国政府开始封锁希腊的保王派地区,尤其是伯罗奔尼撒半岛,但法国并未对希腊宣战。英国很快加入其中,开始在协约国港口扣押希腊船只。由于希腊保王派地区的人口十分依赖进口食品,这一和平封锁造成了严重的饥荒。1917年年初,雅典的平民死亡率翻了一番。6月,国王康斯坦丁退位,协约国由此结束了封锁;韦尼泽洛斯迅速组建了一个新政府,并带领希腊加入协约国一方参战。在参战的边缘时刻,经济压力在政治上是十分奏效的,但这也表明希腊在国际秩序

[①] MAE, Série Guerre 1914–1918, A-1276, Rapport sur la conference de Londres, 16–27 August 1917. Cited in Soutou, *L'or et le sang*, p.485.

中处于从属地位。① 欧洲列强曾于 1827 年、1850 年以及 1886 年对希腊实施了和平封锁。尽管在 1917 年，塞西尔与克莱芒特为经济武器制定了崇高的愿景，但对希腊人民来说，这一年的封锁让他们想起了 19 世纪时希腊人曾面临的困境。

金融封锁

在战争初期，协约国的封锁侧重于拦截运往同盟国的货物以及扣押其海外资产。随着时间的推移，煤仓控制政策将能源也置于封锁方的掌控之下。然而，此时的封锁在很大程度上仍未触及世界经济中最具活力的因素：全球金融体系。尽管中欧与世界其他地区之间的贸易已经大大缩水，但德奥两国仍然能在海外获得资金支持。中立国的金融中心仍在处理规模庞大的资金流。例如，1916 年 2 月至 3 月，英国财政部记录了从华尔街向欧洲各中立国银行电汇的 1100 多万美元。② 一份通告显示："荷兰与斯堪的纳维亚国家的银行正在处理规模惊人的业务。阿姆斯特丹、鹿特丹、哥本哈根、克里斯蒂安尼亚、卑尔根、马尔默、特隆赫姆以及斯德哥尔摩等地的小银行一天的业务量相当于正常情况下一个月的业务量。除了与德国的贸易外，这些银行不可能靠其他业务来实现规模如此庞大的业务量增长。"③ 塞西尔领导的封锁部希望能阻断这些资金流。但封锁部既缺乏必要的人手，也缺乏从伦敦金融城获得系统的金融情报的手段。

---

① Mark Mazower, *Greece and the Inter-War Economic Crisis* (Oxford: Oxford University Press, 1991), pp.44–45.
② SHD, 7 N 968, Blocus financier, War Trade Department note, "Contrôle des opérations de banque," 15 May 1916.
③ TNA, FO 902/38, Weekly circular of the War Trade Department, 24 January 1916, f. 116.

伦敦金融城的银行家 E.F. 戴维斯（E. F. Davies）怀疑，很多通过伦敦进行的涉及中立国银行的交易实际上是德国在海外的公司为将自身利润汇回德国而做的伪装。[1] 戴维斯建议封锁部制定一项对德国进行金融封锁的政策，同时从伦敦金融城招募有经验的交易员来审查这些可疑的交易。[2] 对伦敦金融城施加更多的监管、封锁一定数量的交易等做法会让伦敦金融城失去一部分外汇业务。但在戴维斯看来，金融封锁能带来的收益要大得多。他认为，"有些人只从钱的角度看问题，而没有考虑到，损失六个月赚的钱换来战争的胜利，比赚这六个月的钱但危及帝国的安全要好很多"。[3]

塞西尔任命戴维斯领导新成立的金融科。他从巴克莱银行与香港上海汇丰银行带来了一小群志同道合的银行家。金融科为从伦敦中转的中立国至中立国的资金流设计了一个印花授权计划。[4] 由于汇出资金与证券的指令需要通过邮政或电报发送，所以金融封锁实际上就是通信封锁：谁控制了邮政通道与海底电缆，谁就控制了资金流。因此，邮件审查与电报拦截对切断敌方银行与全球金融系统的联系至关重要。金融科将执法的重任交给金融机构，以弥补自身的人力资源短板。从 1916 年 5 月起，协约国的银行需要签署保证书，保证其银行的账户不会"以任何方式直接或间接地参与协助英国或

---

[1] TNA, FO 902/38, "Origin of the Finance Section," letter from E. F. Davies to Mr. Worthington Evans, 19 February 1916, ff. 1–12.
[2] 戴维斯举了一个涉及可疑转账的例子，"一位伦敦的银行家收到了一份向位于斯堪的纳维亚国家的客户支付25万克朗的订单，同时将英镑打入这位斯堪的纳维亚银行家在纽约的账户。在收到这份订单后，交易员可能会认为这位斯堪的纳维亚客户正从美国转移自己的资产，以免在外汇市场上遭受损失。但一位熟练的汇兑交易员可能会对这笔交易进行调查，因为他知道位于布宜诺斯艾利斯或瓦尔帕莱索的德国公司在获得利润后，可能会将这些利润转移到纽约，而后再从纽约通过伦敦转移到斯堪的纳维亚，之后再转移到柏林。"(ibid., ff. 5–6).
[3] Ibid., f. 12.
[4] TNA, FO 902/38, R.C. to Reginald McKenna, 21 June 1916, f. 157.

其盟国的敌人或为其谋利的任何业务"。① 封锁部还对私人银行家进行了威胁，他们宣称，如果违反上述禁令，英国政府就会将其列入黑名单之中，与此同时，违法的银行还会遭到起诉以及强制关停等惩罚。金融科通过强制的报告制度，建立了自己的情报收集网络：根据英国法律设立的银行必须按周报告本银行与中立国银行之间的资金流动情况。② 由于银行在国际贸易当中发挥着十分重要的作用，所以金融科也能借此了解到很多商业活动的具体情况。在给塞西尔的一份备忘录中，戴维斯报告称："金融科可以追踪到每一批由英国银行负责提供信贷的海运货物……其中包括收货人与发货人的名字、装运港、目的地、运输船的名字以及航行日期等。"③

1916年夏末，亚当·布洛克（Adam Block）爵士接替戴维斯成为金融科的负责人。④ 布洛克是一位经验丰富的银行家，他曾在奥斯曼帝国待过很长一段时间，在那里他曾担任英国大使馆的首席翻译官，也曾在奥斯曼帝国国债部门任职。⑤ 他上任后立即提议制裁瑞士的银行，他认为瑞士的银行是德皇的"白手套"。在与法国负

---

① TNA, FO 902/38, "General Guarantee 'A,'" Ministry of Blockade, f. 138. 其中明确规定，"此处的敌人不仅包括与英国及其盟国交战的政府，还包括拥有敌国国籍的公民以及由敌国公民控制的法人，此外还包括英王陛下政府公布的法定名单中的法人与个人。"——这一广泛的打击范围意味着制裁既适用于规范公民个人与法人的私法领域，也适用于规范国家的公法领域。
② TNA, CO 323/714/86, Form M.B.I and M.B.II, Comptroller, Finance Section of the Ministry of Blockade, 29 August 1916, ff. 525–528.
③ TNA, FO 902/38, Memorandum with regard to Finance Section of the Ministry of Blockade, 15 May 1916, f. 144.
④ MAE, Blocus 1914–1920, Box 280, A378–4, Commission financière interministérielle, September 1916.
⑤ 布洛克一开始是英国驻奥斯曼帝国国债部门的代表，后升至理事会主席，一位同时代人评价布洛克是"奥斯曼国债部门的罗伯特·赫德爵士"，以称赞布洛克的重要性，罗伯特·赫德曾任中国海关总税务司。(S. A. M. Adshead, Salt and Civilization（［Basingstoke: Palgrave Macmillan, 1992］, p.268).

69

责封锁的官员的交谈中,他还提议切断所有美国经由伦敦将资金汇入中立国的渠道。法国政府对布洛克的急躁提议大吃一惊。[1] 法国的部际金融委员会主要由法国中央银行官员负责管理,但其中也包括私人银行家,例如奥克塔夫·洪贝格(Octave Homberg),他也曾长期在殖民地从事金融业务,曾担任东方汇理银行与巴黎联合银行的主席,并于1915年在华尔街谈成了第一次世界大战中第一笔协约国间的贷款。[2] 法国金融委员会的情报来自坦纳里主管的经济监管科中的情报分析员,同时,金融委员会与外交部的封锁部门联系密切。1917年,金融委员会推动了针对中立国的部分金融封锁措施的实施。

拉丁美洲是欧洲工业原材料的主要供应地之一,与此同时,德国与英国都相当重视在拉美的投资。[3] 在这个高速增长的市场上为新生企业提供资金是一项非常有利可图的业务。1913年,德意志银行在拉丁美洲的子银行——跨大西洋德国银行——为母公司贡献了1/6的收入与净利润。[4] 1886年至1912年,德国五个银行集团在该地区

---

[1] 瑞士的银行开展了一系列不同种类的业务,但他们对马克的投机活动既可能使得同盟国获益,也可能使其受损,让同盟国货币的汇率在国际市场上持续走低。银行采取的金融投机活动对德国马克的损害比对美元和英镑的损害更大,因为后者仍然能像战前一样,维持与黄金之间的兑换。MAE, Blocus 1914-1920, A378-4, Blocus financier. Note de M. Sayous (Commission financière interministérielle), Zurich, 2 November 1916.

[2] Fabien Cardoni, *Les banques françaises et la Grande Guerre: Journée d'études sous la direction de Fabien Cardoni* (Paris: Institut de la gestion publique et du développement économique, 2016), p.6.

[3] Herbert Feis, *Europe the World's Banker, 1870-1914: An Account of European Foreign Investment and the Connection of World Finance with Diplomacy before the War* (New Haven: Yale University Press, 1930), pp.3-82.

[4] Plumpe, Nützenadel, and Schenk, *Deutsche Bank*, p.219.

建立了自己的子银行。① 只要德国在拉丁美洲的银行业务与商业活动得以维持，狭隘地专注于实物的封锁就无法削弱德国在全球范围内的经济地位。因此，负责金融封锁的人们开始想方设法阻止德国在海外的公司将其海外利润汇回德国本土。但是，这样的政策面临着一个困难，即如何在不损害自身经济的情况下对金融系统实施干预。协约国实施的标志性金融封锁是在1917年年底，英法两国禁止在阿根廷的德国公司将资金向外转移，为此，英法会惩罚为其转移资金提供便利的法国与荷兰银行。

在此次金融封锁当中，法国里昂信贷银行算得上是主角，可以说，这家银行象征着法国金融业的巨大成功。法国里昂信贷银行成立于1863年，注册资金为2000万法郎，50年后，它已发展成为当时世界上最大的银行，总资产达28.5亿法郎（约合1.13亿英镑）。② 该银行的业务遍及世界各地，为东欧、南欧、俄罗斯、中东、拉丁美洲以及亚洲的公司提供短期信贷或长期资金支持。这家法国大银行通过其马德里分行开展拉丁美洲业务，该分行与活跃在当地的德国、荷兰与瑞士银行进行交易。在这一领域，对本国的忠诚似乎并不重要，里昂信贷银行以信托方式持有跨大西洋德国银行的证券投资组合。③

大多数拉美的金融服务都是由欧洲主要银行的子银行负责的。里昂信贷银行的竞争对手之一是鹿特丹银行的子银行，鹿特丹银行

---

① George F. W. Young, "German Banking and German Imperialism in Latin America in the Wilhelmine Era," *Ibero-amerikanisches Archiv* 18, nos. 1–2 (1992): 31–66.
② Yousef Cassis, *Capitals of Capital: A History of International Financial Centres, 1780–2005* (Cambridge: Cambridge University Press, 2005), pp.50 and 92, table 3.3.
③ Jean-Marc Delaunay, "Le Crédit Lyonnais en Espagne, 1875–1939. La plus active des banques françaises au sud des Pyrénées," in *Le Crédit lyonnais, 1863–1986: Études historiques, ed. Bernard Desjardins*, Michel Lescure, Roger Nougaret, Alain Plessis, André Straus, p.606 (Geneva: Librairie Droz, 2003).

成立于1914年3月。同年10月，这家银行在布宜诺斯艾利斯开设了第一家分行，名为"南美荷兰银行"。随后，这家银行于1916年在里约热内卢开设了巴西分行。[①]1916年2月，南美荷兰银行首次出现在法国封锁系统的情报网中，当时其布宜诺斯艾利斯分行代表德国第二大银行德国信用合作银行购买了价值430万马克的黄金。此前一段时间，德国信用合作银行一直试图向阿根廷政府出售黄金，从而为德国政府筹集战争资金。[②]由于当时还没有一个统一的协约国金融封锁政策，荷兰银行与阿根廷都能按照自己的意愿自由交易。协约国没有采取任何行动。但是，欧洲银行位于拉丁美洲的分行显然是封锁体系未来的一个目标。

到1917年夏末，美国的参战改变了局势。此时的协约国控制了世界上三个主要的金融中心——纽约、伦敦与巴黎，进而可以实施更为有力的金融封锁。9月初，封锁部金融科的亚当·布洛克在巴黎的法国部际金融委员会上主张对中立国银行实施更为严格的管控。他表示："经验表明，黑名单以及切断与协约国的一切关系是一个威力极其强大的武器；在这一威胁面前，绝大多数中立国银行都会接受我们的条件。"[③]布洛克希望全面禁止协约国公民和与同盟国有任何关系的中立国公民之间进行交易。法国负责金融封锁的洪贝格则更为谨慎一些。他认为，对大型中立国银行实行全面封锁，有可能会

[①] Piet Geljon and Tom de Graaf, "Dutch Colonial and Imperial Banking: Different Ways of Entry and Exit," in *Colonial and Imperial Banking History*, ed. Hubert Bonin and Nuno Valério, p.78 (London: Routledge, 2016).

[②] SHD, 7 N 875, Etat-major de l'armée, 5ème bureau, Section de contrôle, "Note pour le Comité de restriction des approvisionnements et du commerce de l'enemi," 20 February 1916［referring to the *Bulletin hebdomadaire* of the Comité R of 12 February 1916］, pp.1–2.

[③] MAE, Blocus 1914–1920, Box 280, A378-4, Commission financière interministérielle, Procès-verbal de la 50ème séance, 4 September 1917, p.1.

适得其反。如果被迫在两个对立阵营之间做出选择，那些与同盟国有大量业务往来的银行可能会切断与协约国之间的关系，而非停止向德国提供贷款。在这种情况下，洪贝格警告道："我们铸造的武器将反过来对付我们自己。"①他认为需要采取更为巧妙的手段：一个类似黑名单的酌情禁止制度，这一制度并不针对整个银行，而只是针对特定的可疑转账，采取这一行动的理由是打击针对协约国货币进行的投机活动。②

这些更加细化的制裁措施很快就被应用于拉丁美洲与欧洲中立国之间的跨大西洋转账之上。随着协约国对巴西施加的金融压力越来越大，南美荷兰银行里约热内卢分行成为德国商人向西班牙转移利润的渠道；德国商人可能希望该银行的荷兰分支能保护其资产免受封锁影响。根据当地领事收集的情报，法国封锁部门了解到南美荷兰银行与德国贸易公司布罗姆伯格公司存在联系，并要求将其列入黑名单。③8月14日，这家荷兰银行的里约热内卢分行从德意志南美银行在其开设的一个账户中向里昂信贷银行的马德里分行汇款18万西班牙比塞塔（约合8500英镑）。9天后，南美荷兰银行也汇出了相当数量的资金，随后，在9月，南美荷兰银行汇付了50万比塞塔（约合23900英镑）。在注意到这些付款后，法国驻马德里大使馆要求将这家显然在为同盟国输送资金的银行列入黑名单。

到1917年10月，这家荷兰银行的相关信息已经被核实得差不

---

① Ibid., p.3.
② 这一立场与1916年以来法国负责封锁的政府部门的主张是一致的；在狭义层面上，对金融禁令的表述是"目前已经存在的商业封锁措施在逻辑上的延伸结果，因为这些金融措施只不过是将商业领域内的措施转移到金融领域当中而已"。(MAE, Blocus 1914–1920, A378-4, Blocus financier. Note de M. Sayous［Commission financière interministérielle］, Zurich, 2 November 1916, p.3).
③ SHD, 7 N 967, Blocus financier—Commission financière inter-ministérielle, Procès-verbal de la 45ème séance, 20 July 1917.

多了。南美荷兰银行利用五个不同的名字与几家德国主要银行——如德意志银行、德累斯顿银行、沙弗豪森联合银行以及达姆施塔特银行——在拉丁美洲的子银行进行交易。荷兰银行在阿姆斯特丹、里约热内卢和布宜诺斯艾利斯的三个分行很快被列入法国的黑名单之中。[1]当人们发现南美荷兰银行的董事会中有两名法国公民时，情况变得更加复杂起来。对法国金融封锁委员会的成员来说，最令人不安的甚至不是一家违反封锁规定的银行董事会中有法国公民，而是里昂信贷银行，一个被他们视为民族骄傲的银行，允许德国人使用海外假账户进行交易。

让里昂信贷银行的马德里分行听从指挥并不是一件容易的事。在法国封锁机构冻结了其与中立国交易的代理账户后，西班牙法院也开始介入进来。由于西班牙客户起诉了里昂信贷银行拒绝付款，西班牙法院判令里昂信贷银行履行对合同另一方负有的义务。里昂信贷银行马德里分行的董事们恳求金融封锁委员会允许他们支付拖欠的款项。但金融封锁委员会态度强硬："里昂信贷银行是一家法国银行，它必须遵守法国法律，在西班牙的法庭上，它只能援引这一义务。"[2]里昂信贷银行–南美荷兰银行事件的关键在于，民族国家可以在多大程度上控制全球化的私营金融部门：法国政府能否迫使这家当时世界上最大的银行为了国家利益重组其国际业务？[3]1914年之前，西方政府经常在国际事务中为银行家提供帮助，因为本国的金融机构在欧洲、亚洲、非洲与美洲获得了重大的政治影响力。协

---

[1] SHD, 7 N 967, Blocus financier—Tannery to Block, 28 October 1917, 11 November 1917.
[2] SHD, 7 N 967, Procès-verbal de la 62ème séance, 8 December 1917, p.3.
[3] Hubert Bonin, *La France en guerre économique (1914–1919)* (Geneva: Droz, 2018), pp.349–423.

约国之间的战争融资高度依赖一小群位于纽约、伦敦与巴黎的银行家。然而，延伸到金融界的封锁却在局部层面颠倒了原先的关系，由于经济战的烈度，银行更容易受到相关政治决定的影响。在法律上，法国政府很容易就能禁止法国银行向敌国公民直接转账。但是，一旦涉及中立国银行之间的转账，事情就比较棘手了，因为协约国间的战争融资也依赖于中立国银行的支付系统。

通过在特定情况下进行强有力的干预而非建立永久性控制机制，金融封锁既达成了自身的目的，又让银行进行了自我监督。金融封锁主要是一种监督机制，不过在金融封锁委员会看来，这并没有"以任何方式削减金融机构自我监督的空间。他们才是最有能力实施调查的人，政府没法代替他们"。[1] 遵守封锁规定是银行自己的责任。即使全球范围内的经济战彻底终结了19世纪自由放任的世界，但在很大程度上，私人利益仍然没有受到很严重的侵犯。但在接下来的几十年里，国家干预的限度究竟在哪里，将成为设计制裁手段时反复出现的问题。

---

[1] Ibid., pp.5–6.

第二章
从封锁中诞生的制裁（1917—1919 年）

对那些经历过第一次世界大战的人而言，经济封锁给他们留下的印象相当深刻。俄国从事航运业务的企业家鲍里斯·卡多姆采夫（Boris Kadomtsev）在回顾 1917 年时写道："封锁就像巨浪一样，一遍又一遍地拍击过来，一会儿拍到这边，一会儿拍到那边，直到国家这个巨人身上的每一块骨头都被打碎。"他认为："如果要给予封锁真正的重视，明确其在'世界历史'中的真正地位，就必须完全改写战史。"[1]

在这一年的前 4 个月当中，世界历史的确发生了决定性的转变。事实上，促成这一决定性转变的重要因素既包括协约国对同盟国施加的经济压力，也包括同盟国对协约国施加的经济压力。当德国封锁丹麦海峡，奥斯曼帝国关闭土耳其海峡后，俄国就丧失了其与外部世界沟通的主要通道。战前，世界上 1/4 的粮食贸易都需要经过达达尼尔海峡。[2] 由于黑海与波罗的海的商船受到两方面的封锁无法顺利出海，俄国位于北极圈的港口每年又只有 6 个月可供通航，所以，俄国的经济承受了巨大的压力。[3] 由于既没有足够的出口换取的收入，

---

[1] Boris Kadomtsev, *The Russian Collapse: A Politico-Economic Essay* (New York: Russian Mercantile and Industrial Corporation, 1919), p.59.
[2] "Russia's Grain Artery," *The Weekly Northwestern Miller*, vol. 101, 10 March 1915, p.639; "Dardanelles Is Key to Granary of Slavs," *Weekly Commercial News*, vol. 50, 3 April 1915, p.3.
[3] Boris E. Nolde, *Russia in the Economic War* (New Haven: Yale University Press, 1928).

也无法进口煤炭与粮食,到 1917 年年初,仅靠铁路运输已经无法满足俄国军队(世界上规模最大的军队)与平民的日常需求了。[1] 当年3月,一场革命推翻了圣彼得堡的沙皇政府。就在同一时期,德国决定重启无限制潜艇战来迫使英国投降,而这一行动带来了第二个转折点:美国站在了协约国一方,加入第一次世界大战。[2]

对于针对同盟国的封锁来说,俄国革命以及德国恢复无限制潜艇战都是相当重要的事件。随着沙俄军队崩溃,对中欧实施的经济包围圈的东侧也崩溃了。对于同盟国而言,欧亚大陆上巨量的资源现在唾手可得。德奥两国希望能从中攫取足够的原材料以继续维持战争。同时,美国的加入大大增强了协约国集团的实力。美国不仅控制了大量的原材料、粮食以及资本,美国国会还通过了美版《对敌贸易法》,开始征收敌国政府及其公民的"海外资产"。[3] 随着拉美各国纷纷效仿美国,对同盟国宣战,德国失去了其在西半球的大部分海外投资。最后,美国军队的到来终结了德军在西线战场取得胜利的可能,让西线的战斗进入了倒计时阶段。

随着战争进入最后一年,经济战也变得越发重要。在 1917 年年底到 1918 年夏天的几个月里,英法美三国有关"经济武器"的威力、

---

[1] Anthony J. Heywood, "The Logistical Significance of the Turkish Straits, Russo-Ottoman War and Gallipoli in Imperial Russia's Great War, 1914–1917," *Revolutionary Russia* 30, no.1 (2017): 6–34.
[2] Avner Offer, *The First World War: An Agrarian Interpretation* (Oxford: Clarendon Press, 1989), pp.354–367; Alexander Watson, *Ring of Steel* (London: Penguin, 2014), pp.416–424.
[3] Benjamin A. Coates, "The Secret Life of Statutes: A Century of the Trading with the Enemy Act," *Modern American History* 1, no.2 (2018): 151–172; Nicholas Mulder, "The Trading with the Enemy Acts in the Age of Expropriation, 1914–49," *Journal of Global History* 15, no.1 (March 2020): 81–99; Daniela L. Caglioti, "Aliens and Internal Enemies: Internment Practices, Economic Exclusion and Property Rights during the First World War," *Journal of Modern European History* 12 (2014): 448–459.

所取得的效果等讨论达到了顶峰。原材料控制似乎成了一种确保赢得战争的武器,这一武器同样也能迫使战败国老老实实地服从安排。1918年,一家法国报纸的编辑莱昂·巴伊比(Léon Bailby)写道:"经济武器是一件大杀器,可以在不流一滴血的情况下迫使侵略者认输,德国人能够理解这一威胁背后的力量……与此同时,国际联盟也不再是一个乌托邦,因为其手中握有这一所向披靡的武器。"[①] 不只是协约国认识到了控制资源的重要意义。在与俄国进行停战谈判以及随后利用东方的和平状态时,德国领导人也迫切地要求控制黑海与高加索地区的资源,为此,他们还发动了几次不切实际的远征,以期获得必要的原材料来抵御未来可能出现的封锁。然而,在1918年秋天,让帝国土崩瓦解的并非眼前的物资短缺,而是战场上的筋疲力尽以及西线德军士气的崩溃。

这一系列戏剧性的转变使得战争最后两年人们心中的胜利图景也发生了巨变。这些转变也深深地影响了封锁政策,进而也影响到后来国际联盟的制裁机制。德国对东方资源的大肆搜刮让协约国相信有必要在1918年11月停战后继续维持封锁状态;直到1919年7月魏玛政府签署《凡尔赛条约》后,最后的经济制裁措施才完全解除。同时,人们普遍认为,新的世界秩序是否稳固将取决于如何控制全球原材料,这促使协约国提出了大量有关建立制裁机制的建议。无论这些建议的具体内容如何,很明显,诞生于巴黎和会的新国际组织将"通过经济压力来进行统治"。[②]《国联盟约》第16条的最终版是一个各方相互妥协的方案,因此这一条款存在秘密外交所具备的所有缺陷。首先,封锁是否真的帮助协约国赢得了战争是一个非

---

① Léon Bailby, "La grande menace," *L'Intransigeant*, 2 August 1918, p.1.
② Richard V. Oulahan, "League to Rule by Economic Pressure; Use of Force by Nations Optional; Armaments Cut, Submarines Barred," *New York Times*, 2 February 1919, p.1.

常开放的问题,并不存在一个能说服所有人的答案。其次,塞西尔以及莱昂·布尔茹瓦都未曾假设国际联盟仅依靠经济制裁就能有效运转。这两个人都认为,国际联盟必须具备一定程度的军事干预能力,即使只是最低限度的军事干预。英国人也没有打算将制裁打造为一款能在和平时期动用的武器;根据普通法传统,他们更倾向于公开发动经济战。但在巴黎和会上,美国总统伍德罗·威尔逊及其法律顾问大卫·亨特·米勒(David Hunter Miller)拒绝了上述两项英法提出的意见。因此,经济制裁最终的制度设计出乎很多人的意料,同时,作为成功塑造历史的武器,经济制裁在意识形态上的吸引力大幅增加,但经济制裁所能发挥的作用也很可能被夸大了。

同盟国被迫实现的自给自足

长期以来,德奥两国政府都认为,敌人的封锁不可能打败自己。在第一次世界大战之初,德国首相贝特曼-霍尔韦格就曾宣称,"从阿拉斯①绵延到美索不达米亚的经济体不可能被摧毁"。② 他将中东视为同盟国被围困的陆上堡垒的一部分是很恰当的。奥斯曼帝国于1914年11月参战后,便也成了协约国经济战的目标之一。需要说明的是,在北海,德国布置了水雷,其潜艇也随时可能出现,因此协约国无法在北海实现有效封锁,只能借助禁运品控制系统来实施封锁;而在地中海,英法两国的海军实际上可以实施有效封锁,因此,

---

① 法国北部城市。——编者注
② Cited in "Any Peace Proposal Must Come from Our Enemies Is Declaration of Germany," *Los Angeles Herald*, no.33, 9 December 1915, p.12.

协约国正式宣布了对奥斯曼帝国实施封锁。①英法对安纳托利亚以及黎凡特的封锁破坏了大叙利亚地区的粮食生产。然而，这段历史没有得到应有的关注，特别是考虑到英法的封锁在这里造成的平民死亡人数很可能不亚于中欧这一事实。②据估计，1915年至1918年，大叙利亚地区死亡的平民总数为35万到50万。③一位历史学家估算，在叙利亚地区，有18%的人口（也就是说，每6个居民中就有1个）在战争期间死亡。④奥斯曼帝国是一个粮食净进口国，在1913年至1914年，奥斯曼进口了8.8万吨谷物，而在英法的封锁之下，奥斯曼的谷物进口通道被全部切断。与此同时，奥斯曼军队对粮食以及牲畜的征用进一步损害了粮食分配体系，使奥斯曼帝国的城镇与周边农村之间的联系被切断。除此之外，1915年，叙利亚地区遭遇了

---

① 仅在地中海地区，需要封锁的海岸线就长达3000千米，因此，协约国只能分阶段宣布受封锁的区域。最初，协约国宣布的封锁范围是从色雷斯爱琴海海岸的亚历山大罗波利到萨摩斯沿岸的海岸，即将安纳托利亚西部和达达尼尔海峡封锁起来。Eugene Rogan, *The Fall of the Ottomans: The Great War in the Middle East* (New York: Basic Books, 2015), pp.93–94; Lindsey Cummings, "Economic Warfare and the Evolution of the Allied Blockade of the Eastern Mediterranean: August 1914-April 1917" (MA thesis, Georgetown University, 2015), pp.63–64; W. H. D. Doyle, "Naval Operations in the Red Sea, 1916–17," *Naval Review* 13 (1925): 648–667; "Naval Operations in the Red Sea, 1917–18," *Naval Review* 14 (1926): 48–56. 协约国利用海上封锁切断了奥斯曼帝国的海外粮食供应渠道，沉重打击了奥斯曼帝国的实力，进而使得协约国无须将印度军团派往中东地区进行作战。参见TNA, CAB 37/122/159, Viceroy to Secretary of State for India, 7 November 1914.
② Zachary J. Foster, "Why Are Modern Famines So Deadly? The First World War in Syria and Palestine," in *Environmental Histories of the First World War*, ed. Richard P. Tucker, Tait Keller, J. R. McNeill, and Martin Schmid, pp.191–207 (Oxford: Oxford University Press, 2018).
③ 数字相对较少的数据来源于George Antonius, *The Arab Awakening: The Story of the Arab National Movement* (New York: Capricorn Books, 1965), p.241; 数字相对较多的数据是基于德国方面的记载，参见Linda Schatkowski-Schilcher, "The Famine of 1915–1918 in Greater Syria," in *Problems of the Modern Middle East in Historical Perspective: Essays in Honour of Albert Hourani*, ed. John Spagnolo (Reading, England: Ithaca Press, 1992), pp.229–258.
④ Elizabeth Thompson, *Colonial Citizens: Republican Rights, Paternal Privilege, and Gender in French Syria and Lebanon* (New York: Columbia University Press, 2000), pp.22–23.

严重的蝗灾，蝗群足足有曼哈顿那么大，仅在一天之内，这些蝗虫就啃食了 4200 万人的粮食。[1]1916 年，该地区的收成锐减，饥荒开始出现。奥斯曼帝国的剥削以及蝗灾让这里民生凋敝。然而，是英法的封锁，让此地的农业陷入大规模混乱中，也正是封锁导致了粮食危机，进而使得饥荒暴发，大量平民死亡。从发生在 1917 年年初之后的事中，我们可以很清晰地看到这一点：这一时期，外约旦等奥斯曼帝国治下的地区受饥荒影响的程度要比叙利亚、黎巴嫩等地小，因为这些地区能够通过阿拉伯的贸易网络从海外获取粮食供应，而叙利亚等同样处于奥斯曼帝国的控制之下的地区，正在受到英法的正式封锁。[2] 从 1915 年 12 月到 1918 年 10 月，没有任何一艘船只，哪怕是中立国的船只，获得许可穿越英法两国海军在地中海设置的封锁线。[3]1916 年 12 月，载有包括粮食在内的 2000 吨救援物资的美国船只"恺撒"号试图前往贝鲁特，但在航行途中遭到了英法两国海军的拦截，船上装载的货物被转移到了萨洛尼卡与亚历山大港。[4]针对奥斯曼帝国的封锁是"有效的"，因此属于合法封锁，但正是这两点导致了大量平民伤亡。与针对德国的禁运品管制相比，在地中海，封锁的正式性与合法性都使其更为致命。

然而面对封锁，奥斯曼帝国中心却并没有受到十分严重的影响。部分原因在于，奥斯曼帝国的精英对亚美尼亚人、阿拉伯人等群体遭受的饥荒幸灾乐祸，他们认为这些群体是帝国内部的敌人，会煽动叛

---

[1] Mustafa Aksakal, "The Ottoman Empire," in *Empires at War: 1911-1923*, ed. Robert Gerwarth and Erez Manela, pp.30–31 (Oxford: Oxford University Press, 2014).
[2] Eugene L. Rogan, *Frontiers of the State in the Late Ottoman Empire: Transjordan, 1850–1921* (Cambridge: Cambridge University Press, 1999), pp.223–224.
[3] Cummings, "Economic Warfare and the Evolution of the Allied Blockade," p.96.
[4] "1,200,000 Starving in Syria," *New York Times*, 22 October 1917.

乱。① 德国的精英阶层则十分关注长期的物质封锁给国民经济以及民众福利带来的影响。1915—1916年出现的战时经济组织即是为了应对这一外部压力。由于协约国采取了新的手段，将对原材料以及粮食资源的控制转化为武器，同盟国也从封锁中吸取了有关建立战时经济组织、控制资源的教训。② 德国的时事评论员几乎无一例外地批评英国的非法封锁，强调其违反了国际法。③ 对民族主义右翼分子来说，英国的封锁也证实了他们先前的怀疑，即英国是一个背信弃义的帝国，会不惜一切代价捍卫其霸权。④

---

① Melanie S. Tanielian, *The Charity of War: Famine, Humanitarian Aid, and World War I in the Middle East* (Stanford, CA: Stanford University Press, 2017), pp.51-77, 145-146.
② 有关德国战争经济的研究在战争尚未结束的时候就已经开始了。See, among others, August Skalweit and Hans Krüger, *Die Nahrungsmittelwirtschaft großer Städte im Kriege* (Berlin: Verlag der Beiträge, R. Hobbing, 1917); F. Lorentz and A. Thiele, "Die Wirkungen der Hungerblockade auf die Gesundheit der deutschen Schuljugend," in *Hunger! Wirkungen moderner Kriegsmethoden*, ed. M. Rubmann, pp.17-36 (Berlin: Georg Reimer, 1919); August Skalweit, *Die deutsche Kriegsernährungswirtschaft* (Berlin and Leipzig: Deutsche Verlagsanstalt, 1927); Rudolf Meerwarth, Adolf Günther, and Waldemar Zimmermann, eds., *Die einwirkung des Krieges auf Bevölkerungsbewegung, Einkommen und Lebenshaltung in Deutschland* (Stuttgart and Berlin: Deutsche Verlagsanstalt, 1932); C. Paul Vincent, *The Politics of Hunger: The Allied Blockade of Germany, 1915-1919* (Athens: Ohio University Press, 1985); A. Roerkohl, *Hungerblockade und Heimatfront: Die kommunale Lebensmittelversorgung in Westfalen während des Ersten Weltkrieges* (Stuttgart: Steiner Verlag, 1991); N. P. Howard, "The Social and Political Consequences of the Allied Food Blockade of Germany, 1918-1919," *German History* 11, no.2 (1993): 161-188; Watson, *Ring of Steel*, pp.330-374; Mary Elisabeth Cox, "Hunger Games: Or How the Allied Blockade in the First World War Deprived German Children of Nutrition, and Allied Food Aid Subsequently Saved Them," *Economic History Review* 68, no.2 (2015): 600-631.
③ Ernst Schuster and Hans Wehberg, *Der Wirtschaftskrieg: Die Maßnahmen und Bestrebungen des feindlichen Auslandes zur Bekämpfung des deutschen Handels und zur Förderung des eigenenen Wirtschaftsleben* (Jena: G. Fischer, 1917); Edwin J. Clapp, *Britisches Seekriegsrecht und die Neutralen im Kriege 1914/16* (Berlin: Siegfried Mittler und Sohn, 1916), p.7.
④ Matthew Stibbe, *German Anglophobia and the Great War, 1914-1918* (Cambridge: Cambridge University Press, 2001); Alfred Hettner, *Englands Weltherrschaft und ihre Krisis* (Leipzig and Berlin: Verlag von B. G. Teubner, 1917); Otto Jöhlinger, *Die Britische Wirtschaftskrieg und seine Methoden* (Berlin: Springer Verlag, 1918).

第一部分　经济武器的缘起

在谈及有关战后秩序的设想时，德国遭受经济封锁的经历催生了两种反应。一种是呼吁恢复自由主义的法律制度。1916 年 6 月巴黎经济会议通过的具有相当排斥性的决议为这一论点提供了一个完美的靶子。克莱芒特主张采取的严厉措施使得协约国看起来是一个重商主义联盟，不愿在世界经济中给予德国平等地位。这些提议公开放弃了许多经济自由主义与平等主义的原则——例如最惠国待遇、对财产与专利的保护以及公平的市场准入等，而协约国恰恰是为这些原则而战的。德国的经济学家很快就注意到了其中的矛盾之处。[①]帝国议会 1917 年 7 月 19 日通过的著名的和平决议要求在战后的秩序安排中不得继续在经济上孤立德国。这是处于中心地位的社民党、自由主义者与中间派天主教徒组成的政党联盟重建一个在经济上具有全球影响力的繁荣德国的唯一希望。对他们来说，经济和平是任何政治和平的先决条件。

另一种应对方式则更为激进。随着 1916 年全面封锁的开始，人们对建立"中欧"这样一个由德国主导的经济区的提议越来越感兴趣。1917 年，巴黎与伦敦有关"经济武器"的讨论大幅增加，这一时期，德国在东方的野心也在扩张。[②] 埃里希·鲁登道夫（Erich Ludendorff）与德国陆军最高司令部（OHL）的工作人员开始将扩张性的自给自足视为获得长久安全的最可行的战略。鲁登道夫总结道："战争之所以能维持三年，是因为我们德国有丰富的煤炭、铁以及粮

[①] Willi Prion, *Die Pariser Wirtschaftskonferenz* (speech to the Deutsche Wirtschaftliche Gesellschaft in Berlin, 23 November 1916) (Berlin: Carl Heymanns Verlag, 1917). 以及 Waldemar Koch, *Handelskrieg und Wirtschaftsexpansion. Überblick über die Maßnahmen und Bestrebungen des feindlichen Auslandes zur Bekämpfung des deutschen Handels und zur Förderung des eigenen Wirtschaftslebens* (Jena: G. Fischer, 1917).
[②] Georges-Henri Soutou, *L'or et le sang: Les buts de guerre économiques de la Première Guerre Mondiale* (Paris: Fayard, 1989), chapter XIII.

食，再加上我们可以从被占领地区以及中立国获得物资，我们可以通过执行最为严格的经济政策，设法在敌方的封锁下生存下来。只有进攻……我们才能生存下去；如果只是固守边疆，那么我们肯定会失败。"① 根据他的评估，全面的经济战改变了对霸权的最低要求。一个不占有重要原材料或无法从可靠来源获得这些原材料的国家，只有通过征服或夺取包含这些资源的领土，才能在长期的战争中生存下去。在1917年9月一次有关德国在可能的和谈中应提出哪些要求的会议上，鲁登道夫说：

> 我认为，我们最好在冬天到来之前实现和平，只要和谈能确保德国获得今后维持自身经济地位所必需的条件，同时确保德国获得的经济与军事地位能使我们毫不担心地面对另外一场防御性战争……如果我们无法控制罗马尼亚以及其他占领区，那么我们就无法解决我们的粮食问题。即便我们控制了罗马尼亚，情况也不是那么乐观……因此，我们必须获得更多的领土。只有控制了库尔兰以及立陶宛，德国才能拥有足够的优良农业用地。②

越是认为总体战不可避免，德国与协约国的战争目标就在相互刺激的情况下越来越极端化。③ 协约国的经济战不仅是对德国战争目

---

① Erich Ludendorff, *My War Memories, 1914-1918* (London: Hutchinson, 1919), 2:517.
② Erich Ludendorff, *The General Staff and Its Problems: The History of the Relations between the High Command and the German Imperial Government as Revealed by Official Documents* (New York: E. P. Dutton, 1920), 2:494. 以及Vejas G. Liulevicius, *War Land on the Eastern Front: Culture, National Identity, and Occupation on the Eastern Front* (Cambridge: Cambridge University Press, 2000).
③ Watson, *Ring of Steel*, pp.257–276.

标的回应。不断变化的封锁也积极地塑造了德国的战争目标,因为协约国的经济战改变了德国精英的战略目标与政治目标。

《布列斯特-立托夫斯克和约》的经济后果

俄国的二月革命带来了这样一个后果:协约国中规模最大的陆军将退出这场战争。如果整场战争的东方支柱崩溃了,那么,只要协约国还想继续作战,其大战略就必须进行修改。英国总参谋长威廉·罗伯逊(William Robertson)爵士在1917年5月提交了一份有关俄国崩溃的可能性的备忘录。在其中,罗伯逊警告称:"俄国与同盟国媾和所带来的最重要的结果之一,将是其允许德国从俄国那里采购物资,进而打破对德国的封锁。"尽管他指出,俄国资源的价值取决于铁路系统的状况、俄国复员的速度以及俄国国内对食品的需求,但他仍预测,"在一段时间内,德国的情况无疑会得到实质性改善"[1]。

在战场上尚未决出胜负的情况下,如果东部的包围圈被打破,那么实现胜利的主要渠道——对同盟国的经济封锁——将会受到致命打击。支持劳合·乔治继续作战的最著名的女权主义者、民族主义杂志《不列颠尼亚》(Brittania)的编辑克里斯塔贝尔·潘克赫斯特(Christabel Pankhurst)甚至亲自前往圣彼得堡,呼吁亚历山大·克伦斯基(Alexander Kerensky)领导的临时政府遵守协约,继续与同盟国进行消耗战。[2] 但到当年8月,英国战争内阁同意,"由于军事行动可能会陷入彻底的僵局,所以有必要退回到消极防御状

---

[1] BL, RCP, MS 51093, O.1/99/287, William R. Robertson (C.I.G.S.), "Military Effect of Russia Seceding from the Entente," 9 May 1917, ff. 28–29.
[2] Mary Davis, *Sylvia Pankhurst: A Life in Radical Politics* (London: Pluto Press, 1999), p.45.

态中；用保证前线安全的最少人数守住防线，从而为工业释放尽可能多的人力资源，与此同时，可以仅仅依靠封锁迫使敌人崩溃，正如在围城的情况下通常会发生的那样"①。

从这个角度出发，1917年12月，协约国开始对俄国进行的军事干预旨在维持对德国的经济封锁。在伦敦，外交大臣贝尔福正着手推动远征军的组建工作。他希望在当地寻找军事代理人，以保持包围圈的完整，"高加索北部的各类哥萨克组织，以及南部的亚美尼亚人控制着该国最富饶的粮食产区和几乎所有的煤与铁资源……如果战争继续下去，一个日耳曼化的俄国将为德国提供大量资源供给，而这将大大削弱协约国封锁的效果"②。

当俄国与同盟国在布列斯特-立托夫斯克开始和谈时，协约国密切关注着和谈进程。在奥匈帝国，公众的注意力集中在"面包和平"之上，希望和约能为奥匈帝国的城市带来足够的食物。③1918年年初，俄国割让给同盟国的领土面积一经明确，就让协约国的精英感到相当震惊。对一些人而言，《布列斯特-立托夫斯克和约》彻底改变了对战争结果的合理预期。④丘吉尔写道："在这时，没有人能看到战争迅速结束的可能性，似乎没有理由怀疑德国人与奥地利人能够继续作战——因为他们肯定有能力从俄国这里几乎无限制地汲取

---

① TNA, CAB 23/3/68, War Cabinet meeting 220, 20 August 1917, p.5.
② SHD, 5 N 165, Fonds Clemenceau, Telegram by Balfour to British embassies in Paris, Rome, and Washington, 26 January 1918, p.2.
③ MAE, Blocus 1914–1920, Box 147, A374–6N, Roumanie, SIE No. 478, 13 April 1918.
④ Reinhart Koselleck, " 'Erfahrungsraum' und 'Erwartungshorizont'—zwei historische Kategorien," in Reinhart Koselleck, *Vergangene Zukunft. Zur Semantik geschichtlicher Zeiten* (Frankfurt: Suhrkamp, 1989), pp.349–375.

资源。"① 罗伯逊同样认为，英国现在能够确保的最好结果是"获得能够合理保障大英帝国未来安全的和平条款"。② 当3月和约签署时，战争贸易情报司的首席德国问题专家威廉·G. 马克斯-穆勒（William G. Max-Muller）指出，由于敌人已经"知道自己冲破了我们在他周围建立的屏障，并且因不再仅依赖本国的资源而大受鼓舞……我们不能低估德国在东方的成就对其经济地位带来的影响，否则我们会犯严重的错误"。但是，马克斯-穆勒继续说道："尽管德国可以从俄国获得粮食，也可以获得煤、铁、石油、亚麻、皮革等，但我们依旧有能力封锁其他许多基本原材料，如棉花、羊毛、黄麻、丝、橡胶以及其他无数产品。"③

法国负责制定战略的主要机构——法国最高战争委员会（CSG）——因东方的和平而感到相当悲观。他们认为："布列斯特和约深刻地改变了战争的图景，也将深刻地改变和平的图景。德国的战争目标已经改变了。"对世界构成威胁的并非德国海军，而是柏林即将掌控欧亚大陆这一事实。法国最高战争委员会警告称："我们不应该抱有任何幻想，一个在经济上统治巴尔干半岛、俄国以及整个西亚的德国已经赢得了这场战争，德国将成为旧世界的主人。"④

---

① "《布列斯特-立托夫斯克条约》的相关条款表明，让海军付出巨大努力的、针对同盟国的封锁在很大程度上已经失效了。德国已经将俄国置于自己的支配之下。在我们看来，乌克兰与西伯利亚的粮仓、里海的石油，换句话说，这片广阔大陆上的所有资源，从今往后都可以用来供养到目前为止在西线战场上仍旧十分强大的德国军队以及后方的平民。"（Winston Churchill, *The World Crisis*, vol. 4: *The Aftermath* [London: Folio Society, 2000 (1929)], p.61)。
② BL, RCP, MS 51093, O.1/99/287, William R. Robertson (C.I.G.S.), "Military Effect of Russia Seceding from the Entente," 9 May 1917, f. 29.
③ TNA, CAB 25/91, "The Internal Situation in Germany during February 1918, Being the Forty-Third Month of the War," W. G. Max-Muller, 23 March 1918, p.7.
④ SHD, 7 N 875, Conseil supérieur de guerre, "Les conséquences de la catastrophe russe en Asie," 10 March 1918, p.1.

事实上，德国的工业界人士正要求德国政府攫取乌克兰与高加索地区的锰矿。① 俄国 80% 的锰产量都来自格鲁吉亚的奇阿图拉矿区；剩下 20% 的产量则来自乌克兰的尼科波尔矿区，在《布列斯特-立托夫斯克和约》中，这一地区也被划入德国的势力范围。② 一位德国工程师指出，高加索地区已探明的矿藏储量为 3000 万吨，乌克兰地区的探明储量为 1100 万吨，但据估算，高加索地区的实际储量约是已探明储量的 8 倍，即 2.4 亿吨。按照 1917 年的消费水平，这一储量至少可供消费 42 年，足以供鲁尔的钢铁制造商消费到 1959 年。③ 不出所料，德皇以及德国的将军们将以占领格鲁吉亚锰矿以及里海油田为目的的远征视为首要任务。④

当协约国了解到德国通过《布列斯特-立托夫斯克和约》获得了多少战利品时，他们既对封锁的未来感到绝望，又认为其确实发挥了不小的作用。1917 年 11 月底，著名的保守党政治家兰斯多恩勋爵在给《每日电讯报》编辑的一封公开信中表达了他对政府发动的经济战的反对意见。兰斯多恩认为："虽然作为一项战争手段的商业'抵制'是合理的，虽然为了预防德国完全失去理智，把'抵制'作

---

① Ibid., p.7. 参见 "Aus der Denkschrift des Vereins deutscher Eisen-und Stahlindustrieller 'Die Wünsche der Eisenindustrie zum Friedensschluß mit Rußland' z. Hd. Von Generalfeldmarschall Paul v. Hindenburg," in Reinhard Opitz, ed., *Europastrategien des deutschen Kapitals, 1900-1945* (Cologne: Pahl-Rugenstein Verlag, 1977), pp.409–411.
② 德国对这一地区拥有浓厚的兴趣。尼科波尔矿为位于叶卡捷琳诺斯拉夫市（Ekatineroslav）的法属、比属与德属钢铁厂提供了充足的原材料供应。1912 年到 1913 年，德国公司收购了奇阿图拉矿区的大量股份。John P. McKay, *Pioneers for Profit: Foreign Entrepreneurship and Russian Industrialization, 1885-1913* (Chicago: University of Chicago Press, 1970), pp.44–46.
③ SHD, 4 N 14, Comité R, La question des matières premières dans les rapports des Alliés et des Empires Centraux: Le manganèse, No. 1407, 9 November 1918, p.7.
④ Protokoll der Kriegszielbesprechung zwischen Reichsregierung und Oberster Heeresleitung unter Vorsitz von Kaiser Wilhelm in Spa, 2-3 July 1918, in Opitz, *Europastrategien des deutschen Kapitals*, p.457.

为一种威胁也是合法的,但是,如果同盟国愿意签署和约,同时不建立敌对的同盟致使我们陷入冲突之中,那么,任何理性人都不会希望破坏与同盟国之间的贸易。"① 他提议协约国应当向柏林伸出橄榄枝,表达己方希望实现真正的经济和平的愿望。之后的一个月,保守党议长詹姆斯·劳瑟(James Lowther)更进一步,批判了战后继续抵制德国的言论:"完全切断与德国的联系,把德国当作麻风病患者一样来对待……将使得战争继续下去……尽管没有枪炮声,但国家与国家之间的联盟仍然会存在仇恨与斗争,这会让世界走向分裂。"②

尽管面对这种回到战前商业常态的呼声,塞西尔在首相劳合·乔治的全力支持下,仍继续实施总体经济战,同时还将其延伸到战争结束之后。偏自由主义立场的《经济学人》(The Economist)杂志换掉了原先鼓吹和平的编辑弗朗西斯·赫斯特(Francis Hirst),转而在爱国主义者哈特利·威瑟斯(Hartley Withers)的带领下,完全赞同内阁的坚定立场。③ 这份杂志上的文章认为,"实施经济抵制的威胁是协约国手中非常重要的一张牌,为了缩短战争或实现真正的和平,协约国完全可以合法地动用这一武器……如果德国仍旧死不悔改,那么对其实施一次极具破坏性的经济抵制就并非不可能"。④ 塞西尔也为经济武器做了辩护,他认为经济武器是未来的国家联盟用来保卫和平的最佳工具,还以"玫瑰战争"后亨利七世对不安分的贵族实施的惩戒为例。塞西尔问道:"一个强大的英国国王最终是

---

① BL, RCP MS Add 51093, Correspondence 1915–1918, Letter by Lansdowne to the editor of the *Daily Telegraph*, 29 November 1917, f. 50.
② Cited in the *Carlisle Journal*, 29 December 1917.
③ Alexander Zevin, *Liberalism at Large: The World according to the Economist* (London: Verso, 2019), pp.159–172.
④ "Economic Peace," *The Economist*, no.3881 (12 January 1918): 39.

如何成功控制那些敌对的贵族的？他建立了一个中央机构，主要依靠经济手段来强制要求贵族们执行国王的法令。"①

在巴黎，我们也能看到与之类似的取得全面胜利的决心，在1917年11月的大选中，激进的共和党人克里蒙梭因支持"总体战"而获胜。克里蒙梭的立场获得了广泛的支持，甚至他的政敌在这一问题上也与他没有分歧。保王派的莱昂·都德（Léon Daudet）表示："如果不打总体战，那么，封锁（在俄国崩溃之前，封锁的目标在于将德国包围起来，然后饿死他们）也就只是说说而已。"②法国的右派认为，应当坚决地动用法国手中控制资源的武器，以迫使德国投降。《自由报》（La Liberté）的专栏作家埃德蒙·拉斯金（Edmond Laskine）建议将未来对德国的抵制进行分级：如果德国在六个月内实现和平，那么德国的产品在此后五年内不得进入协约国市场；如果德国再抵抗一年，那么德国的产品在此后十年都不能进入协约国市场。拉斯金相信，"在《布列斯特–立托夫斯克和约》之后，无论是现在还是将来，德国都会被排除在世界经济之外。"

尽管上述民族主义热情高涨，但克里蒙梭内阁仍然认为德国对东欧的经济统治相当具有威胁。这促使法国于1918年3月与4月做出了两个非常重要的决定。第一个重要决定是：无论如何，都要在停战后继续维持封锁。法国负责研究经济的部门建议，由于德国可以依靠东方的资源一直战斗下去，所以即使在与柏林停战后，法国也不应当放松对德的经济封锁。③在这一基础之上，法国将继续维持

---

① Cited in League to Enforce Peace, "Lord Robert Cecil's Plan," *League Bulletin*, no.75, 22 February 1918, p.150.
② Léon Daudet, *La Guerre totale* (Paris: Nouvelle Librairie Nationale, 1918), p.11.
③ Archives Nationales, F 12 7985 and F 12 7967, Bureau d'études économiques, Procès-verbal, séance du 8 mars 1918; Procès-verbal, séance du 15 mars 1918.

封锁，直到德国在欧亚大陆上的霸权被彻底推翻。① 这一决定相当重要，且深刻影响了日后制裁的历史。事实上，正是东方的《布列斯特-立托夫斯克和约》刺激了协约国要在敌对状态结束后继续维持封锁，可以说，推动现代经济制裁转变为和平时期措施的并非《凡尔赛和约》，而是《布列斯特-立托夫斯克和约》。

克里蒙梭内阁做出的第二个重要决定主要针对的是俄国退出协约国一事，由于俄国单独媾和，法国决定对俄国实施强有力的金融封锁。俄德之间签署的和约让法国人十分担心，因为他们在俄国拥有巨大的金融利益；法国海外投资总量的1/4都是沙俄政府的债券以及在俄的法国私人企业。② 二月革命后，俄国临时政府不仅继续支付外国人持有的沙俄旧债券的利息，而且还在巴黎货币市场上借了大量新债。③ 在布尔什维克夺取政权后，法国政府出面保证投资者的利益不会受到损害。④ 但到1918年2月，布尔什维克拒绝偿还俄国总额148亿卢布的外债时，这一政策便难以为继了。⑤

这场历史上规模最大的债务违约给150万法国中产阶级储蓄者带来了巨大的影响，他们持有法国在俄罗斯全部资本的43%。⑥ 然而，比违约本身更让法国公众担心的是，德国很可能从中获得实质性的好处。尽管在1918年年初，很少有观察家会认为布尔什维克政

---

① Soutou, *L'or et le sang*, p.561n243.
② Charles P. Kindleberger, *A Financial History of Western Europe* (London: Allen and Unwin, 1984), p.227.
③ Hassan Malik, *Bankers and Bolsheviks: International Finance and the Russian Revolution* (Princeton, NJ: Princeton University Press, 2018), pp.129–161, 178–184.
④ SHD, 7 N 967, Blocus financier, Note pour la mission anglaise par Général Alby, 20 December 1917.
⑤ Malik, *Bankers and Bolsheviks*, pp.226–227, table A.1.
⑥ Stephen White, *The Origins of Détente: The Genoa Conference and Soviet-Western Relations, 1921–1922* (Cambridge: Cambridge University Press, 1985), pp.26–27.

权能维持很长时间,但确实有许多人担心,共产党人在绝望中可能将协约国在俄国的经济资产交给德国。《布列斯特-立托夫斯克和约》所涉及的不仅包括对领土的实际控制,还包括对西方投资者所有或投资的数百家公司的合法所有权的控制。法国封锁部收到的消息称,德国商人已经在中立国市场上寻求收购这些企业的机会了。法国经济情报部门警告称:"在一段时间内,德国人一直寻求收购他们所占领地区企业的股份,以此来确保他们能拥有多数股份,进而控制这些企业,这已经是一个既定事实了。"①

为了应对敌人恶意收购所带来的威胁,法国国民议会通过了一项影响极其深远的法案,即在战争期间实施资本管制。这部法案于1918年4月3日通过,由财政部与陆军部联合起草,议会在相当短的时间内表决通过。这部法案有效地禁止了法国投资者向外国实体出售特定的金融资产。3月下旬,适用该法律的第一份公司清单就已经拟定好了,其中包括位于巴尔干地区以及奥斯曼帝国的几十家由法国控股的公司。② 负责法国金融封锁的银行家洪贝格给克里蒙梭写信称,4月3日通过的法律能够有效"禁止位于俄罗斯、土耳其、罗马尼亚以及塞尔维亚的法资企业将其资产转移出法国,进而遏制敌人在上述国家提升自身影响力的步伐"。③ 由于布尔什维克拒绝承认先前政权的债务,法国财政部开始向持有俄国国债的法国人支付利息。因此,法国政府实施的金融控制政策将法国投资者在俄罗斯的工业、矿业、铁路、木材、石油与农业等领域的公司股权也纳入管

---

① SHD, 7 N 967, General Alby (Ministère de la guerre), "Note pour la mission anglaise," 31 March 1918.
② 德国政府试图说服奥斯曼人将英法在奥斯曼的所有投资国有化,而后再将这些资产卖给德国公司。Ulrich Trumpener, *Germany and the Ottoman Empire, 1914-1918* (Princeton, NJ: Princeton University Press, 1968), pp.331-333.
③ SHD, 7 N 967, Homberg to Président [du Conseil des ministres], 8 April 1918, ff. 1–2.

制范围之内，否则这些股权很可能就会被出售给敌方人士。① 然而，由于禁止法国投资者在世界其他地区出售（甚至是以大幅折扣出售）违约债务，法国的金融封锁进一步增加了布尔什维克政权违约造成的财产损失。这激起了民众激烈的反共情绪，深刻影响了战间期的法国政局。

5月7日，4个同盟国的代表团与罗马尼亚签署了《布加勒斯特和约》，这进一步加剧了协约国对东方资源的焦虑。在和约的经济条款中，罗马尼亚政府将与德国公司签署的油田开采合约延长了90年。根据这一和约，德国还可以在布加勒斯特设置公务人员，以监督罗马尼亚政府部门。② 罗马尼亚的资源被迅速开发。在17个月的军事占领中，同盟国在相当程度上改善了当地的基础设施；到1918年春，约有370口油井投入使用，另有136口油井正在建设当中。2月，罗马尼亚每天向德奥两国输送277节火车皮的石油；到5月，这一数字上升到每天400节车皮。③ 罗马尼亚迅速成为同盟国抵御协约国资源封锁的基石。④ 但从长远来看，仅靠罗马尼亚还是不够的。德皇以其特有的简短言辞提醒手下的将军们："我们之所以要占领乌克兰，是为了获得足够的食物。"⑤ 6月，一支德国部队抵达第比利斯，以占领位

---

① SHD, 7 N 967, Liste des titres dont la sortie de France est interdite, 15 September 1918.
② Martin Kitchen, "Hindenburg, Ludendorff and Rumania," *Slavonic and East European Review* 54, no.2 (April 1976): 214–230.
③ MAE, Blocus 1914–1920, A374–6N, Roumanie, Service d'information économique, Circular No. 2381, 2 October 1918.
④ David Hamlin, *Germany's Empire in the East: Germany and Romania in an Era of Globalization and Total War* (Cambridge: Cambridge University Press, 2017), pp.251–322.
⑤ Kaiser Wilhelm, Protokoll der Kriegszielbesprechung zwischen Reichsregierung und Oberster Heeresleitung unter Vorsitz von Kaiser Wilhelm in Spa, 2–3 July 1918; cited in Opitz, *Europastrategien des deutschen Kapitals*, p.454.

于高加索地区德国期许已久的矿藏与石油储备。①

德国在西线的春季攻势表明，德国仍然拥有强大的战斗能力。②几年来一直没怎么变化的堑壕战突然变成了运动战，德国将突击战术与前所未有的炮击与毒气战结合起来，以达成压倒性的物质与心理效果。面对德国在战役早期阶段取得的成绩，协约国的精英们强调，根据全球力量的对比，胜利的天平仍然朝向协约国一方。当时在外交部政治部门工作的英国古典学家阿尔弗雷德·齐默恩（Alfred Zimmern）对经济武器大加赞赏："这是协约国武器库中最强大的武器……任何试图抵抗经济武器的人都是在螳臂当车……经济武器必然会为协约国带来最终的、决定性的胜利。"③齐默恩十分认可鲁登道夫的副官胡戈·冯·弗莱塔格–洛林齐霍芬（Hugo von Freytag-Loringhoven）将军的话，即"军队本身不再能决定一场世界大战的胜负。现在，战略形势是由世界经济形势决定的"。④英国一位化名为阿提库斯（Atticus）的作家也注意到了这段话，他指出，"如今世界上几乎所有拥有先进生产力的国家都相互合作，参与到对同盟国的封锁之中，而这一经验让我们知道，在未来对付破坏世界和平的罪犯（offenders）时，要充分利用经济武器代替武装力量以保卫和平"。⑤上述事实表明，战争期间的战略与战后秩序之间存在着紧密联系。由于

---

① Winfried Baumgart, "Das 'Kaspi-Unternehmen'—Größenwahn Ludendorffs oder Routineplanung des deutschen Generalstabs?" *Jahrbücher für Geschichte Osteuropas* 18, nos. 1–2 (March-June 1970): 47–126, 231–278.
② David T. Zabecki, *The German 1918 Offensives: A Case Study in the Operational Level of War* (New York: Routledge, 2006).
③ A. E. Zimmern, *The Economic Weapon in the War against Germany* (New York: George H. Doran, 1918), p.13.
④ Hugo von Freytag-Loringhoven, *Deductions from the World War* (New York: G. P. Putnam's Sons, 1918), p.17.
⑤ Atticus, "The Economic Weapon and Imperial Unity," *The New Europe:"Pour la victoire intégrale"* 6, no.73 (7 March 1918): 225–233, esp. p.225.

第一部分　经济武器的缘起

人们认为在战后的国际秩序中，封锁将成为维护秩序的重要手段，所以封锁在当时仍在进行的战争中的重要性也在逐步提升。

同时期法国学者的研究让我们了解到当时全球经济资源分布的情况（表2.1）。协约国的人口总数为11.8亿，作为对比，同盟国本土人口有1.6亿，其位于比利时与东欧占领区的人口共2.12亿，总人口为3.72亿。[①] 即使将占领区的资源视为同盟国的资源，情况依旧有利于协约国。在31种关键商品之中，有26种的多数部分都处于协约国的控制之下，其中，协约国完全垄断了棉花、黄麻，不完全垄断了蔗糖、大米、丝、麻、镍、铝、橡胶以及茶叶。同盟国只控制了5种商品中的多数部分，分别是大麦、黑麦、甜菜糖、亚麻以及锰。[②]

法国封锁委员会在一系列广泛流传的、题为《协约国的经济武器》的报告中总结了这些有关基础商品在全球范围内分布的情况。[③] 经过此次盘点，法国封锁委员会得出了十分明确的结论：

> 德国东部和东南部的国家（俄罗斯帝国、罗马尼亚以及波斯）能在经济战中为德国提供一定的帮助；但这些帮

[①] "L'embouteillage économique," *Le Temps*, 6 July 1918, p.1.
[②] Data from SHD, 4 N 14, "Matières premières. Repartition dans le monde" [undated, summer 1918], and "L'embouteillage économique," *Le Temps*, 6 July 1918, p.1. 此处所提到的"同盟国"包括俄罗斯的欧洲部分以及罗马尼亚，但俄罗斯的亚洲部分并未被包含在内。此外，在这组统计之中，世界供应总量加起来并非100%，因为中立国所拥有的资源份额并未被计算在内。食品类的数字来源为1910—1914年的平均产量，纤维类的数字来源为1913—1914年的平均产量；矿产与燃料的数字来源为1912年的产量；刺激物类的数字来源为1913年的产量；橡胶的数字来源为1915年的产量。
[③] 在战争期间涌现出大量有关橡胶（1917年12月28日）、锡（1918年5月10日）、铁（1918年5月18日）、磷酸盐（1918年5月25日）、镍（1918年5月31日）、铜（1918年9月6日）、含油产品（1918年9月28日）、铬与钴（1918年10月5日）、铝（1918年10月19日）与石棉（1918年12月31日）的经济武器报告。这一时期另外一系列题为《同盟国报告中的主要原材料问题》的报告研究了同盟国控制了多数产量的商品，例如锰，其中大部分见于SHD, 4 N 14, Effets du blocus 1917—1918.

95

助并不足以让德国取胜……[对]德国来说，停战后依旧存在的经济战将会使德国的处境非常艰难……在经济上与德国敌对的国家控制着一半以上的谷物与铅产量，近三分之二的羊毛产量，三分之二以上的铁、锌与石油产量，五分之四以上的玉米、铜、锡产量，以及几乎所有大米、棉花、丝、黄麻、橡胶与镍的产量（见表2.1）。①

表2.1 作为经济武器的原材料在双方阵营的分布（1918年）

类别	商品	协约国控制下的年产量（万吨）	同盟国及其占领区的年产量（万吨）	协约国占世界总生产量的比例（%）	同盟国占世界总生产量的比例（%）
食品类	小麦	6438.2	3621.5	61	34
	大麦	1277.5	1948.8	37	60
	黑麦	391	3822.7	9	86
	玉米	8590.4	1224.2	86	13
	燕麦	3483.3	2650.5	54	41
	蔗糖	692.3	0	94	0
	甜菜糖	186.8	437	27	64
	大米	9433	10.6	94	0.1
纤维类	木材	13.8	9.7	59	41
	棉花	465.9	0	100	0
	丝	22.9	1.6	93	6
	亚麻	19.2	113.4	14	85
	麻	91.2	8.8	91	9
	黄麻	148.2	0	100	0

---

① SHD, 5 N 277, Etat-major de l'armée, 2ème bureau, Section économique, "Note sur les besoins de l'Allemagne en denrées alimentaires et en matières premières d'industrie après la guerre," 24 May 1918, pp.8–9, 9–10.

续表

类别	商品	协约国控制下的年产量（万吨）	同盟国及其占领区的年产量（万吨）	协约国占世界总生产量的比例（%）	同盟国占世界总生产量的比例（%）
矿物类	铁	9600	4500	61	29
	铜	74.7	6.2	73	6
	铅	100	17.2	73	13
	锌	151.3	67.8	62	27
	镍	38.9	1.4	95	3
	铝	52.9	1	98	2
	镁	91.8	142.4	39	60
	铬	11.4	2.0	85	15
燃料类	石油	3923.1	1174.4	69	20
	煤炭	84700	33800	70	29
刺激物类	茶	35.4	0	72	0
	可可	18.7	0.7	74	3
	烟草	66.0	21.1	70	22
	咖啡	80.5	0	79	0
其他	橡胶	13.0	0	91	0

法国军官十分希望能通过建立"协约国经济联盟"来遏制德国的商业影响。[①] 在美国，无论是立法部门还是私营企业都在热烈地讨论经济武器这一话题。2月，众议员帕特里克·凯利（Patrick Kelley）向国会提交了一份法案，要求抵制德国商品以及那些在战争结束后恢复与德国贸易的美国公司。[②] 巴黎的美国商会负责人沃尔特·贝里（Walter Berry）向一批法国以及其他协约国的内阁部长、大使以及将

[①] Commandant M., *L'arme économique des Alliés* (Paris: Bernard Grasset, 1918), p.3.
[②] "The Proposed German Boycott," *Drug and Chemical Markets* 4, no.24 (20 February 1918): 30.

军宣称,"有必要立刻将对德国的经济封锁转化为协约国共同的、确定无疑的政策……协约国不仅控制着原材料以及德国不可或缺的其他商品,我们还拥有整个世界市场"。贝里认为,利用这一优势力量对德国进行抵制,就能"彻底消灭容克主义"。① 当美国商会向其成员提出这一维护和平的工具时,那些急于击败德国竞争对手的美国化学与制药公司强烈支持了这一提议。但也有人表达了反对意见。全国制造业协会称,抵制的想法"不仅徒劳,而且相当邪恶",美国国际海员工会也反对这一提议。② 希望恢复世界贸易的行业与工人坚决反对在战后继续使用经济武器,在他们看来,这一武器非但不能维护和平,反而会让世界陷入冲突之中。

民主与经济武器

到 1918 年,协约国依旧坚持总体战策略不动摇,其目的不仅是要在军事上打败对手,而且还要改造敌人的政治体制。战争目标逐渐激进化,其中一个例子是意识形态的转变,我们能很明显地在美国总统威尔逊的转变轨迹中看出这一点。尽管他知道英美海军的实力有多么强大,但最初,他并没有下定决心实施经济制裁,因为在他的心目中,经济制裁是欧洲帝国主义的炮舰外交中使用的手段。③ 威尔逊认为 1902 年至 1903 年英德对委内瑞拉实施的和平封锁是欧洲对门罗主义所保

---

① Cited in "Le banquet de la Chambre de commerce américaine," *La Croix*, 6 July 1918, p.2.
② "Against the Proposed Boycott," *American Economist*, vol. 61, 22 February 1918, pp.89–90; "The International Boycott," *New York Times*, 18 February 1918, p.10.
③ 尤其参见扬·莱姆尼茨(Jan Lemnitzer)的论文,他指出威尔逊对英国海军主义论调进行了微妙模仿,而非表达反对。"Woodrow Wilson's Neutrality, the Freedom of the Seas, and the Myth of the 'Civil War Precedents,'" *Diplomacy and Statecraft* 27, no.4 (2016): 615–638.

护的西半球的暴力入侵。①1917年2月，威尔逊指出未来的和平必须建立在四项原则之上：政治独立、领土完整、经济和平、裁军。经济和平意味着"各国相互保证不发动经济战争，因为经济战争实际上会扼杀一个国家的工业，或使其失去与世界其他国家进行平等贸易的机会"。②其出发点类似德国议会多数派联盟以及英国保守派——例如兰斯多恩和劳瑟等人——的提议。

然而，美国国务卿罗伯特·兰辛（Robert Lansing）提出了一个关键性问题，即只有真正的旁观者才能判断哪些行为属于经济战。征收关税是一种战争形式吗？在整个19世纪，美国都征收了高额关税，以保护国内市场，在这一时期，美国援引其他国家存在的类似政策来证明其征收关税的合理性。此外，谁能公正地判断经济敌对行为是否会发生？为了回应兰辛的质疑，威尔逊重新阐释了经济和平原则的内涵。他赋予这一原则更多的商业意义，他指出，只有在针对那些阴谋剥夺其他国家"公平与平等的贸易机会"的国家时，才能实施经济打击。③在参战两个月前，威尔逊开始考虑采取封锁、禁运、抵制等经济制裁措施。在言辞中，他主张维护形式上的平等，但实际上，他越来越认为应当对德国发动经济战。1917年8月，威尔逊首次明确了自己的这一立场，就在同一时期，教皇本笃十五世发布了"致交战国首脑的照会"，这是一份包含七方面内容的和平建议，其中包括裁军，也包括"建立旨在维护和平的仲裁机构，同时

---

① Arthur S. Link, ed., *The Papers of Woodrow Wilson*, vol. 56: *March 17-April 4, 1919* (Princeton, NJ: Princeton University Press, 1987), p.158.
② "Memorandum by President Wilson: Bases of Peace," 7 February 1917; in State Department, *Papers Relating to the Foreign Relations of the United States: The Lansing Papers, 1914-1920* (Washington, DC: GPO, 1914–1920), 1:19. Cited hereafter as FRUS: The Lansing Papers, 1914–1920.
③ "Memorandum by the Secretary of State. Notes on the Bases of Peace," 7 February 1917, and "Bases of Peace No. 2," in FRUS: The Lansing Papers, 1914–1920, pp.20–22.

根据各国商定的标准，对拒绝将国际问题提交仲裁或拒绝接受仲裁的国家进行制裁"。① 在维护和平以及强制执行的基本问题上，教皇本笃十五世赞同仲裁主义者的观点。② 即国际秩序应该是法律主义-制裁主义式的。③ 教皇还呼吁通过保障"航行自由，来消除各民族之间交流的一切障碍"。④

然而，绝大多数交战国并没有积极回应教皇的照会。德国政府表示，德国人只接受尊重德国利益的和平；英国政府表示只有当德国政府宣布其对比利时的政策后，英国才考虑进行和谈；法国则完全无视了本笃十五世的照会。威尔逊的顾问爱德华·豪斯（Edward House）上校坚持认为，威尔逊应当掌握主动权，"从教皇手中夺走和谈的主动权"。⑤ 8月27日，威尔逊给教皇写了一份令人震惊的答复，在这份答复中，他概述了经济压力的政治理论。威尔逊拒绝了本笃十五世的提议，他认为现在已经不可能回到从前了。"世界上所有的自由民族"都在与德国这样一个"由不负责任的、秘密计划统治全

---

① Giuliana Chamedes, *A Twentieth-Century Crusade: The Vatican's Battle to Remake Christian Europe* (Cambridge, MA: Harvard University Press, 2019), pp.21–25.
② John F. Pollard, *Benedict XV: The Unknown Pope and the Pursuit of Peace* (New York: Continuum Books, 1999), pp.125–126.
③ 这一观点与教皇禁罚制度体现出的核心思想是一致的。Reinhard Knittel, *La pena canonica dell'interditto—indagine storico-giuridica* (Rome: Pontificia Università Lateranense, 1998).
④ Benedict XV, "To the Heads of the Belligerent Peoples," 1 August 1917; in John Eppstein, *The Catholic Tradition of the Law of Nations* (London: Burnes, Oates and Washbourne, 1935), pp.216–217. 这对罗马教廷而言算得上是一次历史性的转折：最初，海洋自由论是格劳秀斯提出的，其目的在于反对16世纪在教皇支持下的葡萄牙与西班牙所实施的对海洋的垄断，之后，英国法学家，如约翰·塞尔登（John Selden）等人为反对荷兰的自由主义而提出了"海洋闭锁论"。
⑤ Edward House, *The Intimate Papers of Colonel House*, ed. Charles Seymour (New York: Houghton Mifflin, 1928), 3:156; cited in Agnes de Dreuzy, *The Holy See and the Emergence of the Modern Middle East: Benedict XV's Diplomacy in Greater Syria (1914–1922)* (Washington, DC: Catholic University of America Press, 2016), p.27.

世界的政府控制的庞大战争机器作斗争"。德国人民也是这个侵略集团的受害者,而当下,这个侵略集团仍然是他们"冷血的主人"。美国反对所有像1916年巴黎经济会议产生的那种"排他性、利己主义的经济联盟"。然而,由于德国的所作所为,世界人民对其已经丧失了信任,在此之后,德国人民需要向其他国家的人民做出保证。"德国人民在公平条件下进入世界市场"的条件是,"他们需要接受各国之间彼此平等的地位,而不寻求对他国的统治"。威尔逊表示,只有在德国建立了一个可靠的民主政府后,世界才能再次相信德国。他指出,在此之前,"我们不相信德国当前统治者做出的承诺,除非德国人民明确表达出自己的意愿。"[1]

威尔逊实际上拒绝在德皇退位前与德国政府进行任何谈判。在德皇退位之前,德国仍将面临不断收紧的经济封锁。这一立场的民主制道德基础似乎很有问题:如果德国人民自己是军国主义政府统治的受害者,那么为什么要让他们为德国政府的行为付出代价?然而,这实际上误解了威尔逊所做的区分。将民众与统治者区分开来,并非道德原则的表达,而是一种表演性质的政治行动。通过煽动德国人民反对德国政府,威尔逊希望让德国人民以最激进的方式——推翻皇帝——维护自己的主权。[2] 唯一能满足威尔逊要求的"德国人民明确表达出自己的意愿"的行动是一场反对德国帝国主义政府的民主革命。这意味着,从这一刻起,经济封锁的未来与柏林的政权

---

[1] Wilson, "Reply to the Pope," 27 August 1917; in Arthur S. Link, ed., *The Papers of Woodrow Wilson*, vol. 44: *August 21-November 10, 1917* (Princeton, NJ: Princeton University Press, 1984), pp.56–57.
[2] 有关主权与政府之间基本区别的发展史,参见Richard Tuck, *The Sleeping Sovereign: The Invention of Modern Democracy* (Cambridge: Cambridge University Press, 2015).

更迭联系在了一起。①1917 年 10 月 27 日，豪斯上校写信给威尔逊称，除非德国实现民主化，否则在停战之后应该继续维持针对德国的经济孤立。威尔逊很快就接受了豪斯的建议，甚至还增加了另外一个条件：即如果德国没有实现民主化，那么中欧各国就不能享受门户开放政策（进入非西方市场的平等贸易机会）。②在 12 月 4 日发表的第五份国情咨文中，威尔逊以最清晰的方式阐述了美国施加经济压力的逻辑。他表示："像德国这样一个没有良知、没有荣誉感、没有能力遵循和约的国家，必须被粉碎，即使不能彻底打败德国，至少也要将其排除在各国友好交往的范围之外。"③威尔逊继续说道：

> 对德国人民而言，最坏的情况是……他们在战后仍然不得不生活在野心勃勃、阴险狡诈的主子手下；对世界其他国家的人民而言，德国人民的主子是不值得信任的，因此不可能允许他们加入今后必须保证世界和平的国际秩序中……在这种悲惨的情况之下，世界其他各国也不可能允许德国加入自由的经济交往活动中，因为这种经济往来内嵌于真正和平的伙伴关系。但这一排斥并不带有侵略性；这种不信任导致的不可避免的问题，迟早会通过必然发生的事件自行解决。④

---

① Klaus Schwabe, *Deutsche Revolution und Wilson-Frieden: Die amerikanische und deutsche Friedensstrategie zwischen Ideologie und Machtpolitik 1918/19* (Düsseldorf: Droste Verlag, 1971), pp.75–87.
② Soutou, *L'or et le sang*, pp.527–530.
③ Wilson, "State of the Union Address," 4 December 1917; in Arthur S. Link, ed., *The Papers of Woodrow Wilson*, vol. 45: *November 11, 1917-January 15*, 1918 (Princeton, NJ: Princeton University Press, 1984), pp.194–202.
④ Ibid., p.198.

第一部分　经济武器的缘起

从上述言论我们可以很明显地看出，威尔逊相信经济上的刺激措施能够影响人类的行为。他有关经济武器的民主化理论预设了一个理想的公民，这样一个公民如果不完全是英美的资本家，也至少在大多数方面都是一个"经济人"。这一理论认为，普通的德国人都相当期待和平，期待着从鼓吹战争的专制德皇那里获得解放。然而，威尔逊并不认为德国人民是没有责任的：他们不愿意睁开双眼，默许了德国政府的对外征服。因此，我们可以说，威尔逊既是人民主权的倡导者，同时又强烈谴责总体战。他相信，在循循诱导下，德国人民会推翻现有政府；他坚信问题会"自行解决"，这表明他相信民主作为一种与私营企业、自由贸易相联系的政治实践必然会向前发展。在威尔逊看来，从长远来看，任何理性的、自治的人民都不能接受任何阻碍他们进入全球市场的条件，因为这是不可想象的。

经济压力与人民的行为之间的联系将成为战间期经济制裁的一个关键要素：为了尊重人民的意愿，在国际争端当中，政府不得不慎重考虑是否要采取那些可能破坏国际秩序的行动。通过将商业排斥与促进民主两者挂钩，美国的国际主义者发明了一套新的理论，即经济战实际上是为和平事业服务的。在这方面，威尔逊的想法与那些欧洲盟友并不相同。英法两国之所以对经济武器感兴趣，与其说是希望改变德国的政治体制，不如说是源于对战略竞争与经济竞争的担忧。英国自由派报社编辑斯彭德（A. J. Spender）深信，"德国的商业与工业巨头完全了解了协约国通过……控制世界上大部分的原材料而获得的巨大权力"，但他认为"这些巨头并不能对德国政府施加影响"。[①] 巴黎与伦敦的精英们担心的是克虏伯、安亦嘉（AEG）、巴斯夫（BASF）等企业集团的权力，而不怎么关心德国的宪法问

---

① Cited in "Calls War Boycott American Weapon," *New York Times*, 12 April 1918, p.13.

题。① 相比之下，威尔逊表示，如果德国想要重新融入全球市场，德意志的军国主义君主制就必须被摧毁。威尔逊是第一个将经济武器作为推动民主化的工具的政治家。由此，他为发动经济制裁添加了一个国家内部的政治理由——传播民主制，而塞西尔、克莱芒特以及其他的欧洲制裁主义者所追求的是外部的政治目标：实现国家间和平。"威尔逊时刻"的这一面向与其说是一套有待实现的政治理想，不如说是一套要求小国必须遵守的宪法准则，如若不然，这些小国就会被强制排除在全球市场之外。②

当威尔逊于1918年1月8日在国会发表著名的"十四点演讲"时，经济制裁已经是其中的一个组成部分了。在十四点计划中的第二点，即呼吁"海上航行的绝对自由"那条中包含了一个重要的例外："除非为执行国际公约而采取的国际行动可能封锁全部或部分海洋。"③这一点让人们认为威尔逊将采纳一个重要的美国仲裁组织——强制和平联盟（LEP）——的建议。该组织的财务主管赫伯特·休斯顿（Herbert Houston）认为，"国际警察部队是一种可能挑起战争的武力手段，而经济制裁是一个确保和平的非武力的、强有力的手段"，他声称这一观点得到了"美国商界人士的支持"。④ 另一位强制和平联盟的成员，波士顿富商爱德华·A. 菲林（Edward A. Filene）指出，"有组织地断

---

① Soutou, *L'or et le sang*, p.548.
② Erez Manela, *The Wilsonian Moment: Self-Determination and the International Origins of Anticolonial Nationalism* (New York: Oxford University Press, 2007); Larry Wolff, *Woodrow Wilson and the Reimagining of Central Europe* (Stanford, CA: Stanford University Press, 2020).
③ Cited in Special Representative (House) to Secretary of State, 29 October 1918; in FRUS, Supplement 1: *The World War*, vol. 1 (Washington, DC: GPO, 1933), pp.405–406.
④ Herbert Houston, "Economic Pressure as a Means of Preserving Peace," *Annals of the American Academy of Political and Social Science*, vol. 66: "Preparedness and America's International Program" (July 1916): 29.

绝经济联系的手段带来的威慑作用……会降低战争爆发的可能性"。①对美国商界精英来说，这种法律主义不仅与和平的目标相容，而且与他们维持一个美国影响力仍然占主导地位的西半球的利益目标相容。②在强制和平联盟中，没有人考虑过针对美国本身进行经济制裁的可能性。当他们谈及利用经济压力而得以执行的国际法时，大西洋两岸的法律主义者都想当然地认为，经济武器将在他们自己建立的世界秩序中良好运行——而这一秩序与帝国的利益完全一致。

与法律主义者所设想的模式不同，威尔逊设计了一个在形式上完全不同的国际秩序。③威尔逊于1919年1月在巴黎向英法两国代表团提交了《国联盟约》草案，在这份草案中，国联的组织形式就像一个议会，而完全不像强制和平联盟中的法律主义者所设想的世界法院。在威尔逊的理想中，国联立法机构所进行的讨论将稳定国际政治，因为他认为这样的讨论能带来比经济制裁更强大的东西——"世界舆论的道德力量"。④在实施经济制裁方面，威尔逊没有给出一个确定的程序。威尔逊致力于利用经济封锁来在德俄两国推动民主革命，他希望将国联塑造为一个政治联盟，并将这一意识

---

① Cited in Norman Angell, *The World's Highway: Some Notes on America's Relation to Sea Power and Non-Military Sanctions for the Law of Nations* (New York: George H. Doran, 1915), pp.355–356.
② Benjamin A. Coates, *Legalist Empire: American Foreign Relations and International Law in the Early Twentieth Century* (New York: Oxford University Press, 2016), chs. 5–6.
③ 斯蒂芬·威特海（Stephen Wertheim）的文章表明，威尔逊没有接受埃利夫·罗特（Elihu Root）、威廉·塔夫脱（William Taft）以及西奥多·罗斯福（Theodore Roosevelt）等仲裁主义者为国联设计的"法律主义—制裁主义"模式。（"The League That Wasn't: American Designs for a Legalist-Sanctionist League of Nations and the Intellectual Origins of International Organization, 1914–1920," *Diplomatic History* 35, no.5［November 2011］: 797–836, esp.799–802).
④ Woodrow Wilson, Address on Unveiling the League Covenant Draft, 14 February 1919; in Lyman Powell and Fred Hodgins, eds., *America and the League of Nations: Addresses in Europe*, p.164 (Chicago: Rand McNally, 1919).

形态计划推广到全世界。

战时制裁计划

在战争期间,并不是只有政治家、政策制定者在思考有关制裁的问题。在协约国内部,一大批知识分子、新闻界人士、法律界人士、经济界人士以及其他领域的专家也都参与到了讨论之中,思考封锁为全球治理提供的新的可能性。早在经济制裁所造成的影响能得到衡量之前,相关讨论就已经热烈展开了。例如,英国大律师 F.N. 基恩(F. N. Keen)认为,协约国的战时财政仰赖国际银行团,这说明国际银行团可能成为维护世界和平的重要力量。在他看来,"无论是进行财政抵制还是金融抵制,这样一个机构都拥有着巨大的权力"。[①] 战后,布莱斯集团(Bryce Group)——围绕自由党中坚力量布莱斯子爵的小圈子——的相关人士也就有关国际秩序的问题进行了大量有益的讨论。[②] 这个圈子中,有两个人在很早的时候就十分敏锐地意识到了封锁的重要意义,并提出了自己的一些建议。约翰·阿特金森·霍布森(John Atkinson Hobson)因批判帝国主义而闻名,他指出,在帝国主义国际体系中,金融资本与出口导向的工业利益会促使国际冲突爆发,这种对全球资本主义的批判最终被列宁所吸收。[③] 诺曼·安吉尔(Norman Angell)则因《欧洲的幻觉》

[①] F. N. Keen, *The World in Alliance: A Plan for Preventing Future Wars* (London: W. Southwood, 1915), p.95.

[②] 参见Sakiko Kaiga: "The Use of Force to Prevent War? The Bryce Group's 'Proposals for the Avoidance of War,' 1914–15," *Journal of British Studies* 57, no.2 (April 2018): 308–332, and *Britain and the Intellectual Origins of the League of Nations, 1914-1919* (Cambridge: Cambridge University Press, 2021).

[③] J. A. Hobson, *Imperialism: A Study* (New York: James Pott, 1902).

(*Europe's Optical Illusion*)一书而闻名，在这本书中，他讨论了当今各国经济的相互依存关系及其对维护和平所起的作用。[1] 这两个人都认为，世界大战并没有终结爱德华时代以来的全球化进程，反而进一步推动了全球化进程。[2]

在霍布森看来，有必要将各国有效地组织起来，共同动用经济武器，因为"迄今为止，快速且协调一致地动用这一武器的条件还没有出现"。在一国被威胁排除出世界市场之外的情况下，他认为，"该国工商业界会有组织地对政府施压，要求其改变现有政策，重新尊重现有国际秩序"。[3] 帝国主义的根基——金融资本与出口导向的工业拥有的不成比例的政治影响力——可以由此转变为解决国际争端的手段。与霍布森一样，安吉尔也认为物质力量在世界政治当中居于首要地位，但同时，他给予意识形态与心理因素更多关注。他以这样的一个事实为出发点，即战争的爆发使英国陷入了一个世纪以来最严重的财政危机当中：

> 所有这些都不禁让人思考，如果一个国家遭受到整个世界有组织的孤立，那么这将意味着什么。想象一下一个文明国家面临如下情景：没有其他任何国家的船只会进入该国港口，没有任何银行会为其票据贴现，无法收到外部世界的电报或信件，也无法向外部世界发送信息，该国公民既不能到其他国家旅行，也不能与其他国家的人们交流

---

[1] Norman Angell, *Europe's Optical Illusion* (London: Simpkin, Marshall, Hamilton, Kent, 1909).
[2] Adam Tooze and Ted Fertik, "The World Economy and the Great War," *Geschichte und Gesellschaft* 40, no.2 (April-June 2014): 214–238.
[3] J. A. Hobson, *Towards International Government* (London: G. Allen and Unwin, 1915), p.91.

沟通……我们没法想象这种政策会给一个国家带来怎样的恐怖经历……但是，如果这种断绝联系的机制能够被有效组织起来，那么世界上就不会再有中立国了，这种武器会给这个世界造成非常可怕的影响。①

在安吉尔看来，世界经济的理想模式是一个"经济世界国家"，这一体系拥有一套相互重叠、相互影响的网络，进而将全球绝大多数国家的经济、社会、文化与技术联系在一起。1915年，他出版了一本名为《世界高速公路》(*The World's Highway*)的书，在这本书中，他认为应对侵略战争的理想方法是"在全世界范围内排斥侵略者的文化与商业，这一政策并不只适用于战争期间，只要侵略者没有改变自己的侵略政策，那么就应当一直将其排除在世界体系之外"。为了实现这一目标，安吉尔建议将英国的海上力量转变为全球范围内的执法力量，以此来促使美国放弃其不受约束的中立国贸易权，他将这一计划称作"贸易控制的国际化"。②他认为，在现代世界当中，只有美国拥有足够的体量以及财富，能够独立生存。但这种潜在的自给自足能力意味着必须要将美国纳入一个全球制裁体系中。美国的体量使其有可能不被抵制压垮，但其体量也意味着如果要对世界上任何一个国家施加经济压力，都必须获得美国的配合。

然而，霍布森和安吉尔都不认为国际经济制裁是没有风险的。霍布森警告称，"抵制带来的极端压力可能会导致受抵制国家的报复，这很可能会引发战争"。③安吉尔也承认，有组织的经济胁迫会破坏

---

① Norman Angell, *America and the New World State: A Plea for American Leadership in International Organization* (New York: G. P. Putnam's Sons, 1915), pp.56–58.
② Angell, *The World's Highway*, pp.xvi, 341.
③ Hobson, *Towards International Government*, p.94.

"过去几代人建立起来的全球化大厦,破坏原本不分国界的贸易与劳动分工……国家之间可能会陷入一种自给自足的竞争之中,如果操作不当,可以想象,这种竞争会激发不道德的民族主义,而这正是战争爆发的原因之一"。① 正如我们所看到的,在当时,这些有关制裁有可能会激发自给自足、导致战争的警告并没有得到其他国际主义者的重视。

经过这场战争,欧洲大陆上也出现了很多提倡动用经济制裁这一武器的人。意大利人欧亨尼奥·里尼亚诺(Eugenio Rignano)设想建立一个"欧洲联邦委员会",其中有一项关于"国际制裁"的规定,参与国应"通过断绝与叛乱国的外交关系,中断与其所有的经济、商业联系的方式来打击叛乱国"。② 在战争期间,里尼亚诺的书在法国很受欢迎,法国政府中的知识分子认同里尼亚诺的观点,并广泛引用他的著作。与社会主义领导人莱昂·布鲁姆(Léon Blum)以及阿尔伯特·托马斯(Albert Thomas)关系密切的政治经济学教授埃德加·米约(Edgard Milhaud),在1916年4月对法国国家研究委员会(CNE)的一次演讲中明确表示支持经济制裁,该委员会是由法国政府召集组建的一个非正式智囊团,主要负责研究规划战后秩序。③ 米约表示,"人民已经拥有了一种强大的武器,可以强迫那些试图违反盟约的人

---

① Angell, *The World's Highway*, p.357; my emphasis.
② Eugenio Rignano, *Les facteurs de la guerre et le problème de la paix* (Paris: Librairie Félix Alcan, 1915), pp.45-46. 1870年,里尼亚诺出生于意大利沃诺市的一个犹太人家庭,之后,他在比萨学习了自然科学。他在工程、数学、心理学、社会学以及政治学领域都做出了贡献。
③ MAE, PA-AP 29, Fonds Léon Bourgeois, P/16884, "L'arbitrage international," résumé de l'exposé de Edgard Milhaud, ff. 148–166; reproduced in part as "L'arbitrage international et les questions de puissance," in Edgard Milhaud, *Sur la ligne de partage des temps* (Neuchâtel: Editions de la Baconnière, 1948), pp.34-39.

们尊重盟约。这一武器就是抵制"。① 他认为,签署两次海牙和平会议所议定之公约的44个国家已经形成了一个强大的集团,因此,没有哪个国家能抵抗得住集体禁运。②

米约在其报告中吸收了里尼亚诺的观点,并将其放在了封锁的背景下予以阐述。1916年4月10日,法国国家研究委员会第一次讨论了米约的报告。③ 委员会主席、前总理布尔茹瓦采纳了他的建议,并将其付诸实施。作为20世纪初法国政坛的重要人物,布尔茹瓦主要倡导一种被称为团结主义的自由社会主义。团结主义以相互依存的社会学理论为基础,强调通过集体行动来保卫个体自由,还希望通过建立现代社会与财政国家来实现这一切。④ 布尔茹瓦赞同仲裁主义的观点,即应当建立一个可管辖全球的单一司法机构。这种普遍主义立场所带来的一个必然结果就是中立的丧失。如果必须切断与侵略者的所有联系,那么正如布尔茹瓦所说,"世界上就不会再有中立国的位置了"。⑤ 他领导的委员会讨论了各种实施孤立的方式。仅仅在外交上将其排除在外是不够的;还需要施加经济压力。应当禁止国际社会与侵略国之间所有的商业活动;应暂停或终止合同的执行;应没收敌国公民的财产。最后,对侵略国的经济排斥与实施制裁的国家之间进行的经济互助是相辅相成的。将布尔茹瓦的团结主

---

① MAE, PA-AP 29, Fonds Léon Bourgeois, P/16884, "L'arbitrage international," p.4, f. 152.
② "如果世界各族人民都承诺,一旦特定条件得以满足——例如,海牙法院认定发生了侵略,他们会在同一时间、团结一致地实施同等程度的经济制裁,那么这就已经足够了。可能根本就不需要认定侵略发生,甚至有可能这一程序永远都不会启用。这种级别的威慑就已经能发挥决定性作用了。"(ibid., p.6, f. 154).
③ Jean-Noël Jeanneney, *François de Wendel en République: L'argent et le pouvoir (1914–1940)* (Paris: Éditions du Seuil, 2004〔1976〕), p.112.
④ Serge Audier, *Léon Bourgeois: Fonder la solidarité* (Paris: Editions Michalon, 2007).
⑤ MAE, PA-AP 29 P/16884, Comité national d'études, "Propositions de la sous-commission"〔undated〕, p.3, f. 116.

义应用于国际政治领域，意味着实力较弱的成员国将得到整个国际社会的资金支持、食物保障、物资供应保障以及其他支持。[①]通过彼此之间的物质援助，旨在共同孤立侵略国的国际社会大团结得以实现。此次对供应问题的关注表明，经济武器不只是一种破坏性的工具。从一开始，法国的"经济武器"概念就包含了经济援助的团结因素，战时协约国之间的国际机制就很好地体现了这一主张。

然而，法国的计划中也包含着大量强制因素。它规定，当侵略发生时，世界各国应当自发地全面停止与侵略国的经济往来。但从1916年年中开始，法国官员就明确表示，他们不认为经济制裁是未来国际联盟所拥有的全部工具。国联需要拥有自己的军事力量。对布尔茹瓦来说，军事制裁是建立真正超国家组织的一个合乎逻辑的结果。就像同意加入公民社会的个体放弃了对彼此使用武力的私人权利一样，当新的国际组织建立后，其成员国应当将其诉诸暴力解决纠纷的权利移交给那个平等管理所有国家的组织。

作为法国国家研究委员会的主席，布尔茹瓦巧妙地传播了这些思想，这使他成为法国主要的制裁理论家。1917年7月，他受命领导一个部际委员会，负责设计法国版的战后国际组织架构。布尔茹瓦委员会由15名官员组成，其中大多数人是军事与外交专家，但也包括两名重要的支持仲裁主义的法律界人士：其中一位是法学教授、诺贝尔和平奖获得者保罗·德康斯坦（Paul de Constant），另一位是

[①] Ibid., 5 July 1916, ff. 116–118.

路易斯·雷诺（Louis Renault）。① 在委员会内部，支持协约国体系的人士与支持建立一个更加公正的国际法秩序的人士之间存在着强烈的分歧。面对其法律构想在残酷的权力政治世界中软弱无力的指控，布尔茹瓦在第一次会议上为自己辩护道："我们是理想主义者吗？我们是空想家吗？不，很不幸，我们是现实主义者！我们见过太多让人类感到悲哀的血腥磨难了。存在一种真正的、原初的、至关重要的、高于其他所有利益的利益：和平。只有法律才能带来和平。我们必须确保法律组织能有效运行。"②

强硬的反德派并没有被轻易说服。1917年9月，大多数委员会成员都认为，"封锁是一个如何在经济上孤立叛乱国的问题，就这一问题而言，在1916年的巴黎经济会议上，我们已经与其他协约国达成一致"。③ 但在接下来的几个月里，布尔茹瓦坚持不懈地通过他领导的委员会推动了一个具有强烈法律主义、仲裁主义色彩的议程。1918年6月，该委员会向克里蒙梭提交了第一版《国联盟约》草案。除了有关国际军事力量以及常设总参谋部的规定外，这份草案还涉及一系列法

---

① 其他成员包括外交部法律专家安德烈·韦斯（André Weiss）、亨利·弗罗马若（Henri Fromageot）以及保罗·马特（Paul Matter）；职业外交官 马士理（Pierre de Margerie）（法国外交部政治事务司司长）、古奥特（Jean Goût）、儒勒·康邦（Jules Cambon）（副主席）、加百利·阿托诺（Gabriel Hanotaux）（前任外交部长）以及费尔南·皮拉（Fernand Pila）；军方代表吕西安·拉卡兹（Lucien Lacaze）将军以及勒内·佩蒂特（René Petit）上校（他曾建议建立一个永久性的国际军事参谋部来负责领导国联的武装力量）；学者厄内斯特·拉维斯（Ernest Lavisse）以及保罗·阿佩尔（Paul Appell）。参见Peter Jackson, *Beyond the Balance of Power: France and the Politics of National Security in the Era of the First World War* (Cambridge: Cambridge University Press, 2013), pp.178–182.
② MAE, PA-AP 29 P/16054, Commission d'études pour une Société des Nations, Notes de 1ère séance, 28 July 1917, p.4, f. 10.
③ "Le plan français de la Société des Nations," 28 September 1917; in Léon Bourgeois, *Le pacte de 1919 et la Société des Nations* (Paris: Bibliothèque Charpentier, 1919), p.44.

第一部分　经济武器的缘起

律、经济与军事制裁。[①] 这些制裁条款是由封锁部的两位法学家安德烈·韦斯（André Weiss）和费尔南·皮拉（Fernand Pila）起草的。他们设想了至少四种不同形式的经济制裁。第一种是封锁：终止与违约国的所有商业往来。第二种是更具体的法律措施——没收，这涉及没收联盟成员国领土上的敌方货物、投资与财产。第三种是剥夺违约国获得对其经济运行至关重要的原材料的权利。第四种是颁布类似原材料禁运的外部金融封锁禁令，以禁止其获取外部资金，尤其禁止其在海外销售公债。海外债权人会催收该国的未偿信贷，从而对该国政府施加财政压力。韦斯与皮拉还提到，这些措施是受"协约国经济封锁"的启发，并指出他们的想法与塞西尔如出一辙。[②]

布尔茹瓦委员会强调，"这份简要的草案表明，'国际联盟'不会是一个解除了武装的组织"。[③] 至关重要的一点在于，自始至终，韦斯与皮拉都只将经济制裁视为军事制裁的补充。在用尽其他手段后，国联将实施军事干预，派遣一支多国部队去制服侵略国。这种军事干预是合法的，因为其目的"不是实现王朝的利益或彰显征服的精神，而是维护法律"。[④] 从法国元帅费迪南·福煦（Ferdinand Foch）的战时指挥策略中，人们获得了组建国联部队的灵感，从1917年开始，福煦即是西线英、法、意、美联军的最高统帅。[⑤] 但这种组建

[①] Bourgeois, "Exposé des principes sur lesquels peut être constituée la Société des Nations," in Bourgeois, *Le pacte de 1919 et la Société des Nations*, pp.204-205.
[②] Jackson, *Beyond the Balance of Power*, pp.185-186.
[③] Bourgeois, "Exposé des principles," p.205.
[④] MAE, PA-AP 29 P/16054, Capitaine Petit, "Sanctions militaires," p.2, f. 67.
[⑤] 法国外交部门不是唯一支持组建国际军队的人士。马蒂亚斯·埃尔兹贝格（Matthias Erzberger）也指出，第一次世界大战已经证明，多国部队可以受统一管辖，共同采取行动。他认为，1900年八国联军镇压中国义和团运动的案例就是一次"成功的国际维和治安行动"。(*Der Volkerbünd: der Weg zum Weltfrieden* [Berlin: Hobbing, 1918], p.137).他完全将八国联军侵略中国主权置之不顾。

113

多国维和部队的提议立即遭到了英美的强烈反对。安吉尔描绘了这样一幅画面:"哥萨克人在中央公园安营扎寨,以确保一项违背全体美国人民意愿的国际决议能得以执行,而这项决议在国际议会上没花多长时间就投票通过了,其之所以能获得通过,是因为日本、海地、暹罗与土耳其代表联合了起来!"① 为了维护国际安全,这些反对意见必须被克服。布尔茹瓦试图尽可能预测出英美会提出哪些反对意见:制裁会导致国联从国会手中夺取宣战权;制裁会导致国联内部出现纠缠不清的各种联盟;制裁违反门罗主义;欧洲的君主国与其他非民主国家因其政治体制而不太能获得民主国家的信任。法国人甚至做好了准备以回应人道主义式的反对意见,即"对一个违约国进行经济抵制是不人道的,因为这样的经济抵制会让非战斗人员——妇女、儿童、老人——承受痛苦"。② 在布尔茹瓦看来,一个普遍的、可靠的、自动实施干预的国际组织能够可靠地维护和平,以至于上述代价能被有效避免。

在这一过程中起到重要作用的另一位法国团结主义者是布尔茹瓦的朋友、人类学家马塞尔·莫斯(Marcel Mauss)。③ 在他的个人档案中,研究人员发现了一份起草于1918年的草案,其中包含了一个精巧的自动实施国际制裁的计划。在这份草案中,莫斯引入了"和平时期禁运品"这一概念,他将其定义为在一国位于境外或在他国领土上运输的所有资产与货物。在该国违反条约的情况下,国际组

---

① Angell, *The World's Highway*, p.310.
② MAE, PA-AP 29 P/16054, "Onze objections américaines à la creation d'une 'ligue pour imposer la paix,'" 1 November 1916, f. 166.
③ Grégoire Mallard: "'The Gift' Revisited: Marcel Mauss on War, Debt, and the Politics of Reparations," *Sociological Theory* 29, no.4 (2011): 225–247, and *Gift Exchange: The Transnational History of a Political Idea* (Cambridge: Cambridge University Press, 2019), pp.43–84.

织可以授权特定国家扣押这些资产与货物,并予以拍卖。莫斯希望这一威胁能够更好地保卫和平,因为"这样一来,从事国际贸易的阶层面临经济损失的风险将强烈刺激公众舆论,那些倾向于无视其国际义务的政府甚至不会受本国公民的欢迎"。[①]"和平时期违禁品"这一概念并没有被法国政府纳入和会谈判方案当中。但这一概念表明,1917年至1918年,法国国际主义者都认为,无论经济制裁的性质如何,其都应当建立在可靠的、因而也是能成功付诸实施的威慑之上。

在英国,基于威慑的经济武器也获得了左派的支持。支持劳工权益的记者亨利·诺埃尔·布雷斯福德(Henry Noel Brailsford)毫不掩饰他的兴奋之情:"包括食品在内的原材料已经成为世界政治的枢纽了……一旦成功控制了原材料的跨界流动,国联就能将所有文明国家纳入其中。一旦拥有了切断原材料流动的权力,国联就拥有了每个国家都相当畏惧的制裁权力。"[②]南非国防大臣扬·史末资(Jan Smuts)在1918年12月出版的小册子《国际联盟:一项切实的建议》(*The League of Nations: A Practical Suggestion*)中表达了类似的观点。[③]他计划的核心在于设立一个正式的禁战期:强制国际争端中的各方在一段时间内保持冷静,禁止其诉诸战争。随着争议各方逐渐

---

① "Can International Law Be Enforced? [Le droit international peut-il être fortifié?]," [undated], 57 CdF 47-1, Marcel Mauss Papers, Collège de France Archives, University of Paris. 由于这份文件被归入了莫斯的档案之中,但并没有明确署名,所以作者的身份并不确定。
② H. N. Brailsford, *The Covenant of Peace: An Essay on the League of Nations* (New York: B. W. Huebsch, 1919), pp.22-23.
③ Mark Mazower, *No Enchanted Palace: The End of Empire and the Ideological Origins of the United Nations* (Princeton, NJ: Princeton University Press, 2009), pp.28-65; John Darwin, *The Empire Project: The Rise and Fall of the British World System, 1830-1970* (Cambridge: Cambridge University Press, 2009), pp.250-254, 335.

恢复平静，外交手段与仲裁手段就都可以发挥作用了。对史末资来说，"如果一个国家在禁战期发动战争……那么根据该事实，该国即与国联所有成员国处于战争状态之中，无论这场战争规模是大是小，都会导致国联其他成员国切断与违约国的所有贸易与金融往来"。史末资赞同法国人的观点，他认为经济武器将主要发挥威慑作用，因为"这种完全自动的贸易与金融抵制的威力必然是巨大的"。[①]

巴黎和会使得战时的经济制裁政策有机会以一种更具建设性的方式制度化。协约国在1918年秋季取得的胜利进一步坚定了他们将封锁措施改造为维和工具的信念。史末资代表了协约国决策者的观点，他认为："这场战争的经验表明，经济抵制……有助于彻底击垮世界上有史以来最强大的军事强权；而且，未来任何有意作恶的国家都不可能忘记这个教训。"[②]既然事实已经表明，经济制裁可以击败像德国这样令人畏惧的工业国家，那么就有理由相信它能够制服任何试图挑战战后新秩序的国家。

在做出这一假设时，推动经济制裁的先驱们没有认真考虑一个在当时还没有完全得到解决的问题：对协约国的胜利而言，封锁是否具有决定性的意义？1918年至1919年，从来没有人像20世纪40年代详细研究战略轰炸那样，对封锁造成的影响进行系统性研究。[③]

[①] Jan Smuts, *The League of Nations: A Practical Suggestion* (London: Hodder and Stoughton, 1918), pp.60–61.
[②] Ibid., p.61.
[③] 约瑟夫·A. 马约洛（Joseph A. Maiolo）指出，在战间期，对封锁的乐观情绪占据主导地位。(*The Royal Navy and Nazi Germany, 1933–1939: A Study in Appeasement and the Origins of the Second World War*［Basingstoke: Macmillan, 1998］, p.112). 由于这本书的作者对经济战的总体影响持怀疑态度，A. C. Bell的 *A History of the Blockade of Germany and of the Countries Associated with Her in the Great War, Austria-Hungary, Bulgaria, and Turkey, 1914–1919* (London: HMSO, 1937) 一书直到1961年才正式出版，此时距离这本书完稿已经过去24年了。

由于那时的人们尚没有 20 世纪中叶社会科学家所使用的方法，也没有收集相关数据，所以研究第一次世界大战的历史学家在这一问题上出现了分歧。[①] 必须承认，衡量封锁对社会经济生活造成的后果与评价其在赢得战争中所发挥的效用是不一样的。德意志第二帝国最后几个月的情况表明，这两者之间存在着复杂的关系。首先，1918年9月底，由于保加利亚向协约国投降，军事首脑鲁登道夫本人丧失了抵抗的勇气，他乞求文官政府停战。[②] 当他试图通过结束战争来挽救德国军队之时，德国国内的政治家们实际上正呼吁全民动员，

[①] 战略学家李德·哈特（Liddell Hart）、拉乌尔·卡斯泰（Raoul Castex），政治家劳合·乔治与丘吉尔，历史学家阿尔布雷赫特·立敕尔（Albrecht Ritschl），布里安·邦德（Brian Bond），B. J. C. 麦克切尔（B. J. C. McKercher）以及伊莎贝尔·霍尔（Isabel Hull）等大多十分乐观。See, for example, Raoul Castex, *Théories stratégiques*, vol. 5: *La mer contre la terre* (Paris: Economica, 2003 ［1935］), p.464; House, *The Intimate Papers of Colonel House*, 1:163-164; Winston Churchill, *The World Crisis, 1911-1918* (New York: Free Press, 2005 ［1931］), pp.564, 577; Albrecht O. Ritschl, "The Pity of Peace: Germany's Economy at War, 1914-1918 and Beyond," in *The Economics of World War I*, ed. Stephen Broadberry and Mark Harrison, pp.41-76, esp. p.52 (Cambridge: Cambridge University Press, 2005); Brian Bond, "Attrition in the First World War: The Naval Blockade," in Brian Bond, *Britain's Two World Wars against Germany: Myth, Memory and Distortions of Hindsight* (Cambridge: Cambridge University Press, 2014), pp.88-99; B. J. C. McKercher, "Economic Warfare," in *The Oxford Illustrated History of the First World War*, ed. Hew Strachan, pp.119-133 (Oxford: Oxford University Press, 2014); Isabel Hull, *A Scrap of Paper: Breaking and Making International Law during the Great War* (Ithaca, NY: Cornell University Press, 2014), pp.169-170. 休·斯特拉坎（Hew Strachan）认为，封锁迫使德国最高统帅部冒险发动了陆上远征，进而导致了德国的失败。("Sea Power vs. Land Power: The Geopolitics of Germany's Defeat in the First World War," lecture at the Centre for British Studies, Humboldt-Universität zu Berlin, 10 May 2012). 还有一部分学者也认同这样一套论述，只不过其论述的核心是1917年德国决定发动无限制潜艇战这一事件。参见 Offer, *The First World War*, p.76, and Erik Sand, "Desperate Measures: The Effects of Economic Isolation on Warring Powers," *Texas National Security Review* 3, no.2 (Spring 2020): 24-26.

[②] Holger Herwig, *The First World War: Germany and Austria-Hungary, 1914-1918* (London: Bloomsbury, 2014), p.410.

117

以抵抗协约国。[1] 简而言之，德国之所以要谋求停战，不是因为国内的公民因无法承受封锁而开始抗议，而是因为前线作战部队因军事失利而士气崩溃。[2] 1918年7月至9月，由于当年的丰收以及来自东欧的物资流入，德国国内的粮食状况实际上有所改善。[3] 但西线遭遇的军事失利抵消了这些情况的改善，在西线战场上，春季攻势的所有成果都烟消云散了，协约国军队深入德国控制的领土内。鲁登道夫曾希望重复使用1917年将俄国击溃的震慑战术，但他发现，自己手下的士兵已经失去了战斗意志，且变得越来越难以驾驭。[4]

封锁在赢得战争中所发挥的效用，部分地受到了德国经济运作模式的限制。德国不像英国那样依赖海外粮食供应。[5] 但正是出于这一原因，战争本身对德国造成的负面影响更大，因为为了进行战争，德国征召了数以百万计的农业工人——而这些农业工人生产的粮食占战前德国人热量消费的3/4，而外国进口的食品只占战前热量

---

[1] Michael Geyer, "Insurrectionary Warfare: The German Debate about a Levée en Masse in October 1918," *Journal of Modern History* 73, no.3 (September 2001): 459–527.
[2] 查尔斯·迈尔（Charles Maier）写道："若非最高统帅部孤注一掷，仅仅靠封锁导致的消耗不太可能在可接受的时间范围内让德国公众发生动摇，进而结束战争。"（"Wargames: 1914–1919," *Journal of Interdisciplinary History* 18, no.4 [1988]: 837）.
[3] 这一结论基于美国陆军情报部门对"德国士气变化"的相关研究，该研究主要基于六项指标：平民的作战意志、德国的军事处境、政治统一的程度、德国北部的粮食状况、奥匈帝国的状况以及U型潜艇的沉没率。HIA, World War I Subject Collection, Box 18, Folder 19, "Graph to Indicate Variations in German Morale, August 1914-October 1918."
[4] Wilhelm Deist, "Verdeckter Militärstreik im Kriegsjahr 1918," in *Der Krieg des kleinen Mannes: Eine Militärgeschichte von unten*, ed. Wolfram Wette (Munich: Piper, 1992), pp.146–167. On the Spring Offensive's "shock and awe, 1918 style," 参见 Alexander Watson, "Ludendorff in Total War: A Reassessment," lecture to First World War Research Group, Defence Studies Department, Joint Services Command and Staff College, 19 May 2015.
[5] 在第一次世界大战之前，德国进口了大约1/3的粮食。Gerald Feldman, *Army, Industry, and Labour in Germany, 1914–1918*（Princeton, NJ: Princeton University Press, 1966）, p.98.

消费总量的 1/4。① 此外，实施封锁的人还低估了一个复杂的工业经济体中资源的可替代性。由于封锁，德国原本的大型出口导向的工业无法将其产品销售到世界市场之上。大量的劳动力与资金得以释放出来，供其他领域使用。② 尽管为总体战而进行的经济与社会动员充满了各种问题，但在生产领域，这一动员取得了无可置疑的成就：1918年为战争生产的物资比前几年都要多。那年夏天德军崩溃的矛盾之处在于一支装备了大量炮弹与枪支的战斗部队却在士气上遭遇了全面崩溃。③ 我们很难在经济制裁与军事失利之间建立起明确的因果联系。

因此，在协约国赢得第一次世界大战的诸多原因当中，封锁最多只起到了辅助作用。④ 最终，战场上遭遇的挫折以及中欧社会为总体战而进行的动员所导致的内部紧张关系比经济上的被包围更加令人崩溃。那么，为什么与之相反的结论——即封锁起到了决定性

---

① 戈尔德·哈达赫（Gerd Hardach）认为，"1914年至1918年，同盟国之所以发生了巨大的衰落，与其说是因为封锁，倒不如说是因为战争对经济的过度消耗。"(*The First World War, 1914-1918* ([Berkeley and Los Angeles: University of California Press, 1981], p.34); 由于战争消耗而导致的财富损失要比封锁造成的财富损失更大，参见Mark Harrison, "Myths of the Great War," in *Economic History of Warfare and State Formation*, ed. Jari Eloranta, Eric Golson, Andrei Markevich, and Nikolaus Wolf, pp.151-152 (Singapore: Springer, 2016).
② 这种可替代性不仅指那些一眼看上去就能被转化为战争生产部门的行业，例如钢铁、电气、化工以及造船业，还有很多其他企业也发生了此类转型，例如，位于法兰克尼亚的铅笔制造商就在战争期间转型开始生产枪管了。Norman Stone, *The Eastern Front, 1914-1917* (London: Penguin, 2008 [1975]), p.163.
③ Alexander Watson, *Enduring the Great War: Combat, Morale and Collapse in the German and British Armies, 1914-1918* (Cambridge: Cambridge University Press, 2008), pp.184-231; David Stevenson, *With Our Backs to the Wall: Victory and Defeat in 1918* (London: Penguin, 2011), pp.429-430.
④ 戈尔德·哈达赫为这一论断提供了材料依据，Gerd Hardach, *Der Erste Weltkrieg, 1914-1918* (Munich: Deutscher Taschenbuch Verlag, 1973), and Paul Kennedy, "Mahan versus Mackinder: Two Interpretations of British Sea Power," *Militärgeschichtliche Zeitschrift* 16, no.2 (1974): 39-66, esp.51.

作用——深刻影响了战间期的政局，同时频繁出现在众多历史著作之中？部分原因在于，战败者自己也夸大了封锁造成的影响。20世纪20年代至30年代诞生的第一份对战争的深入研究，即卡内基基金会赞助的多达150卷的《世界大战中的经济与社会史》(*Economic and Social History of the World War*)中大量采用了前德国与奥匈帝国官员的评估。这些官员热衷于将内部崩溃归咎于外部压力，而回避他们自己在战争经济规划方面的失败之处。[1] 更重要的是，德国民族主义者在战后几年里散布了臭名昭著的"背后捅刀"的谣言，将帝国的失败归咎于平民的背叛，进而强调那时的军队仍然是不败的。这一神话与协约国的论点相吻合，即封锁沉重打击了德国后方的士气。[2] 高调宣扬封锁造成的损失，也是魏玛政客为减轻德国的赔偿负担、修改《凡尔赛条约》以及吸引外国资本而发动的舆论攻势中最受欢迎的策略。[3] 在私下里，德国官员承认，封锁并没有像他们自己宣传的那样造成了巨大的

---

[1] Skalweit, *Die deutsche Kriegsernährungswirtschaft*; Gustav Gratz and Richard Schüller, *Die Wirtschaftliche Zusammenbruch Österreich-Ungarns* (Vienna: Hölder-Pichler-Tempsky, 1930), pp.188–204; 理查德·里德尔（Richard Riedl）认为，"封锁以及封锁导致的物资匮乏导致了同盟国的战败，而这一因素尚未得到充分重视。"(*Die Industrie Österreich während des Krieges* [Vienna: Hölder-Pichler-Tempsky, 1932], p.142). 正如贝琳达·戴维斯（Belinda Davis）所言，正是由于国家将食品供应纳入管理范围内，民众才对国家有了更高的要求，这在很大程度上导致了1918年的社会动荡。(*Home Fires Burning: Food, Politics, and Everyday Life in World War I Berlin* [Chapel Hill: University of North Carolina Press, 2000]).
[2] Hew Strachan, "The Limitations of Strategic Culture," in Hew Strachan, *The Direction of War: Contemporary Strategy in Historical Perspective* (Cambridge: Cambridge University Press, 2013), pp.147–148.
[3] Elisabeth Piller, *Selling Weimar: German Public Diplomacy and the United States, 1918-1933* (Stuttgart: Franz Steiner Verlag, 2021).

损失。① 人道主义运动让人们正确地关注到平民遭受的痛苦,但代价是,饥饿导致中欧社会秩序崩溃的信念得到了进一步加强。②

在战间期,最重要的一点是各方都相信,封锁对战争的结果具有决定性意义。③ 对于塞西尔、史末资、布尔茹瓦以及威尔逊等国际主义者而言,质疑经济战争的作用等于在政治上自毁长城。这种论点会直接削弱巴黎和会上制定的国联经济制裁条款的合理性。正如作为英国海军部代表的阿诺德-福斯特后来所说的那样,"我们让同盟国陷入饥荒之中,仅在德国就有约 76 万人因此而死……我们成功地迫使敌人屈服了……这一封锁武器比先前想象的更不可分割,也更加致命"。④ 尽管现在的历史学家认为,封锁导致的死亡人数为 30

---

① BA-BL, R 901/80905, "Errechnung der wirtschaftlichen Schäden des Reichs als Folge der britischen Handelsblockade (mit Stellungnahmen der Reichsbank, des Reichswirtschafts- und Reichsschatzamtes)," 3 December 1918. 在这份秘密备忘录中,德意志帝国银行行长鲁道夫·冯·哈文斯坦(Rudolf von Havenstein)反对向协约国提供德国的贸易统计数据,因为从这些数据来看,封锁所造成的损失要比德国政府公开宣称的要小。哈温斯坦还指出:"以出口为例,即使我们仍能自由地出口商品,我们也几乎没有能力(除了战争的第一年外)提高我们的出口量,因为我们国内的绝大多数工业产能都转向服务军事需要了,与此同时,工人的数量也日益短缺,即使我们能够进口足够的原材料,德国的出口工业也一定会逐步陷入停滞之中。" (ibid., p.27).
② Mary Elisabeth Cox, *Hunger in War and Peace: Women and Children in Germany, 1914-1924* (Oxford: Oxford University Press, 2019), pp.17-64, 205-338.
③ 尽管"学界就英国封锁的很多问题尚未达成共识",但克里斯蒂安·戈特(Christian Götter)注意到了这一观点的政治意义,以及其与现代经济制裁之间的联系。("Von der militärischen Maßnahme zum politischen Machtmittel. Die Evolution der Wirtschaftsblockade im Ersten Weltkrieg," *Militärgeschichtliche Zeitschrift* 75 [November 2016]: 364-365).
④ W. Arnold-Forster, "Sanctions," *Journal of the British Institute of International Affairs* 5, no.1 (January 1926): 2-3. 阿诺德-福斯特所引用的762796例死亡数据来源于1918年12月德国公共卫生专家马克斯·鲁布纳(Max Rubner)博士的记录。(Reichsgesundheitsamt, "Schädigung der deutschen Volkskraft durch die völkerrechtswidrige feindliche Handelsblockade," in *Das Werk des Untersuchungsausschusses der Verfassunggebenden Deutschen Nationalversammlung und des Deutschen Reichstages 1918-1919* (Berlin, 1928), 6:398). 以及Alice Weinreb, "Beans Are Bullets, Potatoes Are Powder: Food as a Weapon during the First World War," in Tucker, Keller, McNeill, and Schmid, *Environmental Histories of the First World War*, pp.19-37.

万至40万，但在战间期，欧洲人共同记忆当中挥之不去的封锁幽灵具有相当程度的政治意义。[①]

这一封锁的神话深刻地影响了20世纪的政治与战略思维。支持经济制裁这一武器的人们坚信正是由于经济制裁，协约国才能在1918年赢得胜利。在停战10年后，塞西尔与阿诺德-福斯特仍然相信，针对"敌人商业的封锁让我们在战争后期取得了胜利，同样的做法还能保证我们取得下一场战争的胜利"。[②]对经济武器力量的信念已经成为国际主义者的一项政治承诺。在制度上，国联明确继承了协约国在战争期间所使用的经济武器。但在很大程度上，国联经济制裁的确切性质受到了和会期间长达数月的谈判所达成的政治妥协的影响。

《国联盟约》第16条的起草

正如我们已经看到的那样，起草《国联盟约》的英、法、美三国政治家——塞西尔、布尔茹瓦与威尔逊在和谈前都提出了有关经济制裁的具体想法。在这三个人中，塞西尔可能是最有能力实现其计划的人。他不仅是大英帝国封锁部的部长，与此同时，劳合·乔治还赋予了他充分的自由以起草盟约，只要最终的草案大体符合英

[①] 杰伊·温特（Jay Winter）估计有30万人死于封锁，尽管这一数字广为接受，但其仍具有很强的不确定性。（"Some Paradoxes of the First World War," in *The Upheaval of War: Family, Work and Welfare in Europe, 1914-1918*, ed. Richard Wall and Jay M. Winter, p.30 ［Cambridge: Cambridge University Press, 1988］).
[②] Viscount Cecil and W. Arnold-Forster, "The Freedom of the Seas," *Journal of the Royal Institute of International Affairs* 8, no.2 (March 1929): 97.

第一部分　经济武器的缘起

国的政策即可。① 由费立摩尔勋爵（Lord Phillimore）领导的国联特别研究委员会于 1918 年 3 月向英国内阁提交了其研究成果。塞西尔将自己的想法与费立摩尔的建议稿进行了综合，在被称为"塞西尔草案"的成稿中，类似封锁的安全机制成为英国谈判的核心关切。② 这版草案还支持实施军事制裁，即国联需要组织武装干预的能力。然而，就这一问题而言，英方的草案和法方并不相同，英方并不打算建立一支永久性的国际军事部队，"预测并随时准备"进行远征。③ 塞西尔与费立摩尔都认为，国联成员国应在个案的基础上组织武装干预。

1919 年 1 月 9 日，塞西尔与美国代表第一次会晤，在这次会晤当中，双方就军事制裁这一问题表达了不同的意见。当威尔逊的顾问豪斯上校宣读他与威尔逊起草的草案时，塞西尔震惊于这样一个事实：美方认为仅仅依靠经济封锁本身就足以强制执行仲裁结果。美国人并不打算提供军事上的支持。当豪斯提出"强制执行措施只包括经济手段"时，他承认他个人认为，在必要情况下，国联应当有权进行武装干预。④ 然而，豪斯并不清楚威尔逊是否会同意这一点。威尔逊根据国务卿兰辛以及法律顾问米勒的建议所起草的第一份草案中规定，"全面的经济与金融抵制，包括切断与侵略国所有贸易与

---

① Robert Cecil, *A Great Experiment: An Autobiography by Viscount Cecil* (London: Jonathan Cape, 1941), p.68. 正如菲利普·邓恩（Phillip Dehne）指出的那样，由于塞西尔在场，同时被授予巨大权限，经济武器才得以较为顺利地进入国联架构中。(*After the Great War: Economic Warfare and the Promise of Peace in Paris 1919*［London: Bloomsbury, 2019］).
② Peter Yearwood, *Guarantee of Peace: The League of Nations in British Policy, 1914-1925* (Oxford: Oxford University Press, 2009), pp.65-67, 76-87.
③ MAE, PA-AP 29, Capitaine Petit, "Sanctions militaires," ff. 65-76; BL, MS 51088, Robert Cecil, "Draft paper on Article 16," 8 December 1924, ff. 27-29.
④ BL, MS 51094, Robert Cecil, Record of interview with Colonel House at Paris, Thursday, 9 January 1919［signed by Cecil, 10 January］, f. 168.

123

金融往来",以及"禁止与侵略国之间进行任何形式的交流"。① 所有大国都同意,经济武器将会成为国联的一道利器。他们的分歧在于经济武器是不是国联唯一的利器。②

威尔逊反对实施军事制裁,因为他认为美国不应当与欧洲列强纠缠在一起,威尔逊的顾问们也相当赞同这一点。兰辛与米勒的建议是立足于美国宪法的,根据 1787 年宪法,只有国会享有宣战权。由于这些权力不能事先让渡给任何超国家组织,他们建议任何拟议的"预防侵略与国际战争的国家联盟"都应当只是一个"消极的联盟",而不作任何"积极的承诺"。换句话说,国联应当约束各国不采取侵略性行动,而非让各国承诺采取共同行动打击侵略。③

军事制裁并非唯一有分歧的点。第二个有争议的问题在于,国联动用其制裁机制是否会导致成员国进入与违约国的战争状态中。无意间,有关这一问题的谈判推动了国际法上的一个创新:对一个国家动用经济制裁而不与之交战的可能性。扬·史末资在他的小册子中已经指出,可以将制裁视作治安行动,由此否认违约国拥有出

---

① BL, MS 51116, Covenant, President Wilson's draft, 1st ed. [undated, January 1919], pp.4–6.
② 与那些认为塞西尔从一开始就反对军事制裁,只有布尔茹瓦坚持要求设立国联军队的说法相反。豪斯与塞西尔1月初的第一次谈话被记录在了塞西尔的档案中,但相关段落却没有出现在他的日记中,这也许是因为塞西尔不想承诺支持一个威尔逊绝不会同意的政策 (Dehne, *After the Great War*, pp.70–71).
③ 不违反盟约的消极义务是属于各国的,而非整体的。威尔逊、米勒以及兰辛反对任何可能导致外部国家"联合起来胁迫美国"的方案 (David Hunter Miller, *The Drafting of the Covenant* [New York and London: G. P. Putnam and Sons, 1928], 1:29–30).

于反击而开战的权利。① 但出于法律上的原因，英国代表团改变了立场：根据普通法，英国政府不能宣称有权在不正式宣战的情况下采取胁迫性经济措施。因此，塞西尔在巴黎和会上提出，任何违约行为"本身"（专业术语为 ipso facto）就会使违约国与国联之间进入战争状态。② 无论国联的经济制裁是类似正式的有效封锁，还是类似世界大战期间发展起来的法律地位更加模糊的禁运品控制体系，英国官方都将其视为交战措施。作为国家动用武力的一种形式，制裁在本质上就属于战争手段，只有在法律上处于战争状态之时，国家才可动用这一武器。塞西尔认为，战争与和平是两种截然不同的状态，两者之间存在着根本性的对立；在和会期间的日记中，塞西尔写道："和平时期的国际联盟与战争时期的协约国理事会完全不同。"③

正如塞西尔在1916年的备忘录中明确指出的那样，他认为，如果试图挑起战争的政府很明确这样做会带来怎样可怕的后果，那么他们就不会选择开战。他心目中的经济武器与史末资的设想一样，都是以威慑为基础的。要想让经济武器发挥作用，就必须让经济封锁的威胁变得非常明确可信。因此，塞西尔的第一版草案明确反对为反侵略行动施加任何法律限制。"所采取的军事行动与经济行动……均不应考虑迄今为止现存的任何公约或国际法规则对交战国

---

① "为了确保世界和平，我认为有必要将破坏和约的风险直接展示给那些试图颠覆国际秩序的人。如果在和平时期，海战的残酷性得以缓解，同时按照威尔逊总统的主张，一定程度的海洋自由得以恢复，那么我主张有必要全面恢复能带来这些残酷性的权力，以震慑那些试图破坏和约之人……我们应当认真讨论一下，是否应当赋予那些破坏和平之国家以合法的交战国的地位，还是说我们应当剥夺其权利，并将其视为罪犯。"（Smuts, *The League of Nations*, p.62）.
② 尽管劳合·乔治内阁认为史末资的小册子"才华横溢，且十分有趣"，同时塞西尔确定威尔逊与克里蒙梭分别于1918年12月以及1919年1月收到了这一文本，但其从未成为英国政府的官方政策。SHD, 5 N 165, Letter from Lord Derby to Clemenceau, 6 January 1919 ［Smuts's A Practical Suggestion attached］.
③ BL, RCP MS 51131, Diary, 5 February 1919.

125

施加的限制。"① 如果取消对经济战的所有法律限制，那么经济武器的威慑效果就会变得更强。

威尔逊的顾问米勒认为，这种取消所有法律限制的规定"相当极端"，在 1 月 21 日于梅杰斯迪克酒店与塞西尔首次会面时，他就提出了对这一条的反对意见。② 作为一个坚定的美国法律主义者，米勒所关注的不仅是经济武器与现有国际法之间的冲突。他对英国草案中的"事实战争"学说意见特别大。为了保护美国立法机关的独立性，米勒表示，是否开战的决定权是属于一个主权国家的人民的，只能在具体的环境下作出。在他看来，根本不可能出现满足特定条件就自动宣战的情况；在美国，只有经国会多数表决通过才能宣战。出于以上两点考虑，米勒成功地促使塞西尔与威尔逊采用了一个更为温和的表述。新的表述体现在威尔逊的第二版草案中。这份草案没有规定自动进入战争状态，而是规定违反公约的国家"将被视为对联盟所有成员国实施了战争行为"。③ 1 月 27 日，威尔逊草案与英国草案相结合，诞生了新版塞西尔-米勒草案。

尽管根据米勒的要求所做的内容上的修改并不多，但意义却十分重大。事实上，米勒的建议深刻地影响了经济制裁在现代史中的意义。塞西尔-米勒草案成功地在不造成战争状态的前提下实施经济制裁，这在历史上第一次打破了封锁权与战争状态之间历史悠久的联系。尽管之后的草案一直将侵略定义为战争行为，但草案不再规定国联对侵略的打击是在战争状态下进行的。1919 年 1 月，一种新

---

① BL, RCP MS 51116, British draft, "League of Nations. Draft Convention," 20 January 1919, f. 8.
② Miller, *The Drafting of the Covenant*, p.52.
③ BL, RCL MS 51116, Covenant, President Wilson's second draft ［handwritten: "Lord Robert Cecil with the compliments of Woodrow Wilson"］, 21 January 1919, f. 24.

的使用武力的方式——非战争状态下的经济胁迫——进入了世界最高级别的政治活动中。①

2月初的谈判明确了国联制裁的另外两个问题。第一个是敌人的概念。在1月的草案当中,经济制裁的打击目标被定为"违约国主体"。新版草案则将其修改为某国国民。这一点相当重要,因为在世界大战期间,许多国家利用这一紧急状态,依据民族或种族特征而非公民身份,将其领土上的特定居民划为"敌国人士"。② 哪怕那些居住在海外的侵略国民众与其政府之间只有极其微弱的联系,基于民族原则的经济制裁也不会放过他们在海外的资产。第二个是威尔逊所说的"全面的经济与金融抵制"得以细化。在这一阶段的谈判中,各国封锁部的经验被直接写入《国联盟约》之中:切断贸易与金融往来、禁止侵略国国民在海外旅行,禁止侵略国与其他任何国家之间以任何其他形式进行的经济往来。③

到1919年2月的第一周,国联经济武器的基本轮廓已经形成了。最终的方案在很大程度上(尽管并非全部)体现了盎格鲁-美利坚的意见。法国精心设计的草案并没有起到特别重要的作用。在全体会议上,英美两国代表明确反对组建国际远征军来实施军事制裁的提案。布尔茹瓦再次强调了他所信奉的团结主义中的现实主义基调;他指出,如果国联没有自己的武装部队,那么它"就只是一

---

① 1931年,英国法官安东·贝特伦(Anton Bertram)认为,米勒的修改方案"使事情发生了一个非常重大的转折,而这一转折没能得到应有的重视"。("The Economic Weapon as a Form of Peaceful Pressure," *Transactions of the Grotius Society* 17 [1931]: 139–174; esp.145).
② Daniela L. Caglioti, *War and Citizenship: Enemy Aliens and National Belonging from the French Revolution to the First World War* (Cambridge: Cambridge University Press, 2020), pp.289–313; my emphasis.
③ BL, RCP MS 51117, Minutes, "The Commission of the League of Nations, February 7, 1919. Presided over by President Wilson," f. 20.

个看上去很可怕的面具而已"。但威尔逊反驳道:"如果我们在此时就开始组建一支国际部队,那么我们看起来就像是在用国际军国主义来取代国家军国主义。"[1] 面对英美如此坚决的反对,布尔茹瓦不可能获胜。这位法国政治家在和会期间的健康状况并不良好;在他与塞西尔于梅杰斯迪克酒店会谈时,他必须要披着毛毯来抵御冬天的寒冷。[2] 不过,法国的一个诉求也确实被写进了《国联盟约》之中,那就是国联将建立对受侵略国提供经济支持的机制,这一点主要体现在第 16 条第 3 款上。[3] 但是,巴黎和会上并没有决定采取何种具体方式来分配这一机制所涉及的利益与责任。直到 20 世纪 20 年代后半段,这一积极经济武器才取得了一定的进展。

虽然英、美、法三国已经就这一问题达成了一致,但国联的经济制裁机制仍然需要更多的国际合法性。3 月下旬,塞西尔和布尔茹瓦与 13 个中立国(阿根廷、智利、哥伦比亚、丹麦、荷兰、挪威、巴拉圭、波斯、萨尔瓦多、西班牙、瑞典、瑞士以及委内瑞拉)代表进行了会晤,以讨论拟议的制裁条款。大多数中立国认为,现在这版制裁方案的影响过于深远,现有的制裁可能会要求他们在违背自己意愿的情况下加入经济制裁活动中。荷兰代表希望能增加一些"有关国联军事与经济行动的精细化规定"。塞西尔则极力避免让英国受到任何明确承诺的约束,因此直接回绝了这个要求。丹麦很乐意加入经济制裁机制,但拒绝外国军队进入其领土。塞西尔和布尔

---

[1] MAE, PA-AP 29 P/16054, "Commission de la Socété des Nations, 8ème séance," 11 February 1919, p.15, f. 97.
[2] Cecil, *A Great Experiment*, pp.64–65.
[3] 原文为:联盟成员进一步同意,他们将在根据本条采取的金融和经济措施中相互支持,以尽量减少上述措施造成的损失和不便,并且他们将相互支持一个另一方抵制违约国针对他们中的一员采取的任何特别措施,并且他们将采取必要步骤,为正在合作保护联盟的盟约。

茹瓦反驳道,这两者之间在逻辑上是矛盾的,因为实施经济制裁就意味着需要加入冲突的一方,因此无论如何,丹麦的中立地位都会终结;丹麦政府只能在中立与加入经济制裁之间做出选择。瑞典代表团认为,现有的经济制裁条款"过于严厉",因此建议"扩大施加经济压力的范围"[①],从而减轻其严厉程度。但是,这些小的欧洲中立国并没有什么筹码来迫使大国接受他们的要求。他们最终还是批准了《国联盟约》,希望能在国联成立后再去修改盟约以使之符合自身的利益。该条款的最终版本,即《国联盟约》第16条,内容如下:

> 如果联盟的任何成员不顾第12条、13条或15条下的盟约而诉诸战争,则该联盟在事实上应被视为对联盟的所有其他成员实施了战争行为,这些成员特此承诺立即服从它切断所有贸易或金融关系,禁止其国民与违约国国民之间的一切往来,并防止违约国国民与任何其他国家的国民,无论是否为联盟成员。

英美两国代表都能从这一文本中找到体现自己意图的部分。威尔逊如愿以偿,建立了一个由大国组成的理事会来决定是否发起战争行为。这一设计保留了美国的自由裁量权。塞西尔则认为制裁的严密性——制裁旨在中断所有商业、金融与通信往来——证明其称得上"由联盟其他所有成员国施加的最严厉的封锁"。[②]

1919年7月,《凡尔赛和约》签署,《国联盟约》于1920年1月

[①] BL, RCP MS 51117, Meeting of the subcommittee of the League of Nations Commission (Cecil, House, Bourgeois, Hymans, Vesnitch, and Venizelos) with neutrals, 20 March 1919, f. 36.
[②] Cecil, "Conservatism and Peace," in Robert Cecil, *The Way of Peace: Essays and Addresses* (London: P. Allan, 1928), p.77.

正式生效。由于《国联盟约》的起草者将经济制裁作为国联日后主要的惩戒工具,所以其在经济制裁条款的起草上投入了大量的时间。可以说,国联安全体系的基础实际上要比很多国际主义者所设想的更薄弱。之所以如此,部分是因为战间期人们对制裁有着特殊的认识。作为一项可以在和平时期实施,但缺乏有组织武装力量支持的工具,战后秩序中的经济武器需要发挥它可能无法发挥的巨大作用。可以说,人们对经济武器的期待相当高,甚至太高了。

第三章
和平中的战争（1919—1921年）

到1919年年初，中欧的资源已经消耗殆尽了。1月16日，一位当时身在奥匈帝国的美国医生报告称，"封锁已经实现了自身的目标。这里已经什么都没有了。布拉格的每一块钟都被拉去熔化成金属原料了"。① 在寒风刺骨的维也纳，布雷斯福德看到"孩子们穿着用麻袋做的衣服。在很多医院里，由于缺乏床单和毯子，孩子们不得不用纸包裹着自己的身体"。战前，维也纳"靠着波西米亚的煤、克罗地亚的小麦以及匈牙利的肉为生……现在却只能依靠国内供给"。布雷斯福德预测，"如果封锁再持续几个星期，奥地利就会尸横遍野"。②

这些报告反映了从停战到签署《凡尔赛条约》之间几个月的特殊情况。尽管热战已经正式结束，但经济战仍在继续。封锁使得欧洲大部分地区陷入了物资短缺的困境中。当协约国的政治家及其顾问在巴黎谈话、散步、吃饭、辩论时，他们仍然保留着战争期间制定的许多经济制裁政策。与此同时，他们也开始组织救济工作。食品、衣服与药品被运往欧洲政治较为稳定的地区。尽管这些措施相当重要，但其所试图解决的问题在很大程度上正是由协约国的封锁

---

① Diary entry of Vance C. McCormick, 16 January 1919, in Suda Lorena Bane and Ralph Haswell Lutz, eds., *The Blockade of Germany after the Armistice, 1918-1919* (Stanford, CA: Stanford University Press, 1942), p.40.
② Henry Noel Brailsford, *Across the Blockade: A Record of Travels in Enemy Europe* (New York: Harcourt, Brace and Howe, 1919), pp.46, 48–49.

政策所导致的。此外,在1919年春夏之时,柏林的德国共和政府、圣彼得堡的布尔什维克政权以及布达佩斯的匈牙利苏维埃共和国都仍处于从战争时期延续到和平时期的封锁之下。因此,起草国联盟约的经济制裁条款并不是一件坐在客厅里就能完成的事。第16条本身以及起草这一条款的人都与正在进行的经济制裁之间存在着密切的联系。

封锁以及与之对应的人道主义救济都是战时经济武器的组成部分。在停战后的几个月内,这两者相互补充,共同塑造着战后的国际秩序。本章试图证明,在敌对行动结束后,仍旧维持的经济战争在很多国家内部都引起了相当大的争议,并引发了有关以平民为目标的手段是否符合道德以及经济因素在稳定政治与社会方面起何种作用的大辩论。作为协约国首脑下属的一个执行机关,最高经济委员会手中既掌握着"养活人"的权力,也掌握着"饿死人"的权力。然而,在和平时期动用经济制裁会面临很多问题。哪些人会因为被剥夺了贸易机会而遭受最大的损失?封锁所导致的饥荒与社会经济崩溃究竟会扼杀布尔什维克,还是会为布尔什维克提供土壤?谁有权来决定何时解除针对东欧与中欧的战败国以及爆发了革命的国家的封锁?

历史学家充分注意到了协约国对德奥两国的持续封锁。[1]这一时

---

[1] C. Paul Vincent, *The Politics of Hunger: The Allied Blockade of Germany, 1915-1919* (Athens: Ohio University Press, 1985), pp.60-156; Offer, *The First World War: An Agrarian Interpretation* (Oxford: Clarendon Press, 1989), pp.386-401; Mary Elisabeth Cox, *Hunger in War and Peace: Women and Children in Germany, 1914-1924* (Oxford: Oxford University Press, 2019), pp.205-240; Jörn Leonhard, *Pandora's Box: A History of World War I* (Cambridge, MA: Harvard University Press, 2018), pp.818-826.

期针对欧洲的人道主义救援的资料也相当丰富。① 不过，很少有人注意到封锁的阶级政治属性。针对布尔什维克的经济封锁是一种廉价的、远距离实施的反革命手段。历史学家阿诺·迈尔（Arno Mayer）与查尔斯·梅尔（Charles Maier）的经典研究表明，在经历了战争年代的动荡与俄国革命的激进风潮之后，欧洲的精英是如何重新掌控权力的。② 我们有必要将针对平民的物质压力视为欧洲资产阶级稳定社会秩序的一个重要工具。在战争时期，威尔逊希望利用物质压力来改变敌对国家内部政治体制的观点在这一时期得到了最完美的实现。因此，我们也应当将1919—1921年的战后封锁与禁运视为停战后国内冲突的一个核心转向。③ 罗伯特·葛瓦斯（Robert Gerwarth）十分强调这一时期的内乱是如何带来一种希望根除国内外一切敌人的"新暴力逻辑"的。④ 在第一次世界大战结束后的几年当中，到处都是肉眼可见的暴力：柏林与慕尼黑街头的巷战，法西斯黑衫军对意大利农场与工厂的占领，德国自由军团在波罗的海地区进行的反共战斗，高加索地区的种族冲突，以及蜷缩在战火纷飞的士麦那码头上的绝望难民。

---

① Suda Lorena Bane and Ralph Haswell Lutz, eds., *The Organization of American Relief in Europe, 1918-1919* (Stanford, CA: Stanford University Press, 1943); Bruno Cabanes, *The Great War and the Origins of Humanitarianism, 1918-1924* (Cambridge: Cambridge University Press, 2014), pp.189-247; Elisabeth Piller, "German Child Distress, American Humanitarian Aid and Revisionist Politics, 1918-1924," *Journal of Contemporary History* 51, no.3 (2016): 453-486.
② 一部分学者认为1919年的战后协定是为实现稳定而达成的偏保守的妥协产物，其中最出色的作品，参见Arno Mayer, *Politics and Diplomacy of Peacemaking: Containment and Counter-Revolution at Versailles, 1918-1919* (New York: Knopf, 1967); 有关战后重建时期的国内政治以及政治经济问题的经典研究，参见Charles S. Maier, *Recasting Bourgeois Europe: Stabilization in France, Germany, and Italy in the Decade after World War I* (Princeton, NJ: Princeton University Press, 1975).
③ Georges-Henri Soutou, "1918: La fin de la première guerre mondiale?" *Revue historique des armées*, no.251 (2008): 4-17.
④ Robert Gerwarth, *The Vanquished: How the First World War Failed to End* (London: Penguin, 2016), pp.254-257.

这些事件的戏剧性往往掩盖了远距离实施的经济制裁所造成的影响，在凡尔赛和约签署之前，这一系列经济制裁措施是由协约国间的跨国机制负责实施的，之后，随着革命的势头得到控制，封锁的重点对象变成了俄国苏维埃政权。①

战后的经济制裁也带来了另外一个影响整个战间期的后果：即战后的经济制裁消解了长久以来为人们所熟知的战争状态与和平状态之间的区别。1920年，法裔英国人、人道主义者埃德蒙·莫雷尔（Edmund Morel）在面对当时的欧洲地缘政治形势时，对被他称为"和平中的战争"的政策所带来的深度不确定性感到相当担忧。他写道："'战争'的核心目标是杀伤敌人以及摧毁敌方的经济资源，如今，某些政府仍然在为实现这一目标而努力，但与此同时，这些政府却声称他们并没有'处于战争状态之中'。"莫雷尔严厉批判了"利用封锁这一武器对俄国男女老少进行的科学毁灭。目前，封锁正以各种形式——尽可能多地阻止他们获取食物、衣服、燃料、光源、肥皂、医疗用品、运输工具等——杀伤平民。总之，让这些人无法获得足够的生存必需品，进而导致他们染病、死亡。没有比这更残酷、更野蛮、更有计划、更懦弱、更邪恶的杀人手段了"。② 莫雷尔仅仅将这些苦难归咎于协约国的政策是错误的，在俄国内战中相互争斗的红军和白军都要对这个国家所遭受的苦难负责。但他更宽泛的论点则相当准确：在一个经济胁迫逐渐常态化的世界里，"战争"与"和平"这两个词的含义已经被彻底颠覆了。

---

① 亚当·图兹强调了全球货币紧缩在劳工运动与社会主义运动中发挥的核心作用。参见Adam Tooze, *The Deluge: The Great War and the Remaking of Global Order, 1916-1931* (London: Allen Lane, 2014), pp.353-373, and C. Maier, *Recasting Bourgeois Europe*, pp.136, 138. 有关针对苏俄的经济战的最高水平的研究，参见Norbert Horst Gaworek, "Allied Economic Warfare against Russia" (PhD diss., University of Wisconsin, 1970).
② E. D. Morel, "The Peacewar," *Foreign Affairs* 2, no.5 (November 1920): 69.

对匈牙利的封锁

1919年4月4日凌晨，一列火车驶入了布达佩斯的凯莱蒂站。在途经瑞士、奥地利之后，这列火车驶入了一条支线之上，其四周站满了武装警卫。乘坐这列火车的是南非将军扬·史末资，先前他曾在布尔战争中与大英帝国为敌，现在的他则为英国效力。三天前，史末资带着一小群顾问离开了巴黎，其中包括年轻的外交官、布鲁姆伯里文化圈中的哈罗德·尼科尔森（Harold Nicolson），以及自由党激进派议员乔塞亚·韦奇伍德（Josiah Wedgwood）。这一行人的任务是与此前两周在布达佩斯上台的新共产主义政权进行谈判。由于史末资不愿承认匈牙利苏维埃政府，他拒绝下火车。于是，匈牙利苏维埃政权领导人，共产党人贝拉·库恩（Béla Kun）[出生时其名字为贝拉·科恩（Béla Kohn）]登上火车，与之进行谈判。然而，他们的初次会面没有取得任何成果。史末资提议停战，但他提出，如果要协约国解除封锁，那么匈牙利必须将整个特兰西瓦尼亚割让给罗马尼亚。出生于特兰西瓦尼亚、两周前还被关在匈牙利监狱中的库恩则提出了一个反建议：为了防止匈牙利被肢解，他建议协约国占领特兰西瓦尼亚，将其划为中立区，并要求罗马尼亚向东撤退。然而，史末资毫不妥协：如果不无条件地割让特兰西瓦尼亚，协约国对匈牙利的经济封锁就不会停止。匈牙利共产党人很难接受这些条件。[①]

[①] Zs. L. Nagy, "The Mission of General Smuts to Budapest: April, 1919," *Acta Historica Academiae Scientiarum Hungaricae* 11, no.1/4 (1965): 163–185; Miklos Lojko, "Missions Impossible: General Smuts, Sir George Clerk and British Diplomacy in Central Europe in 1919," in *The Paris Peace Conference, 1919: Peace without Victory?* ed. Michael Dockrill and John Fisher, pp.115–139 (London: Palgrave Macmillan, 2001); Holly Case, *Between States: The Transylvanian Question and the European Idea during World War II* (Stanford, CA: Stanford University Press, 2005), pp.25, 66.

谈判毫无进展。与库恩同龄（时年 33 岁）的尼科尔森将库恩形容为"闷闷不乐，长着一张罪犯脸的布尔什维克犹太人"，而且库恩本人还被匈牙利外交部部长约瑟夫·波加尼（József Pogány）排挤了，波加尼则"是一个有点油腻的犹太人，穿着被虫蛀了的毛皮大衣，打着绿色领带，领口脏得很"。① 史末资决定不能与匈牙利共产党人认真打交道，协约国代表团在此停留了 24 小时后就离开了。协约国与匈牙利苏维埃政权之间"互不承认的僵局"仍没能打破，但中欧的形势却发生了剧烈变化。② 三天后，尼科尔森回到了巴黎，享受着梅杰斯迪克酒店的舒适房间，几天没能洗澡的他"急切地洗了个澡"，而就在这时，罗马尼亚军队侵入了特兰西瓦尼亚，开始向布达佩斯推进，旨在推翻匈牙利的革命政权。③

由于一系列让协约国措手不及的政治事件的爆发，史末资为解除对匈牙利的封锁而进行的谈判最终流产了。当年年初，英国内阁就一直在计划逐步减轻对匈牙利社会民主党政府施加的经济压力，该政府于 11 月上台，且急于恢复外国商品的进口。3 月中旬，当塞西尔的表亲、外交大臣贝尔福问及之后的封锁将何去何从时，塞西尔回答称，尽管当前仍有一些限制，但"对德奥以及匈牙利的封锁（应）尽早解除"。④ 这一时期，法国政府给出的谈判条件将使匈牙利丧失大片领土，匈牙利社会民主党人对此做出了相当激烈的反应，但就在此时，情况发生了变化。⑤ 少数共产党人进入政府，贝拉·库

---

① Harold Nicolson, *Peacemaking 1919* (London: Grosset and Dunlap, 1933), p.298.
② Leonard V. Smith, *Sovereignty at the Paris Peace Conference* (Oxford: Oxford University Press, 2018), p.208.
③ Nicolson, *Peacemaking*, 307.
④ TNA, FO 608/220/1, Cecil to Balfour, 14 March 1919, f. 1.
⑤ 有关匈牙利王国的解体以及特兰西瓦尼亚的丢失给私营企业造成了哪些影响这一问题，参见Máté Rigó, *Capitalism in Crisis: How Business Elites Survived the Collapse of Empires in Central Europe* (Ithaca, NY: Cornell University Press, forthcoming).

恩出任总理。库恩宣布成立匈牙利苏维埃共和国，希望通过吸引俄国布尔什维克的支持来推动政治革命，同时提高匈牙利在与协约国和谈中的地位。这批革命者并非唯一一批利用停战后的政治混乱来谋取最大利益的人。在1918年11月与奥匈帝国的停战谈判中，协约国谈判代表明确指出，在确定新国家之间边界的全面和平条约生效之前，他们不会承认任何奥匈帝国的继承国。而这就造成了一个法律上的真空地带，协约国可以利用经济封锁来孤立贝拉·库恩未获承认的政府，而无须对其宣战。协约国的封锁于3月28日开始，一个位于维也纳的、负责控制多瑙河下游所有运输工作的委员会负责实施针对匈牙利的封锁，与此同时，塞尔维亚与罗马尼亚的军队控制了多瑙河的下游出海口。①

尽管史末资在与库恩的谈判中对封锁问题一直毫不妥协，但他也是第一个建议改变现有封锁政策的人。他在回国两周后写道："我坚定地认为，唯一正确的做法就是尽快解除针对所有中欧国家的封锁，并就此发表公开声明。当下，封锁与饥荒是布尔什维克主义的重要盟友，如果要打击这些国家内部的无政府状态，正确的方法是取消封锁，为其提供粮食援助，并为其恢复至正常状态铺平道路。"②史末资提出了一个新的较为审慎的论点：如果饥荒促使布尔什维克主义蔓延开来，而封锁又使得饥荒无法得以解决，那么就应该尽快解除封锁。然而，尼科尔森建议英国内阁多等待一段时间，先观察一下形势。5月初，他写道，如果"库恩成功地组建了一个稳定且温

---

① "Notes of a Meeting Held in M. Pichon's Room at the Foreign Office, Paris, on Friday, March 28th, 1919," in *Papers Relating to the Foreign Relations of the United States: The Paris Peace Conference* (Washington, DC: GPO, 1943–1947), 4:522–523. Cited hereafter as FRUS, Peace Conference.
② TNA, FO 608/220/1, Smuts to Foreign Office, 22 April 1919, f. 83.

和的政府，那么我们大概率会立即解除封锁"，但如果"上台的是恐怖分子，那我认为仍有必要维持现有的封锁"。①

　　这一推论的问题在于，如果不首先允许匈牙利重返世界市场，就很难想象库恩怎么才能组建"稳定且温和的"政府。尼科尔森所支持的封锁与他所声称支持的稳定之间是相互冲突的。最高经济委员会既做好了解除封锁的准备，也做好了维持封锁的准备，其宣布"一旦政治形势允许"，他们将不反对解除封锁。②但实际上，协约国希望贝拉·库恩服从他们的要求，否则协约国就打算颠覆他领导的政府。到5月中旬，匈牙利在南部与南斯拉夫军队作战，在东部与罗马尼亚军队作战，在北部与捷克斯洛伐克军队作战。库恩将各种各样的武装部队组织起来保卫国家，他们先是击退了捷克人，随后又击退了罗马尼亚的进攻。③鉴于事态的发展，尼科尔森告诉塞西尔与史末资，他将支持继续维持封锁：

> 虽然我认为依靠封锁这样的间接手段对敌方平民施加压力的做法非常不人道，但我同样认为，我们应当意识到，只要有食品运抵匈牙利，贝拉·库恩就会将其征用，以使其支持者而非资产阶级受益……我承认，仅仅因为我们坚持封锁，匈牙利的妇女和儿童就只能挨饿，这是最令人感到不快的，但我觉得，在我们最需要利用一切非战争手段

---

① TNA, FO 608/220/1, Note from Nicolson to Cecil, 2 May 1919, f. 84.
② TNA, FO 608/220/1, Dixon (secretary of Supreme Economic Council) to Maurice Hankey, 6 May 1919, f. 16.
③ Francis Déak, *Hungary at the Peace Conference: The Diplomatic History of the Treaty of Trianon* (New York: Columbia University Press, 1942), p.78; Gerwarth, The Vanquished, p.138.

第一部分　经济武器的缘起

对敌人施压的时候，扭转现行政策是不合逻辑的。①

外交部德国问题专家艾尔·克劳（Eyre Crowe）的立场比尼科尔森更强硬，他认为"我们不可能承认贝拉·库恩。对我们来说，最为适当的政策是促使其垮台"。② 因此，一方面，罗马尼亚、捷克以及南斯拉夫的军队利用战场对匈牙利苏维埃共和国实施封锁；另一方面，协约国负责在匈牙利西部边境维持封锁。7月，雅克·塞杜将法军从巴伐利亚派往奥地利东部，支援驻扎在当地的一小支意大利部队，并负责管制边境，以进一步收紧对匈牙利的封锁圈。③

反对库恩政府的部队很快就势不可挡了。在经历了7月的一次撤退之后，8月3日，共产党控制的布达佩斯被罗马尼亚军队攻陷，匈牙利苏维埃政府也随之结束。这给协约国最高委员会带来了一系列新问题。由于布达佩斯已经被罗马尼亚军队洗劫一空，匈牙利人民必须对协约国军队保持友好态度。在这里，美国救济署（ARA）的负责人赫伯特·胡佛（Herbert Hoover）也参与其中。胡佛希望匈牙利工会能够组建一个新的非苏维埃民主政府。但他并不想在没有大棒的情况下就提供胡萝卜。他建议解除封锁两个星期，以为匈牙利的温和派提供一个更好的社会与经济条件来组建一个稳定的政府。如果匈牙利人不好好利用这段时间"识相地完成士兵复员工作以及其他协约国最高理事会希望的事情，那么我们还可以重新实施封锁"。④ 至于罗马尼亚士兵的劫掠造成的恶劣影响，最高理事会中的美国代表、副国务卿弗

---

① TNA, FO 608/220/1, Nicolson to Cecil and Smuts, 15 May 1919, f. 80.
② TNA, FO 608/221/1, Note by Crowe, 16 May 1919, f. 81.
③ Ibid., f. 37.
④ "Notes of a Meeting of the Heads of Delegations of the Five Great Powers held in M. Pichon's Room at the Quai d'Orsay, 4 August 1919," in FRUS, Peace Conference, 7:505.

兰克·波尔克（Frank Polk）明确表示，将会对罗马尼亚发出"经济威胁"，这一想法得到了英国代表贝尔福的支持。① 这种随意对他国施加物质限制的偏好导致了一系列显著的矛盾。当协约国威胁除非匈牙利组建起正确的民主制政府，否则就要对匈牙利进行经济制裁，以及因罗马尼亚人掠夺匈牙利首都而要对罗马尼亚实施经济制裁的同时，他们提醒塞尔维亚人，塞尔维亚有"人道主义义务"解除对向遭受饥荒的匈牙利运送食品的禁运命令。②

在1919年波谲云诡的局面之下，需要有足够的强制执行力量来保证和平时期封锁的实施。现在控制这些封锁线要比战争期间花费更多的精力。在中欧之外，协约国仍旧维持着对奥斯曼帝国的经济战争，他们仍限制着东地中海、黑海与红海地区的贸易活动。③ 除此之外，还有另外一个迫在眉睫的问题，即如何对俄国布尔什维克施加经济压力。最初，对俄国的封锁开始于1917—1918年，其目的在于保持对德国的包围，之后，其逐渐演变成了遏制布尔什维克主义的战略，协约国甚至一度试图通过支持其在内战中的对手来推翻布尔什维克。④ 随着皇家海军在停战后向波罗的海与黑海推进，直接封锁俄国

---

① Ibid., pp.509–510.
② Telegram from Allied Supreme Council to French minister in Belgrade, 4 August 1919; reproduced in FRUS, Peace Conference, 8:518.
③ Martin Motte, "La Séconde Iliade: Blocus et contre-blocus au Moyen-Orient, 1914–1918," *Guerres mondiales et conflits contemporains*, no.214 (April 2004): 39–53.
④ 当时，历史学家、国际关系学家爱德华·哈莱特·卡尔（Edward Hallett Carr）正在外交部禁运品部门工作。在他看来，1917年12月10日，英国内阁在未与盟国通气的情况下作出的停止向俄国供应战争物资的决定标志着禁运的开始——当时卡尔完全支持这一决定。在卡尔的眼中，布尔什维克与德国人给协约国带来的威胁是同等程度的，因此他还主张应当停止向俄国运输食品。他写道："我认为，最有可能促使布尔什维克政权崩溃的就是在圣彼得堡与莫斯科爆发的饥荒了。如果我们还向他们提供食品，那么我们就是在打击我们自己。"（TNA, FO 382/1421, Minute from Carr for Sir Eyre Crowe, 29 December 1917; cited in Jonathan Haslam, *The Vices of Integrity: E. H. Carr, 1892–1982*［London: Verso, 1999］, p.21).

成了一个可能的选项。这一决定权落到了英国新任封锁部部长、自由党政治家塞西尔·哈姆斯沃思（Cecil Harmsworth）的手上，他长期以来担任劳合·乔治的秘书。① 整个春天，哈姆斯沃斯都在与身处巴黎的罗伯特·塞西尔就继续封锁德国与俄国苏维埃政权的问题进行讨论，同时他回击了下议院有关将经济战争延伸至和平时期的质疑。2月，一个由雅克·塞杜主持的英法意美东方封锁委员会成立，以统一对中欧、奥斯曼帝国与俄国南部地区的封锁。在塞杜的监督下，从波罗的海沿波兰与奥地利边境，经巴尔干半岛东部到爱琴海群岛——那里设置了特殊的海关检查站以打击走私活动——然后到阿拉伯半岛南部的红海海岸（英国人希望通过封锁让那些难以约束的阿拉伯部落臣服于协约国），一个并不引人注目但相当严密的封锁网建立了起来。②

英法两国的军方人士致力于进一步封锁列宁的政权。法国驻俄军事代表团团长认为，"到目前为止，最可怕的武器"就是"对俄国欧洲部分以及西伯利亚部分的边界实施更加严格的封锁"。③ 3月下旬，英国驻巴黎的皇家海军武官提议对布尔什维克控制的黑海沿岸实施正式封锁。哈姆斯沃思意识到，在政治上，如果英国不对苏维埃政府正式宣战，那么他们就不可能实施正式封锁。和平封锁"可能会被俄国视为战争行为"，并导致局势朝向不利的一边升级。哈姆斯沃思决定采取一种更微妙的拦截手段，即利用海军部现有的煤仓控制

---

① 1919年7月10日，封锁部解散，原先部门中的大部分工作人员回到了外交部或贸易委员会工作。在这之后，根据战争内阁的指示，由帝国防御委员会（the Committee of Imperial Defence）以及海军部共同负责指导对俄国的封锁。
② TNA, ADM 137/3033, Comité du blocus de l'Orient, 1ère séance, 26 February 1919, ff. 1–3.
③ SHD, 7 N 797, Commandant Chapouilly, "Rapport sur la situation en Russie," 5 February 1919, pp.15, 16.

机制——控制哪些船只可以从英国的煤仓中加煤的机制——来阻止商船向布尔什维克控制的港口供货。①

然而，利用封锁来打击共产主义革命的主要障碍并非法律，而是人道主义。这一时期到访俄罗斯的人士向外界描绘了当地平民百姓面临的悲惨景象。4月，圣彼得堡的俄国红十字会向美国红十字会求援，希望其能够为俄国提供粮食等生活物资，以拯救圣彼得堡的孩子们。这使最高经济委员会内部就如何在人道主义与反共目标之间实现平衡进行了激烈讨论。尽管塞西尔的私人秘书沃尔福·塞尔比（Walford Selby）认为这一呼吁让人"感到相当可悲"，但他还是严厉地回绝了苏俄的援助请求。② 塞尔比认为布尔什维克自己应该对俄国当前的局势负全部责任，并建议在苏维埃交出权力之前不应向俄国输送任何物资。最高经济委员会中的英国食品控制专员爱德华·怀斯（Edward Wise）同意不能完全解除对俄国施加的经济压力。但他补充道："我很失望，因为我真的不相信我们必须靠让孩子们饿死或是缺乏药品而病死来扼杀布尔什维克。"怀斯认为，当前这种封锁并不是颠覆一个革命政权的办法，因为这个政权之所以能够诞生，就是因为民众对贫穷与物资短缺感到愤怒。但是，作为一个有经验的让物资变得匮乏之人以及坚定的反布尔什维克分子，塞西尔并没有做出让步。他对怀斯所作忏悔的评论相当简洁："我认为没有其他的选择。"③

考虑到他在和平时期仍像在战时那样严厉地执行封锁政策，我

---

① TNA, FO 608/230/19, "Blockade of Bolshevik Black Sea Coast," Note by Harmsworth to Cecil, 2 April 1919, f. 217.
② TNA, FO 608/230/19, Minute by W. Selby, 17 May 1919, f. 445.
③ TNA, FO 608/230/35, "Relief for Russia," handwritten note by E. F. Wise, 17 May 1919, f. 442.

第一部分　经济武器的缘起

们很难认为，在经历了"战争导致的转变"后，塞西尔成了一名"和平主义者与国际主义者"，同样，他是否配得上诺贝尔和平奖也并非没有争议。[1] 和英国战争内阁的其他所有成员一样，塞西尔也死死地掌握着权力。当4月最高经济委员会向协约国领导人建议取消对德国的封锁，以向对抵达巴黎的德国代表团释放善意时，塞西尔向哈姆斯沃思解释了他的强硬立场。他有些恼怒地写道："我们可以很明确地说，封锁已经削弱了德国，而这正是封锁的目的所在。不论是过去还是现在，我们的目标都不是做对德国而言最有利的事情，而是做对我们而言最有利的事情，现在，我们必须要让德国人屈服于我们的意志，从而使他们签署我们制定的和平条款。"[2]（图3.1展示了一张写给塞西尔的便笺手稿。）

塞西尔很快开始支持为德国提供食品救济。但这一转变同时也表明，在1919年，很多时候并非一批人支持封锁，另一批人支持人道主义，而是同样一群人在不同的时间点支持不同的政策。这一时期另一位杰出的国际主义者、未来的美国总统赫伯特·胡佛，与经济压力之间的关系也同样相当复杂。胡佛是一个有进取心且很务实的人。在很多方面，他与专横的、秉持道德主义的威尔逊截然相反。尽管在第一次世界大战期间，他组织了比利时救济委员会，同时也负责为法国北部地区供应粮食，这使得他享有了相当高的慈善声誉，

---

[1] 诺贝尔奖委员会中的挪威人克里斯蒂安·兰格（Christian Lange）在1937年授予塞西尔诺贝尔和平奖时如此描述了他的职业生涯："Award ceremony speech," 10 December 1937.
[2] TNA, FO 800/250, Robert Cecil to Cecil Harmsworth, 23 April 1919, p.2.

143

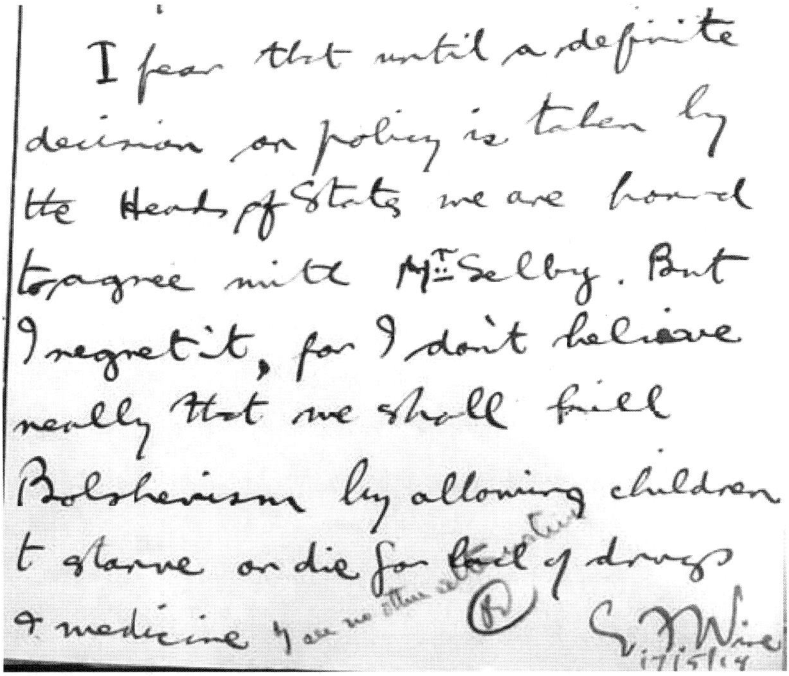
I fear that until a definite decision on policy is taken by the Heads of State we are bound to agree with Mr. Selby. But I regret it, for I don't believe really that we shall kill Bolshevism by allowing children to starve or die for lack of drugs & medicine

E. F. Wise
17/5/19

图 3.1　1919 年 5 月 17 日，食品控制专员爱德华·怀斯给罗伯特·塞西尔写的一张便笺（怀斯写道："我真的不相信我们必须靠让孩子们饿死或是缺乏药品而病死来扼杀布尔什维克。"该手稿藏于英国国家档案馆）

但胡佛自己并不认为让平民挨饿在原则上是错误的。[①] 他更关注一项措施的战略效果，而非其是否符合道德。在 1918 年年底签署停战协议时，胡佛写信给威尔逊说，就目前的状况而言，"我们十分有必要

① George H. Nash, *The Life of Herbert Hoover: The Humanitarian, 1914–1917* (New York: W. W. Norton, 1988), pp.157–304; Glen Jeansonne, *Herbert Hoover: A Life* (New York: New American Library, 2016), pp.91–121; Sophie de Schaepdrijver, *De Groote Oorlog: Het Koninkrijk België in de Eerste Wereldoorlog* (Amsterdam: Atlas, 1997); Clotilde Druelle, *Feeding Occupied France during World War I: Herbert Hoover and the Blockade* (Basingstoke: Palgrave Macmillan, 2019).

继续维持禁运"。① 当德国革命导致左翼激进主义诞生时,他很快就反对继续维持对德封锁,因为他认为此时继续维持封锁只会产生反作用。此外,胡佛转而支持为德国提供救济而非继续封锁的另一个原因是,有迹象表明,美国的农场主正经受着猪肉以及奶制品供应过剩的困扰,此时他们需要为自己的产品寻找到一个规模庞大的出口地。② 然而,当布尔什维克夺取政权(例如贝拉·库恩建立匈牙利苏维埃共和国)后,他还是支持对这些激进分子实施全面封锁。在1921—1922年俄国饥荒期间,胡佛组织的救济进一步丰富了他的人道主义活动履历。③ 大约在这一时期,他不再认为作为政治工具的经济压力能发挥什么作用——在他整个政治生涯当中,怀疑主义一直如影随形。但是,正如我们将看到的那样,胡佛和许多欧洲人道主义者之所以反对封锁,是因为他们反对布尔什维克,而不是因为封锁在道德上的问题。

封锁的国内政治面向

以审慎的理由来要求终结经济封锁其实并不困难。时任英国陆军大臣的丘吉尔从一开始就反对针对德国与俄国实施封锁。他对议会说道:"对英格兰民族而言,在所有战斗都停止之后依旧维持这种主要打击妇女、儿童、老弱以及穷人的饥饿武器,是令人厌恶的。"在理想状态下,协约国应把其陆军作为施加压力的工具,因为"如

---

① Hoover to President Wilson, "A Survey of Food Supplies Available in Case of an Early Peace," 4 November 1918; cited in Bane and Lutz, *The Blockade of Germany after the Armistice*, p.7.
② Offer, *The First World War*, p.393.
③ Benjamin M. Weissman, *Herbert Hoover and Famine Relief to Soviet Russia, 1921-1923* (Stanford, CA: Hoover Institution Press, 1974).

果没有陆军,我们就没有办法对欧洲事务施加影响,除非我们打算让所有人都经受饥饿,然后眼看着布尔什维克革命因此爆发"。① 如果封锁继续下去,那么"德国就会投入布尔什维克的怀抱之中,从而让俄国的苏维埃政权实力大增"。② 在非正式封锁俄国的同时重新建立起与德国的贸易联系这一提议的目的正是避免出现这样一个德俄联盟的巨兽。③

究竟要在经济上孤立德俄两国多久,不仅是一个外交政策与战略上的问题,同时也是一个国内政治问题。西欧公众越来越不希望政府继续对俄罗斯采取武装行动。民主化与军队复员工作都限制了协约国政府可采取的行动选项。一方面,进一步的物资匮乏可能会激发革命的热情。一位英国议员指出:"在那些粮食短缺的国家中,这种布尔什维克主义的病菌会变得相当具有传染性。"④ 救济显然是防止左派进一步煽动叛乱的最好办法。然而另一方面,由于英国军队正在进行规模庞大的复员工作,此时的英国政府无法立即解除封锁。1918 年 11 月,英国在 10 个国家的领土上部署了 350 万军队,在此后的 12 个月里,有 270 多万人复员。⑤ 法国也是如此,其急于遣散

---

① House of Commons debate, 3 March 1919, in *Hansard*, vol. 33, pp.84–85.
② TNA, CAB 24/78/49, "Relaxation of the Blockade of Germany," Memorandum by the secretary of state for war, 25 April 1919, p.1.
③ Norbert Horst Gaworek, "From Blockade to Trade: Allied Economic Warfare against Soviet Russia, June 1919 to January 1920," *Jahrbücher für Geschichte Osteuropas* 23, no.1 (1975): 39–69.
④ House of Lords debate, 6 March 1919, in Hansard, vol. 33, p.576.
⑤ Keith Jeffery, *The British Army and the Crisis of Empire, 1918-1922* (Manchester: Manchester University Press, 1984), p.13.

本国的武装部队，以便在国内开始重建工作。① 由于武装部队的规模正在迅速缩小，伦敦与巴黎都面临着这样一个问题——如何在和平条约签署之前维持对德国的压力？

由皇家海军负责执行、由最高经济委员会负责指导的封锁机制，似乎是解决上述难题的答案。塞西尔在给哈姆斯沃思的信中说，这是"对德国施加压力最简单、也最便宜的方法"，同时还能解决复员问题。胡佛、美国公众舆论与要求立即取消所有限制的英国商人产生误解的地方在于，封锁的目的不是阻碍贸易，而是"一个战争工具，一个用以确保战争成果的工具"。② 如果拆除了这台封锁机器，那么短时间内就很难再将其组建起来了。因此，塞西尔坚持认为应该保留封锁机制。但和平时期的经济战争政策使得相当多的英国保守派感到不安，丘吉尔并非唯一表示过这种疑虑的人。1917年，兰斯多恩勋爵就曾反对劳合·乔治以及塞西尔的政策，呼吁缓和经济战争，并与德国达成和平谅解，他认为在签署和平条约之前继续保持封锁的做法相当愚蠢。兰斯多恩问道："我们还要动用饥饿武器多长时间？如果我们要继续执行饥饿政策，直到（这）一大堆困难的国际问题得以解决，那么我很担心到那时我们会发现……根本就没有活人能够让我们与之达成协议。"③ 保守党人的这种审慎态度并非因为他们对德国有任何特殊的同情心。他们之所以如此，是因为他们害怕革命，希望迅速重建稳定的社会秩序。保守派还试图遏制自由

---

① 1919年2月，法国最高统帅福煦明确提出了这两者之间的联系，他向协约国政府首脑指出："当协约国的陆军数量逐步减少到难以进行任何大型军事行动的时候，为了确保停战条款能得以执行，确保德国服从我们的意志，我们可以根据情况适当收紧或放松封锁。可以说封锁是我们手中最好的、见效最快的手段。"（CAB 24/78/49, "Relaxation," p.1）.

② TNA, FO 800/250, Robert Cecil to Cecil Harmsworth, 11 February 1919, ff. 11, 12.

③ House of Lords Debate, 6 March 1919, in Hansard, vol. 33, p.579.

党领导下的总体战对财产、工作以及性别等级制度造成的一系列激进影响。封锁所打击的目标是妇女、儿童，而非军人。封锁将战争的范围扩大到了受过暴力训练的男性职业阶层之外。保守派强烈批判总体战，他们试图恢复那些旧有的区别。

在这一时期，封锁与经济制裁也是女性参与激烈辩论的话题。在英国，克丽斯塔贝尔·潘克赫斯特（Christabel Pankhurst）和妇女党（Women's Party）的民族主义女权活动家坚定地支持封锁政策。她们甚至一度因为塞西尔没有竭尽全力实施经济战而要求他辞职。① 玛格丽特·佐丹（Margaret Jourdain）为饥饿封锁辩护，她的理由在于，饥饿封锁是一种类似于围城战的作战手段，而长期以来，围城都是合法的战争手段。② 停战后，美国出版物《妇女爱国者》（The Woman Patriot）警告称：“无政府状态从莱茵河一直蔓延到西伯利亚荒原。”他们还认为，"此时德国与俄国的苏维埃还在为他们各种不同的观点争论不休，根本不工作，而在这种情况下，协约国根本不可能承担起为德俄运输粮食、维持治安以及统治的担子"。③

然而，大多数妇女团体都在积极反对经济战争。在德国，工人阶级妇女首当其冲，承受了封锁所导致的物资匮乏。④ 这种经历促使她们表达出自己的政治诉求，由此为德国革命的成功以及共和政府

---

① Israel Zangwill, *The War for the World* (New York: Macmillan, 1916), p.333; David Edgerton, *The Rise and Fall of the British Nation* (London: Penguin, 2018), p.55.
② Margaret Jourdain, "Air Raid Reprisals and Starvation by Blockade," *International Journal of Ethics* 28, no.4 (July 1918): 542–553.
③ *The Woman Patriot* 1, no.30 (16 November 1918): 4.
④ Ute Daniel, *The War Within: German Working-Class Women in the First World War* (Oxford: Berg, 1997).

的诞生做出了贡献。[1] 在英国，对封锁最严厉的那部分批判来自国际妇女和平与自由联盟（WILPF），其中的政治思想家海伦娜·斯旺威克（Helena Swanwick）以及艾格尼丝·莫德·罗伊登（Agnes Maude Royden）尤其值得关注。[2] 罗伊登认为，经济压力只不过是"酷刑的一个较为优雅的代名词；一想到我在英国认识的那些妇女，她们的孩子会因其母亲所承受的'经济压力'一出生就夭折时，我就忍不住扪心自问，这些是否真的应当成为我们让德国人民摆脱错误观念的手段"。[3] 1915年4月，在海牙举行的国际妇女和平与自由联盟成立大会上，该组织通过了一份宪章，呼吁在航行自由的基础上达成公平的和谈方案。尽管妇女团体要求结束战争，并强烈抗议将食品视为禁运品，但她们并没有拒绝采用各种形式的施压手段。在长期以来寻求社会变革的女性政治运动当中，抵制一直是一项重要的工具。因此，美国人简·亚当斯（Jane Addams）在海牙大会上呼吁妇女"联合起来，对任何诉诸武力而非将争议提交仲裁或调解的国家施加社会、道德以及经济压力"。[4]

停战后，欧洲各地的妇女组织发起了一场反对继续维持封锁的大规模运动。英国女权主义者埃塞尔·威廉姆斯（Ethel Williams）

---

[1] Belinda Davis, *Home Fires Burning: Food, Politics, and Everyday Life in World War I Berlin* (Chapel Hill: University of North Carolina Press, 2000), pp.190–236.
[2] Gertrude C. Bussey, *Women's International League for Peace and Freedom, 1915-1965: A Record of Fifty Years' Work* (London: Allen and Unwin, 1965).
[3] A. Maude Royden, *The Great Adventure: The Way to Peace* (London: Headley Brothers, 1915); cited in Joy Milos, "Introduction: Peacemaking: The Christian Ideal," *Sewanee Theological Review* 54, no.4 (Michaelmas 2011): 355.
[4] "Actions towards Peace," WILPF Resolutions, 1st Congress, The Hague, Netherlands (1915), p.2; available at: https://wilpf.org/wpcontent/uploads/2012/08/WILPF_triennial_congress_1915.pdf. Accessed 15 December 2019.

考察了维也纳，并将封锁对儿童造成的重大影响告知英国公众。[1] 国际妇女和平与自由联盟英国分会在特拉法尔加广场组织了一次集会，此次集会共有数千人参加，共同谴责封锁是"从毁灭儿童开始的人类灭绝手段"。[2] 他们还与红十字会一起组织了向欧洲大陆运送食品以及牛奶的人道主义工作。到1919年5月在苏黎世召开第二次国际妇女和平与自由联盟大会时，欧洲大陆上饥荒的现实已经改变了会议的优先讨论事项。对国际妇女和平与自由联盟而言，终结尚存的作为"文明之耻"的封锁政策成了一个绝对的优先事项。[3]

女权主义团体以及思想家特别关注经济封锁与制裁，因为这类战争方式对公共卫生、社会以及人口结构等都造成了相当程度的影响。[4] 她们十分关注封锁在生育方面导致的问题，因为饥饿对母婴健康的严重影响特别令人担忧。营养学家在记录营养不足对婴儿发育的影响方面取得了新的进展。[5] 因此，国际妇女和平与自由联盟及其在中欧的姐妹组织同时介入了多场辩论：这些辩论的主题不仅涉及战争与和平的含义，还包括欧洲大陆未来的政治与社会秩序以及现

---

[1] Ethel Williams, "A Visit to Vienna," *Towards Peace and Freedom: Zurich Congress of the Women's International League for Peace and Freedom* (WILPF, 1919), p.10.

[2] "Demonstration at Trafalgar Square," *WIL Monthly News Sheet* (May 1919); cited in Sarah Hellawell, "Antimilitarism, Citizenship and Motherhood: The Formation and Early Years of the Women's International League (WIL), 1915–1919," *Women's History Review* 27, no.4 (2018): 558.

[3] "Resolutions Presented to the Peace Conference of the Powers in Paris," 2nd Congress, Zurich, Switzerland, 1919, p.1.

[4] Lucian Ashworth, "Feminism, War and the Prospects for Peace," *International Feminist Journal of Politics* 13, no.1 (2011): 25–43; Jan Stöckmann, "Women, Wars, and World Affairs: Recovering Feminist International Relations, 1915–39," *Review of International Studies* 44, no.2 (April 2018): 215–235.

[5] Mary Elisabeth Cox, "Hunger Games: Or How the Allied Blockade in the First World War Deprived German Children of Nutrition, and Allied Food Aid Subsequently Saved Them," *Economic History Review* 68, no.2 (2015): 600–631.

代政府的责任。①1919 年 5 月，当亚当斯以及其他和平主义女权主义者从苏黎世的大会返回巴黎时，结束封锁仍然是她们的主要目标之一。亚当斯回忆说："胡佛先生（在巴黎）的办公室似乎是大片混沌之中唯一讲道理的地方；墙上的巨幅地图记录了可用的粮食资源，同时还标示出了从澳大利亚到芬兰的小麦运输船队和从纽约到阜姆的玉米运输船队。然而，即使在那时，迄今为止被视为战争措施的饥饿封锁仍被应用于匈牙利以及俄国，以试图颠覆其政权，而这一切都预示着危险的可能性。"②

对亚当斯、罗伊登、斯旺威克以及国际妇女和平与自由联盟的其他成员来说，战后反封锁的女权主义运动是针对国际机构而进行的更广泛的批评的开端。由于没能恢复在物质上有保障的经济和平，国联实际上延续了在战争期间兴起的很多敌对活动形式。亚当斯认为，"战争期间的粮食封锁为经济上的敌对活动提供了合法性基础，而从和会中诞生的国联必然会对经济上的敌对活动予以认可"。③ 一般情况下，战争会破坏掉女性劳动力得以维系和繁衍的社会基础，经济战争尤其如此，因为经济战"摧毁了母亲们赖以为生的一切"。④

女权主义者反制裁的立场并非英国的主流政治意见，在大多数人看来，经济制裁是件好武器，因为经济战能够使得国内社会实现非军事化。和热战相比，经济战能够避免征召大量青年男子入伍。

---

① 在德语报纸之上，随处可见富有戏剧性的标题； "Der Krieg gegen Kinder und Greise," *Vorwärts*, issue 58 (1 February 1919); "Die Hungerblockade der Kinder," *Frankfurter Zeitung*, issue 444 (19 June 1919).
② Jane Addams, *Peace and Bread in Time of War* (Urbana: University of Illinois Press, 2002 [1922]), p.95.
③ Ibid., p.136.
④ "Presidential Address Delivered by Jane Addams," 10 July 1921, in *Report of the Third International Congress of Women* (Geneva: Women's International League for Peace and Freedom, 1921), p.2.

经济战可以由官僚系统指导，并通过法案、法院与行政机关实施。尽管如此，英国的工人阶级还是表达了对封锁政策的反对，因为它被用于打击一个无产阶级国家。1919年1月，英国社会主义者发起了"反对干涉俄国"的运动。当掌玺大臣直截了当地拒绝回答下议院有关封锁合法性的问题时，公众以及议会的怒火都被点燃了。[①] 塞西尔·哈姆斯沃思否认英国正在实施严格意义上的封锁。[②] 然而，自和会以来，人们就变得越发不安起来，因为战争与和平之间的界限变得越来越模糊。在很多自由党的激进自由贸易派——例如乔塞亚·韦奇伍德——眼中，在没有议会投票决定宣战的情况下维持封锁是对宪制原则的侮辱。[③] 他们担心，劳合·乔治政府在没有正式宣布进入战争状态的情况下如此行事是违反国际法的。[④] 重要的游说集团民主控制联盟（UDC）要求实施更负责任的外交政策，其公开发表了俄国知名人士的呼吁，要求结束封锁，并为俄国的重建工

---

① House of Commons debate, 4 August 1919, in Hansard, vol. 119, p.23; Christine A. White, *British and American Commercial Relations with Soviet Russia, 1918-1924* (Chapel Hill: University of North Carolina Press, 1992), ch.4. 到那时为止，协约国一直都以《布列斯特-立托夫斯克和约》为由封锁俄国。在停战之后，这种通过推论而非直接宣战的交战方式越来越站不住脚了。

② 哈姆斯沃思承认，协约国要求德国配合实施的合作并非"真正的法律上的封锁"，而只是对俄国"施加的经济压力"。(House of Commons debate, 3 November 1919, in Hansard, vol. 120, p.1123).

③ C. V. Wedgwood, *The Last of the Radicals: Josiah Wedgwood, M.P.* (London: Jonathan Cape, 1951), pp.126-136.

④ 很多军事专家也倾向于清楚明白地将战争与和平区分开来；自由党议员、前皇家海军军官约瑟夫·肯沃西（Joseph Kenworthy）并不认同首相否认存在对布尔什维克的封锁这一论断。肯沃西问道，如果封锁不存在，那么为什么希望与俄国进行贸易的公司需要申请出口许可证？"我们是否能这么理解：即存在封锁，但我们不能将其称为封锁？"劳合·乔治坚持自己的观点，他强调布尔什维克政府"没能表明自身对两三个基本问题的立场"，但他拒绝向议会明确阐明这两三个基本问题到底是什么。(House of Commons debate, 28 June 1920, in Hansard, vol. 131, pp.27-28).

作提供援助。①民主控制联盟的立场是，在法律上没有正式进入战争状态的情况下，事实上的经济战争既不道德、也不合法。该组织的领导人之一埃德蒙·莫雷尔在全国各地发表演讲，批判"新的媾和体系……使得所有人陷入经济困境之中，在巴黎和会期间，他们还在不断加码，试图利用作为战争武器的封锁来迫使敌人就范"。②在法国，包括阿纳托尔·法兰西（Anatole France）、乔治·杜阿梅尔（Georges Duhamel）、亨利·巴布塞（Henri Barbusse）以及加斯东·加利马尔（Gaston Gallimard）在内的一大批知名作家与出版商都将封锁俄国视为协约国的一项"大罪"。③

尽管国内的反对声音越来越大，协约国政府还是于1919年秋进行了最后一次努力，试图将苏俄从国际经济中孤立出来。10月9日，他们向德国发出外交照会，要求柏林加入对苏俄的经济禁运。如果他们这么做的目的是应用国联未经验证的"经济压力武器"，那么毫无疑问，他们的策略失败了。④战争使得德国人对针对平民的封锁深恶痛绝。社会民主党报纸《前进报》写道，这一提议"在很大程度上是罪恶的、不道德的"。⑤德国外交部部长赫尔曼·穆勒（Hermann Müller）大声疾呼，反对将德国四年来所承受的痛苦再原样施加到俄国人头上。"根据我们的经验，正是由于协约国所实施的经济胁迫，布尔什维克主义才获得了生存的土壤。我们是真正亲身经历过饥饿

---

① "To Save Russia: An Appeal to Humanity by Mr Paul Birukoff," Special Supplement to *Foreign Affairs*, November 1919, pp.17–18.
② Cited in "Mr. Morel in Glasgow," *Foreign Affairs*, 1, no.7 (January 1920): 16.
③ "Un grand crime se commet: Nous protestons," *L'Humanité*, 26 October 1919.
④ Edwin L. James, "Demand a Halt in Riga Advance. Peace Council's Powers Put to the Test by the War in the Baltic Provinces," *New York Times*, 12 October 1919, p.8.
⑤ "Entente, Baltikum, Sowjetblockade," *Vorwärts*, no.523, 13 October 1919.

封锁的人"。① 尽管存在严重的内部分歧，但魏玛共和国的政治精英们几乎一致反对加入对俄国的封锁。②10 月 29 日，中间派联合政府正式拒绝了协约国的照会。对苏俄的封锁已经达到了顶峰，但封锁还需要一段时间才会走向终结。

结束对苏俄的封锁

在 1919—1921 年的战后封锁期间，时间并不站在协约国一边。由于各国政府试图恢复战前的金本位制，他们所实施的经济政策使得短时间内经济急剧萎缩，进而导致全球通货紧缩，这一时期，世界上大部分地区的民众收入水平降低。在这种情况下，全球贸易的持续混乱使出口商越来越强烈地呼吁与俄罗斯重新建立贸易联系。有传言说，来自斯堪的纳维亚半岛的商船主正要求其政府无视协约国对俄国的封锁，这表明孤立苏俄的政策正走向瓦解。③1920 年 1 月 16 日，最高经济委员会决定取消部分封锁措施，允许与俄国农民合作社进行贸易。这一举措究竟意味着什么仍有争议。《真理报》写道，"是否解除封锁，何时解除封锁等问题仍面临诸多不确定性"。④法国外交部认为，"恢复与俄国的贸易似乎是推翻俄国布尔什维克政

---

① Cited in 106th session of the National Assembly, 23 October 1919; in *Verhandlungen des Reichstages*, vol. 330 (1919/20) (Berlin, 1920), p.3359.
② Jürgen Zarusky, *Die deutschen Sozialdemokraten und das sowjetische Modell. Ideologische Auseinandersetzung und außenpolitische Konzeptionen, 1917-1933* (Munich: R. Oldenbourg Verlag, 1992), pp.97-98.
③ SHD, 7 N 797, Ministère des affaires étrangères, Jacques Seydoux to prime minister and minister of war, 15 November 1919, Lettre du département au sujet du blocus de la Russie bolcheviste (communiquée à Londres, Rome, Washington, Berne, Madrid, La Haye, Copenhague, Christiania, Helsingfors, Varsovie, Prague, Vienne, Stockholm, Sofia, Belgrade, Bucarest).
④ *Pravda*, 21 January 1920.

权的最佳手段",但与"俄国合作社的贸易并不意味着与苏维埃政府进行任何形式的谈判,也不意味着承认其政权"。① 协约国领导人不厌其烦地解释,双方的互动不等于承认。他们认为,之所以选择农民合作社作为第一批贸易伙伴,是因为这一组织是纯粹的经济组织。② 但苏俄政治局当然对此有不同的看法。两位老布尔什维克,列昂尼德·克拉辛(Leonid Krasin)与马克西姆·李维诺夫(Maxim Litvinov)被任命为中央合作社的领导。他们希望访问欧洲国家,与之进行商业谈判,从而使整个俄罗斯经济从中受益。③

英国领导人认为,有限的经济交流会比最大限度的经济压力更能有效软化、削弱布尔什维克。劳合·乔治向下议院解释道:"我们没能通过武力迫使俄国恢复理智。我相信我们能通过贸易来拯救这个国家。商业能在运作过程中发挥明确的影响。其所灌输的简单的加减法很快就能把那些疯狂的理论连根拔起。先前头脑发热的俄国人会发现自己的身子很冷,发现自己没有衣服穿,发现自己很饿……对此,只有一个办法——我们必须为其提供足够的资源来对抗无政府状态。"④ 劳合·乔治赞同古老的自由主义思想中的"温和商

---

① SHD, 7 N 797, Quai d'Orsay circular, 29 January 1920.
② "Explains Cooperatives; Russian Organization Is Strictly Economic, Says Dr. Sherman," *New York Times*, 29 February 1920, p.21. 美国政治学家、记者利奥·帕斯沃斯基(Leo Pasvolsky)本人的父亲就是从苏俄移民到美国的,他怀疑之所以恢复与苏俄合作社之间的贸易,就是"为了与苏俄政府进行直接对话,解除对合作社的封锁只不过是外表的一层伪装罢了。"("Lifting the Blockade," *New York Times*, 25 January 1920; reproduced in Committee for the Regeneration of Russia, *The Blockade of Soviet Russia* [New York: Committee for the Regeneration of Russia, 1920], pp.37-39). 哥伦比亚大学校长尼古拉斯·莫里·巴特勒(Nicholas Murray Butler)认为,与苏俄重新建立贸易往来,等于"为钱而出卖美国所信奉的原则"。Cited in SHD, 7 N 797, Report by General Collardet, "Rapport sur le mouvement 'social' aux États-Unis," 13 July 1920, p.6.
③ Anthony J. Heywood, *Modernising Lenin's Russia: Economic Reconstruction, Foreign Trade and the Railways* (Cambridge: Cambridge University Press, 2004), p.78.
④ House of Commons debate, 10 February 1920, in Hansard, vol. 125, pp.43, 46.

业"理论,即认为贸易本身就能带来文明。然而,在这一推论当中,计算理性与抛弃"野蛮的理论"之间也存在着紧密联系。满足眼前需求的计算将驯服革命的激情。在对下议院的演讲中,他宣称,与俄国农民合作社展开贸易的主要理由是希望利用俄国的粮食来满足欧洲的食品需求。他说道:"当人们饿肚子的时候,你不能因为埃及的统治者是位法老就拒绝在那里买玉米。"① 他所使用的文明与商业话语都是带有政治性的。这种话语之所以能出现在非政治化的经济交流中,是因为恢复与俄国的贸易并不等同于承认苏俄是一个平等的伙伴。

另外,苏俄领导人意识到,如果能重建俄国被破坏的经济,那么他们就有机会增加自己的影响力。他们希望能从外国供应商那里获得先进技术与投资,而这对那些经营困难的西方银行家与企业而言太有诱惑力了,他们根本无法拒绝。如果能利用好这些进口资源,苏俄就能走出经济上被孤立的困境。② 1920年春,李维诺夫在哥本哈根与协约国的初步会谈中强调了苏俄所拥有的资源对欧洲战后重建的重要意义。③ 苏联的诞生在经济压力的政治当中开辟出一个新的层面。④ 事实证明,一个致力于实现世界革命的国家不仅能够经受住

---

① Ibid., p.46.
② Geoffrey Hosking, *The First Socialist Society: A History of the Soviet Union from Within*, 2nd enlarged ed. (Cambridge, MA: Harvard University Press, 1993), pp.119–131; Stephen Kotkin, Stalin, vol. 1: *The Paradoxes of Power, 1878–1928* (New York: Penguin, 2014), pp.661–723.
③ 李维诺夫对最高经济委员会的代表说道:"重建双方的经贸往来对于协约国以及俄国而言是同等重要的,因为俄国能够为协约国提供原材料以及粮食……现在一切的困难都在于运输问题。如果俄国要恢复出口,那么协约国就必须解除封锁。"(MAE B.82.4, 1920–1921, Conseil supreme économique, June 1919-March 1920, "Notes prises aux réunions des délegués du CSE avec la mission commerciale russe à Copenhague, séance du 7 avril 1920," p.4).
④ Andrew J. Williams, *Trading with the Bolsheviks: The Politics of East-West Trade, 1920–39* (Manchester: Manchester University Press, 1992), pp.55–150.

第一部分　经济武器的缘起

经济孤立,而且还能突破封锁,自己直接对外施加经济压力。苏维埃政权利用自身对外贸的垄断权扣押了来自欧洲的商品,这一行为本身就是对经济武器的应用。

但是,有关经济压力的社会主义思想总是与更为古老的、自下而上的策略同时出现,例如民众利用抵制以及有组织的罢工来表达自身对政府与企业的抗议。[1] 两个因素使得第一次世界大战战后的这段时间成为一个特别有利的时机,在这一时期,国家主导的经济武器与民间主导的经济武器得以结合起来。这两个因素中的第一个是战争时期欧洲各主要经济体的劳工都被动员了起来。在战争期间,劳工被组织得最为充分的经济部门——冶钢、采煤、武器制造、修建铁路、船坞以及造船等——对英国、法国以及意大利政府而言也是最具战略意义的经济部门。第二个是1919年3月,莫斯科成立了共产国际。[2] 现在,俄国建立起的革命国家与整个欧洲的工人阶级都可以通过对资本主义精英施加经济压力来寻找一个新的共同目标。为了应对协约国对俄国以及匈牙利革命的干涉,共产国际首次尝试动员这一跨越国界的力量。英国、法国与意大利的工会制订了意义深远的国际总罢工计划,定于1919年7月20日开始实施。然而,各国工人运动之间的派系斗争使得这一计划付诸东流。[3] 不过,对当

---

[1] Phil H. Goodstein, *The Theory of the General Strike from the French Revolution to Poland* (Boulder, CO: East European Monographs, 1984).
[2] Brigitte Studer, *Reisende der Weltrevolution: Eine Globalgeschichte der Kommunistischen Internationale* (Frankfurt: Suhrkamp, 2020).
[3] Mayer, *Politics and Diplomacy of Peacemaking*, pp.853-873. 直接获得成功的罢工数量十分有限,其中一起发生在南斯拉夫,在那里,共产党人组织了大规模的工人罢工以及士兵拒服兵役,这一行动使得南斯拉夫军队无法与捷克斯洛伐克军队以及罗马尼亚军队合作推翻匈牙利苏维埃政府。Vilko Vinterhalter, *In the Path of Tito* (Tunbridge Wells: Abacus Press, 1972) p.513n3; Josip Broz Tito, *Yugoslav Communists and the International Workers' Movement* (Belgrade: Socialist Thought and Practice, 1983), p.290.

157

权者而言，有组织的由劳工施加的经济压力仍然让人十分担忧。在实施了史无前例的海上封锁之后，英国的精英们对造船工人以及码头工人日益增长的战斗力感到相当不安，这很容易就能理解。英国工人运动的政治组织，即工党，毫不掩饰其准备在自身政治诉求得不到满足的情况下通过罢工来削弱英国经济的计划。

在战争期间，阿诺德-福斯特曾是塞西尔的助手（图3.2），同时还在巴黎和会期间担任过海军部代表，1919年，他从政府离职，之后加入了民主控制联盟以及工党。此时的他仍然是一个热心的国际主义者，并认为国际联盟是唯一能够合法动用封锁这一可怕武器的

图3.2 威廉·阿诺德-福斯特（民主控制联盟杂志《外交事务》的撰稿人，该图摄于1920年7月，艾奥瓦大学）

机构。正是出于这个原因，英国政府在孤立俄国这一问题上模棱两可的立场是相当危险的。阿诺德-福斯特强调，由于经济武器"不那么引人注目，也不那么昂贵，而且除非采取了某些具体行动，否则其也不太受民主控制"，所以很有必要对之进行更为严格的限制。①如果制裁主要针对平民百姓，那么民众也应当成为最终决定是否动用经济武器的指挥官。与以往的冲突不同，海军所实施的封锁不再是封锁的主要方面，能源、通信以及出口控制等行政措施才是封锁的关键。如果公众想要完全掌握经济武器，就需要对现代战争国家的官僚机构进行监督。

阿诺德-福斯特警告道，如果英国政府与国联不向民众开放他们的决策过程，那么工人阶级就会自己掌握主动权：

> 我们将看到由国际劳工运动组织的跨国大罢工，而非由国家组织的拒绝为特定国家提供服务的运动或罢工。除非国联能尽快使自身民主化，否则世界范围内的运输工人协会、海员工会和煤炭工人协会就会从国联手中夺走经济武器，并能就诸如（俄国白军将领）邓尼金能否获得对抗俄国革命势力的物资等问题给出工人阶级自己的答案……除非《国联盟约》得以修订，否则国联就有可能像巴黎和会处理匈牙利与俄国问题那样，滥用自己手中的经济权力，这并非危言耸听。②

阿诺德-福斯特认为，如果没法彻底消灭经济战争，那么就应该

---

① Arnold-Forster, "Democratic Control and the Economic War," *Foreign Affairs* 9, no.1 (March 1920): 11.
② Ibid.

让其最大限度地处于公众的监督之下。

中欧与东欧的历史经验也清楚地表明，组织起来的劳工可以释放出强大的经济压力来遏制军国主义。1920年3月，军国主义分子卡普-吕特维茨（Kapp-Lüttwitz）发动的针对魏玛政府的政变被一场大规模的总罢工扼杀。[1] 社会民主党（SPD）组织了一次全国性的公私企业工人大罢工，进而削弱了右翼政变分子的实力，使其无力施行军事独裁。这次大罢工是德国有史以来规模最大的一次罢工——也许有可能是这一时期整个世界范围内规模最大的一次罢工。[2] 当年春天爆发的苏波战争更加证实了基层所拥有的施加经济压力的实力。在波兰军队入侵苏维埃乌克兰并占领基辅之后，列宁与托洛茨基号召西方各国工人团结起来，遏制这场入侵。5月，伦敦东印度码头的码头工人与装卸工人拒绝为向波兰运送军火的船只供应煤炭。[3] 这一自发行为很快就获得了更广泛的支持。工会领导人欧内斯特·贝文（Ernest Bevin）号召生产、运输武器的工人抵制那些"有损我们正义感"的战争。[4] 8月初，红军发动反攻，一路挺进到了华沙的周边地区，在这一时期，英法两国国内的阶级紧张局势进一步加剧。英法两军的参谋部商讨了有关向波兰提供军事援助的相关事宜，白厅则考虑对俄国宣战。但1920年8月9日，工

---

[1] Gerwarth, *The Vanquished*, pp.165–166; Johannes Erger, *Der KappLüttwitz-Putsch: Ein Beitrag zur deutschen Innenpolitik, 1919–1920* (Düsseldorf: Droste, 1967); Erwin Könnemann and Gerhard Schulze, eds., *Der Kapp-Lüttwitz-Putsch: Dokumente* (Munich: Olzog, 2002).

[2] Albert S. Lindemann, *The Red Years: European Socialism versus Bolshevism, 1919–1921* (Berkeley: University of California Press, 1974), p.105.

[3] Sean McMeekin, *History's Greatest Heist: The Looting of Russia by the Bolsheviks* (New Haven: Yale University Press, 2009), p.142.

[4] Alan Bullock, *The Life and Times of Ernest Bevin: Trade Union Leader, 1881–1940* (London: William Heinemann, 1969), p.134.

党以及英国工会大会（TUC）警告道，"我们将动用一切有组织的工人控制的工业力量来扼杀这场战争"。[1] 劳合·乔治十分重视工会掌控的让英国贸易经济停摆的实力。在此次事件当中，由于受到波兰构筑的防御设施的阻碍，红军没能占领华沙，很快，苏波两国就达成了停火协议。英国劳工运动本身并没有终结这场冲突。但其言行在英国制造了一种舆论氛围，使得反布尔什维克主义的战争得以缓和。[2]

此外，在苏波战争之后，公众强烈要求劳合·乔治终结对俄国封锁的呼声终于推动了事态的发展。1921年3月，英俄之间签署了一项贸易协议，双方恢复了两国战前的经济关系。英苏协议第1条规定："双方同意不建立和不保持一方对另一方的任何形式的封锁，并立即消除在恢复联合王国与俄国之间的贸易道路上至今为止所存在的一切障碍。"[3] 协约国试图让俄国人陷入饥荒，进而迫使他们转向反对布尔什维克主义的努力已经失败。英、法、美的政治精英们现在选择了一种新的手段来达成这一目的。协约国不再剥夺布尔什维克的资源，而是开始与其展开贸易，以显示资本主义所能提供的丰

---

[1] Cited in John Callaghan, *The British Labour Party and International Relations: A History* (New York: Routledge, 2007), p.74.
[2] 一位历史学家在研究了这段历史后得出结论："工党的行动与态度促使英国政府对波兰施加了很大的压力，迫使波兰接受了俄国人提出的苛刻的和平条件。"(L. J. Macfarlane, "Hands Off Russia: British Labour and the Russo-Polish War, 1920," *Past and Present*, no.38［December 1967］: 144); Martin Ceadel, *Semi-Detached Idealists: The British Peace Movement and International Relations, 1854–1945* (Oxford: Oxford University Press, 2000), p.245.
[3] Trade Agreement between His Britannic Majesty's Government and the Russian Socialist Federal Soviet Republic, 16 March 1921; in Richard H. Ullman, *The Anglo-Soviet Accord* (Princeton, NJ: Princeton University Press, 1972), pp.474–478.

富资源。① 当年晚些时候，俄国南部爆发了严重的饥荒，西方人道主义者向苏俄政府提供了援助。②

劳合·乔治从支持封锁到支持贸易的转变，是承认对于那些经济尚不发达、对外联系不够密切的国家而言，与之建立商业贸易往来要比在经济上孤立他们能造成更大的影响。① 尽管在战争期间，他坚定地支持封锁，但从1920年起，劳合·乔治就转而更加重视贸易所带来的温和影响。他之所以支持与苏俄进行贸易，是因为他认为自由主义的本质在于其积极的建设。在他看来，自由的个体并非天生就是理性、守法的资本主义企业家与工人。他们需要接触关于市场的道德规范。战后的贫困是一个机会，英国可以借机将俄国人以及其他半开化的民族培养成新生的、适应资本主义的主体。④ 劳合·乔治认为理性的人民是不受任何意识形态影响的，这意味着他们会抛弃对革命以及超越性的幼稚信仰。正如他在为英苏条约辩护时对媒体所说的那样，"列宁开始意识到他必须与其他国家进行贸易。"⑤

此时，欧洲境内的政治激进主义前哨站都已经成了被围困的飞地，它们没法再对整个社会秩序构成什么威胁了。用查尔斯·梅尔

---

① David S. Foglesong, *America's Secret War Against Bolshevism: U.S. Intervention in the Russian Civil War, 1917–1920* (Chapel Hill: University of North Carolina Press, 1995), pp.231–271.
② 正如特希拉·萨松（Tehila Sasson）强调的那样："战间期的人道主义并不反对帝国主义，恰恰相反，这一时期的人道主义是建立在帝国主义思想之上的。"("From Empire to Humanity: The Russian Famine and the Imperial Origins of International Humanitarianism," *Journal of British Studies* 55 ［July 2016］: 521).
① Gaworek, "From Blockade to Trade," pp.58–68.
④ Peter van Ham, *Western Doctrines on East-West Trade: Theory, History and Policy* (Basingstoke: Macmillan, 1992), pp.51–53.
⑤ Cited in "Lloyd George Defends Trading with Russia Because of Mutual Dependence of Nations," *New York Times*, 23 March 1921, p.1.

第一部分　**经济武器的缘起**

（Charles Maier）的话说，它们是"深陷资产阶级腹地的无产阶级拉罗谢尔（La Rochelles）"。[1] 然而，尽管激进的社会主义革命在西欧失败了，但苏俄仍然存在，其甚至还设法修复并扩大了自身与世界其他国家因和平时期的经济战争而遭到破坏的联系。正如一位法国外交官所写的那样，列昂尼德·克拉辛已经"放弃使用暴力了，（他认为）俄国能够很好地将自身建设为资产阶级欧洲的'共产主义绿洲'，俄国将发现自己能与欧洲维持和平，同时建立商贸往来，这足以使俄国驯顺"。[2]

到 1921 年，协约国、中欧以及苏俄的精英们都在担心有组织的经济压力会给他们带来致命打击，无论这种经济压力来自外部（制裁、封锁或资本主义包围）还是内部（工人的罢工与抵制）。封锁通常是国家暴力机器的工具。但正如国内有关封锁的辩论所显示的那样，和平时期不宣而战的经济战争成了利益集团相互竞争、阶级冲突以及民主争论的对象。曾经被战争政治化的经济武器，现在变成了一个不受任何一方单独控制的工具。战后一段时间内，有关究竟是否应当剥夺国家、阶级以及社会团体中某一部分人的物资供应，以及谁有权决定孤立谁、联合谁的问题，引发了广泛而深刻的大辩论。协约国孤立库恩领导的匈牙利苏维埃政府以及苏俄的运动，也是第一次在和平时期使用经济制裁来颠覆其他国家政权的行动。在这方面，该行动预示着第二次世界大战之后，实现一国政权更迭的内部目标开始超越国家间的目标，成为动用制裁的主要原因。然而，如果这些政策的目标在于促使受制裁国民众的意识形态向自由主义转变，那么经济压力就完全不能满足威尔逊对其的期望。事实证明，

---

[1] C. Maier, *Recasting Bourgeois Europe*, p.150.
[2] MAE, B.82.4, Note by M. du Halgouet, 19 April 1920, p.3.

163

援助是比封锁更为有效的稳定社会秩序的工具。正如一位英国外交官在 1919 年到访物资匮乏的德国城市后得出的结论:"与其打击一个理想主义者,不如让他吃饱。只有那些吃不了饭的人才会把目光投向远方。"[1]

---

[1] George Young, *The New Germany* (London: Constable, 1920), p.127.

第二部分
经济武器的合法性

第四章

经济武器的标准化（1921—1924 年）

1920 年 7 月，国联掌握最高权力的机关——行政院——在西班牙北部沿海城市圣塞巴斯蒂安举行会议。在此次会议上，英国外交大臣贝尔福强调了他认为国联最需要的东西。在与会记者面前，贝尔福表示："我们必须有能力实施经济封锁。"他预测道："在这个文明的时代，没有哪个国家能承受得起如此级别的打击。当然，国联不可能经常动用经济制裁，因为不服从国联指令的情况不可能时有发生。"[①]在贝尔福看来，国联的制裁首先是一种威慑，而在第一次世界大战后的十年当中，这一观点得到了国际主义者的普遍认可。随着加入国联的国家越来越多，这一威慑效果也就越来越强。法国人一直希望将国联打造为一个"迈向普世化"的机构。[②]但在这一时期，这仍然只是一个美好的愿望，而非现实。战败国德国以及发生共产主义革命的俄国都没能加入国联。让问题进一步复杂化的情况是，1920 年 3 月，美国参议院拒绝批准《凡尔赛条约》以及《国联盟约》。这意味着作为国联执行机构的行政院内只有四个常任理事国——英国、法国、意大利与日本，另外四个非常任理事国由大会，即国联的立法机构选举产生，任期三年。

《国联盟约》第 16 条所规定的打击侵略国的程序并非欧洲三大

---

① Cited in "League Council Opens Sessions," *New York Times*, 31 July 1920, p.3.
② MAE, PA-AP 29, P/16054, Commission d'études pour une Société des Nations, 1ère séance, 28 July 1917, f. 10/I.

国——英国、法国、意大利——所掌握的唯一多边强制机制。根据《凡尔赛条约》，上述三国与行政院非常任理事国比利时有权接收德国赔款。如果认定德国没有遵守条约，那么上述四国有权采取严厉的经济或军事手段强制执行。因此，在第一次世界大战之后的国际秩序中，制裁呈现出一种结构性的紧张关系。在国联内部，人们认为制裁有助于维护世界和平。但实际上，实施制裁的权力掌握在那些利用《凡尔赛条约》所规定的单边制裁机制来追求本国在战争赔款问题上的特殊利益的欧洲大国手中。在两个不同的领域中，英、法、意采取了相类似的手段，这使得他们在宣扬普世主义的同时，也践行着强权政治。

20世纪20年代初有关经济武器的讨论在根本上就充满了模糊性：制裁究竟是大国竞争的另一种工具，还是超越大国竞争的一种手段？1921年8月，国联组建了一个特别专家机构——国际封锁委员会（IBC），以明确《国际盟约》第16条的含义，并使相关职能清晰化。在国际封锁委员会的决议墨迹未干之时，第一次涉及动用经济制裁的危机就爆发了，该条款的威慑功能也随之受到了考验。11月，国联适时发出了制裁威胁，迫使南斯拉夫停止了对阿尔巴尼亚北部的蚕食。制裁使本可能演变为十年内第四次巴尔干战争的危机得到了有效遏制。这种成功的团结表现与利用制裁来强制执行《凡尔赛条约》并要求德国履行战争赔款的行径之间形成了鲜明对比。从1921年年初开始，协约国就强行占领了德国的港口、海关，之后事态进一步升级为对鲁尔工业区的占领。在鲁尔危机期间，协约国之间的意见分歧就已埋下了伏笔，1923年，法西斯主义者贝尼托·墨索里尼统治的意大利对希腊的科孚岛发动了惩戒性远征，这一事件使国联的制裁威慑面临了更多的问题。对于在和平时期的经济压力而言，帝国式的等级制度比主权国家之间的平等准则更具影响力。

経济制裁：封锁、遏制与对抗的历史

国际封锁委员会

在和会期间，塞西尔与布尔茹瓦承诺将于1920年秋季在日内瓦召开的第一届国联大会上敲定盟约要求各成员国承担的确切义务，从而缓解小国对大国主导地位的担忧。[1]因此，国联秘书长、英国外交官埃里克·德拉蒙德（Eric Drummond）将有关经济武器的事项列为优先讨论的决定得到了众多国家的欢迎。[2] 12月，德拉蒙德写道，将设立一个特别专家小组来起草精确的"方案，以使得国联能顺利用国际经济与金融封锁这一武器"。[3]封锁委员会效法了行政院中席位设置，在大国和小国之间维持了平衡。德拉蒙德领导的秘书处效法行政院中的非常任理事国设计方案（1920—1923年，比利时、巴西、中国、希腊担任行政院非常任理事国），邀请古巴、挪威、西班牙与瑞士加入这一专家机构，这意味着目前国联中的小国有三个欧洲代表以及一个拉丁美洲代表来维护他们的利益。

在为经济武器的国际化做准备的同时，英法两国也在做战者上的调整。面对巨大的预算赤字以及未获得减免的战争债务，英国不得不大规模削减开支，推动复员，在这一大趋势下，1919年7月，封锁部被解散。当在下议院被问及封锁的成效时，塞西尔承认，"我相信我们成功了，但这一成功是建立在精心设计的封锁机制之上的，同时我确信，在当下，我们无法重新建立这样一套有效运转的机

---

[1] Sami Sarè, *The League of Nations and the Debate on Disarmament (1918-1919)*, Rome: Edizioni Nuova Cultura, 2013, pp.168-178.
[2] League of Nations (LoN) Archive A.20/48/20, C.20/41/49, "Economic Weapon of the League."
[3] LON, C.20/4/152.V, Memorandum about the "Economic Weapon of the League of Nations," December 1920.

制"。[1] 现在，英国想即使按战时模式实施全面封锁，也缺乏必要的行政系统以及情报网络。

长期以来，英国的自由主义者都十分抵触陆军、征兵以及其他任何带有军国主义色彩的事物。一支过分强大的军队不仅会给繁荣的私人经济带来沉重的负担，还会刺激民族主义以及侵略行为，所有这些都与开放、理性与和平的价值观相冲突。自由主义者更喜欢皇家海军，他们认为皇家海军是保护帝国及其运输与通信通道的纯防御性武装。大卫·埃杰顿（David Edgerton）认为，在战间期，英国的自由国际主义总是伴随着一种独特的"自由军国主义"出现。[2] 在这两种主义中，经济武器都在场。在前者中，经济武器以"制裁"的形式登场；在后者中，经济武器以"封锁"的形式出现。封锁之所以有吸引力，是因为对英国而言，封锁的成本很低，英国公众也几乎不可能切实地感受到封锁的实施。正如阿诺德-福斯特所说："当前形式的封锁为和平主义哲学家提供了一个新问题……即使对一个侵略者而言……用刺刀刺向抵抗者的行为无论如何也不会让人感到愉快。但在封锁的情况下，侵略者与抵抗者之间不会直接接触，自然也就没有上述这种制约……寇松勋爵的笔取代了侵略者的刺刀，在唐宁街的人也听不到令人不安的尖叫。封锁实在是太方便了。"[3] 对阿诺德-福斯特来说，官僚组织从遥远的地方对平民施加非人痛苦的

---

[1] Cecil, House of Commons Parliamentary Papers (HCPP), series 5, vol. 139, Friday, 18 March 1921, pp.2044-2047. 以及A. J. Marder, *From the Dreadnought to Scapa Flow: The Royal Navy in the Fisher Era, 1904-1919*, vol. 5: *Victory and Aftermath (January 1918-June 1919)* (New York: Oxford University Press, 1970).
[2] David Edgerton, "Liberal Militarism and the British State," *New Left Review* 1, no.185 (January-February 1991): 138-169. 以及David Edgerton, *Warfare State: Britain, 1920-1970* (Cambridge: Cambridge University Press, 2006), pp.48-57.
[3] W. Arnold-Forster, "The Future of Blockades—Part II," *Foreign Affairs* 2, no.3 (September 1920): 37.

可能性在道德上是相当令人厌恶的。然而，对大多数和他一样的英国国际主义者来说，由于国联没有自己的军队，所以经济武器成了国联默认的主要武器。阿诺德-福斯特支持封锁的理由是基于国际主义-民主主义的。作为"科学化"统计式封锁系统的设计师，他承认自己的作品能够杀死成千上万的人。但如果封锁能在国联的控制下国际化，那么其潜在的威力就可能足以保障和平。

1921年年初，在为当年秋天国际封锁委员会的会议做准备时，法国人就开始考虑如何实现经济武器的国际化了。外交部与之相关的工作是由塞杜领导的商贸往来部门负责的，这一部门从战时的封锁机构中演变而来。[1] 塞杜是一个比塞西尔更谦逊的官员，他喜欢大胆的设想，也喜欢演说，与此同时，塞杜不喜欢将自己的工作过程暴露在公众的视线之下。[2] 当英国的行政机关逐步丧失了实施封锁的能力时，塞杜向他的上级阐述了自己的观点，即法国的国家安全要求法国必须随时做好发动经济战的准备，最终，他成功说服了自己的上级。1921年2月，法国政府组建了一个研究封锁问题的部际小组委员会。该委员会的主席是法国驻国联大使让·古奥特（Jean Goût），在第一次世界大战期间，他也曾参与管理过封锁相关的事务。这一委员会汇集了来自外交部、商务部、财政部、农业部、陆军部以及陆海两军的代表。之所以要组建该委员会，是因为法国政府相信，由于过分尊奉"速战速决的信条"，1914年的法国在施加经济压力方面可以说毫无准备，等到一段时间之后，法国才有能力

---

[1] 负责法国对外经济政策的主要机构前身大多可以追溯到战时的封锁机构，但这一关系尚未得到充分研究。MAE, B.83.4, Société des Nations (SdN)/Blocus, "Note au sujet de blocus"［undated; probably 1921］, p.8.
[2] Georges-Henri Soutou, "Die deutschen Reparationen und das Seydoux Projekt 1920–21," *Vierteljahrsheft für Zeitgeschichte* 23 (1975): 237–270.

第二部分 经济武器的合法性

开始对德国与奥匈帝国施加经济压力。在该委员会看来，有必要设立"一个拥有足够人手的实施经济战的组织，一旦开始动员，这个组织就能立即开始运转，并发挥作用"。①

这个小组委员会起草了有必要进行战略储备的工业原料及食品的清单，同时也讨论了应当如何在和平时期动用封锁这一武器。为了抵御封锁，侵略者有可能选择入侵其周围的小国来获取战略资源。②这一点正是丹麦、荷兰以及瑞士等国所担心的，他们认为如果要参与到对付德国的国联经济制裁当中，那么德国很可能就会这么对待他们。法国负责制订军事计划的官员敦促文官政府认真考虑这一方案，即仅仅在一个国家似乎要开始侵略他国时，就动用预防性封锁这一武器。③将经济武器视为头号战略武器——即经济战版本的施里芬计划——的观点仍然很有吸引力。然而，越来越多的人开始质疑这一方案的可行性。在战间期，越来越多的文官以及军事技术官僚开始意识到，在实际操作过程当中，经济压力是通过耗尽敌方的资源来达成自身目的的，而无法通过快速行动的方式来使敌人陷入瘫痪之中。1914—1918年的经济战争并没能通过物质封锁使得同盟国社会迅速走向崩溃；当然，协约国的封锁以及德国的潜艇战都没能在短时间内达成这一效果。然而，那些希望进一步提升制裁威慑力的国际主义者不断地强调经济武器能在短时间内达成其战略目标，使得战

---

① MAE, B.83.4, Société des Nations (SdN)/Blocus, "Note au sujet de blocus," p.1.
② MAE, B.83.4, "Questionnaire relative à la mobilisation économique prévu par la commission d'études," 2 May 1921, p.8.
③ MAE, B.83.4, "Application de l'arme économique comme mésure preventive (résumé de la sous-commission inter-ministérielle du blocus)," p.13.

略学家与历史学家相对高估了物质压力的实际威力。[1]

无论如何,古奥特领导的部际小组委员会的内部文官都知道,无论是在外交上,还是在法律上,先发制人的封锁都是不可能的。他们反对军方采取快速行动的方案,在这些文官眼中,军方的建议是对欧洲来之不易的和平与政治稳定的一大威胁。在日内瓦,从没有人将预防性封锁视为一项可行的方案。然而,塞杜与古奥特确实认为,应当将经济制裁机制打造为自动的、全方位的威慑机器,并得到尽可能多的成员国的支持。他们试图在本国的军事强硬派与英国外交部日益增长的脱离欧洲大陆的倾向之间寻找一个中间地带。[2]

国际封锁委员会于1921年8月底在日内瓦召开会议(见图4.1)。该委员会共由八名成员组成,其中四人来自大国(英国、法国、意大利与日本),四人来自战时中立国(古巴、挪威、西班牙与瑞士)。他们大多是对外经济与法律事务方面的专家。古巴派出了自己的驻德国大使阿里斯蒂德·德·阿圭罗·贝当古(Aristides de Aguero y Bethancourt)作为代表,他曾与何塞·马蒂(José Martí)以及马克西莫·戈麦斯(Máximo Gómez)并肩作战,三人之间有着深厚的革命友谊,与此同时,阿圭罗也是古巴在国际事务中的主要发言人

---

[1] 例如,尼古拉斯·兰伯特(Nicholas A. Lambert)将经济战中的"速战速决"战略适用到了网络战领域——在该领域当中,人们认为人类有能力发动具有极大破坏力的"数字珍珠港"式的突然袭击("Brits-Krieg: The Strategy of Economic Warfare," in *Understanding Cyber Conflict: 14 Analogies*, ed. George Perkovich and Ariel E. Levite, pp.123-145 [Washington, DC: Georgetown University Press, 2017])。那些相信未来技术的人们认为自己掌握了能实现速战速决的武器,但历史经验却给出了不同的答案。参见Lawrence Freedman, *The Future of War: A History* (London: Allen Lane, 2017), ch. 1.
[2] MAE, B.83.4, Minutes of meeting by the Commission inter-ministerielle du blocus, 28 May 1921, pp.1-18; Peter Jackson, *Beyond the Balance of Power: France and the Politics of National Security in the Era of the First World War* (Cambridge: Cambridge University Press, 2013), p.376.

之一。①西班牙代表巴勃罗·加尼卡·埃切瓦里亚（Pablo Garnica Echevarría）从前是一位银行家，也当过自由党的代表，在经济上，他坚决维护自由放任的经济政策；和阿圭罗一样，他坚定地捍卫中立权，反对国联要求中立国参与强制封锁。②其余两个中立国——挪威与瑞士——也都派出了本国在海洋事务与国际法方面的专家。克里斯蒂安·斯帕尔（Christian Sparre）曾担任挪威皇家海军上将，也是自由党议员，他坚决捍卫海洋自由；马克斯·胡伯（Max Huber）则是苏黎世大学的国际法教授，也是瑞士外交部的首席法律顾问。③鉴于法国政府十分重视国际封锁委员会的相关讨论，法国政府任命古奥特本人担任该委员会的法方代表。古奥特在法国外交部里摸爬滚打了很多年，在战争期间，他曾担任法国外交部亚洲司司长，也担任过封锁部门的二号人物，同时参与设计了法方提出的国际联盟草案。④英国代表是威廉·芬利爵士（Sir William Finlay），他是一位杰出的法学家，在战争期间曾担任诸多与封锁事务有关的委员会的法律顾问，并在1916年至1919年出任了大法官一职。⑤国际封锁委员会中另外两名常任理事国的代表分别是意大利财政部前部长卡洛·尚泽尔（Carlo Schanzer）与冈实博士，他是一名公务员，也是一位新闻工作者，曾在日本农商部管理商业与工业部门，同时他也

---

① Pedro Pablo Figueroa, *Diccionario biográfico de estranjeros en Chile* (Santiago: Imprenta moderna, 1900), pp.11-12.
② José Luis García Ruiz, "Pablo Garnica Echevarría," Asociación española de historia económica, 28 February 2015; available at http://www.aehe.es/2015/02/28/pablo-garnica-echevarria/.
③ Dietrich Schindler, "Max Huber—His Life," *European Journal of International Law* 18, no.1 (2007): 81-95.
④ Jackson, *Beyond the Balance of Power*, p.373.
⑤ G. R. Rubin, "Finlay, William, second Viscount Finlay (1875-1945)," *Oxford Dictionary of National Biography* (Oxford: Oxford University Press, 2004).

是日本国联协会的领导人之一。①

在为期六天的九场会议中,国际封锁委员会集中讨论了三个关键问题。首先,何时可以实施经济制裁?其次,谁有权来决定是否实施制裁?最后,国联成员国应当怎样实施制裁?这些问题都具有很强的政治性,而在讨论的过程中,委员会也充分重视到了这些问题的政治含义。②很明显,在委员会对第16条进行的合理解释中,既包括对条文的狭义理解,也包括对条文的开放式理解。狭义解释主要针对的是何种行动会触发国联采取制裁措施。国际封锁委员会同意,只有当出现《国联盟约》第10条所定义的侵略行为——即侵犯一个会员国的"领土完整"或"政治独立"的"武装行动"——时,国联才能动用封锁。根据这一定义,内部叛乱、政变、内战以及少数族裔问题等都不能成为国联动用制裁武器的理由。只有当主权国家间的和平遭到破坏的时候,国联才能进行制裁。与此同时,国际封锁委员会认为,应当采取哪些制裁措施是一个可以变通解释的问题。委员会认为,国联成员国有权对战争行为进行报复,但他们可以自行决定,一旦实施报复行为,是否会使得本国与侵略国之间爆发战争。③英法两国都对这一区分感到满意。在此种解释之下,法国可以将经济制裁打造为和平时期的一项治安措施。同时,英国可以利用其强大的海军作为威慑,又无须恢复战时的封锁

---

① *Carnegie Endowment for International Peace Yearbook 1922*, no.11 (Washington, DC, 1922), p. ix; MAE 378-1, Box 266, Note sur les comités de restriction organisés dans les pays allies, 27 October 1916.
② 国际封锁委员会在其报告的导言中指出,"本委员会不得不处理在适用第16条时所涉及的政治问题"。(LON A.28.1921.V, "International Blockade Committee: Report submitted by the Committee to the Council," 29 August 1921, p.3).
③ 在上一年的国联大会第六次委员会会议上,塞西尔区分了战争行为与战争状态这两个概念。Amos Taylor, "Economic Sanctions and International Security," *University of Pennsylvania Law Review* 74, no.2 (December 1925): 155-168, 160.

图 4.1　1921 年 8 月于日内瓦召开会议的国际封锁委员会［图中人物从左至右分别是让·古奥特（法国代表）、阿里斯蒂德·阿圭罗·贝当古（古巴代表）、威廉·芬利（英国代表）、巴勃罗·加尼卡·埃切瓦里亚（西班牙代表）、马克斯·胡伯（瑞士）、克里斯蒂安·斯帕尔（挪威代表）与冈实（日本代表）。该图片由联合国日内瓦办事处档案馆提供。］

机制。各国政府所拥有的对制裁是否将导致战争状态的自由裁量权同样也有利于中立国，这些中立国可以在不破坏本国中立地位的情况下实施轻微的制裁措施。委员会还表示，尽管就经济压力对战争与和平的意义进行了整体性的辩论，但第 16 条"从本质上来讲还是经济性的"，这也消除了部分担忧。[1] 至于谁有权来决定是否实施制裁，委员会认为只有国联行政院才是唯一有权做出这一判断的主体。

除了这些形式上以及程序上的问题外，国际封锁委员会还触及了一个更深层次的问题，即应当如何让经济武器得以标准化。如果能不战而屈人之兵，那就最好不过了。但问题是，国联的制裁武器

---

[1] LON, A.28.1921.V, "International Blockade Committee: Report," p.4.

究竟应该有多强、多快才能发挥出最佳的威慑效果？芬利以及英国外交部的高级官员们都认为，效果最佳的威慑不一定是威力最大的威慑。[1]如果制裁的威力大到能够立即产生破坏性，那么其威力就可能过于强大，以至于无法轻易动用。在这种情况下，人们就可能会怀疑国联是否真的会动用经济武器。反之，如果制裁太过审慎，就有可能无法快速见效，人们也会怀疑行政院是否愿意进一步升级制裁措施。

战时封锁所带来的问题与混乱已经成为许多中立国家脑海当中挥之不去的梦魇了。在中立国代表的坚持下，国际封锁委员会规定，粮食禁运是仅次于战争的最后手段，不到万不得已，不得进行粮食禁运。需要指出的是，公众意见还以其他的方式影响了经济武器。例如，委员会认为要想让制裁发挥其威慑功能，关键就在于要将制裁"公之于众"。也就是说，只有行政院向全世界公开宣布其制裁决定，制裁才能发挥作用。国际封锁委员会预计，在收到即将实施制裁的消息后，"被宣布为违约国的国内公众舆论也会被点燃，由此，该国政府就可能会发生转向，进而让局势恢复正常。这样一来，在制裁尚未实施的情况下，冲突就能结束"。[2]

可以看出，上述有关制裁对公众舆论所造成的影响的论点能够有效地将推进民主制度与维护和平结合起来。然而，这一推论的核心前提是，侵略国国内能形成一种一致的、及时表达出来的"公众舆论"，而这样的"公众舆论"还主要受经济因素影响。可能面临的经济损失（而不是道德上的耻辱感）会让公众要求本国政府停止侵

---

[1] "这也许是第一次，政治家们不得不着手解决威慑理论的原则性问题以及其中涉及的矛盾之处。"(Peter J. Yearwood, *Guarantee of Peace: The League of Nations in British Policy, 1914–1925*［Oxford: Oxford University Press, 2009］, p.166).

[2] LON, A.28.1921.V, "International Blockade Committee: Report," p.6.

略行径。对国际封锁委员会里的资产阶级官员而言,将公众舆论与采取行动时首要考虑的商业动机联系起来的做法,无疑是极具吸引力的。他们坚信民众对生活水平下降的恐惧可以用来维护和平,不得不说,这一观点还是很让人感到惊讶的。"温和的商业"真的能一直战胜民族主义与侵略扩张的"自我中心主义"倾向吗?由于大战刚刚结束,各民族之间依旧有着深刻的不信任感与分裂倾向,很多评论家都对上述观点持怀疑态度。即使是20世纪初最著名的支持商业能敦化风俗的诺曼·安吉尔在同一年也更改了自己的结论:"从近来的历史当中,我们没有看到人们或因道德理由,或因经济原因而有意避免冲突。相反,我们看到……整个欧洲大陆都被仇恨、报复以及放纵自我毁灭的激情所笼罩……没有什么能比这段历史更能说明人类不总是服从于理性的了。"[1]

《凡尔赛条约》中的制裁措施

当国联正在讨论自身的制裁武器之时,另外一种基于《凡尔赛条约》而获得效力的制裁措施也开始登上历史舞台,以迫使德国支付战争赔款。协约国赔款委员会于1921年5月宣布了德国需要支付的赔偿金总额。到此时为止,柏林方面既没有积极用货币进行赔付,也没有积极用货物进行赔付。3月3日,英国首相劳合·乔治在圣詹姆士宫发表了一次演讲,很快,演讲内容就在欧洲流传开来。在演讲中,他警告称,除非德国接受协约国的赔款要求,或者提出与协约国的要求类似的方案,否则协约国会对德国实施经济制裁。

法国政府考虑了几种可行的制裁措施。首先,法国可以延长对

---

[1] Norman Angell, *The Fruits of Victory* (New York: Century, 1921), p.55.

莱茵兰地区的占领时间,在这一时期,法国人认为可以将占领维持到 1934 年。[1] 其次,法国政府认为可以夺取更多的德国领土。再次,法国可以通过对途经莱茵河的货物以及莱茵兰当地的铁路、矿山以及森林等资产征税来实施"关税制裁"。[2] 最后,最可行的方案是将第二种方案与第三种方案组合起来。法国占领当局认为杜伊斯堡、鲁洛特以及杜塞尔多夫三地的港口是德国经济的关键枢纽,鲁尔区生产的大部分煤炭都通过上述港口出口到国外,每年仅煤炭的出口量就有约 2000 万吨,超过了法国年产量的 2/3。[3] 如果能在这三个港口设立海关检查站,在装货源头对通过内河运输船出口的煤炭征税,那么承担战争赔款的责任就会落到富裕的德国工业家身上。此外,征收的出口税还可以用来缓解法国的财政状况。

3 月 8 日凌晨,法国军队占领了杜塞尔多夫、杜伊斯堡以及鲁洛特。在德国议会,德国总理、天主教中央党的康斯坦丁·费伦巴赫(Constantin Fehrenbach)宣布:"协约国政府已经决定实施所谓的制裁,并将其付诸实践了……我想我首先需要给'制裁'这个词在德语中找到一个合适的对应概念。所谓的制裁依旧是赤裸裸的暴力行为。可以说这些行为与值得称道的法律概念毫无关系。"费伦巴赫随后向德国人民发出呼吁,要求他们像面对战时封锁时一样勇敢地面对制裁。"德国人民需要证明他们拥有足够的耐心,足够的忍耐力以及不屈不挠的精神……我们看到……在那些受到威胁的领土上,德

---

[1] Anne-Monika Lauter, *Die französische Öffentlichkeit, der Rhein, und die Ruhr (1921-1923)* (Essen: Klartext, 2006).
[2] SHD, 4 N 92, État-major Maréchal Foch, No. 234/1, "Note sur l'application des sanctions," 19 February 1921, p.6.
[3] MAE, B.82.9.1, High Commissioner Paul Tirard to Briand, 18 February 1921, p.2; "World Coal Production in 1921," Science 55, no.1422 (31 March 1922): 341.

第二部分　**经济武器的合法性**

国人民展示出了自己的决心，这足以让全体德国人民感到振奋。"[1]在德国，不管持何种政治立场的人，都会批判制裁，尽管原因各不相同：在独立社会民主党人（USPD）看来，制裁是帝国主义国联镇压阶级斗争的工具；在社会民主党人（SPD）看来，制裁是对德国工人以及德国人民的打击；在中间派自由主义政党德国民主党人（DDP）看来，制裁是恢复商业、实现经济增长的一大障碍；在天主教中央党人看来，制裁破坏了法律、文明以及国家间良好行为的标准；在右翼民族主义政党德国国家人民党人（DNVP）看来，协约国试图在和平时期将德国置于不公正的经济隔离之下，以隐秘的手段破坏德意志民族的健康状况。[2]

然而，尽管德国所有的政治家都对制裁表达了谴责，但这不意味着所有批评制裁的人都会支持政府。左派从阶级政治的角度出发，批判了费伦巴赫对德国人民勒紧裤腰带的呼吁。在左派看来，只要中上层阶级在面对制裁时不愿意做出牺牲，那么这种呼吁就是在骗人。独立社会民主党人、前医生尤里乌斯·摩西（Julius Moses）称德国精英阶层在"敲诈勒索"，试图利用协约国的制裁措施来掩盖自己的失败。在战争赔款问题上，政府所做的无非是"表演式外交"，以此为借口，德国政府逃避了自己对德国人民承担的义务，他们没有改善公共服务，也没有提升德国人民的生活水平。右翼政客们则喜欢声称制裁在某种程度上影响了德国人民的健康水平，但与此同

---

[1] Fehrenbach in the seventy-eighth session of the Reichstag on 8 March 1921; in *Verhandlungen des Reichstages*, vol. 347: 1920 (Berlin, 1921), p.2722.
[2] 参见especially the seventy-sixth session of the Reichstag on 5 March 1921; in ibid., pp.2658–2678.

时，他们拒绝拿出足够的公共预算来救助那些弱者。①

德国向国联发出呼吁，希望国联能出面阻止法国占领莱茵河上的港口。柏林方面声称，协约国所采取的制裁措施违反了《国联盟约》旨在维护的国际和平。由于德国不是国联成员国，所以在国联当中，德国没能得到充分的代表。但根据《国联盟约》第17条，只要非成员国准备暂时承担成员国所承担的义务，那么非成员国也可以申请国联出面解决争端。德国外交部部长沃尔特·西蒙斯（Walter Simons）向国联秘书长德拉蒙德发出照会，要求国联动用第17条调解程序，以"争取立即解除协约国所采取的暴力措施"。法国官员对作为非成员国的德国竟要求行政院召开会议感到十分愤怒。② 塞杜起草了一份为法国的制裁措施进行辩护的说明。他认为，"长期以来，和平占领一块领土、接管债务国的关税或要求将某些负隅顽抗的国家的特定款项用于偿还债务等做法都十分常见，各国也一向认可以此类做法……来迫使那些拒不履行义务的国家承担义务"。③ 虽然塞杜说得没错，在过去的几十年中，此类措施确实十分普遍，但问题在于，原先这些行动所针对的对象是欧洲之外的半殖民地，塞杜的这段话将这一逻辑轻率地带入欧洲内部。

---

① 摩西指出，"德国的统治阶级无时无刻不彰显着自己的法利赛主义……就像在中世纪黑死病大流行时期，人们只沉迷于享乐，流连于各种淫乱的活动之间，可以说今天德国的有产阶级也是如此。然而，广大的人民却在挨饿、受冻，在悲惨的情景中死去……尽管看上去无产阶级似乎已经没什么可失去的了，但当制裁发挥作用时，他们的痛苦还是会以两倍、三倍、十倍的程度增加。当然，那些有产阶级自然不会看到这种可怕的苦难了。"(cited in eightieth session of the Reichstag, 10 March 1921, in ibid., p.2809).

② MAE, B.82.9.1, Sanctions. Considérations générales, 18 February—25 March 1921, "Protestation allemande auprès du Secretariat général de la S.D.N. contre les sanctions prises par les Alliés," Peretti de la Rocca auxreprésentants français à Berne et Stockholm, 18 March 1921, p.2, f. 222.

③ MAE, B.82.9.1, Jacques Seydoux, "Note au sujet Memorandum allemand à la Société des Nations," 19 March 1921, p.3, f. 242.

第二部分　**经济武器的合法性**

事实上，作为德国长期以来的主要对手，法国绝非唯一希望将德国"奥斯曼化"的国家。即使是那些出于自身利益而希望维护国与国之间平等地位的小国，当它们可以通过施加经济压力而获得利益时，也可能因利益诱惑而接受帝国主义的等级制度。丹麦的保守派希望能占领德国北部的石勒苏益格，同时控制连接北海与波罗的海的基尔运河。他们认为，他们的这一诉求能够得到斯堪的纳维亚国家的广泛支持，同时能让德国的债权人控制一条主要水道，就像英法两国控制了埃及的苏伊士运河一样。[1] 比利时外交部部长亨利·雅斯帕（Henri Jaspar）提议封锁德国的主要海港汉堡，同时要求德国以其海关税收作为战争赔款的抵押。[2] 1921 年春天，坊间盛传协约国即将控制汉堡，以至于捷克人问法国总理白里安，法国能否在管理港口事务时考虑一下他们这些内陆国家的商业利益。[3] 这一时期，战胜国热衷于对战败国施加不平等的惩罚，这让我们意识到这一惩戒逻辑发生了一次显著的逆转。1902—1903 年，德国参与了对委内瑞拉的和平封锁。仅仅过了不到 20 年，德国自己就可能成为同样的不平等程序的打击对象。[4]

为了让德国政府更加配合协约国的工作，1921 年 8 月，协约国

---

[1] MAE, B.82.11, Exécution du Traité de Versailles. Nouvelles Sanctions (février–juin 1921), "Attaché militaire de France au Danemark à M. le Ministre de la Guerre," 9 April 1921, ff. 72–73.
[2] MAE, B.82.11, Tel. 320 from St. Aulaire (London) to Quai d'Orsay (Paris), 26 April 1921, f. 119.
[3] MAE, B.82.11, Stephen Osusky to Briand, 4 May 1921, ff. 184–185.
[4] 1921年至1925年法国对鲁尔区的占领与帝国主义列强控制诸如中国的海关系统以及奥斯曼国债管理局等行为之间的一个区别是，后者是利用被殖民地当地的国家机器来为帝国主义牟利，而法国是绕过了德国政府，直接从鲁尔当地榨取财富。Hans van de Ven, *Breaking with the Past: The Maritime Customs Service and the Global Origins of Modernity in China* (New York: Columbia University Press, 2014); Murat Birdal, *The Political Economy of Ottoman Public Debt: Insolvency and European Financial Control in the Late Nineteenth Century* (London: I. B. Tauris, 2010).

决定结束对鲁洛特的占领，也将海关交还给了德国。然而，协约国做出上述让步的条件是德国政府正式承认先前协约国所采取的制裁措施的合法性。无论是在国联内部，还是在国联之外的地方，无论是现在还是未来，德国都不得追究协约国在占领其领土期间采取的任何措施的责任。这为未来不断出现的经济孤立、征税、扣押资产以及军事占领等措施开创了先例，这一系列措施都成为和平时期合法的经济制裁手段。然而，国联成功地动用了制裁措施，这似乎证明了国际主义者对制裁措施能发挥的威慑作用的信念，结果是，这些措施本身所造成的紧张局势在一定程度上得到了缓和。

拯救阿尔巴尼亚

在 1921 年 9 月第二届国联大会召开之际，一场有关阿尔巴尼亚独立的政治危机也正在酝酿之中。1912—1913 年的巴尔干战争结束之后，在欧洲列强的安排之下，阿尔巴尼亚这个小国得以独立建国（阿尔巴尼亚的边境见图 4.2）。阿尔巴尼亚境内的人口成分较为复杂，其中包括逊尼派穆斯林、罗马天主教徒以及东正教徒，为了更好地统治这个国家，列强经协商后为其选定了一位德国国王——维德的威廉（Wilhelm of Wied）。1914 年 3 月，他被加冕为阿尔巴尼亚国王维迪一世（Vidi Ⅰ），仅仅 7 个月后，他就离开了阿尔巴尼亚，前往东线战场参加第一次世界大战。[1] 阿尔巴尼亚随即陷入教派纷争，在和会期间，威尔逊总统在最后一刻出手干预，使得阿尔巴尼亚勉

---

[1] Hanns Christian Löhr, *Die Gründung Albaniens. Wilhelm zu Wied und die Balkan-Diplomatie der Großmächte 1912–1914* (Frankfurt: Peter Lang, 2010), pp.71–88, 173–206.

强逃过了被意大利、希腊以及南斯拉夫瓜分的命运。①

图 4.2　1921 年，阿尔巴尼亚北部与南斯拉夫接壤的边界景象［图片摘自罗丝·怀尔德·莱恩（Rose Wilder Lane），《沙拉的山峰》（*Peaks of Shala*）（New York and London: Harper and Brothers, 1923）一书。弗吉尼亚大学。］

阿尔巴尼亚的独立地位一方面受到内部不稳定因素的影响，另一方面也受到北部由塞尔维亚人主导的南斯拉夫王国扩张野心的威胁。部分原因在于，自 1913 年开始，两国就着手勘定边界，但由于第一次世界大战的爆发，该项工作到当时为止尚未完成。②塞族军队利用了双方边界不清的事实，挑起了阿尔巴尼亚北部部族之间的冲突，进而将阿尔巴尼亚北部大片地区置于自己的控制之下。1920 年，有关塞尔维亚人在阿尔巴尼亚北部实施暴行的报道越来越多，即使在当年 12 月国联正式接纳阿尔巴尼亚为成员国后，塞尔维亚人也没

---

① James N. Tallon, "Albania's Long War, 1912–1925," *Studia Historyczne* 4 (2014): 437–455.
② Löhr, Die Gründung Albaniens, pp.162–163.

有收敛。一位仲裁主义者朋友写信给布尔茹瓦说:"阿尔巴尼亚境内的种族灭绝……是战后发生的诸多大罪中的一个,但这一罪行之所以能发生,与列强的共谋脱不了干系……历史不会宽恕。"[①]1921年7月,冲突升级,当时,一个名叫马尔卡·戈乔尼(Marka Gjoni)的信奉天主教的族长宣布在阿尔巴尼亚北部建立一个独立的"米尔迪塔共和国"(Republic of Mirdita)。在南斯拉夫政府的支持下,戈乔尼带着1200名战士以及来自俄国和塞尔维亚的雇佣兵进入阿尔巴尼亚,他声称要捍卫基督徒的自由,抵抗那些控制了阿尔巴尼亚中央政府的"土耳其人""布尔什维克分子"以及"凯末尔主义者"。[②] 到了9月,南斯拉夫"采取了一系列战争手段",针对阿尔巴尼亚发动了地面攻势,在此期间,共有157个村庄被毁,阿尔巴尼亚的独立国家地位岌岌可危。[③]

由于国际舆论担心此次冲突会导致又一场巴尔干战争的爆发,国联大会听取了双方代表的发言。[④] 英国支持阿尔巴尼亚总理潘德利·埃万杰利(Pandeli Evangjeli)领导的政府,并承诺保证该国的独立地位。11月8日,劳合·乔治给德拉蒙德发了一封电报,在这份电报中他表示,南斯拉夫的入侵行为威胁到了国际和平;如果尼古拉·帕希奇(Nikola Pašić)总理领导的南斯拉夫政府拒绝接受国

---

① MAE, PA-AP 29 P/14613, Paul d'Estournelles de Constant to Bourgeois, 10 September 1920, f. 104.
② Peter Bartl, "Die Mirditen—Bemerkungen zur nordalbanischen Stammesgeschichte," *Münchner Zeitschrift für Balkankunde* 1 (1978): 27–69; Bobi Bobev, "Le conflit entre l'Albanie et le Royaume des Serbes, des Croates et des Slovènes en 1921 et la position de l'Italie," *Études balkaniques* 1 (1980): 87–100; Michael Schmidt-Neke, Entstehung und Ausbau der Königsdiktatur in Albanien (1912–1939). *Regierungsbildungen, Herrschaftsweise und Machteliten in einem jungen Balkanstaat* (Munich: Oldenbourg, 1987), pp.83–87.
③ MAE, PA-AP 29 P/14613, Eric Drummond to Bourgeois, 2 November 1921, f. 109.
④ "Balkan War Looms; Serbs Fight Albania," *Chicago Tribune*, 21 September 1921, p.1.

联的调停，那么他认为有必要对其实施经济制裁。① 英国政府由此提出了针对南斯拉夫动用第 16 条制裁条款的可能性。② 劳合·乔治还将下一次的行政院会议提前了两天，以进一步对贝尔格莱德施压。他在下议院说道，"如果南斯拉夫不立即停止侵略与屠杀"，那么皇家海军将封锁亚得里亚海，与此同时，英国政府也会与南斯拉夫断绝外交关系。③ 随着南斯拉夫军队的推进，各国媒体争相报道了英国发出的威胁，不久，整个欧美世界都了解到了这一威胁。④ 在 11 月 17 日对公众开放并且允许记者参加的行政院会议上，英国大使赫伯特·费舍尔（Herbert Fisher）正式宣布了劳合·乔治首相发出的经济制裁威胁。⑤ 这些公开声明为开展外交工作争取了必要的时间。一个由来自芬兰、卢森堡与挪威的专家组成的国联调查委员会在 11 月中旬划定了南斯拉夫与阿尔巴尼亚的北部边界，从而平息了双方的敌对行动。⑥ 只要边界尚未得到明确，国联就很难在技术上宣称南斯拉夫采取的行为是破坏阿尔巴尼亚领土完整的侵略行为。为了避免这一法律难题，在巴黎密切关注危机进展的布尔茹瓦私下表示，如果

---

① MAE, PA-AP 29 P/14613, "Note pour le représentant de la France au Conseil," 12 November 1921, p.4, f. 118.
② Maurice Fanshawe, *Reconstruction: Five Years of Work by the League of Nations* (London: George Allen and Unwin, 1925), p.265.
③ George F. Kohn, "Organization and Work of the League of Nations," *Annals of the American Academy*, 1924, pp.21-22.
④ "Great Britain Acts to Protect Albania: Calls on League Council to Check Jugoslav Invasion without Delay," *New York Times*, 9 November 1921.
⑤ "Albania. First Public Meeting Held on Thursday November 17th, 1921, at 10.30 A.M."; reprinted in Benjamin B. Ferencz, *Enforcing International Law: A Way to World Peace* (London: Oceana, 1983), 1:316.
⑥ *Records of the Third Assembly of the League of Nations* (Geneva, 1922), pp.33-37; Yearwood, *Guarantee of Peace*, pp.207-208.

不需要真正动用第 16 条,那就再好不过了。① 不过他的担心是多余的。在当月月底之前,南斯拉夫政府就已经退让了,并将其军队撤回到了新划定的边界之后。

1921 年的南斯拉夫—阿尔巴尼亚危机向世人展示了国联如何干预不断升级的冲突,同时也展示了国联维护国际和平的能力。此次事件中阿尔巴尼亚的经历说明了这样一个事实:只有当入侵者必定会受到惩罚之时,我们才能将一个国家称为真正拥有主权的国家。② 更重要的是,此次危机的成功解决证明国际主义者的期望——即经济武器具有真正的、强大的威力——并非完全没有道理。动用经济封锁的威胁事实上起到了缓和局势的作用。国联副秘书长弗兰克·保罗·沃尔特斯(Frank Paul Walters)后来写道:"毫无疑问,如果没有国联的介入……以及英国方面发出的制裁威胁(尽管其究竟是否合法确实值得讨论,但可以肯定的是,这一威胁的确发挥了作用),阿尔巴尼亚几乎就不可能继续作为一个独立的国家存在下去了。"③ 在战间期与国联的国际主义者过从甚密的《经济学人》杂志编辑沃尔特·莱顿(Walter Layton)声称这一事件是"国联动用特殊武器——经济封锁——的第一个案例"。④ 尽管帕西奇政府拥有规

---

① MAE, PA-AP P/14613, L. Bourgeois, "Note sur la convocation du Conseil de la SdN en vue des mesures à prendre aux termes de l'article 16 du Pacte au regard du gouvernement serbe-croate-slovène pour refus ou retard d'exécution de la décision de la Conférence des Ambassadeurs," p.4, f. 135.
② Björn Opfer-Klinger, "Albanien als Krisen- und Kriegsgebiet, 1908–1921," *Militärges chichtliche Zeitschrift* 73 (2014): 23–50.
③ Frank Paul Walters, *A History of the League of Nations* (London: Oxford University Press, 1952), 1:161.
④ "Seeking Peace," *The Economist* 94, no.4090 (14 January 1922): 39; 莱顿本人是一位新自由主义经济学家,在战争期间,他曾在军需部担任要职,1920年,他短暂担任了国联经济与金融部门的负责人,之后,该岗位由亚瑟·萨尔特(Arthur Salter)接任。Alexander Zevin, *Liberalism at Large: The World according to the Economist* (London: Verso, 2019), pp.177–185.

模庞大的军队，但它"仍然无法承受经济制裁的打击。英国政府仅仅是向国联提出动用经济制裁的建议，就使得伦敦货币市场上的第纳尔一路狂跌，而这正是南斯拉夫政府如此迅速地做出让步的重要原因"。[1]

上述经济分析没什么问题，因为南斯拉夫政府意识到自己没法再支撑起另外一场战争了。但封锁的威胁深深打击了南斯拉夫。国联行政院中的南斯拉夫代表博斯科维奇（Bošković）说道，"对南斯拉夫而言，对塞尔维亚人、克罗地亚人以及斯洛文尼亚人动用盟约第16条的威胁这一举动沉重打击了我们的自尊。"[2] 经济武器不光能让一个国家评估自身所采取行动的经济利益，还会改变一个国家的政治想象图景。对一个无力对抗列强的巴尔干小国而言，经济制裁的威胁的确能够发挥作用。但是，对一个中等规模的第二梯队列强而言，情况也是如此吗？一个有扩张野心的独裁者会向制裁威胁低头吗？在经济威慑理论家认真回答这个问题之前，这一问题就已经出现在现实政治当中了。

鲁尔与科孚

如果说第一次世界大战时期协约国实施的封锁是一种带有军事目的的经济行动，那么1923年占领鲁尔的行动则恰恰相反：这是一种带有经济目的的军事行动。[3] 作为能确保获得战争赔款的终极杀器，

---

[1] "The Mosul Question and the League," *The Economist* 95, no.4144 (27 January 1923): 134.
[2] "L'Albanie et la Société des Nations," *Le Figaro*, 19 November 1921, p.2.
[3] Stanislas Jeannesson, *Poincaré, la France et la Ruhr, 1922–1924: Histoire d'une occupation* (Strasbourg: Presses Universitaires de Strasbourg, 1998).

在多年之前，占领鲁尔的方案就已经被纳入考量范围之内了。1920年时，劳合·乔治就提出了这一方案。[1] 与此同时，完全不属于强硬反德派的塞杜也和自己的同事说："我们从 1920 年 1 月起就一直在考虑的真正的制裁措施，就是占领鲁尔"。[2]1921 年 8 月，在巴黎召开的一次会议上，法国总理白里安向劳合·乔治以及意大利总理伊万诺埃·博诺米（Ivanoe Bonomi）明确表示，他之所以没有下令占领鲁尔，完全是因为德国在最后一刻接受了最后通牒。[3] 到1922年4月，英国驻科隆领事馆报告称，莱茵兰地区的人普遍担心法国马上就会入侵。[4] 如此激进的举措肯定会使英美关系急剧紧张起来。但在协约国赔款委员会上，法国可以获得比利时与意大利的支持，这两个协约国和法国一样，都希望从德国获得更多的资源来用于战后重建工作。

1921 年春，法国外交部首次考虑利用经济制裁作为强制执行措施。相关的部际小组委员会考虑过将占领领土作为经济制裁的一种形式，但最终他们自己还是拒绝了这一方案。该委员会指出："除了对那些无力自卫的国家而言，和平占领一向无法发挥作用……因此，在大多数情况下，这一措施都不可能被采纳。"[5] 此外，在法律上，占领其他国家的城市与土地的行为是缺乏合法性的，因为《国联盟约》第 10 条保护的是所有国联成员国的领土完整。然而，在这一问题上，有两个理由可以将德国视为例外。第一个理由是德国不是国联成员

---

[1] Minutes of conference with Germany at Spa, 13 July 1920, in *Documents on British Foreign Policy* (DBFP), series 1: 1919–1925, vol. 8: *Conversations and Conferences (1920)* (London: HM Printing Office, 1958), pp.582–583.
[2] MAE, B.41.5, Relations commerciales, "Note par J. Seydoux," 26 March 1921, f. 14.
[3] MAE, B.82.5, Délibérations internationales, réunion du Conseil suprême à Paris (August 1921), p.12.
[4] TNA, T 160/115/13, British consulate in Cologne to FO, 13 April 1922, f. 4.
[5] MAE, SdN/Blocus 815, "Sous-commission inter-ministerielle pour l'étude des questions de blocus. Procès-verbal de la 5ème séance," 18 April 1921, p.31.

国，而且德国已经实现了非军事化；德国还没有受到《国联盟约》的正式保护，同时也没有足够庞大的军队来保卫自己。第二个理由在于，正如塞杜已经指出的那样，《凡尔赛条约》明确允许协约国在德国不履行战争赔款义务的情况下对其实施报复。《凡尔赛条约》第八部第一编附件二第 18 节允许协约国采取"经济上及财政上之禁止与报复，以及各国政府一般决定为在情势上所必要之其他方法"。正是基于第 18 节，作为经济制裁的占领行动获得了法律依据。①

白里安内阁已下令制订入侵鲁尔的相关计划，以控制鲁尔区那些有经济价值的资源，其中主要包括煤矿与钢铁厂，但也包括染料厂、国有森林以及莱茵河上的征税点。② 早在 1921 年 5 月，福煦元帅领导的法国军队就已经敲定了具体的行动计划。③ 18 个月后，白里安的继任者雷蒙·普恩加莱（Raymond Poincaré）做了最后一次努力，希望获得英国对这一行动的支持。④ 但英国政府拒绝了这一提议。尽管没有英国的支持，但法国也并非单独行动。在德国未能按期交付煤炭和木材后，法国在协约国赔款委员会中提出动议，要求启动占领鲁尔这一制裁措施，该动议以 3∶1 的票数得以通过。1923 年 1 月 11 日，一支 6 万多人的比法联军开始进入鲁尔区。⑤ 很快，法

---

① Nicholas Mulder, "'A Retrograde Tendency': The Expropriation of German Property in the Versailles Treaty," *Journal of the History of International Law / Revue d'histoire du droit international* 22, no.1 (May 2020): 15-20.
② Walter A. McDougall, *France's Rhineland Diplomacy, 1914-1924: The Last Bid for a Balance of Power in Europe* (Princeton, NJ: Princeton University Press, 1978), pp.139-144.
③ MAE, Ruhr 2, "Note au sujet de l'attitude probable de l'Allemagne en cas probable d'occupation prochaine du bassin de la Ruhr," 26 April 1921, f. 81; Hermann J. Rupieper, *The Cuno Government and Reparations, 1922–1923: Politics and Economics* (The Hague: Martinus Nijhoff, 1979), p.82.
④ Jeannesson, *Poincaré, la France et la Ruhr*, p.242.
⑤ Sally Marks, "The Myths of Reparations," *Central European History* 11, no.3 (September 1978): 243-244.

国军方与柏林政府就德国工业家提供的煤炭问题展开了拉锯战。鲁尔的工人阶级并没有出来支持法国人以反对鲁尔区的资本家。相反，法国的军事占领行动激发了德国的民族主义浪潮，让更多的德国人团结在保护祖国的大旗之下。①

大多数英国评论家将占领鲁尔的行动视为一次表明法国人决心的武力展示。只有外交部与财政部少数敏锐的分析家认识到，这一行动背后实际上隐藏着一个经济目的。法国占领鲁尔区的首要目的在于榨取当地出产的大量煤炭、钢铁、货物以及关税收入，以充抵德国的战争赔款。1922年夏天，普恩加莱对法国议会说，由于军事制裁没法给法国带来任何经济利益，因此法国的目标在于"发现一种最好的制裁手段"，即能给法国带来最多经济利益的制裁手段。②法国行动的主要目标是拿到实物形式的战争赔款，而不是惩罚。占领的第二个目的在于提高德国不履行赔款义务的成本。德国政府不应当指望通过通货膨胀以及逃避义务的方式不支付战争赔款。正如英国驻柏林大使馆的官员向外交大臣乔治·寇松解释的那样："现在摆在我们面前的真正问题不是一个道德问题，而是占领鲁尔的行动……是否会给德国人造成严重打击，进而使得他们愿意接受任何条件，只要不再维持对鲁尔的占领。"③

---

① 占领鲁尔这一事件在德国民族主义叙事当中留下的最为恶劣的遗产之一，就是将在法军中服役的非洲士兵妖魔化，将其描述为对德意志民族的种族入侵。Peter Collar, *The Propaganda War in the Rhineland: Weimar Germany, Race and Occupation after World War I* (London: I. B. Tauris, 2013).
② Poincaré to Senate, *Journal officiel*, 29 June 1922; cited in Tel. 348 by Cheetham (Paris) to London, 1 July 1922, T 160/115/13, German Reparation. Payments + Conditional Moratorium, f. 10.
③ TNA, T 160/115/13, Application of sanctions in event of Germany not complying with requirements of Reparations Commission, C 16722/99/18, Memorandum by Joseph Addison, 4 December 1922, p.2.

第二部分 经济武器的合法性

在法国人眼中，占领鲁尔的行动是在和平时期为要求德国履行赔款义务而采取的多边强制措施。①占领是将某种经济理性推向其逻辑极端之后得到的结果。一旦有机会用强制手段榨取资源、收入以及利润，人们就总会想着再多拿一些：如果德国仍不履行义务，那么就意味着占领所带来的压力还不足以迫使其回心转意。随着抵制占领的活动越来越多，这种心态就开始变得越来越危险了。即使是偏自由派立场的《经济学人》也认为："人类的本性当中并非只有意在享乐的理性计算。如果德国人完全是冷血的、冷静的，那么在这种情况之下，德国确实可能会因担心事态变得更糟而回心转意。但是，所有来自德国的消息都表明，德国人内部的分歧开始缩小，愤怒的情绪也正日益上升，而历史表明，每当一个社会被逼到极端之时，他们就会不计代价地进行斗争。"②为了反对法国采取的行动，英国方面提出了针对经济制裁的新观点，即承认经济制裁所能达到的效果是有限的。然而，英国政府在利用经济武器威胁南斯拉夫以及希望利用经济武器遏制住其他可能的侵略者时，所基于的前提假设和此时的法国是一样的。

占领鲁尔的行动使欧洲局势紧张了起来，与此同时，地中海地区另一次具有帝国主义特征的占领行动使得本就紧张的局势进一步升级。1923年8月，阿尔巴尼亚南部边界勘定委员会的负责人，意大利将军恩里科·泰利尼（Enrico Tellini）在希腊西北部的伊庇鲁斯地区被土匪杀害。墨索里尼要求雅典方面道歉，支付赔偿金，并以最高军事荣誉为泰利尼将军举行葬礼，同时希腊政府应对谋杀案进行彻底调查。当希腊人同意接受其中的部分条件而非全部条件后，

---

① SHD, 2 N 237, "Au sujet des sanctions économiques immédiatement applicables à l'Allemagne," 14 January 1923.
② "The Shifting Balance," *The Economist*, no.4149 (3 March 1923): 480.

墨索里尼采取了进一步的侵略行动,他派出了意大利海军的一支舰队进入希腊水域。8月31日,这支舰队轰炸了科孚岛,造成了20名平民死亡,数十人受伤,与此同时,一支5000人的军队在科孚岛登陆。[1]

在墨索里尼发动惩罚性远征的同时,第四次国联大会恰好在日内瓦召开。但意大利在行政院的代表安东尼奥·萨兰德拉(Antonio Salandra)拒绝讨论这一问题。结果,意大利与希腊的冲突被提交给了大使会议——一个由英国、法国、意大利与日本组成的小型外交论坛,而美国代表则以观察员的身份出席这一会议——进行讨论。这一大使会议的源头可以追溯到协约国最高战争委员会。为了避免国际社会对其占领鲁尔区的行动进行监督,法国人支持意大利的诉求,以便将冲突从国联的公众视线中移除。

英国政府十分惊愕于意大利主动升级危机的行动。白厅立即开始效法两年前处理南斯拉夫–阿尔巴尼亚冲突的先例,着手调查能否动用第16条进行制裁。内阁与公众都十分希望至少能采取一些制裁措施。《泰晤士报》写道:"如果一个国家在国外拥有大量的商业利益,如果一个国家十分依赖外国的商品与金融服务,那么他们在采取行动之前就一定会三思而后行,以避免招致严重的惩罚。"[2] 塞西尔主张对意大利实施全面封锁,这使得《每日邮报》称他为战争贩子。[3] 然而,负责实施制裁的机构却显得犹豫不决。财政部认为,如果要想阻止意大利进入国际金融市场、阻止其参与国际贸易往来,

---

[1] Peter J. Yearwood, "'Consistently with Honour': Great Britain, the League of Nations and the Corfu Crisis of 1923," *Journal of Contemporary History* 11, no.4 (October 1986): 559–579; Walters, *A History of the League of Nations*, pp.249–254.

[2] "Signor Mussolini's Mistake," *The Times*, 1 September 1923.

[3] As cited in Yearwood, *Guarantee of Peace*, p.254.

那么唯一的方法就是重新启用战时封锁期间建立的控制与监管系统。财政部预计，只有当公众舆论坚定地支持对意大利采取严厉打击时，才有可能恢复战时封锁系统。[1]海军部提醒内阁，如果不首先解除意大利舰队的作战能力，那么就不可能对其实施真正的封锁，然而，此类进攻性行动会直接导致战争的爆发。[2]不过，真正的问题在于如何实现全面封锁。如果美国不参与禁运，那么意大利人就还能经由美国进入世界市场。[3]尽管一部分美国媒体严厉谴责了墨索里尼的侵略行动，但总的来说，美国并没有什么意愿采取干预措施。[4]

墨索里尼在赌，他认为，只要不对希腊宣战，他对科孚的占领就不算是破坏盟约。法国与比利时在鲁尔的政策在一定程度上能够支持墨索里尼的做法，即将军事占领视为一种胁迫措施。只不过墨索里尼无法向法国一样援引某一条约赋予他的权利，他只有诉诸国际惯例，即一国在受到伤害时可以采取所谓的报复措施。他强调，意大利并不想发动战争。然而，对意大利人来说，英国媒体关于第16条制裁程序的讨论确实相当令人担忧。萨兰德拉在日内瓦听到的传言是，在国联大会上，挪威国际主义者弗里乔夫·南森（Fridtjof Nansen）正在组织起一个反意大利的国家集团。[5]意大利海军开始认真考虑，如果与有英国支持的希腊与南斯拉夫开战，那么意大利需

---

[1] TNA, FO 371/8615, Treasury to Foreign Office, 4 September 1923, pp.1-2.
[2] TNA, FO 371/8616, Admiralty to Foreign Office, 6 September 1923.
[3] Treasury to Foreign Office, 5 September 1923, in DBFP series 1, vol. 24, no.655, pp.986-987.
[4] Gian Giacomo Migone, *The United States and Fascist Italy: The Rise of American Finance in Europe* (Cambridge: Cambridge University Press, 2015), pp.71-74.
[5] Salandra to Mussolini, 3 and 5 September 1923, in *I Documenti Diplomatici Italiani* (DDI), series 7: 1922-1935, vol. 2 (27 aprile 1923-22 febbraio 1924) (Rome: Istituto Poligrafico dello Stato, 1955), pp.265, 283.

要做哪些准备。[1]

幸运的是,大使会议在没有动用经济制裁或采取海军行动的情况下,通过谈判成功解决了科孚危机。希腊同意向意大利道歉,还同意了意大利的大部分要求,其中包括支付5000万里拉的赔偿金,墨索里尼可以宣称他为意大利赢得了荣誉。但这一事件表明,即使是像英国这样的海上霸主,也不可能完全只依靠自己的力量就能有效实施经济制裁。由于美国没有加入国联,如果英国做出了制裁的决定,就有可能需要封锁这个世界最大的经济体的对外贸易。1921年对南斯拉夫采取的措施——通过威胁实施制裁来化解危机——在1923年的科孚危机中就显得过于困难与冒险了。

由于英法两国在科孚的问题上没有达成一致意见,协约国一方在此次危机期间并没有发出制裁威胁,这反而可能让情况变得更好了。民主控制联盟成员海伦娜·斯旺维克认为,"在科孚危机中,发动制裁的威胁只会让已经很糟糕的情况变得更糟"。[2] 正如彼得·耶尔伍德(Peter Yearwood)所言,这一事件表明:"至少在英法两国没能达成共识的情况下,《国联盟约》的制裁条款(是)缺乏效力的。"[3] 英国战略分析家在科孚危机后得出结论,和平时期的有效封锁将更难以实现,因为美国和苏联都不可能参与到这一制裁中,而且

---

[1] Romeo Bernotti, *Cinquant'anni nella Marina militare* (Milan: Edizione Mursia, 1971), pp.132–133. 以及the memorandum by Minister of the Navy Paolo Thaon di Revel to Mussolini, 13 September 1923, in DDI, series 7, vol. 2, pp.347–348.

[2] Helena Swanwick, *Builders of Peace, Being Ten Years' History of the Union of Democratic Control* (London: Swarthmore Press, 1924), p.177.

[3] Yearwood, "Consistently with Honour," p.574.

实施封锁的一方将面对规模更为庞大的私人商船队。① 战时经济武器之所以发挥了巨大的作用，是因为地缘政治格局有利于实施封锁的一方，而在 20 世纪 20 年代，这一格局不能再被视为理所当然的前提。

意大利手中掌握着协约国赔款委员会中的关键摇摆票，而正是该委员会根据《凡尔赛条约》授权法比两国占领鲁尔区以对德国实施制裁。作为回报，墨索里尼希望法国能支持他占领科孚岛的行动，墨索里尼声称这一行动只不过是对希腊的报复。这不仅仅是法西斯的漫天要价。意大利的官员认为他们的国家是帝国主义列强的一分子。这并非没有道理。意大利是行政院四个常任理事国之一；在国联的各个机构中都有意大利的专家人员；同时，意大利还拥有一个包括利比亚、厄立特里亚以及索马里在内的非洲殖民帝国。② 此外，通过 1923 年的《洛桑条约》，意大利控制了主体居民为希腊人的多德卡尼斯群岛，其有权任命一名总督，并以殖民的方式统治这一群岛。③

由于意大利与希腊人居住的土地之间本来就有着十分深厚的帝国主义关系，因此完全不难理解为什么意大利人会认为自己有权炮轰并占领科孚岛，在他们看来，这只不过是又一场炮舰外交而已。

---

① Orest Babij, "The Advisory Committee on Trade Questions in Time of War," *Northern Mariner* 8, no.3 (July 1997): 3. 这与法国外交部封锁委员会在1922年时得出的结论基本一致。MAE, B.83.4, "Note sur l'organisation du blocus en temps de guerre," 28 August 1922, p.9.
② Elisabetta Tollardo, *Fascist Italy and the League of Nations, 1922-1935* (London: Palgrave Macmillan, 2016); Roberta Pergher, *Mussolini's NationEmpire: Sovereignty and Settlement in Italy's Borderlands, 1922-1943* (Cambridge: Cambridge University Press, 2018).
③ Aristotle A. Kallis, *Fascist Ideology: Territory and Expansionism in Italy and Germany, 1922-1945* (London: Routledge, 2000), pp.109–110.

意大利的精英和公众舆论都认为，轰炸并占领希腊的一个岛完全是对本国所受伤害的一次正当的、相称的报复。意大利人利用《国联盟约》中对战争的狭义定义来试图避免触发第16条的制裁机制。[1]墨索里尼还列举了先前英法两国对中国台湾地区（1885年）以及暹罗（1893年）采取的侵略行动，以及针对克里特岛（1897年）、委内瑞拉（1902—1903年）以及黑山（1913年）的国际封锁等案例，作为在国际范围内执法的先例来证明意大利行动的合理性。[2]事实上，正如英国法学家弗雷德里克·波洛克（Frederick Pollock）在科孚危机期间观察到的那样，"如果墨索里尼先生想要在技术层面上寻找先例"，那么英国自己在过去所采取的一系列行动"都可以为他所用，可以说这样的先例俯拾皆是"。[3]一位美国法学家同样指出了英国在鲁尔问题上立场的不一致，白厅反对为执行条约而动用制裁，然而，实际上"英国自己已经这么干很多次了"。[4]可以说，科孚危机与占领鲁尔这两个事件的发生让人们意识到，即使是在已经建成了国联这样一个声称抛弃了原先野蛮的强权政治的组织的时代，与先前帝

---

[1] 尽管《国联盟约》禁止诉诸战争，但严格意义上来讲，盟约本身没有禁止使用武力，因此各国政府能够根据传统国际法主张自己拥有实施报复的权利。参见James Barros, *The Corfu Incident of 1923: Mussolini and the League of Nations* (Princeton, NJ: Princeton University Press, 1965), p.311.

[2] Mussolini to Salandra (Geneva), repeated to all diplomatic missions abroad, 1 September 1923, in DDI, series 7, vol. 2, p.244. 此外，墨索里尼还援引了1882年英国对亚历山大港的轰炸，1901年法国为要求奥斯曼帝国偿还债务而占领希腊地区的米提林岛以及1914年美国对维拉克鲁兹采取的报复行动等先例。

[3] Frederick Pollock, "Reprisals and War," letter to the editor of *The Times*, 10 October 1923, p.11. 1897年，英国为防止希土战争扩大所采取的措施要比这一时期法国、比利时以及意大利所采取的措施过分得多。当时，克里特岛上爆发了反对奥斯曼帝国统治的叛乱，作为应对，列强成立了一个国际海军委员会，接管了对当地的统治，炮击了克里特岛上的叛乱分子，将杀害英国公民的当地人处以绞刑，同时对奥斯曼帝国发出海军轰炸的威胁，要求其军队撤出克里特岛。

[4] Charles R. Smith, "Reparations and Sanctions: A Discussion of the Legality of the Occupation of the Ruhr," *North American Review* 219, no.819 (February 1924): 173.

第二部分　**经济武器的合法性**

国主义列强利用经济手段胁迫其他国家几乎一模一样的事情仍然会发生。

如果想将经济制裁这一武器组装起来,就需要行政官僚、经济学家、军事学家与法学家进行大量的准备工作:确定经济制裁所要打击的目标,然后大致确定要实施哪些政策。然而,还有很多事情需要做,例如,需要确定被制裁的对象——一个国家、一个民族、一个社会阶层、一个地区或一场运动——是否会因为受到制裁或制裁的威胁而改变自己的行动。1921—1923年依据《凡尔赛条约》实施的制裁在实践中遭遇了与国际封锁委员会在理论上面临的同样的问题:如何确保人们会对制裁做出反应?并非所有的民族以及社会都绝对服从于经济理性,从而会为了避免受到经济制裁而改变自身的政策。因此,在塑造制裁武器之时,不仅需要设计出一款有效的工具,也需要塑造出一个会对经济制裁有所反应的对象。民众是否会因为他们的物质生活受到冲击而调整其集体行为?当他们拒绝屈服于外部压力时,制裁主义者就会感到挫败,同时仍不死心,希望再多做几次实验。例如,在赔款问题上,《每日电讯报》就宣称:"德国人的心理十分奇怪,对一个更有自尊心的民族而言,他们无论如何都无法接受自己被'制裁',但对德国人而言,制裁对他们的影响似乎很小。当他们目睹自己的国家被外国士兵占领时,他们理应感到十分屈辱,但事实上,他们似乎无动于衷。协约国政府要做的是设计出一款武器,去打击德国人不能忽视的物质利益,而后再让福煦元帅以及他领导的宪兵队来动用这一武器。"[①] 如果希望经济武器能迫使一国更改既定措施、维护国际法、保障各国安全,那么就需要对症下药——打击那些各民族都无法忽视的经济利益,无论其是苏

---

① "The German Default," *Daily Telegraph*, 19 April 1921.

联人、匈牙利人、南斯拉夫人还是德国人或者意大利人。但经历了五年的实践之后，人们发现制裁既有可能促进国际团结，也有可能激发民族主义。经过一系列为设计制裁措施而采取的巴甫洛夫实验后，人们意识到，几乎很难做到正确地调整制裁所施加的压力以获得预期效果。

不仅只有被制裁国的反应是不确定的。经济武器的使用者也能够最大限度地利用战争与和平之间巨大的灰色地带。事实上，在20世纪20年代，有关在制裁中究竟能动用何种级别的武力这一问题有非常多不同的解释，这一系列五花八门的解释又进一步模糊了战争与和平之间的边界。巴黎和会对这一问题的裁决以及国际制裁委员会得出的选择性交战理论产生了巨大的政治后果。在之后的战间期，英法这两个最应当负责实施制裁的军事大国可以自由决定将制裁视为战时措施还是平时措施。法国从科孚危机中得出的结论是，如果不将胁迫性措施视为战争行为，那么这些措施就是被允许的。[①] 而英国人从同一场危机中得出了完全相反的结论：如果要实施全面封锁，就需要相应的配套机构与法律，而只有在战时，英国政府才能组建相应的机构，通过相应的法律。欧洲两个最强大的民主国家对如何动用制裁的看法如此不同，以至于国联越来越难以实现其维护和平的目标。

---

① 为应对这一危机而召开的国联法学家特别会议得出结论，"无意发展为战争行为的胁迫行为……可能符合盟约，也可能不符合盟约"，这一模棱两可的回答表明墨索里尼确实抓住了盟约当中的法律漏洞。参见Special Committee of Jurists, "Report: Interpretation of Certain Articles of the Covenant and Other Questions of International Law," *League of Nations Official Journal* 5 (1924): 523.

第五章
作为世界警察的国联(1924—1927年)

在一个经济上相互依存的世界体系里,除非几乎所有国家都参与到制裁当中,否则制裁就没办法维护国际安全。在国联的早期阶段,两个先天性的缺陷使得国联无法要求全球几乎所有国家加入对违约国的制裁当中。第一,美国没有加入国联,这使得这个世界上最大的经济体无须承担第16条赋予的责任。第二,欧洲各国因争夺德国的战争赔款而陷入相当紧张的局面中。然而,到1924年时,国际局势进入一个相对平稳的时期。为了稳定德国的经济,道威斯计划应运而生,即通过美国的财政援助来缓和欧洲的紧张局势。最终,英国、法国和意大利也同意德国于1926年加入国联。因此,在20世纪20年代中期,人们重新燃起了一丝希望,在他们看来,国联有望真正利用全球性的制裁武器来维护国际秩序了。

但是,欧美各国的外交官与国际主义者在这一制裁体系需要各国之间实现多么紧密的配合,以及哪些国家需要负责执行这一制裁武器等问题上还存在分歧。[1] 这一时期第一份重要文件，即所谓的《日内瓦议定书》(the Geneva Protocol)，试图将经济制裁与司法仲裁以及裁军问题联系起来，进而加强《国联盟约》的约束力。[2] 该议定书最热心的支持者设想了一个跨大西洋的安全体系，在其中，法国陆军的人力、英国皇家海军的巡洋舰以及美国华尔街的美元贷款相互配合，共同维护国际安全。对英国保守党内阁以及美国共和党政府来说，这一设想走得实在是太远了，因此，该议定书没能生效。

在此之后，英法两国政府开始设计本国的经济武器。法国政府依旧主张建立自动制裁程序；如果没有办法实现这一目标，那么他们希望能够建立一个更为强大的为受侵略国提供援助的机制。英国战时贸易与封锁事务咨询委员会（ATB）——一个重要的规划组织——的规划人员则采取了另一条不同的进路。他们打算降低封锁在技术层面上的严酷性，进而将封锁从战时措施当中移出，并将其纳入一个新的政策类别——经济压力——中。

---

[1] Zara Steiner, *The Lights That Failed: European International History, 1919-1933* (Oxford: Oxford University Press, 2005), pp.379-383; Patrick O. Cohrs, *The Unfinished Peace after World War I: America, Britain and the Stabilisation of Europe, 1919-1932* (Cambridge: Cambridge University Press, 2006), pp.201-205; Peter J. Yearwood, *Guarantee of Peace: The League of Nations in British Policy, 1914-1925* (Oxford: Oxford University Press, 2009), pp.211-250, 282 325; Robert Boyce, *The Great Interwar Crisis and the Collapse of Globalization* (Basingstoke: Palgrave Macmillan, 2009), pp.130-134; Peter Jackson, *Beyond the Balance of Power: France and the Politics of National Security in the Era of the First World War* (Cambridge: Cambridge University Press, 2013), pp.420-423; Oona Hathaway and Scott J. Shapiro, *The Internationalists: How a Radical Plan to Outlaw War Remade the World* (New York: Simon and Schuster, 2017).
[2] David Mitrany, *The Problem of International Sanctions* (London and New York: Humphrey Milford, Oxford University Press, 1925). 有关米特拉尼（Mitrany）的思想，参见Or Rosenboim, *The Emergence of Globalism: Visions of World Order in Britain and the United States, 1939-1950* (Princeton, NJ: Princeton University Press, 2017).

第二部分　**经济武器的合法性**

1925 年 10 月，国联威胁动用经济制裁，进而化解了希腊与保加利亚之间短暂的边界战争，这一案例再次证明，国联仅仅靠威胁实施制裁就能维护和平。英法两国的官员还曾考虑过对土耳其（意在加速条约谈判进程）、中国（意在平息中国的民族主义运动）以及苏联（因外交争端而采取的报复行动）实施经济封锁。这一系列计划表明，在帝国主义等级秩序当中，比起在涉及其他大国的争端时利用多边方式对一个大国施加压力，对较小的欧亚国家实施单边威慑要容易得多。不过，制裁主义者也面临着德国这样一个带有修正主义目标的中立国所带来的问题。德国由于 1926 年被吸收为国联行政院的新常任理事国时，被豁免加入针对其他国家所实施的制裁程序。即使国联的成员国越来越多，国联依旧面临着一个问题，即官方所承诺的制裁效果与制裁实际能发挥的作用之间的裂痕越来越大，口头施加的制裁威胁与经济压力的实际应用之间的鸿沟也越来越大。

《日内瓦议定书》

《日内瓦议定书》之所以会诞生，是因为人们越来越不满于国际封锁委员会于 1921 年就制裁问题达成的妥协。该委员会的决议使得制裁变得可有可无，因为制裁究竟是和平时期动用的手段还是交战措施这一问题成为各国的自由选择，制裁的实施也变成渐进的。这使得各成员国无须为制裁承担太重的义务。然而，国际封锁委员会决议的灵活性很难与《国联盟约》中的条款相协调，因为《国联盟约》要求更加有力、毫不妥协地动用经济武器。1924 年年初，英法两国的国内政治环境都进一步改善，而这为扩大国联安全职能提供了一个绝佳的机会。1 月，苏格兰工会成员拉姆齐·麦克唐纳（Ramsay MacDonald）成为英国历史上第一位工党首相。此后不久，社会主义者爱德华·赫里欧（Édouard Herriot）出任法国总理；他全心全意地支持国联，并推动"安全的国际化"。[1]更让人感到振奋的是，当年夏天，一群支持国联的美国人来到欧洲，其中包括卡内基基金会的詹姆斯·肖特维尔（James Shotwell）、塔斯克·布利斯（Tasker Bliss）将军以及威尔逊的前法律顾问米勒，他们共同制订了一份"美国计划"。[2]该计划的核心在于设计一个打击侵略的新手段。就何为"侵略"这一问题，肖特维尔与他的同事们没有给出一个具体的定义，而是提议只要经行政院多数成员国认定，那么任何行为都可以算作侵略行为。

将麦克唐纳与赫里欧有关仲裁的观点与肖特维尔的计划融合为后来的《日内瓦议定书》的任务落在了两个欧洲人身上：捷克外交部部长爱德华·贝内什（Edvard Beneš）与希腊法学家兼外交官尼古拉·波利蒂斯（Nikolaos Politis）。贝内什起草了一份只有21条的议定书，其中第11条规定了自动制裁程序。该议定书纳入了《国联盟约》第16条中包含的所有制裁措施——经济、金融、运输、通信以及旅行禁令，但与此同时，该议定书还首次明确了第16条第3款中所承诺的援助应当包括哪些内容。签署该议定书的国家将通过"提供各种原材料以及其他各类用品，开放信贷，允许相应人员、货物过境运输"等措施来援助受侵略国。此外，《日内瓦议定书》第12条规定，国联经济与金融组织（EFO）应协助研究国联如何实施制裁，并做好相关准备。尽管到那时为止，国联经济与金融组织一直都是

---

[1] Jackson, *Beyond the Balance of Power*, pp.427–513.
[2] 这份草案是由肖特维尔于1924年年初在哥伦比亚大学俱乐部召集的共有11人的美国裁军和安全委员会着手起草的。Carl Bouchard, "Le 'Plan américain' Shotwell-Bliss de 1924: Une initiative méconnue pour le renforcement de la paix," *Guerres mondiales et conflits contemporaines*, nos. 202–203 (April-September 2001): 203–225; Hathaway and Shapiro, *The Internationalists*, pp.116–119.

第二部分 经济武器的合法性

一个技术部门,主要负责经济分析、向各国政府提供政策建议并监督战后重建资金的使用,但贝内什与波利蒂斯提议,该组织应负责制订"针对侵略国实施经济与金融制裁的行动计划"。[1]

在国联经济与金融组织内部,人们也希望能在实施制裁方面发挥更为积极的作用。在 1919 年出任该组织负责人时,前协约国航运管理委员会成员亚瑟·萨尔特就已经指出,要想让经济武器发挥作用,就需要获得准确的信息;当时,他提议设立一个专门的"封锁情报委员会"来确定每个国家具体的弱点所在,并监测制裁措施的效果。[2] 萨尔特手下的工作人员之一、苏格兰统计学家亚历山大·洛夫迪(Alexander Loveday)继续搜寻着"有关不同国家的商业相互依存度的信息"。洛夫迪认为,获得供制裁用的准确情报不仅对估测制裁给目标国家造成的影响而言至关重要,同时对"确定封锁中可能存在的薄弱环节"而言也至关重要。在很早的时候,洛夫迪就对金融封锁产生了兴趣。在 20 世纪 20 年代这样一个世界经济相互依存的时代,他认定实施多长时间的制裁这一问题将取决于"被封锁国家在多大程度上依赖于外国银行的信贷",因此,封锁情报委员会"必须依赖于从世界各大货币市场中心收集到的信息"。[3]

正如一位历史学家所言,《日内瓦议定书》将"一系列集体制裁整合了起来,但在其背后暗藏着由美国人主导的针对侵略的定义"。[4] 这一变化非常重要,因为这样一来,该议定书就需要英国方面做出

---

[1] LON, R8/39107/39081, "Protocol for the Pacific Settlement of International Disputes," adopted by the Fifth Assembly of the League of Nations on 2 October 1924, p.6.
[2] LoN, ASP, Box 120, Arthur Salter, "The Economic Weapon of the League," 29 September 1919, pp.5–6.
[3] LoN, ASP, Box 120, Alexander Loveday, "Economic Information Required by Weapon," 8 October 1924, p.5.
[4] Charles DeBenedetti, "The Origins of Neutrality Revision: The American Plan of 1924," *The Historian* 35, no.1 (November 1972): 84.

强有力的维护国际安全的承诺，但英国最关心的是如何维持其对经济武器的自由裁量权。在当时，英国皇家海军的行动正占据着世界各地新闻报纸的头版头条。在1923—1924年备受关注的"帝国巡航"行动中，八艘皇家海军战列巡洋舰与轻巡洋舰在十个月的时间里完成了环球航行。①如果《日内瓦议定书》能将这支部队交由国联指挥，以实施制裁，那么这将是国际主义的一场巨大胜利。

英国海军部对《日内瓦议定书》的几乎所有疑虑都源自战略目标的考量。在20世纪20年代，英国皇家海军有信心在与除了美国之外的任何海军强国的战争中取得胜利。然而，充当国联警察部队的相关行动会让皇家海军承担比其竞争对手更多的义务。英国海军部认为，该议定书意味着"英国需承担如此巨大的责任……以至于负责维护帝国安全的舰队将承担巨大的风险"。②对皇家海军而言，保护帝国的贸易以及确保大英帝国海上交通线的安全仍然是首要任务。③海军部面临着一个难以抉择的两难境地：要么皇家海军以放弃国际主义为代价，维持与日益壮大的美国海军的平等地位，要么承担起作为国联实施封锁的力量的责任，但如此一来就会失去战略上的自主权。在整个战间期，海军的长期战略与英国做出的国际主义承诺之间这种军事层面上的紧张关系一直存在。

1924年10月，拉姆齐·麦克唐纳去职，斯坦利·鲍德温（Stanley Baldwin）领导的保守党重新掌权，并执政了长达五年之久。与工党相比，保守党人更不愿意做出有损帝国利益的让步。在《日

---

① V. C. Scott O'Connor, *The Empire Cruise* (London: Riddle, Smith and Duffus, 1925).
② TNA, ADM 18671/215, Admiralty to Rear Admiral Aubrey C. H. Smith, 17 September 1924, f. 4.
③ Cristopher Bell, *The Royal Navy, Seapower and Strategy between the Wars* (Basingstoke: Palgrave Macmillan, 2000), pp.1–48.

内瓦议定书》起草后不到一个月,伦敦就出现了严重的政治阻力,反对《日内瓦议定书》。一位外交部的高级外交官抱怨道,最初《国联盟约》的第 16 条就让英国做出了过度的承诺;没有经过充分的讨论,《盟约》就匆匆通过了,"就像从朱庇特脑袋里跳出来的全副武装的密涅瓦一样",现在,《日内瓦议定书》也会如此。[1] 作为英国内阁中主要的国际主义者,塞西尔坚决反对这一论调。他指出,第 16 条的经济制裁被"所有欧陆国家视为本国安全的靠山",而如果"外交部玩忽职守,不履行我们在盟约下应承担的义务……那么结果将会是灾难性的。"[2] 塞西尔试图说服那些抱有怀疑态度的人,他强调,为了填补 1919 年时英美两国反对设立国联军队造成的安全真空,英国有必要签署《日内瓦议定书》。[3]

法国外交部时任部长白里安也对英国政府进行了游说。他认为,英法两国都十分希望能"将法国的陆军与英国的海军结合起来",以共同应对"全球任何一个地区可能爆发的冲突"。[4] 然而,法国政府认为,"以互助的形式"所展现出的国联各成员国背后的经济力量要比"制裁形式下"展现出的经济力量更有威慑力。[5] 对保障供应的积极经济武器的强调有这样几个好处。首先,在动用积极经济武器时,

---

[1] BL, RCP MS 51088, Cecil, draft paper on Article 16, 8 December 1924, p.1, f. 27. 这句话出自外交部德国事务专家艾尔·克劳(Eyre Crowe)。
[2] BL, RCP MS 51088, Cecil, note attached to draft paper on Article 16, p.2, f. 26.
[3] "在当时,英美代表都尽力让盟约显得温和一些,因此将有关安全的条款删减到了最低程度……因此,如果现在大家希望让有关裁军的条款得到更好地执行,那么自然也应当增加有关安全的条款。"(ibid., Cecil to Hankey, 14 January 1925, f. 34, p.2).
[4] SHD, 2 N 6, Conseil supérieur de défense nationale, "Séance du 15 novembre 1924: Organisation des travaux préparatoires à l'application du Protocole de Genève pour le règlement pacifique des différends internationaux, les sanctions, l'assistance mutuelle et la réduction des armements. Notes ayant servi à l'établissement de la minute du procèsverbal," pp.20, 32–33.
[5] Ibid.

205

英法不会与美国方面产生争端,而消极的经济制裁将不可避免地引发这一冲突。其次,积极经济武器还能唤起美国出口导向的公司与银行的商业本能,并将它们引向受侵略的国家。再次,相互援助看起来似乎比冒着动用国家武装力量的风险进行干预更具吸引力。以上是萨尔特在国联经济与金融组织的秘书埃利奥特·费尔金(Elliott Felkin)在咨询了凯恩斯后得出的结论。费尔金在与凯恩斯交谈后确信,英国的精英阶层会对财政援助机制产生强烈的兴趣。他认为:"这一义务可能会要求英国承担起担保价值两三千万英镑的信贷责任。(英国人)更倾向于为保障总体安全与福利而损失这一笔钱,而非为实施和平封锁或准和平封锁而派出皇家海军,因为其所执行的任务很可能会把英国拖入战争泥潭中。"①

但是,英国最高战略决策机构——帝国防御委员会(CID)——并不像法国人和国联经济与金融组织那般认可这份议定书。该委员会向鲍德温内阁建议否决这一议定书:英国在任何情况下都不应被迫封锁美国的对外贸易。帝国防御委员会认为,"我们决不能以国联的名义中断美国公民与其他国家公民之间的金融、商业以及个人层面上的往来"。②此类对抗有可能造成严重的外交损失。③此外,英国的战略家们担心这份议定书会把国联经济与金融组织转化为"总参谋部中的经济与财政分支",这一可能性会限制英国在战略层面上的选项,因此是不可接受的。④法国以及其他支持该议定书的欧洲大

---

① LoN, ASP, Box S120, A. E. Felkin to John Fischer Williams, 6 November 1924, p.2.
② TNA, CAB 4/12 CID Paper 559-B, "Report of the Sub-Committee on the Geneva Protocol," January 1925, p.11.
③ 正如外交大臣奥斯汀·张伯伦所说, "英国政府所采取的政策的一个基本前提,就是我们不应当卷入与美国的争斗之中,我几乎可以说这是大英帝国能够继续得以维持的一个前提。"(note by Chamberlain, 12 October 1925, in DBFP, series 1: 1919–1939, vol. 27〔London: HM Printing Office, 1958〕, p.866).
④ TNA, CAB 4/12 CID Paper 559-B, "Report of the Sub-Committee," p.14.

第二部分　经济武器的合法性

陆国家认为英国的立场是非平衡性的、前后不一的、不可靠的。在法国军方看来，"我们可以这样概括……英国的立场：'稍微采取一些封锁措施，尽可能少地提供经济援助，完全不提供军事援助，以及最大限度地裁军'"。[1] 贝内什与波利蒂斯更进一步，在他们看来，唯一能阻止侵略者采取行动的方式就是提前告知那些有意愿侵略他国的国家，一旦发动战争，他们就会与整个国联为敌。在威尔逊与米勒将"事实战争"这一概念从《国联盟约》中删除的五年之后，自动与侵略者开战的问题又被重新提了出来。

在自动性这一问题上，肖特维尔的"美国计划"事实上并没有那些欧洲人所设想的那么有用。利用经济制裁的方式来区别对待侵略国的做法实际上背离了美国的传统中立地位。[2] 但为了让华盛顿的政治精英们接受这些制裁措施，肖特维尔又将制裁设计为一个可供选择的选项（或者用他自己的话说，是"被允许采取的"）。他并不认可法国方面有关自动制裁的论点，在他看来，"对那些国家可能采取之行动的不确定性本身就是一个有效的威胁，这一威胁能够阻止侵略国公开实施战争行为"。[3] 米勒也为"被允许采取的"制裁观点进行辩护，他认为，正是因为不能确定制裁有多么严厉，所以这种制裁更具威慑力。[4] 因此，肖特维尔与米勒所主张的制裁背后的威慑理论与英、法以及国联的国际主义者所设想的完全不同。在他们看

---

[1] SHD, 2 N 9, Rapport fait au CSDN au nom de la Commission d'études, 10 November 1924, p.3.
[2] DeBenedetti, "The Origins of Neutrality Revision."
[3] James T. Shotwell, Introduction to "Protocol for the Pacific Settlement of International Disputes," *International Conciliation* 10, no.204 (December 1924): 528–529.
[4] 米勒认为，"正是由于制裁的不确定性与模糊性，导致潜在的侵略者完全不知道在自己实施侵略之后会发生什么，可以说这比任何精确的知识都要更有效"。（"Sanctions," *Proceedings of the Academy of Political Science in the City of New York* 12, no.1, International Problems and Relations［July 1926］: 47).

207

来，模棱两可的制裁（而非清楚明白的制裁）才更有威慑力，因为潜在的侵略者不可能事先做好准备，以应对本身不可预测的制裁措施。①

有关威慑的问题也使得国联与女权主义组织之间产生了分歧。由于议定书第11条中所称的制裁措施中明显包括食品禁运，国际妇女和平与自由联盟成员艾米丽·巴尔奇（Emily Balch）写信给国联经济与金融组织。在这封信中，巴尔奇说道，她担心"国联会承认饥饿封锁作为在实施国际干涉时可能动用的新武器之一"。她相信该组织的专家们可以设计出一种施加金融压力的工具，好让侵略者的钱包变扁，而不是让那些平民挨饿。在她看来，这一措施拥有"更坚实的道德基础"。但在反对粮食封锁时，巴尔奇没有仅限于普通的道德论点。她还认为，对平民的制裁是无效的；此类措施根本无法改变那些好战的政府的行为。巴尔奇写道："能给那些发动战争之人带来困扰的并非妇女、儿童以及那些最贫穷、最弱小的人正经历的饥荒，即使在封锁的情况下，富裕的人、有权势的人以及军队也总是能获得足够的食物。"②

巴尔奇的反对意见困扰着埃利奥特·费尔金等国联官员。他反对以任何方式限制国际联盟实施作为经济制裁手段的粮食禁运的权利。费尔金认为，国际封锁委员会宣布粮食封锁为"最后手段"的

---

① 当时在华尔街做律师的米勒预言道："（这些措施）对商业利益的影响是立竿见影的……在一个立基于信用的世界里，这些措施会使得侵略者不可避免地陷入恐慌之中……货币的交换价值下跌……在战后，欧洲的全部经验都在表明这样一个事实：触发经济制裁将让一个国家处于无与伦比的危险之中，几乎没有比这更令人印象深刻的教训了。"(cited in "A Practical Plan for Disarmament. Draft Treaty of Disarmament and Security Prepared by an American Group, with Introduction and Commentary by James Thomson Shotwell," *International Conciliation* 10, no.201 [August 1924]: 355).

② LoN, ASP, Box S120, Letter from Emily G. Balch (Women's International League for Peace and Freedom, Vienna) to Mr. Huntington Gilchrist (League Secretariat), 3 November 1924.

决议是一个错误。这种观点"从表面上来看更人道",然而"实际上,切断侵略国的所有进口才是更人道的"。必须将作为一种预防战争的措施的封锁逻辑推到极端。费尔金认为:"正是普通民众,特别是最贫穷的那些人所经历的饥荒,才有可能给侵略国带来巨大的麻烦,以至于他们必须让步。"制裁的根本意义就在于,其措施能促进民众起义,无论是通过舆论煽动还是通过制造饥荒。巴尔奇有关强者能够设法使自己免于饥饿的论点实际上是能够被扭转的。如果那些流入被封锁国家的粮食无论如何都会让富人与强者受益,那么全面的粮食封锁就比针对平民的特别豁免更有意义。最后,费尔金坚持认为,如果要利用制裁带来的威慑来维护和平,那么制裁就必须不留任何情面。

> 我个人认为,我们应该在不动用武力,也不让本国与中立国之间陷入外交争端的情况下,尽可能地利用自动实施的制裁给侵略国的政府、战斗部队以及平民造成可怕的影响,我认为,我们越是成功地让侵略国中的普通人没法继续生活下去,我们的现代民主国家就越有可能击败那些冥顽不化的国家,或者防止那些潜在的侵略者变得冥顽不化。[1]

巴尔奇的批评并没有让国联改变自己的政策。但是,她的批评确实让国际主义者对自身信念背后的逻辑做出了具体说明,即只有全面制裁才具有足够的威慑力。

虽然在英法两国国内,都有人提出了反对制裁的人道主义意见,但反对《日内瓦议定书》的美国人却提出了种族与地缘政治方面的

---

[1] LoN, ASP, Box S120, Letter from A. E. Felkin to Gilchrist, 2 December 1924, p.2.

反对意见。在该议定书中存在这样一个条款：允许国际联盟于1920年设立的国际常设法庭（PCIJ）裁决"国内问题"——该条款是日本代表提出的修正案。由于此时美国国会刚刚通过了臭名昭著的《移民法案》(Immigration Act)［又称《排亚法案》，(Asian Exclusion Act)］，该条款的存在让许多人担心美国会因其种族主义移民法案而被告上国际法庭。① 国内问题条款成了美国公众最为关心的条款。正如在日内瓦地位最高的美国人亚瑟·斯威策（Arthur Sweetser）所言："美国人对该议定书的关注重点几乎完全跑偏了……美国人75%的注意力都集中在有关日本、移民等国内问题上，20%的注意力集中于明显违背美国传统政策的制裁问题；只有大约5%的注意力被分配给了强制仲裁与和平解决争端的相关条款。"② 与此同时，该议定书规定，国联有权对各大洲上的成员国行使执法权，这使其威胁到门罗主义，即传统上美国在西半球享有的优势地位。美国国务卿查尔斯·埃文斯·休斯（Charles Evans Hughes）无法接受在未来的某一天，欧洲的舰队将在拉丁美洲执行国联实施的制裁这一可能性。③ 当贝内什向他解释了该议定书中有关仲裁和制裁的义务的具体含义后，休斯的疑虑反而增加了，因为他意识到这一条款会约束美国对西半球的干涉。当被问及在签署该议定书后，美国是否能够继续采取类似1914—1916年对墨西哥实施的和平封锁、占领以及袭击等行动

---

① 有关这些法案在全球范围内产生的重要影响，参见James Q. Whitman, *Hitler's American Model: The United States and the Making of Nazi Race Law* (Princeton, NJ: Princeton University Press, 2018), pp.34-43.
② LOC, Arthur Sweetser Papers, Box 72, "The Protocol and the United States," ca. November 1924, p.5. 由于担心日本人挑战当地的排亚移民法案，南非、澳大利亚与新西兰等英联邦自治领也认为"无法接受这一修正案"。(LoN, Box S120, Memorandum by Henry Strakosch［SA］on the Geneva Protocol, 9 October 1924, p.4).
③ David D. Burks, "The United States and the Geneva Protocol of 1924: 'A New Holy Alliance?,'" *American Historical Review* 64, no.4 (July 1959): 891-905.

时，贝内什明确回答道，作为国联成员国，墨西哥有权向国联提出上诉。如果认定发生了侵略，那么行政院就可以对美国实施经济制裁。[①] 不出所料，柯立芝政府态度坚定地拒绝批准该议定书。

1924年10月至1925年9月，共有19个国家签署了该议定书。[②] 其余35个国联成员国则没有签署。1925年3月，一场行政院会议暴露了列强之间存在的深刻裂痕。白里安慷慨激昂地请求各国接受该议定书，但英国外交大臣张伯伦则阐发了英国"绝对无法接受"该议定书的反对意见。意大利代表站在了英国一方，而日本代表则没有表明自己的立场。《日内瓦议定书》没能得到批准。尽管国联的工作人员、法国以及其他欧洲国家做出了最大的努力，但到1925年年中，经济制裁仍然和1921年时一样，是有保留的、可供选择的（而非必须动用的）。

德国与国联的制裁

正如我们所看到的那样，制裁是《凡尔赛条约》中保障战争赔款制度的一个组成部分。因此，德国要想作为一个正式的平等国家重新融入欧洲秩序，其必须经历的一个正式环节就是取消这一不平等的强制措施。1924年8月，德国同意接受道威斯计划，德国接受了协约国的监督，以换取美国注入的资本，同时要求协约国不再采

---

① Frederick F. A. Pearson to Charles Evans Hughes, 1 November 1924, National Archives, Maryland, State Decimal Files (NADF) 511.3B1/242; cited in Burks, "The United States and the Geneva Protocol," p.893.
② 签署国包括：阿尔巴尼亚、比利时、巴西、保加利亚、智利、捷克斯洛伐克、埃塞俄比亚、芬兰、法国、希腊、海地、拉脱维亚、利比里亚、巴拉圭、波兰、葡萄牙、西班牙、乌拉圭与南斯拉夫。

211

取诸如占领鲁尔等过分严苛的制裁措施。[1] 只有在"公然违反"《凡尔赛条约》的情况下，协约国才有可能实施制裁，而对"公然违反"的定义十分严格，以至于柏林方面不太可能遭到制裁。[2] 道威斯计划也为德国最终被接纳为国联成员国铺平了道路。[3] 从1924年9月起，在国联获得一席之地就成了德国外交政策的持续目标。[4]

然而，德国并非被允许毫无条件地加入战胜国组建的国际组织。[5] 民族主义、自由主义者古斯塔夫·施特雷泽曼（Gustav Stresemann）在1923年短暂出任了德国总理，此后他担任了外交部部长，直至1929年去世，在这期间，他致力于恢复德国在欧洲大陆曾经拥有的政治与经济实力。不过，施特雷泽曼并不打算与战胜国公开对抗，他打算以柔和的方式来实现修正战后秩序的目标。他更倾向于加入国联，而非反对国联。[6] 在经济制裁的问题上，德国试图在国联中

---

[1] Stephen A. Schuker, *The End of French Predominance in Europe: The Financial Crisis of 1924 and the Adoption of the Dawes Plan* (Chapel Hill: University of North Carolina Press, 1976); Tooze, *The Deluge: The Great War and the Remaking of World Order, 1916-1931* (London: Allen Lane, 2014), pp.440–461.

[2] "Kurzer Überblick über die Ergebnisse der London-Konferenz," 19 August 1924, in *Akten der Reichskanzlei: Die Kabinette Marx I/II* Bd. 2 (Boppard am Rhein: Boldt, 1973), pp.983–984.

[3] Christoph Kimmich, *Germany and the League of Nations* (Chicago: University of Chicago Press, 1976); Joachim Wintzer, *Deutschland und der Völkerbund* (Paderborn: Ferdinand Schöningh, 2006).

[4] Peter Krüger, *Außenpolitik der Republik von Weimar* (Darmstadt: Wissenschaftliche Buchgesellschaft, 1985), p.264; Ralph Blessing, *Der mögliche Frieden: Die Modernisierung der Außenpolitik und die deutschfranzösischen Beziehungen, 1923-1929* (Munich: R. Oldenbourg Verlag, 2008), p.279.

[5] Jürgen Spenz, *Die diplomatische Vorgeschichte des Beitritts Deutschlands zum Völkerbund, 1924-1926* (Göttingen: Müsterschmidt, 1966).

[6] 有关施特雷泽曼围绕国联问题展开的外交活动，参见Christian Baechler, *Gustave Stresemann (1878-1929): De l'impérialisme à la sécurité collective* (Strasbourg: Presses Universitaires de Strasbourg, 1996); 有关他的政治生涯，参见Jonathan Wright, *Gustav Stresemann: Weimar's Greatest Statesman* (Oxford: Oxford University Press, 2002).

第二部分　**经济武器的合法性**

为自己开辟出一个独特的空间。作为一个未来的行政院常任理事国，德国有权决定何时动用第 16 条制裁条款。然而，德国加入国联的关键前提条件是，国联不要求德国参与到制裁之中。只要《凡尔赛条约》没有放宽对德国武装力量的限制，那么对一个位于欧洲中心的国家来说，在没有足够军队的情况下加入禁运就太过冒险了。

如果要理解为什么德国人会抱有这种矛盾的心理，即一方面希望加入国联，但另一方面不希望加入其集体安全机制，我们就需要弄清楚德国人是如何理解国联的制裁机制的。[1] 对许多魏玛时期的德国精英而言，国联本质上是一个政治性的联邦。现代德国的前身就采取了这种政治组织形式，其中包括维也纳和会上创建的德意志联邦（1815—1866 年）以及短命的北德意志联邦（1866—1870 年）。从功能上来看，作为一个松散的、禁止相互之间发动战争的国家集团，国联与神圣罗马帝国之间也存在着很大的相似之处，神圣罗马帝国是一个位于中欧地区的基督教共同体中的超级联邦，从查理曼大帝开始，神圣罗马帝国一直存续到拿破仑时代，前后共一千年。[2] 事实上，可以说世界上只有德国的国内宪法史与国联的历史如此相似，特别是其制裁程序，更是出奇类似。正如《国联盟约》谴责侵略并规定由行政院负责解决成员国之间的冲突一样，根据神圣罗马帝国宪法，神圣罗马帝国的皇帝负责维护所谓帝国"永久的领地和平"。帝国境内的任何一个国家或统治者如果选择与内部另一个国家开战，那么他就破坏了这种和平，他就会被处以一种被称为"帝国

---

[1] 较早开始解释《国联盟约》的作品，参见 Walter Schücking and Hans Wehberg, *Die Satzung des Völkerbundes* (Berlin: Franz Vahlen, 1921)，这本书是德国大部分统治阶级成员的重要参考书目，在德国的统治阶级中，相当一部分成员是受过法学训练的官僚。
[2] Peter Wilson, *The Heart of Europe: A History of the Holy Roman Empire* (Cambridge, MA: Harvard University Press, 2016).

制裁"的惩罚措施,在这种情况下,帝国境内的其他国家会出资组建一支部队来进行干预。[1]

这种帝国式干涉的传统深刻地影响到了德国人看待第 16 条的方式;在战间期,国联的制裁程序在德语中总是被称作"联盟制裁"。[2] 施特雷泽曼对魏玛共和国的联邦干预程序有着切身的体会;他于 1923 年 10 月镇压萨克森州左翼政府的行动使他丢掉了总理职位。[3] 不过颇为讽刺的是,加入国联会使得德国屈服于一个可以用类似的强制手段威胁德国的更高一级的政治体。尽管道威斯计划让德国不再受凡尔赛条约中制裁措施的影响,但德国仍然面临着一个更大的挑战:德国如何能够和平地恢复其以前的权力,同时又不成为国联第 16 条"联盟制裁"的目标?

---

[1] Sébastien Schick, "Reichsexekution," in *Les mots du Saint-Empire—un glossaire,* ed. Falk Bretschneider and Cristophe Duhamelle, 以及 Raimund J. Weber, *Reichspolitik und reichsgerichtliche Exekution: Vom Markgrafenkrieg (1552-1554) bis zum Lütticher Fall (1789/90)* (Wetzlar: Gesellschaft für Reichskammergerichtforschung, 2000).
[2] 神圣罗马帝国的联邦制裁权为德意志联邦所继承,在19世纪,德意志联邦曾四次动用联邦制裁权。之后,这项权力又为魏玛共和国所继承,体现为臭名昭著的《魏玛宪法》第48条,该条赋予总统通过法令实施统治的紧急权力。魏玛共和国在这些年当中共动用三次联邦制裁权:一次是于1920年针对哥达的极左"自由州"进行的联邦制裁;另外两次分别为1923年10月与11月针对萨克森州与图林根州的共产党—社民党州政府进行的联邦制裁。Deutsche Liga für Völkerbund, *Deutschland und der Völkerbund* (Berlin: Verlag von Rainer Hobbing, 1926), pp.11, 161, 175; Ludwig Waldecker, *Die Stellung der menschlichen Gesellschaft zum Völkerbund: Ein Versuch zum Kampf um die Weltorganisation* (Berlin: Verlag von Carl Heymann, 1930), pp.41, 75; Ernst Jäckh and Wolfgang Schwarz, *Die Politik Deutschlands im Völkerbund* (Geneva: Librairie Kundig, 1932), p.38; Karl Anton Rohan, "Bundesexekution and internationalen Polizeimacht," *Europäische Revue* 11 (1935): 795; Spenz, *Die diplomatische Vorgeschichte der Beitritt Deutschlands,* pp.38, 99, 193; Peter Weber, "Ernst Jäckh and the National Internationalism of Interwar Germany," *Central European History* 52, no.3 (September 2019): 402–423.
[3] Heinrich Weiler, *Die Reichsexekution gegen den Freistaat Sachsen unter Reichskanzler Dr. Stresemann im Oktober 1923. Historisch-politischer Hintergrund, Verlauf und staatsrechtliche Beurteilung* (Frankfurt: Rita G. Fischer Verlag, 1987).

第二部分　经济武器的合法性

在 1925 年年初《洛迦诺公约》的谈判过程中，德国外交官向英法两国的外交官指出，他们不可能在保持中立的同时参与实施制裁。因为参与经济制裁就意味着在冲突中选边站队，加入禁运则可能会招致侵略国的攻击。同时，施特雷泽曼也试图维护魏玛德国与苏联之间的关系，因为苏联是德国制造业、信贷的出口市场，同时德国也向苏联派遣了大量的军事顾问。在谈到苏德两国关系的未来时，施特雷泽曼说道："作为一个现实政治家，德国与苏联的关系取决于国际联盟是否同意德国不参与第 16 条的制裁措施。"① 德国之所以要维护与苏俄之间的关系，是因为其需要履行在德国加入国联之前就已经签署的条约中的承诺。此外，一位德国外交官写道，"德国将……一直坚持这一立场，我们不仅拒绝参加国联针对苏俄的联盟制裁，而且还在最宽泛的意义上希望废止此类联邦制裁（Bundesexekution）。"② 毕竟，作为行政院常任理事国，德国方面能够阻止国联启动第 16 条程序，因为该条款的启动需要行政院全体成员达成一致意见。

即便如此，德国还是更希望以更具建设性的方式，利用其影响力来塑造国联当前以及未来的制裁机制。施特雷泽曼的两位主要顾问，外交官伯恩哈德·冯·比洛（Bernhard von Bülow）与弗里德里希·高斯（Friedrich Gaus）强调，国联的制裁机制尚未发展完全，因此，德国有机会在受限的情况下贡献一些自己的完善方案。③ 1925

---

① PAAA, R 96751, Stresemann to German Embassy in Moscow, 14 March 1925, p.2.
② Cited in F. Gaus and H. von Dirksen, "Entwurf von Richtlinien für die Fuhrung der weiteren politischen Besprechungen mit Russland," 29 May 1925; in Akten zur deutschen auswärtigen Politik ADAP, series A, 1918–1925, vol. 13 (Göttingen: Vandenhoeck and Ruprecht, 1967), p.182.
③ PAAA, R 96751, B. v. Bülow and F. Gaus, "Bedeutung des Artikel 16 der Völkerbundsatzung für Deutschland"［undated, ca. 1925］, p.9.

年 10 月，在瑞士湖畔小镇洛迦诺举行的会谈当中，施特雷泽曼为德国争取到了免于参与制裁的权利，相关条款载于《洛迦诺公约》的附件 F 中。① 虽然英、法、意没有正式承认德国保持中立的可能性，但三国都同意将其写入一个条款，以允许德国不参加制裁。这有助于施特雷泽曼说服社民党以及民族主义政党德国国家人民党中的温和派支持《洛迦诺公约》。② 这一条款的存在也使得他能够为《洛迦诺公约》进行辩护，以抵御帝国议会当中强硬的右翼民族主义者的攻击。③

针对德国的这一特别条款也得到了其他国联成员国的认可。作为布尔茹瓦倡导的团结主义的信徒以及坚决支持第 16 条所规定的集体安全与经济援助机制的人，法国政治家约瑟夫·保罗-邦库尔（Joseph Paul-Boncour）认为，德国加入《国联盟约》这一事实标志着国联在成为一个普世性组织的道路上又迈出了重要的一步。他写道："从现在起，在每一场冲突当中，成员国中都不会再有中立者，只有苏联是一个尚未填补的漏洞……（《洛迦诺公约》）将除了苏联外所有可能为侵略者提供产品的生产国强制性地团结在了一起。当然，在苏联获准加入国联之前，它也可能成为制裁的对象。"④ 各中立

---

① "Final Protocol of the Locarno Conference, 1925 (and Annexes), together with Treaties between France and Poland and France and Czechoslovakia," *American Journal of International Law* 20, no.1 (Supplement: Official Documents) (January 1926): 32.
② Baechler, Gustave Stresemann, p.663; Jean-Michel Guieu, "Les allemands et la Société des Nations (1914–1926)," *Les cahiers Irice* 8, no.2 (2011): 82.
③ 洛德（Luther）宣称："从一开始，我们就不可能以这样或那样的一种方式参与到对一个我们自己根本不认为是破坏和平之人，也就是侵略国的制裁程序之中。"当右翼议员反驳道："白里安和张伯伦可不是这么说的！"时，洛德反驳称："但是，先生们，你们只需要读一下第16条！"(123rd session of the Reichstag, 23 November 1925; in *Verhandlungen des Deutschen Reichstags*, III. Wahlperiode 1924, vol. 388 [Berlin: Druck und Verlag der Reichsdruckerei, 1926], pp.4477–4478).
④ J. Paul-Boncour, "L'article seize," *L'Oeuvre*, 24 October 1925.

第二部分　经济武器的合法性

国也对附件 F 感到十分满意，因为该条款为豁免参与国联的经济制裁提供了重要的先例。例如，丹麦人为此十分感谢德国人做出的帮助，因为"这一条款肯定会使成员国参与联盟制裁的义务变得更为温和"。①

然而，由于国联从根本上来讲是一个在对待侵略的态度上反中立的国际组织，而德国又是该组织中的一个中立成员国，这两者之间仍然是不协调的。一位德国评论家写道："就算（德国）足够幸运地躲过了作为制裁者的斯库拉，那么德国也必定会成为被制裁国化身的卡律布狄斯②的受害者。"③魏玛共和国对联盟制裁的矛盾态度因施特雷泽曼在东欧的外交活动而进一步复杂化。他的东方政策的第一步是在 1926 年 4 月通过一项新条约重申与苏联的联盟关系。这份《柏林条约》明确禁止德国与苏联对彼此使用经济抵制或经济封锁，这进一步削弱了作为国联成员国的德国的制裁义务。④英法两国的国际主义者注意到，德国对瑞士与苏俄做出了相互矛盾的承诺。阿诺德-福斯特向德国公民发出呼吁，希望他们能支持行政院实施的制裁，但未获成功。⑤然而，由于这一时期没有任何危机需要国联动用

---

① PAAA, R 96751, German minister v. Mutius in Copenhagen to AA, Berlin, 31 October 1925.
② 斯库拉，又称六妖兽，是希腊神话中吞吃水手的女海妖。她的身体有六个头十二只脚，口中有三排利齿，并且有猫的尾巴。她守护在墨西拿海峡的一侧，这个海峡的另一侧有名为卡律布狄斯的漩涡。船只经过该海峡时只能选择经过卡律布狄斯漩涡或者是她的领地。而当船只经过时她便要吃掉船上的六名船员。——译者注
③ Ludwig Geßner, "Die Gefahren des Völkerbund-Artikels 16," *Münchener Neueste Nachrichten*, 25 December 1925.
④ 该条约第三条规定，"如果发生第二条所述那种性质的冲突，或者缔约任何一方虽未被牵连到武装冲突中去，但第三国家间在经济或财政方面以抵制缔约一方为目的而建立联盟时，缔约另一方不得参加该联盟。"（PAAA, R 96752, German-Soviet Treaty of 24 April 1926, pp.2–3).
⑤ Arnold-Forster, "Der Sanktionskrieg des Völkerbundes," *Der Friedenswart* 27, no.7 (July 1927): 202–203.

217

经济制裁，有关德国的问题就被掩盖起来了。当德国于 1926 年加入国联后（七年后的 1933 年，德国退出国联），德国得到了豁免，无须参与经济制裁，其中立地位尤其体现在与苏联达成的反制裁联盟当中。

大战略与英国战时贸易与封锁事务咨询委员会

世界大战结束后，英法两国的决策者尽其所能地设计相应的制裁措施，以求在不挑起战争的前提下有效地孤立那些负隅顽抗的国家。[1] 在法律上，实施全面封锁意味着发动战争，但制裁的全部意义就在于防止战争。只有对经济压力进行非常精确的调整，才有可能将制裁转化为一种非战争手段。无论领导一国政府的是哪类政治派别，他们都需要面临大战略的问题。1924 年至 1929 年，鲍德温的保守党政府主要依赖战时实施国际封锁的先驱——如塞西尔与阿诺德-福斯特等人——的经验。外界一般称这些人为富有激情的国际主义者，而他们同时也是英国这台"战争机器"的内部人士。[2]

就对动用武力的态度而言，英国的自由国际主义者与帝国主义、单边主义者之间的差别要比人们通常认为的小得多。经济武器的诞生使得帝国防御委员会能够重新思考大英帝国可以如何利用其

---

[1] TNA, CAB 24/95/54, Establishment of a Blockade Advisory Committee, 19 December 1919.
[2] David Edgerton, *Warfare State: Britain, 1920−1970* (Cambridge: Cambridge University Press, 2006), pp.15−58.

手中掌握的物质力量对付潜在的竞争对手。①帝国防御委员会主席莫里斯·汉基（Maurice Hankey）将这一特别的任务交给了1923年成立的英国战时贸易与封锁事务咨询委员会。②这一"大战略"的目标在于，在大英帝国整体实力日渐衰退的情况下尽力维持这个帝国，而非逆转整个帝国的颓势，塞西尔与汉基两个人都认识到了这一现实问题。③他们的主要分歧点在于如何才能更好地捍卫英国的自由文明。塞西尔建议将国际组织、海军力量以及全面裁军有机地结合起来，而汉基则更强调要保留某种"军事精神"以防止民众走向堕落。他在给塞西尔的信中写道："正如当年在罗马军队里充斥着野蛮人的同时，意大利各个城市中却到处都是靠领救济金为

---

① Avner Offer, *The First World War: An Agrarian Interpretation* (Oxford: Oxford University Press, 1989), chs. 5-9; Nicholas Lambert, *Planning Armageddon: British Economic Warfare and the First World War* (Cambridge, MA: Harvard University Press, 2012), pp.121-126. 20世纪20年代，帝国防御委员会的关注点落在了"大战略"这一新兴领域当中，他们一方面考虑到了战争所希望实现的政治目标，另一方面也考虑到了在和平时期也不能忽视的军事因素。"大战略"一词最早由英国军官、军事理论家富勒（J. F. C. Fuller）提出，他的《战争的改革》(*The Reformation of War*) (London: Hutchinson, 1923)一书中有一章题为"大战略的意义"，他认为，"大战略"是"军事上的大脑，一个可以控制整个国家国防力量的器官"(xiii-xiv)。
② 尽管历史学家们都知道英国战时贸易与封锁事务咨询委员会的存在，但到目前为止，只有一篇短文讨论过该委员会的工作: Orest Babij, "The Advisory Committee on Trade Questions in Time of War," *Northern Mariner* 8, no.3 (July 1997): 1-10; 此外，在这些著作中，该委员会也被略带提及，Huw Dylan, *Defence Intelligence and the Cold War: Britain's Joint Intelligence Bureau, 1945-1964* (Oxford: Oxford University Press, 2014), pp.12-13; Joseph A. Maiolo, *The Royal Navy and Nazi Germany, 1933-1939: A Study in Appeasement and the Origins of the Second World War* (Basingstoke: Macmillan, 1998), pp.112-115; Christopher Price, *Britain, America and Rearmament in the 1930s: The Cost of Failure* (Basingstoke: Macmillan, 2001), pp.10-11; Nicholas Tracy, *Attack on Maritime Trade* (Basingstoke: Macmillan, 1991), pp.175-184; and Donald Cameron Watt, "British Intelligence and the Coming of the Second World War in Europe," in *Knowing One's Enemies: Intelligence Assessments before the Two World Wars*, ed. Ernest R. May, pp.244-245 (Princeton, NJ: Princeton University Press, 1984).
③ Hew Strachan, "Strategy and Contingency," in Hew Strachan, *The Direction of War: Strategy in Historical Perspective*, p.237 (Cambridge: Cambridge University Press, 2013).

生的人一样。未来的历史学家可能也会对当今的同类现象感到困惑，他们一定会想，为什么在有一百万男性要领取失业救济金的同时……一支军队还没有办法招募到足够的士兵呢？"[1] 在精英们担心英国社会将丧失尚武精神的同时，英国的政府部门正在打造新形式的、旨在打破其他民族道德凝聚力的武器，而这并不令人感到惊讶。

政治经济问题深深地影响了战间期大英帝国所讨论的优先事项。财政与商业实力是陆、海、空军获得充足资金，进而打造一支强大部队的支柱。[2] 为此，英国政府努力降低了通货膨胀率，并在1925年恢复了英镑的金本位制，大幅削减财政预算，并试图为私人市场的繁荣创造有利的市场条件。[3] 正是在这个军备与经济政策调整的大背景下，英国战时贸易与封锁事务咨询委员会开始运作了起来。1926年年初，汉基代表鲍德温首相请塞西尔出任英国战时贸易与封锁事务咨询委员会主席。因此，英国最著名的国联支持者开始执掌这个旨在将各个相关部委的公务员与所有武装部队的军官联合

---

[1] BL, RCP Add MS 51088, M. P. A. Hankey to Cecil, "An Introduction to the Study of Disarmament," 4 August 1925, pp.16–17, ff. 53–54.

[2] 有关由经济稳定性为主要力量的"第四军"的讨论，参见George Peden: *Rearmament and the British Treasury, 1932-1939* (Edinburgh: Scottish Academic Press, 1979), pp.83–84, 100–103, and "Financing Churchill's Army," in *The British Way in Warfare: Power and the International System, 1856-1956: Essays in Honor of David French*, ed. Keith Nelson and Greg Kennedy, pp.277–300 (Farnham: Ashgate, 2010); Price, *Britain, America and Rearmament*, ch. 1; John Darwin, *The Empire Project: The Rise and Fall of the British World System, 1830-1970* (Cambridge: Cambridge University Press, 2009), p.519.

[3] Robert W. D. Boyce, *British Capitalism at the Crossroads, 1919-1932: A Study in Politics, Economics, and International Relations* (Cambridge: Cambridge University Press, 1987).

起来的部门。① 正如财政部顶级经济学家拉尔夫·G. 霍特里（Ralph G. Hawtrey）在 1926 年 5 月所说的那样，"封锁组织实际上是海陆空三军之外的第四军"，因此，"该组织确实需要一个单独的领导来负责"。②

霍特里出现在英国战时贸易与封锁事务咨询委员会这一事实表明，在战间期制裁政策的制定过程中，经济学家也发挥了越来越大的作用。作为主要研究信用货币与贸易的著名理论家，在财政部工作的 43 年中，霍特里一直与伦敦金融城的银行家以及商人们保持了密切的联系。③ 在英国战时贸易与封锁事务咨询委员会当中，他与海外贸易部的审计长爱德华·克罗爵士（Sir Edward Crowe）经常展开讨论。④ 霍特里和克罗基于从业人员的视角，对经济武器以及其所处的国际经济体系进行了分析。因此，他们总是认为金钱是英国发挥

---

① BL, RCP, Hankey to Cecil, 10 February 1926, f. 65. 鲍德温明确表示希望由像塞西尔这样的人来负责英国战时贸易与封锁事务咨询委员会，因为他认为经济压力非常重要，需要有内阁部长级别的人物来负责掌控。最近有关英国国际主义的作品，such as Helen McCarthy, *The British People and the League of Nations: Democracy, Citizenship and Internationalism, c. 1918-48* (Manchester: Manchester University Press, 2011), and Gaynor Johnson, *Lord Robert Cecil: Politician and Internationalist* (Farnham: Ashgate, 2013)，这些作品的关注重点都在于塞西尔面向公众的活动，而非他在英国战时贸易与封锁事务咨询委员会中的活动。他在1926年至1927年仍然致力于推动英国的战略规划，这一点也符合彼得·耶伍德（Peter Yearwood）的论断，即经过科孚危机期间遭受的打击，塞西尔在白厅的影响力就一直未能得到恢复。(*Guarantee of Peace*, pp.274, 277-278).
② TNA, CAB 47/1, Advisory Committee on Trade Questions in Time of War, seventh meeting, 6 May 1926, p.4, f. 148.
③ Alan Gaukroger, "The Director of Financial Enquiries: A Study of the Treasury Career of R. G. Hawtrey, 1919-1939" (PhD diss., University of Huddersfield, 2008); Clara Elisabetta Mattei, "Treasury View and Post-WWI British Austerity: Basil Blackett, Otto Niemeyer and Ralph Hawtrey," *Cambridge Journal of Economics* 10 (2017): 1-21.
④ 之所以要设立海外贸易部，是因为1914年至1918年的经济战争让内阁意识到，外交部的很多外交官缺乏经济知识，同时又需要将贸易委员会的活动范围延伸到外交事务之上。Ephraim Maisel, "The Formation of the Department of Overseas Trade, 1919-1926," *Journal of Contemporary History* 24, no.1 (January 1989): 169-190.

自身影响力的主要工具，这并不奇怪；正如他们在 1924 年所说的那样，"金融算得上是我们手中最好的武器"。① 但作为公务员，他们意识到在紧缩时期，如果想打造一种基于英国经济的私人网络的武器，他们就会面临很多问题。克罗认为自己所处的位置"十分尴尬，一方面，对外贸易部的职务要求他尽力增加本国的贸易量；另一方面，他又供职于一个时刻准备着在战争期间动用极具杀伤力的经济武器的委员会"。②

事实上，英国战时贸易与封锁事务咨询委员会所负责的事项非常多，以至于其必须设立不同的小组委员会来完成工作。其下属的法律事务小组委员会中包括塞西尔·赫斯特（Cecil Hurst），这一时期，他正担任着外交部的法律顾问，1912 年，他使用了"经济武器"这一概念，这很可能是"经济武器"这一概念第一次登上历史舞台，此外，该小组委员会还吸纳了剑桥大学惠威尔国际法讲席教授皮尔斯·希金斯（A. Pearce Higgins）。③ 同时，该委员会中还包括了一部分高级军官。其中至少有一名皇家海军代表，通常，该代表由海军部作战计划处处长担任，他们主要负责为该委员会提供相关情报。海军部与贸易委员会的代表一同组建了一个煤仓控制常设委员会，以研究未来可能采取的煤炭供应措施。在调查了全球约 220 个港口的煤仓后，该小组得出结论，在全球范围内，商船越来越多地开始

---

① TNA, CAB 47/1, Advisory Committee on Trade Questions in Time of War (ATB), conclusions of the second meeting, 28 November 1924, p.6, f. 120.
② TNA, CAB 47/1, ATB, Fourteenth meeting, 19 April 1929, p.9, f. 212.
③ 有关第一次提出"经济武器，即对德国商业的干涉"这一概念的论述，参见 "Attitude to Be Adopted towards Belgium in Event of Germany Violating Her Neutrality during Anglo-German War," memorandum by Cecil Hurst, 16 February 1912, Document 150, in Kenneth Bourne and D. Cameron Watt, eds., *British Documents on Foreign Affairs*, part I, series F: *Europe, 1848-1914*, vol. 5: *The Low Countries II: Belgium, 1893-1914*, ed. David Stevenson, pp.335-336 (Frederick, MD: University Publications of America, 1987).

使用燃油，这使得"在未来的战争中"，基于控制煤炭的煤仓控制机制"只能发挥非常小的作用"。①

在20世纪20年代，英国战时贸易与封锁事务咨询委员会中的规划者开始区分经济胁迫行为与公开冲突。为了反驳海军部有关封锁会导致战争的反对意见，委员会设计出了两种不同模式的经济武器。一种是经典的封锁武器，其中包括动用英国所有的海军以及一切相关的法律规定；另一种则是后来被称为"经济压力"的经济武器，有时，该武器也被称为"商业封锁"。为了给后一种经济武器提供辩护，塞西尔强调，在直接的物理意义上动用武力与以间接方式施加压力之间是存在区别的。间接施压是在一定距离之外进行的，同时也没有实施直接的打击。间接压力所打击的对象不是人的身体，而是这些人周围的社会环境以及经济环境：例如市场流动性、商业与消费者信心、价格水平、公众士气以及社区凝聚力等。塞西尔声称，在他指挥的战时封锁体系中，只有不超过20%的封锁"是由海军部直接实施的。而其他的部分则是通过经济压力实施的"。②

然而，"硬性"的物质措施与"软性"的经济措施之间的区别在某种程度上是人们刻意划分出来的。对于一个被封锁的国家来说，英国通过立法实施的贸易限制与皇家海军巡洋舰拦截入境货物的行为所产生的效果是相同的：两者都能阻止资源到达民众手中，也都

---

① TNA, CAB 47/1, ATB, Thirteenth meeting of the Standing Committee on Bunker Control, 21 November 1927. 1913年至1930年，英国船用燃料煤在全球航运中的消费总量下降了1/3，从3000万长吨下降到2000万长吨。以煤为动力的船舶比例从1914年的89%下降到1934年的52%，而在同一时期，以石油为燃料的船舶数量从3%上升到30%。John Bradley, *Fuel and Power in the British Empire* (Washington, DC: GPO, 1935), pp.23, 26.
② TNA, CAB 47/1, ATB, Seventh annual meeting, 6 May 1926, p.3, f. 147.

能造成人为的物资短缺。因此，只有对制裁政策的制定者来说，"物质措施"与"经济措施"之间的区别是有意义的，对被封锁的人们来说，这组区分意义不大。利用"经济压力"这一概念，文官政府就可以将封锁视为其所负责的政策领域中的一个组成部分。在他们看来，制裁是经济性的、非暴力的、和平的、民事的，与物质性的、暴力的、交战性质的军事措施不同。制裁被视为一种政治手段，而非军事手段，因此可以将制裁纳入外交实践中，由技术官僚而非职业军人负责实施。[1]作为英国战时贸易与封锁事务咨询委员会的主席，塞西尔承认，"在上一次战争中，我们为施加经济压力而采取的措施中有很大一部分是非法的，或者说，是法外的（extra-legal）"。[2]他明确表示，他目前正在制定的政策工具将超越英国国家内部现有的行政分工体系，也将超越国际法的相关规定。

阿诺德-福斯特也在日内瓦与伦敦找到了愿意接受其制裁主义思想的受众。在国联经济与金融组织内部，费尔金经常就《日内瓦议定书》向他咨询。阿诺德-福斯特之所以是经济武器方面的专家，不仅是因为他本人十分熟悉英国战时的经济制裁措施，还因为他十分清楚地认识到制裁在国内法与国际法层面上可能导致的法律后果。在他看来，英国1914年颁布的《对敌贸易法》就为经济制裁的国内立法提供了一个十分合适的模板。该项法律允许英国政府立即扣押敌人的财产，取消与敌国民签订的所有合同，并让他们在英国国内法院丧失法律人格。其优势在于，该法律只是规定悬置而非废除这些人的财产权和合同上的相关权利，一旦危机得以解决，就可以

---

[1] TNA, CAB 47/1, ATB Paper 31, Robert Cecil, "Blockade Machinery. Memorandum by Chairman," 29 April 1926.
[2] TNA, CAB 47/1, ATB Eighth meeting, 21 July 1926, p.3, f. 155.

迅速恢复到正常状态。① 此类国内法律若想发挥效力，就必须十分快速地、在社会各个领域统一采取行动，同时，该法律还需要在没有进入战争状态的情况下就予以使用，其严厉程度也随着危机烈度的提升而逐步增加，并且做到"只是悬置而非破坏商业"。② 国际法也为制裁措施的创新提供了大量机会。英法两国在战争期间打破了长期存续的封锁法原则，但与此同时，他们并未创设新的、各国所公认的原则，在国际法上，谁可以在经济上孤立谁、出于何种目的、在什么条件下、可以对谁实施经济孤立等问题依旧没有答案，此时的国际法在封锁事务上呈现出一种规范真空的景象。在英国皇家联合军种研究院以及英国皇家国际事务研究所的讲座中，阿诺德-福斯特特别强调了这一点。③ 无论是在哪里，只要制裁主义者一旦发现新的可能性，他们就必须及时将其牢牢地掌控在自己手中。

东方的封锁与制裁

虽然在战间期，英国战时贸易与封锁事务咨询委员会的主要任务是为英国以及国联动用经济制裁做好相关的准备工作，但在爆发

---

① 为此，早在1921年，汉基就曾向国联通报称："英王陛下的政府有权在必要的情况下对贸易、金融关系以及其他形式的相互往来采取任何形式的禁止措施，以落实《盟约》第16条，而且英王陛下的政府无须'特别'立法来履行该条所要求的义务"（LON, Box R322, International Blockade Committee—Replies by certain governments to the questionnaire circulated by the Secretary General, File 10/11230/1230, Response by H.M. Government, 5 May 1921）。
② TNA, CAB 47/1, Paper ATB-65, Arnold-Forster, "Sanctions and Trading with the Enemy"［written 26 December 1926; presented to ATB, 24 September 1928］, p.2, f. 198.
③ Arnold-Forster: "Maritime Law and Economic Pressure," *Journal of the Royal United Service Institution*, no.70 (February 1925): 442–466, and "Sanctions," *Journal of the British Institute of International Affairs* 5, no.1 (January 1926): 1–15. 在1926年7月21日召开的英国战时贸易与封锁事务咨询委员会第八次会议上，贸易委员会的查尔斯·霍普伍德（Charles Hipwood）将后者提交上会。

一些紧急危机时，内阁也会要求该委员会参与政策制定工作。在20世纪20年代，危机主要发生在欧亚大陆上英苏两个国家势力范围交汇的地方。[1] 在这一系列危机当中，英国与国联曾试图对土耳其、中国以及苏联施加经济压力，通过对这些案例的研究，我们能进一步了解英国人是如何理解制裁的。

在1918年协约国解除了针对奥斯曼帝国的封锁后，协约国却一直没有放弃对土耳其动用经济武器的可能性。在20世纪20年代初的希土战争期间，英法两国的决策者曾考虑是否应该利用对土耳其的民族主义者施加经济压力的手段来解决当时的"亚洲问题"，与此同时，他们也在媒体上公开表达了这一可能性。一家倾向于共和派的法国报纸上刊载了这样一段话："人们想到的并非动用武力，而是有没有可能对小亚细亚沿岸实施封锁。"[2] 在瑞士洛桑召开的有关新土耳其共和国边界的紧张谈判之中，英国官员仍然强调其随时可能对土耳其实施制裁，在1923年年初谈判短暂中断之时，这一可能性进一步上升。[3] 土耳其代表团在三股势力——在石油资源丰富的伊拉克摩苏尔省有着几乎不可能让步的领土利益的英国，希望收回战前在奥斯曼帝国国债中的部分投资利益的法国（奥斯曼帝国60%的外债都源自法国），以及反对与西方国家达成任何形式的"殖民地和平"的土耳其民族主义强硬派——之间小心翼翼地维持着

---

[1] Darwin, *The Empire Project*, pp.375-393; "欧亚大陆上的帝国缝隙"（Eurasian imperial seam）这一概念出自Michael Geyer and Charles Bright, "Global Violence and Nationalizing Wars in Eurasia and America: Geopolitics of War in the Nineteenth Century," *Comparative Studies in Society and History* 38, no.4 (1996): 622-634.
[2] "Puzzle d'Asie," *L'Intransigeant*, 9 February 1922, p.3.
[3] See, for example, Henderson (Constantinople) to Foreign Secretary Curzon, 28 January 1923, in FO 424/256, "Turkey. Further Correspondence Part III, 1923 Jan.-Mar.," p.263; Rumbold (Lausanne) to Curzon, 16 June 1923, in FO 424/257, "Turkey, Further Correspondence Part IV, Apr.-Jun. 1923," p.327.

平衡。①

尽管《洛桑条约》使得土耳其恢复了独立地位，与此同时，在法国的斡旋下，土耳其与法国最终就先前奥斯曼帝国的债务问题达成了协议，但有关摩苏尔的争端就不得不提交到行政院进行仲裁了。②对英国政府来说，如果土耳其方面不放弃对该领土的诉求，那么他们就很有可能会选择动用经济制裁来给土耳其施加压力。《经济学人》将当时土耳其的情形与两年前南斯拉夫的案例进行了比较："人们可能会怀疑，哪怕是对土耳其人施加最为严厉的经济制裁，他们也有可能不会像南斯拉夫人那样回心转意。当然，土耳其和其他国家一样，也希望能以西方的标准重建本国的经济生活，但他们可能更重视本国的领土诉求，为满足领土诉求，他们可能宁愿让安纳托利亚的经济沦落到与阿富汗或埃塞俄比亚同等水平。如果他们不畏惧国联的经济制裁，那么他们就更不会服从国联的道德权威。"③换句话说，在当时的人们看来，如果一个国家越不打算接受自由主义，那么制裁对其产生的威慑力可能就越小。

1925年12月，贝尔福要求英国战时贸易与封锁事务咨询委员会分析针对土耳其进行的经济制裁可能带来哪些影响。④鲍德温内阁

---

① Edward Mead Earle, *Turkey, the Great Powers, and the Baghdad Railway: A Study in Imperialism* (New York: Russell and Russell, 1966［1923］), pp.322, 329–336; Sevtap Demiric, "Turco-British Diplomatic Manoeuvres on the Mosul Question in the Lausanne Conference, 1922–1923," *British Journal of Middle Eastern Studies* 37, no.1 (April 2010): 57–71.
② Quincy Wright, "The Mosul Dispute," *American Journal of International Law* 20, no.3 (July 1926): 453–464; Aryo Makko, "Arbitrator in a World of Wars: The League of Nations and the Mosul Dispute, 1924–1925," *Diplomacy and Statecraft* 21, no.4 (2010): 631–649; Peter J. Beck, "'A Tedious and Perilous Controversy': Britain and the Settlement of the Mosul Dispute, 1918–1926," *Middle Eastern Studies* 17, no.2 (April 1981): 256–276.
③ "The Mosul Question and the League," *The Economist*, no.4144, 27 January 1923, p.134.
④ TNA, CAB 47/1, ATB fifth meeting, 16 December 1925, p.2, f. 141.

担心摩苏尔问题上的争端可能会引发英土战争——如果国际常设法庭做出了有利于英属伊拉克的裁决，而土耳其方面拒绝接受该裁决的话，战争就更有可能爆发了。在研究了土耳其的经济结构后，委员会得出了一个较为悲观的结论。由于土耳其拥有漫长的陆上边界，该国很难受到海上封锁的影响。此外，在土耳其获取硬通货的贸易中，只在很小一部分依赖于海运贸易。因此，国联实施的制裁"只可能给土耳其带来一定程度的不便与烦扰，同时有可能在道德层面上产生一定的影响，因为国联实施的封锁会表明全世界都在反对这个国家。"[1]尽管如此，外交大臣奥斯汀·张伯伦还是小心翼翼地传达了这样一层意思，即如果行政院中的三个欧洲大国被逼急了，那么他们就会动用经济制裁。在这一威胁之下，土耳其当然尽可能地避免违抗国联的决定。最后，英国表示将向土耳其支付该地区未来25年的石油开采费，1926年4月，摩苏尔争端得以解决。[2]

对英帝国在亚洲的势力范围而言，更为严重的另一场危机始于1925年夏天，当时的中国人对外国人统治租界以及通商港口的事实感到十分不满，在"五卅惨案"之后，中国全国范围内爆发了反帝运动。[3]这一时期正处于第一次国共合作时期，整场运动由国民党与

---

[1] TNA, CAB 4/14, CID Paper 660-B, "Possible Action by the League of Nations to Bring Economic Pressure to Bear upon Turkey, Report by ATB," 14 December 1925, p.2.
[2] Beck, "A Tedious and Perilous Controversy," p.270.
[3] 在"撤离中国"的大讨论中，历史学家对英帝国统治阶级与政府机构中各式各样的主体自身的考量进行了充分阐述。参见Roberta A. Dayer, *Bankers and Diplomats in China, 1917-1925: The Anglo-American Relationship* (Totowa, NJ: Frank Cass, 1981); Edmund S. K. Fung, *The Diplomacy of Imperial Retreat: Britain's South China Policy, 1924-1931* (New York: Oxford University Press, 1991); Phoebe Chow, *Britain's Imperial Retreat from China, 1900-1931* (London: Routledge, 2017); Robert Bickers, *Out of China: How the Chinese Ended the Era of Western Domination* (Cambridge, MA: Harvard University Press, 2017). 感谢杰米·马丁（Jamie Martin）让我意识到了这段历史的重要性。

共产党相互配合、共同推动,其间国共双方还接受了来自苏联的资助与建议,运动的高潮是 6 月开始的省港大罢工。① 由于当地劳工的组织程度相当高,由海员工会与电车工人工会领导的罢工委员会很快就汇集成了一个庞大的联盟。码头工人、汽船维修工、建筑工人、木匠、铁匠、鞋匠、屠夫、杂货商、餐馆与茶馆服务员、厨师、裁缝、女工、洗衣工、理发师以及在使馆区工作的女佣都参加了罢工。到 7 月,在香港的 60 万工人中,约有 25 万人参与了罢工。② 公用事业、交通以及工业生产都陷入停滞之中。市场贸易以及航运活动也大幅减少。在香港总督司徒拔(Reginald Stubbs)试图通过禁止向农村地区出口食品以及黄金来打压支持香港罢工的广东工人后,罢工委员会决定发动一场全面的抵制运动。③ 此次罢工严重损害了当地欧洲商人的利益。10 月,英国政府向香港提供了 300 万英镑的紧急信贷,以防止出现严重的流动性危机。法国作家安德烈·马尔罗(André Malraux)认为这是"一场由中国人组织领导的……全新战争,这场战争旨在摧毁大英帝国在亚洲的统治象征。"④

省港大罢工让英国和法国当局非常担心。⑤ 在帝国防御委员会内部,莫里斯·汉基将此次罢工视为俄国共产主义为征服整个欧亚

---

① C. Martin Wilbur and Julie Lien-ying How, *Missionaries of Revolution: Soviet Advisers and Nationalist China, 1920-1927* (Cambridge, MA: Harvard University Press, 1989), pp.297-310; Chan Lau Kit-ching, *China, Britain and Hong Kong, 1895-1945* (Hong Kong: Chinese University Press, 1990).
② Michael Share, "Clash of Worlds: The Comintern, British Hong Kong and Chinese Nationalism, 1921-1927," *Europe-Asia Studies* 54, no.4 (June 2005): 601-624.
③ Ming K. Chan, "Hong Kong in Sino-British Conflict: Mass Mobilization and the Crisis of Legitimacy, 1919-1926," in *Precarious Balance: Hong Kong between China and Britain, 1842-1992*, ed. Ming K. Chan, with the collaboration of John D. Young, p.49 (Abingdon: Routledge, 2015).
④ André Malraux, *Les Conquérants* (Paris: Bernard Grasset, 1928), pp.35-36.
⑤ TNA, FO 371/11620, "China Political (cont.). Anti-British Boycott in South China," January-February 1926.

大陆而掀起的一波危险的红色野蛮浪潮。他认为，中国"几乎陷入完全的混乱之中。在这里，几乎每一天都会爆发各式各样的暴力运动——发生在北京或广州的屠杀，对公使馆的围攻等，使得我们不得不立刻进行干预。在过去的一个世纪里，中国每 20 年或 25 年就会爆发一次排外事件。每当这个时候，我们总是需要借助武力来平息局势"。[①] 汉基脑子里的第一个念头就是利用封锁来解决罢工问题。外交部与法国政府进行了沟通，讨论如何利用经济制裁来打击中国国民党政府。由于被罢工者包围的广州英法租界位于一个岛屿之上，外交部和海军部计划对广州整座城市实施海上封锁——实际上就是对包围租界的罢工工人实施反包围。在刚刚稳定了欧洲局势并完成了从鲁尔撤军的这一时间点上，法国外交部的塞杜以及古奥特并不希望在东亚发动另外一场战争。然而，法国人认为，国联处理科孚危机的经验是一个可资利用的法律上的先例。只要采取的经济报复措施不直接针对另一个国家，那么这一行为就可以被视为一种合法的报复手段。他们评论道："英国船只对广州港的封锁似乎不一定构成战争行为；这只是一种胁迫性措施，以敦促中国方面修正或取消阻碍英国商业活动的行为（也就是中国的罢工工人采取的抵制行动）。"[②] 因此，反革命的治安行动可以被包装为旨在去歧视化的措施。[③]

随着罢工的进行，是否要实施封锁这一问题也变得愈加紧迫起来。1926 年 3 月，塞西尔主持了英国战时贸易与封锁事务咨询委员

[①] BL, RCP MS 51088, Hankey to Cecil, 18 August 1925, f. 58.
[②] MAE, SdN/Blocus D.23.79, "Note: Blocus du port de Canton par des navires britanniques," 21 August 1925, f. 1.
[③] 所谓的去歧视化措施背后的本质仍然是门户开放政策。在不平等条约下，中国已经丧失了自主制定关税的权利。

会的一次特别会议，会议的主题就是讨论封锁广东通往外界的通道的可能性。[1] 广东周边的农村地区只从外界进口数量不多的必需品，例如燃料、光源、脂肪、油等，如果切断了这些进口，那么会对当地造成一些影响。但当地居民可能会回归到先前的生活状态之中，即主要依赖当地的大米与木柴，而生活在广州农村地区的人能否获得足够的米与柴，主要取决于当时的收成，而非皇家海军的行动。司徒拔认为，封锁能否起到作用，取决于中国的商人阶层能否影响到国民党的决策。在当前的情况下，国民党为支持其武装斗争以及罢工运动，需要向商人阶层征税，"商人目前的地位——既包括其在政治上的地位，也包括其在财政方面所发挥的作用——是封锁能否起作用的一个重要因素"。不过，司徒拔同样认为："就算动用封锁，劳工阶级也还是能够以某种方式生活下去，……封锁所造成的困难可能只会进一步激怒他们。"[2]

英国战时贸易与封锁事务咨询委员会所面临的核心问题是经济武器的主要打击目标是社会上的哪个阶层。司徒拔与委员会其他成员一致认为，经济制裁的理想打击目标是一个以利润与损失为行动导向的商业代理人阶层。然而，工人阶级的力量给这一行动逻辑设置了障碍。如果广东的商人确实掌权，那么经济压力就可以促使这个商人阶层要求国民党政府予以妥协。但如果工人阶级控制了罢工，那么经济制裁可能反而会坚定他们的决心，从而使得危机升级为一场全面的、反对帝国主义的人民战争。

---

[1] TNA, CAB 47/1, CID Paper 681-B, "Blockade of the Approaches to Canton, Report by ATB," 26 March 1926. 出席会议的有财政部、外交部、自治领办公室、印度事务办公室、殖民地办公室、陆军部、海军部、海外贸易部与贸易委员会的14名代表，以及香港总督司徒拔。
[2] Ibid., pp.2-3.

到 1926 年春天，罢工活动逐渐平息，英法两国政府也没有必要采取干预措施了。在国民党经历了内部的权力斗争之后，蒋介石逮捕了罢工委员会成员。此外，当地的商人、农民以及工人也日渐不满于为抵制香港与广州沙面岛而采取的严厉措施。[①]尽管如此，这场大罢工还是展示了其强大的力量，用《经济学人》杂志的话说，"在华的日本人与英国人都需要了解到，这是一种最为有效的经济武器"。[②]在14个月的时间里，香港的贸易额下降了80%，经估算，香港损失了大约1亿英镑的收入。[③]相比之下，广州的贸易仍在蓬勃发展，国民党比从前更强大、更富有。[④]

英国政府中的许多人都意识到在省港大罢工背后有苏联的支持，在他们看来，这场罢工是苏联对大英帝国发动的一场在暗处的战争。[⑤]1927 年 5 月，英国警察突袭了苏联贸易代表团与全俄合作协会（又称 Arcos，是负责英苏贸易的主要机构）位于伦敦的办事处，这一行动直接导致了两国断交。[⑥]张伯伦承认，"英国原本没有

[①] Robert J. Horrocks, "The Guangzhou-Hongkong Strike, 1925–1926: Hongkong Workers in an Anti-Imperialist Movement" (PhD diss., University of Leeds, 1994), pp.199–216.
[②] "The Week in China," *The Economist*, no.4374, 25 June 1927, p.1329.
[③] Share, "Clash of Worlds," p.609. 以及TNA, FO 371/12501/9132, "Report on the Hong Kong-Canton Strike," March 1926, p.3.
[④] 参见Ming K. Chan, "Labor and Empire: The Chinese Labor Movement in the Canton Delta, 1895–1927" (PhD diss., Stanford University, 1975), pp.308–356.
[⑤] 一个负责调查东方动乱情况的部门联席委员认为在中国、阿富汗、波斯以及土耳其爆发的一系列动乱背后有共产主义势力的操纵。同时，鲍德温内阁相信，1926年英国的大罢工背后有苏联的支持。Keith Neilson, *Britain, Soviet Russia and the Collapse of the Versailles Order, 1919–1939* (Cambridge: Cambridge University Press, 2006), pp.52–53; John Fisher, "The Interdepartmental Committee on Eastern Unrest and British Responses to Bolshevik and Other Intrigues against the Empire during the 1920s," *Journal of Asian History* 34, no.1 (2000): 1–34.
[⑥] Harriette Flory, "The Arcos Raid and the Rupture of Anglo-Soviet Relations, 1927," *Journal of Contemporary History* 12 (1977): 707–723.

打算在此时与苏联断交",但这一事件却"适时地"加剧了苏联所面临的困难。[1] 无论如何,这一事件都让斯大林相信,帝国主义列强将联合起来对苏联实施"资本主义包围",他们正在利用"金融封锁"的手段来扼杀苏联。[2] 尽管英国政府方面并没有采取这样的行动,但毫无疑问,英国战时贸易与封锁事务咨询委员会一定在考虑这一选项,当年 11 月,该委员会研究了应当如何应对苏联入侵阿富汗的可能。[3] 自从从内战与饥荒中恢复以来,苏联已经在食品方面实现了自给自足,而且正在迅速恢复其原先在谷物、矿石、亚麻、木材与石油等原材料方面的出口地位。这使得苏联几乎不会受到商品供应中断的影响;其所需要的重要进口商品都能较容易地从他国获得。当然,英国可以针对苏联工业化对外部资金的依赖这一弱点下手。但即便英国采取了相关行动,也很难产生明显的效果,更不用说德国和美国仍然可能为苏联提供资金来源。出于这些原因,塞西尔与霍特里得出结论:"对苏联的封锁不可能发挥决定性的作用。"[4]

1927 年 11 月访问莫斯科的德国银行家卡尔·梅尔基奥(Carl Melchior)(他本人也是凯恩斯的朋友)也赞同这一判断。梅尔基奥向国联经济与金融组织报告称:"如果有可能……联合资本主义国家对俄国实施某种经济与金融封锁……那么这一行动将使俄国遭受严重的经济与金融打击,但在我看来,这种封锁不会导致现政府的

---

[1] TNA, FO 800/261, Foreign Secretary Chamberlain to Lloyd George, 30 May 1927, p.3, f. 19.
[2] Stephen Kotkin, *Stalin*, vol. 1: *The Paradoxes of Power, 1878-1928* (New York: Penguin, 2014), pp.616-619, 631-635, 721; Francis Delaisi, "Oil and the Arcos Raid" (2 parts), *Foreign Affairs* 9, nos. 4-5 (October-November 1927): 106-108, 137-138.
[3] TNA, CAB 47/3, Papers Nos. 51-80 (March 1927-April 1931); Paper ATB-55/CID-845-B, "Economic Pressure on Soviet Russia," 28 November 1927; Neilson, *Britain, Soviet Russia and the Collapse of the Versailles Order*, p.56.
[4] TNA, CID-845-B, "Economic Pressure on Soviet Russia," p.10.

垮台。只要封锁存在，俄罗斯人民就会把裤腰带再勒紧一点。"[1] 尽管帝国主义列强制订了很多经济制裁的计划，也在很多时候希望动用这一武器，但经济武器仍然难以对付这些生活在欧亚大陆上的人民。

言辞中的经济武器与实践中的经济武器

由于20世纪20年代国联没有动用经济制裁，我们很容易得出这样的结论：经济制裁这一工具仍然处于边缘地位。事实上，外交史学家扎拉·施泰纳（Zara Steiner）认为，由于20世纪20年代的国际争端中没有一个"需要国联动用经济制裁的场合……因此国联的安全体系从未经受检验"。[2] 然而，如果我们只把目光聚焦于实际采取的经济制裁案例，那么我们就会错过经济武器历史上的一个重要转向。正如我们所看到的那样，战间期国际主义者最初最重视的制裁理念就是利用威胁动用制裁这一手段去威慑那些试图破坏和平的国家。当然，此类威慑既可以是明确表述的（例如1921年针对南斯拉夫发出的威胁），也可以是没有直接表述出来的（例如1925年针对土耳其发出的威胁）。如果我们对"动用经济制裁"采取狭义的定义，那么我们就将经济制裁的这一层面排除在讨论范围之外了，进而无法准确把握这一时期经济制裁在国际政治中所发挥的作用。

1925年10月，言辞层面的经济武器的重要性再次得到证明。当时，希腊与保加利亚之间的边境小规模冲突在升级为两个国联成员

---

[1] LoN, R2646/10A/1098, Economic Sanctions—Situation in Russia (1927–1928), Letter by Melchior, "Moskauer Eindrücke," pp.11–12.
[2] Steiner, *The Lights That Failed*, p.355.

国之间的战争之前就得到了化解。① 这场被称为"流浪狗之战"的冲突在升级之前就得到了控制,以至于该事件成为国联维护世界和平的一个著名案例。在施泰纳的叙述当中,列强"共同对希腊施加的压力就已经足够了,以至于无须援引第 16 条……实际上,列强之间的团结而非经济制裁武器解决了这一冲突"。② 虽然毫无疑问,此次事件得到了和平解决,但在国联实际发生的讨论并不像施泰纳所说的那般乐观。在危机期间,国联不仅讨论并准备对希腊采取制裁措施,而且也告知了希腊政府相关的制裁方案,这对于缓和紧张局势而言至关重要。

人们一直没能就 10 月 19 日在保加利亚色雷斯地区佩特里奇镇的边境口岸究竟发生了什么达成一致意见。最可信的说法是,一名希腊士兵为追上他的狗而越过了边境,而保加利亚哨兵见状,开枪打死了那位希腊士兵,导致双方交上了火。此时的希腊统治者是塞奥佐罗斯·潘卡洛斯(Theodoros Pangalos),他是一位严厉、好斗的将军,在 1925 年 6 月的一次政变中,潘卡洛斯上台,并模仿墨索里尼的做法建立了自己的政权。③ 潘卡洛斯本人是一个富有激情的希腊民族主义者,佩特里奇事件为他提供了一个巩固自身地位的机会,这个机会不容错过,特别是《凡尔赛和约》将保加利亚的军队缩减到只有两万人,而这一时期的保加利亚政府也几乎没有列强为之撑腰。到 10 月 22 日,几个营的希腊军队已经在 30 千米宽的战线上向保加利亚境内

---

① James Barros, *The League of Nations and the Great Powers: The Greek-Bulgarian Incident, 1925* (Oxford: Clarendon Press, 1970).
② Steiner, *The Lights That Failed*, p.358.
③ Mark Mazower, *Greece and the Inter-War Economic Crisis* (Oxford: Oxford University Press, 1991), p.22.

推进了 10 千米之多,与此同时,希腊方面也开始轰炸佩特里奇。[1]

由于双方都在为战争进行动员,保加利亚方面请求国联进行调解。在日内瓦,德拉蒙德与白里安达成协议,行政院会议将于 10 月 26 日在巴黎举行,到时成员国将讨论采取何种措施以遏制危机。但国联秘书处的许多官员担心,等不到行政院召开会议,局势就会进一步升级。为了避免此种情况发生,他们向保加利亚与希腊政府发出电报,敦促他们在行政院做出决定之前不要采取进一步的军事行动。[2] 这一系列电报起到了作用。在危机结束之后,萨尔特在相关报告中写道,希腊原定于 10 月 24 日上午对佩特里奇发动大规模进攻,但"在关键时刻",希腊政府没有下达作战的命令。[3]

在行政院会议召开的前几天,德拉蒙德与萨尔特正忙着设计可能会采取的制裁措施,如果潘卡洛斯不撤军的话,国联就会动用这些手段。萨尔特起草了一份给英国、法国与意大利政府的照会,要求他们派遣军舰前往雅典附近海域进行示威。这样做的目的在于为"行政院根据第 16 条可能建议国联实施的经济制裁措施"做准备。德拉蒙德并没有反对这种炫耀武力的行为,而是问道:"能否(保证)

---

[1] Barros, *The League of Nations and the Great Powers*, pp.16-18; Bernhard Stettler, *Die Stellung der Schweiz zum Sanktionssystem des Völkerbundes: Von 1919 bis zum Anwendung gegen Italien 1935/36* (Bern: Peter Lang, 1977), p.191. 国联副秘书长弗兰克·保罗·沃尔特斯(Frank Paul Walters)将潘卡洛斯描述为"即使不是最邪恶的,也无疑是最愚蠢的独裁者,在战间期,正是这种人让欧洲陷入黑暗之中"。(Walters, *A History of the League of Nations* [London: Oxford University Press, 1952], 1:313.)

[2] "Telegram from the Acting President of the Council to the Greek and Bulgarian Governments," *League of Nations Official Journal*, Sixth Year, 36th (Extraordinary) Session (23 October 1925), p.1696.

[3] LoN, Arthur Salter Papers (ASP), Box S119, Salter to Mr. Cummings (League of Nations Union), "Ultimatum from Greece to Bulgaria," 13 December 1926.

只要战舰就位……我们就能达成目的？"①萨尔特明确表示，海军的存在"一是为施加经济压力做准备，二是给希腊一个明确的警告，即我们正准备实施经济制裁。如果这一警告还不够希腊回心转意，那么我们就会逐步增加经济压力……直至封锁整个海岸线"。②

因此，尽管已经派遣了舰队，但国联经济与金融组织还是研究了可能采取的经济制裁措施。萨尔特曾于1924年组织国联向希腊提供了1230万英镑的难民安置贷款，因此对希腊的经济状况非常熟悉。③自从19世纪90年代遭受金融危机以来，希腊的财政就一直处于西方债权人的密切监视之下，因此，如果要实施金融封锁，就需要暂时牺牲他们的利益。另外，希腊也十分依赖进口食品，因此商业封锁会给希腊带来巨大的影响。④在这种情况下，萨尔特、德拉蒙德以及其他国联官员并不认为美国要求的中立权会阻碍制裁的实施。因为此次封锁所涉及的贸易量很小，而且他们认为此次封锁能够获得美国公众的支持。⑤

在此次危机中，希腊是更有可能成为被制裁的一方，但这并不表明保加利亚就是绝对安全的。如果保加利亚总理亚历山大·詹科夫（Aleksandar Tsankov）领导的政府拒绝国联解决危机的指令，或

---

① LoN, ASP, Box S119, Note from Salter to Drummond about possible economic sanctions on Greece, October 1925, with handwritten comment by Drummond, 28 October 1925.
② LoN, ASP, Box S119, Salter, "Greco-Bulgar Incident. Sanctions," 21 January 1926, p.2.
③ "League Prepared to Use Blockade," *New York Times*, 23 October 1925, p.1.
④ LoN, ASP S119, "Greece," October 1925, pp.3-6. 巴洛斯（Barros）认为："毫无疑问，我们最需要考虑的点是（希腊）在军事上有哪些弱点，以及希腊是否会因海上封锁与袭击而受到严重影响，必须找到希腊人的痛点，让他们无法忽视这一压力。"(*The League of Nations and the Great Powers*, p.119).
⑤ Edwin L. James, "League Jubilant over Balkan Peace: Tribute to Wilson," *New York Times*, 31 October 1925, p.1.

将冲突升级为公开战争，那么保加利亚也会成为制裁的对象，萨尔特已经委托了国联经济与金融组织研究保加利亚的经济在哪些方面较为脆弱。保加利亚也十分依赖外国债权人，该国已将其大部分国内收入来源抵押给了债权人。[1] 对保加利亚对外贸易的制裁会使得该国海关收入锐减，进而导致保加利亚被迫走向债务违约的道路。但是，制裁除了会对"外汇方面的心理状态"产生一定的影响之外，保加利亚似乎不会受到什么其他方面的影响了。国联经济与金融组织观察到，保加利亚是"一个非常贫穷、非常原始且自给自足的国家"，该国的进出口总额只有7600万美元（相比之下，希腊的贸易总额为2.04亿美元），年人均进口额仅为8美元。除了立陶宛与爱沙尼亚，没有哪个欧洲国家与外部世界的贸易总额如此之少。这种非常低的贸易相互依存度显然让国联的分析师们感到十分震惊，他们推测，此次边境危机之所以爆发，一定是因为丰收的谷物使保加利亚人"习惯于在夏季工作，在秋季战斗"。[2]

与此同时，10月26日与27日的行政院会议取得了进展。张伯伦与白里安以及意大利代表维托里奥·夏洛亚（Vittorio Scialoja）就一揽子分级制裁方案达成一致意见，并将这一决定传达给了希腊政府：如果希腊军队在60小时内没有撤离保加利亚领土，那么三国将与希腊断绝外交关系；舰队随后就会开往雅典附近海域，最后，如果潘卡洛斯仍不屈服，那么国联将采取全面封锁措施。到10月28日上午，希腊政府就已经屈服了。[3] 局面稳定下来之后，行政院派出

---

[1] Adam Tooze and Martin Ivanov, "Disciplining the Black Sheep of the Balkans: Financial Supervision and Sovereignty in Bulgaria, 1902–38," *Economic History Review* 64, no.1 (2010): 30–51.
[2] LoN, ASP S119 Folder No. 54/4, "Bulgaria," 24 October 1925, pp.2–3.
[3] Barros, *The League of Nations and the Great Powers*, pp.78–81.

第二部分　经济武器的合法性

了一个调查委员会，在 12 月初解决了希腊与保加利亚的边界争端。成功达成目标的制裁威胁不仅迫使潘卡洛斯屈服，而且还让几个月后行政院公开宣布准备对土耳其实施制裁的决定更加可信，进而推动了摩苏尔争端得以和平解决。

这些经由经济制裁威慑而成功解决的危机迫使国联官员进一步明确制裁应当如何在国际法范围内发挥作用。希腊-保加利亚危机促使国联法律部门的负责人，荷兰人约斯特·阿德里安·范·哈梅尔（Joost Adriaan Van Hamel）提交了一份长篇报告，用以说明国联采取的执法行动如何作为战争行为之外的一种胁迫手段发挥作用。作为一个进步的自由主义者、阿姆斯特丹的法学教授以及支持拉近荷兰与英国之间联系的人，范·哈梅尔认为国联的国际主义实践正在创造属于自己的法律范式。[①] 在第一次世界大战之前，在国际法上，如果不发布正式的宣战书，双方就不可能进入战争状态。但在他看来，"然而，如果承认国联的行动应受到此种技术性概念的限制，那么我们将犯下一个巨大的错误……在国联的体系之下，各种法律性质的术语都获得了不同于以往的含义。我们需要起草新的规范来解释这些术语……（其中包括）在国际联盟组织的集体行动中适用的所谓'战争规则'。上述论断也适用于国联经济武器的使用方式，其不一定受现有关于封锁问题的旧有规则的约束"。[②]

[①] 范·哈梅尔原先是一份荷兰报纸（NRC）的记者，他之所以能入职国联，是因为在1919年巴黎和会上他与德拉蒙德的一次偶然会面。毫无疑问，德拉蒙德被这样一个来自荷兰的、狂热的亲英反德自由主义者所吸引，并邀请他到国联来从事法律方面的工作。范·哈梅尔还写过了一部重要的外交史作品，试图通过对历史的讨论来论证荷兰有必要站在英国海权的一方。*Nederland tusschen de mogendheden: de hoofdtrekken van het buitenlandsch beleid en de diplomatieke geschiedenis van ons vaderland sinds deszelfs onafhankelijk volksbestaan onderzocht* (Amsterdam: Van Holkema and Warendorf, 1918).
[②] LoN, ASP S119, J. A. Van Hamel, "Sanctions," 17 November 1925, p.6.

范·哈梅尔认为取消法律限制是增强国联经济制裁威慑力的一种方式。他写道:"经济武器只有在不被动用的情况下,才能更好地发挥作用。在大多数情况下,国联应当谨慎行事,避免真正动用这一武器,以防止其暴露出自己的弱点。另外,在理论上,应当永远保证经济武器随时都是可以动用的。"[1] 因此,国联官员提出了一种制裁的概念,即让制裁一直维持一个在观念中具有强大威力的形象。事实上,他们认为言辞中的制裁比实际应用的制裁效果更好。然而,如果一直依赖于经济武器潜在的破坏力,那么侵略者就可能会认为国联是在虚张声势。

20世纪20年代中期,经济制裁一直处于一对紧张关系之中。一方面,某些问题仍未得到充分解释,同时大多数国家都缺乏实施制裁的国内法依据;另一方面,为了让经济制裁成为维护世界安全的核心手段,人们做出了大量的努力,但结果是经济武器在政治、公共辩论与商业世界中的地位高过了其实际具备的能力。经济制裁的威慑理论已被证明是有效的,但或许,它的效果有些太好了。如果威胁过大,那么各国就可能会采取自卫措施,以抵抗可能到来的制裁。到20世纪20年代末,随着关税、移民以及海军军备方面的国际争端不断加剧,国联官员开始意识到,经济武器给繁荣的20年代带来了巨大的阴影。国联经济与金融组织干事费尔金认为:"当务之急不是增加制裁手段,而是想出一切可能的办法,以确保第16条所蕴含的庞大的制裁措施无须付诸实施。"[2] 有关制裁的言辞不仅反映了战间期政治的新现实;随着时间的推移,它也开始影响这一现实。

---

[1] Ibid., p.7.
[2] King's College Archive Center (KCAC), Arthur Elliott Felkin Papers, Box 2/1/12, "Note on Arbitration, Security and Disarmament. Resolution of the 3rd Commission," 22 September 1927, p.4.

第六章
制裁主义与中立主义（1927—1931 年）

正如一位德国外交官所说，第 16 条的目的在于发动一场"组织起全体人类以消灭战争的战争"。[①] 这一经济武器所要实现的政治目标是稳定战后的国际秩序。但在许多国际主义者眼中，经济武器还有一个道德与法律上的目的：惩罚侵略罪行。尽管《国联盟约》中提及了侵略，但直到 1927 年第八届国联大会，国际联盟才正式认定侵略战争是一种罪行。[②] 这一时期，各国正在组织谈判，以期达成一项禁止将战争作为国家政策工具的国际条约。此项协议即众所周知的《巴黎非战公约》（the Paris Peace Pact），或者也可以称之为《凯洛格-白里安公约》，1928 年 8 月，各国签署了这一公约。[③] 可以说，《巴黎非战公约》成功实现了《日内瓦议定书》未能实现的目标，该公约的签署可以称得上是国际和平事业的一次重大进步。其唯一的缺陷就在于公约本身没有明确规定强制执行本公约的方式。因此，在 20 世纪 20 年代末，国际主义者试图将国际联盟与《巴黎非战公约》整合起来，利用前者的制裁手段来维护后者的战争禁令。塞西

[①] PAAA, R 96751, Artikel 16 (1921–1925), Letter from Ludwig Meyr to Konni Ziliacus, March 1925.
[②] "Declaration Concerning Wars of Aggression," League of Nations Resolution (24 September 1927), *League of Nations Special Supplement* 53 ［1927］: 22.
[③] 有关《凯洛格-白里安公约》的历史，参见 Oona Hathaway and Scott Shapiro, *The Internationalists: How a Radical Plan to Outlaw War Changed the World* (New York: Simon and Schuster, 2017).

尔与阿诺德-福斯特认为这样一来就能实现日内瓦与华盛顿的联合，他们将二者的联盟设想为"一支国际武装力量"。[1]

然而，如果希望整合后的联盟能发挥作用，就必须先解决掉以下几个尚未得到解决的问题。首先，英美这两个世界上最强大的海军国家需要就一些基础性问题达成共识。除非双方明确了海洋自由的具体含义，否则华盛顿方面就有可能拒绝加入对侵略者发动的经济制裁，转而继续与被封锁的国家进行贸易。一旦这种情况发生，英国就面临着一个两难处境：是承认美国的中立地位并因此损害经济武器的威力；还是火力全开，进而限制美国的对外贸易——必要时甚至需要动用武力来实现这一目标。在第一次世界大战期间，英国实施的封锁与美国的中立权之间的冲突是双方主要的争论焦点。到了战间期，双方仍然有可能在这个问题上再次发生对抗。安吉尔称这一冲突为"最为邪恶的意外"。[2] 其次，经济制裁能在多大程度上采取针对平民的粮食禁运措施仍然是一个问题。人道主义者希望能为非战斗人员提供保护，使其免受饥饿封锁的打击。但是，正如美国国际主义者詹姆斯·肖特维尔所说的那样，人们根本无法确定"如果一个国家选择与全世界开战，那么他们会受到何种制裁"。[3] 再次，在"咆哮的二十年代"，市场一度十分繁荣，在这期间，国际商贸与金融的发展使得私营部门同样希望自己的财产、合同以及投资

---

[1] Viscount Cecil and W. Arnold-Forster, "The Freedom of the Seas," *Journal of the Royal Institute for International Affairs* 8, no.2 (March 1929): 89.
[2] Norman Angell, "Is the Conference Bunk?" *Foreign Affairs* 12, no.6 (March 1930): 279; John D. Coogan, *The End of Neutrality: The United States, Britain, and Maritime Rights, 1899–1915* (Ithaca, NY: Cornell University Press, 1981).
[3] James T. Shotwell, "La liberté des mers" (Deuxième partie), *Journal de Genève*, no.176, 29 June 1928.

决策不受制裁的影响。[1] 两个德国人甚至提议将《巴黎非战公约》的适用范围扩展到国际商贸之上，以推出"保护私人财产的凯洛格公约"。[2] 制裁主义影响的不仅有地缘政治与战争伦理，还有全球资本主义的稳定。

本章考察了试图整合《国联盟约》与《巴黎非战公约》的努力，在这些人的努力之下，上述一部分问题得到了解决，然而还有一部分问题没能得到解决。总的来说，制裁主义者所达成的成就与其说是搭建起了一套属于他们自己的高效运转的复杂体系，不如说是在竞争中战胜了其他旨在取消制裁措施或限制其影响力的国际秩序图景，尤其是将贸易与投资去政治化的中立理论。这些与经济制裁发生冲突的国际秩序图景的存在，说明制裁主义仍然面临着很多风险。制裁主义者利用自由主义的话语体系来重新定义了战争与和平。他们一个主要的创新之处在于在"公战"与"私战"之间创造了一个新的区别。在他们看来，"公战"是国际法支持下反对侵略的联盟战争；相比之下，"私战"指的是单个国家在未经授权的情况下动用武力的行为，在这一时期，这样的行为被视为非法行为，并被认定为侵略。

制裁主义者借助了自由主义经典的公共与私人的二分法，使得在他人眼中，他们等于自由主义者，而反对他们的人等于反自由主义者。事实上，我们最好不要将制裁主义与中立主义之间的冲突理解为自由主义与非自由主义之间的冲突，而是应当将其理解为政治

---

[1] George L. Ridgeway, *Merchants of Peace: Twenty Years of Business Diplomacy through the International Chamber of Commerce, 1919-1938* (New York: Columbia University Press, 1938), pp.21-194; Clotilde DruelleKorn, "The Great War: Matrix of the International Chamber of Commerce, a Fortunate Business League of Nations," in *The Impact of the First World War on International Business*, ed. Andrew Smith, Kevin D. Tennet, and Simon Mollan, pp.103-120 (New York: Routledge, 2017).
[2] F. W. Bitter and A. Zelle, *No More War on Foreign Investments: A Kellogg Pact for Private Property* (Philadelphia: A. Dorrance, 1933).

化与非政治化之间的冲突。很多制裁主义者都是左派人士，他们希望将政治引入新的领域。英国的自由党与工党，法国的激进派与共和派，以及美国的进步派与新政支持者都拒绝承认政治与经济之间相互独立的观点。① 在他们看来，无论是在国内（通过税收与监管等手段）还是在国外（通过关税与制裁等手段），都完全可以合法地干预个人以及公司之间的私人经济关系。相反，一些最狂热地反对制裁的中立主义者是较早的一批新自由主义思想家，他们希望在私有财产领域与国家主权领域之间建立起一道分界线，将资本主义切割出政治领域。②

制裁主义者将国际经济政治化到了一个新高度。借助侵略这一概念，他们摧毁了许多旧有的观念：平民与战斗人员的区分、国有财产与私有财产的区分、中立国与交战国的区分，都被视为打击邪恶势力的障碍。事实上，制裁主义者认为，在20世纪初的全球化进程当中，所有形式的贸易、运输与金融都能够增强一国的经济实力，进而让侵略者更有能力破坏国际秩序、发动战争。因此，要打击这样的敌人，唯一有意义的经济战就是一场无限制的经济战。到1929年时，英国统治阶级中的核心人物，例如塞西尔与阿诺德-福斯特都可以提出这样一个问题："什么是'私有'财产？"如此一来，在战争之时，他们就有理由废除这一概念了，而这一事实证明自由主义

---

① 有关英国新自由主义内部的分裂，尤其是自由贸易与自由放任之间出现的分裂，参见Anthony Howe, *Free Trade and Liberal England, 1846-1946* (Oxford: Clarendon Press, 1997), pp.274-308; 有关法国的社会自由主义思潮，参见Serge Audier, *La pensée solidariste: Aux sources du modèle sociale républicain* (Paris: Presses Universitaires de Paris, 2010); 有关20世纪20年代美国出现的"强调'经济'但忽视'文化'的新自由主义"，参见Gary Gerstle, "The Protean Character of American Liberalism," *American Historical Review* 99, no.4 (October 1994): 1043-1073.
② 有关新自由主义者在财产权（dominium）与主权（imperium）之间作出的划分，参见Quinn Slobodian, *Globalists: The End of Empire and the Birth of Neoliberalism* (Cambridge, MA: Harvard University Press, 2018), pp.121-181.

观念发生了一次重大转变。[1] 与此同时，由于这一时期各国采用的是金本位与财政紧缩的保守主义经济政策，支持制裁的自由主义者很难推动其所设想的干涉措施。经济武器的发展使得战间期自由主义内部的这一基本矛盾进一步激化，在国联为了防止战争而制订的财政计划所遭遇的一系列事件中，我们尤其能体会到这一组矛盾。

《财政援助公约》

在第 16 条第 3 款中包含了有关积极经济武器的规定，该款承诺成员国将"在财政上与经济上互相扶助"。法国的决策者一直强调，在经济武器中，依靠集体力量为受侵略国提供的资助与制裁同样重要。[2] 在 20 世纪 20 年代，问题在于，作为打击侵略者的制裁机制中的一个组成部分，国联能在多大程度上重建第一次世界大战时期的后勤动员机制。

凯恩斯是最早建议实施这一政策的人之一。在第一次世界大战期间，凯恩斯曾在财政部供职，负责协调协约国之间的资金，同时，在巴黎和会上，凯恩斯还为塞西尔提供了不少建议。在 1919 年春的最高经济委员会会议上，他坚决反对继续实施封锁，他认为此时的英国领导人"为满足自己的利益"，"越来越喜欢封锁了"。[3] 1924 年，当国联秘书处与国联经济与金融组织推动各国签署《日内瓦议定书》

---

[1] Cecil and Arnold-Forster, "The Freedom of the Seas," p.95.
[2] SHD, 7 N 875, 5ème Bureau ［Logistics］, "Note au sujet de la guerre économique" ［undated; ca. early 1916］.
[3] J. M. Keynes, *Two Memoirs: Dr Melchior, a Defeated Enemy, and My Early Beliefs* (London: Rupert Hart-Davis, 1949), p.24; Douglas J. Newton, *British Policy and the Weimar Republic* (Oxford: Clarendon Press, 1997), pp.342–343.

时，费尔金曾询问他对制裁的看法。① 凯恩斯怀疑封锁等消极经济武器能否发挥作用。他写道："思考的事情越多，我们就越会倾向于对受侵略国提供积极的援助，而非对侵略国施以报复"，因为"当有国家声称自己需要外界援助时，我们很容易就能判断出我们是否需要对他们施以援手，而消极的制裁行为总会面临以下风险：实现不了预期效果；很难与战争行为区分开来。"② 凯恩斯坚信，经济武器的重心应该放在援助之上，而非制裁之上。费尔金也曾力挺凯恩斯的主张，但由于《日内瓦议定书》未能生效，积极经济武器暂时无法实现。

在国联内部，主要有三个国家——法国、芬兰与波兰——主张打造积极经济武器，因为他们希望国联能为他们提供更多的安全保障。1925 年，莱昂·布尔茹瓦去世，但他所倡导的团结主义精神仍然指引着法国驻国联代表团，也正是国联的法国代表致力于推动建立向被侵略者威胁的国家提供经济援助的机制。法国最高国防委员会（CSDN）在 1926 年时表示，尽管《洛迦诺公约》是完善国际安全机制的重要一步，但仅止步于此还不够。最重要的是"设计出一款切实可行的工具，以确保能在最短的时间内确定是否存在侵略行为，之后需要为受侵略国提供有效的盟约第 16 条规定的援助"。③ 法国一方面致力于推动完善财政援助武器，另一方面也在完善以"海外经济行动计划"为代表的本国国防战略，这两者之间相辅相成，互相配合。④ 第三共和国计划从海外殖民地获取物资与原材料，同时依靠

---

① KCAC, JMK CO/2/61, Felkin to Keynes, 16 October 1924, p.3.
② LoN, ASP, Box S120, Letter from J. M. Keynes to A. Elliot Felkin, 29 October 1924, p.2.
③ SHD, 2 N 6, CSDN Séance du 22 avril 1926, "Rapport fait au CSDN au nom de la Commission d'études au sujet des questions à examiner par la commission préparatoire de la reduction des armaments," 3 March 1926, p.11.
④ MAE, B.28.1s/d (1924–1927), Comité supérieur économique de la défense nationale/Conseil supérieur de la défense nationale, 1 janvier 1924–31 décembre 1927, Letter from Briand to Serrigny, "Action économique à l'étranger en temps de guerre," 8 December 1927.

第二部分　经济武器的合法性

伦敦金融城获取资金。此外，法国还可以利用其盟友大英帝国的资源来支持自己在陆上与海上的战争。[1] 法国的战略家们希望"能建立为行政院提供有关制裁与国际合作措施的咨询机构……这样一来，当需要动用经济武器时，行政院就能迅速将这些咨询机构转化为财政委员会、粮食委员会、航行委员会等机构"。[2] 在法国人看来，在相当长的一段时间里，国联应当重点防范的威胁是德国军事力量在西欧的重新崛起。对于经历了1918年短暂的内战后从俄国独立出来的芬兰来说，苏联是他们主要防范的敌人。波兰则同时防范着上述两个国家，在他们看来，苏联的军备以及日益恢复元气的德国同样令人感到担忧。

波兰人与芬兰人主要希望解决的问题是，如果他们受到比自己强大的邻国的攻击，那么怎样才能迅速获得有意义的援助。[3] 20世纪20年代，波兰与法国和捷克斯洛伐克结成了军事同盟，同时在国内建立起了一套小型的军火工业系统，但即便如此，波兰仍然需要依赖西方的支持。[4] 从地理上来看，芬兰距离那些可能为其提供

---

[1] MAE, B.28.1w, "Rapport relative au fonctionnement des commissions de défense nationale concernant les produits et industries déficitaires pendant l'Exercice, 1926–1927," 1 December 1927.
[2] MAE, Série SDN No. 815 (Arbitrage Sécurité Désarmament, 1920–1927), "Mesures d'entr'aide économique," 20 September 1926, p.6.
[3] Kalervo Hovi, *Interessensphären im Baltikum. Finnland im Rahmen der Ostpolitik Polens, 1919–1922* (Helsinki: Studia Historica / Societas Historica Finlandiae, 1984).
[4] Rudolf Kiszling, *Die militärischen Vereinbarungen der Kleinen Entente, 1929–1937* (Munich: R. Oldenbourg, 1959); Jozef Korbel, *Poland between East and West: Soviet and German Diplomacy toward Poland, 1919–1933* (Princeton, NJ: Princeton University Press, 1963); Ozer Carmi, *La GrandeBretagne et la Petite Entente* (Geneva: Imprimerie Droz, 1972); Vladimir Streinu, *La Petite Entente et l'Europe* (Geneva: Institut Universitaire de Hautes Études Internationales, 1977); Eliza Campus, *The Little Entente and the Balkan Alliance* (Bucharest: Editura Academiei Republicii Socialiste România, 1978); Kalervo Hovi, *Alliance de Revers: The Stabilization of France's Alliance Policies in East Central Europe* (Turku: Turun Yliopisto, 1984); Magda Ádám, *The Little Entente and Europe (1920–1929)* (Budapest: Akadémiai Kiadó, 1993); Zara Steiner, *The Lights That Failed: European International History, 1919–1933* (Oxford: Oxford University Press, 2005), pp.270–309.

保护的工业化民主国家都太远了，而且芬兰必须依靠从国外进口的军事装备、弹药以及原材料才能保卫自己。正是这种不利的环境促使芬兰代表拉斐尔·埃里希（Rafael Erich）与鲁道夫·霍尔斯蒂（Rudolf Holsti）在1926年9月向国联提交了一份计划。[1]埃里希与霍尔斯蒂提议，受到侵略的国家应获得短期的武器采购补贴以及长期的紧急贷款，以使其能够维持自身的经济稳定以及自卫能力，与此同时，针对侵略者的国际行动也应当一并展开。正如另一位芬兰官员所说，他们所建议设立的机制可以被称为"对抗战争的保险措施"。[2]

芬兰代表的提案是欧洲小国为完善国联的安全机制而进行的诸多尝试中的一次。12月，比利时政治家亨利·德·布鲁克尔（Henri de Brouckère）提交了一份报告，在这份报告中，他批判性地重新评估了为完善经济制裁而做出的各种努力。[3]布鲁克尔认为，在1921年国际封锁委员会的决议中，根据第16条，各国为实施制裁而需承担的义务太轻了。为什么国联必须要坐等侵略罪的发生？布鲁克尔认为，《国联盟约》的基本精神明确允许国联采取任何必要的措施来避免冲突的发生。[4]必须非常宽泛地解释行政院所拥有的采取预防性强制措施的权力，包括和平封锁、海军示威以及逐步升级的经济压

---

[1] "出口导向的小国的重要利益与国际联盟为减少其成员国军事预算而做出的努力之间存在的冲突必须由国际联盟自己解决"（LON, C.513.1926.IX, Propositions des délégations française, polonaise et finlandaise à la commission préparatoire de la conference du désarmement, 3 September 1926, p.3）.
[2] LoN, R478/10/59171/57661, Memorandum by G. Roos to Eric Drummond, 3 May 1927, p.2.
[3] Rapport de M. de Brouckère sur la question I (b) de la proposition de la délégation française à la Commission préparatoire de la Conférence du désarmement (LON, C.301.1926, p.4), Genève, 1 December 1926; in A.14.1927.V, Rapports et résolutions concernant Article 16 du Pacte (Geneva, 1927), pp.60–72.
[4] "如果行政院只有在战争爆发后才开会，那么它就忽视了，或者说失去了除了干预战争外其他任何可以维护和平之行动的机会。"（Brouckère in ibid., p.70）.

力。布鲁克尔概述了三项旨在增强经济制裁威力的改革措施。第一，和芬兰人的建议一样，布鲁克尔建议将第 16 条第 3 款中的财政援助条款制度化。第二，由于"实施有效的经济封锁的前提是掌握大量有关国家间经济与金融往来关系的准确信息"，为此，国联经济与金融组织应当收集制裁所需的情报。[1] 第三，国联必须认识到，在法律上，自己毫无疑问拥有全面切断侵略国与世界其他国家的经济联系的权力。国联应当尽可能扩大自己在和平时期动用武力的权力，这实际上是 19 世纪和平封锁理论的复兴。这三项措施，第一项是通过援助让受侵略国获得更多的帮助；第二项是通过收集大量的信息以确保经济制裁能对侵略国立即生效；第三项是利用法律上的革新确保非国联成员国没有机会发动侵略。

布鲁克尔的建议得到了国联法国外交官们的支持，与此同时，他们也很高兴地看到自己基于团结主义的有关制裁的动议得到了比利时、荷兰、捷克斯洛伐克、波兰、罗马尼亚以及希腊的支持。[2] 然而这一时期，德国刚刚加入国联。在德国人眼中，国联的制裁机制必须维持在最低限度。正因如此，德国代表坚决反对布鲁克尔的改革建议。在德国外交部，施特雷泽曼的顾问伯恩哈德·冯·比洛怀疑援助机制只不过是"法国人为掩盖自己的军事与经济目的而打的掩护"。[3] 他担心，这一援助机制可能会演变为"国际联盟的经济动员机制"。[4]

除了德国反对，建立积极援助机制的提案还面临着其他一些实

---

[1] Ibid., p.72.
[2] MAE, Affaires Juridiques, Fonds Fromageot, Article 16/Allemagne (1927), Letter from Berthelot to Briand, 25 January 1927, pp.4–6.
[3] PAAA, R 96752, Telegram by von Bülow to AA, 31 May 1926.
[4] PAAA, R 96752, Telegram by von Bülow to Stresemann, 4 June 1925, f. 5.

际的挑战。由于国联缺乏自己的货币储备，国联无法直接对受侵略国提供补贴。[1] 在战间期的金本位制之下，各国可以利用本国的外汇储备满足最初的紧急采购需求。但这种自己采取的保险措施代价比较高。此外，和那些富裕的出口大国不同，薄弱的发展中国家没有多少外汇储备。即使一个受到侵略的国家拥有足够的外汇储备，它能否在短时间内迅速转化为流动资金也是一个问题。事实上，在遭遇这种级别的危机之后，小国在金融市场上本就很脆弱的信用可能会进一步下降。最后，就像1914年8月各国所经历的那样，金本位制本身也可能会阻碍紧急的战争融资：在战争时期，央行会被迫提高利率以阻止黄金外流，如此一来，在经济动员与国防采购需要廉价、充裕的货币之时，市面上流通的货币反而变少了。

国联经济与金融组织下属的金融委员会在研究了芬兰代表提交的备忘录后，提出了一个不同的解决方案。该机构主要由欧洲的金融家组成，例如卡雷尔·特·米伦（Carel ter Meulen）、亨利·斯特拉科施（Henry Strakosch）与卡尔·梅尔基奥（Carl Melchior）等投行人士，以及奥托·尼迈耶（Otto Niemeyer）与安德烈·德·沙朗达尔（André de Chalendar）等财政部顾问，其中许多人曾参与了1922—1926年国联为帮助奥地利重建金融体系而组织的工作。[2] 根据奥地

---

[1] LoN, R478 10/57661/57661, Annexe au procès-verbal du Comité financier, 7 mars 1927. Résumé de la première discussion sur l'aide financière à un état victim d'aggression, préparé par le Dr. Pospisil, président du Comité financier, p.2.

[2] Nathan Marcus, *Austrian Reconstruction and the Collapse of Global Finance 1921-1931* (Cambridge, MA: Harvard University Press, 2018); Jamie Martin, *Governing Capitalism in the Age of Total War* (Cambridge, MA: Harvard University Press, forthcoming). 相关传记，参见Nicole Piétri, "L'oeuvre d'un organisme technique de la Société des Nations: Le Comité financier et la reconstruction de l'Autriche (1921-1926)," in *The League of Nations in Retrospect: Proceedings of the Symposium, Geneva, 6-9 November 1980 / La Société des Nations: Rétrospective* (Berlin: Walter de Gruyter, 1980), pp.324-328.

利方面的经验,他们制订了一个在紧急情况下支持受侵略国国债的计划。受侵略国需要自行筹措借款,但与此同时,其可以将本国国债的信用与更为强大的国家的信用"挂起钩来",以提高自己的信用。各国将根据自身的经济实力,担保一定额度的受侵略国国债。这种共同担保是各国为惩罚侵略行为而共同承担的财政义务,其中,"世界各国的普遍参与将形成一种强大的道德威慑"。金融家们建议将5000万英镑设置为初始担保的最高额度。[①] 在这一共同担保之后,还可以设置第二道防线,由财政实力最强的成员国负责分摊第二级的"超级担保"。金融委员会设计的这一机制旨在将国联打造为私人资本流入受侵略国的渠道,同时使其成为受侵略国的最终担保人,以支持那些陷入困境的国家。[②] 该计划被称为《财政援助公约》(The Convention on Financial Assistance)。

1927年,还有一大批雄心勃勃的金融计划正在讨论之中。芬兰代表最初的提案提到了可以立即支付给受侵略国的补贴。然而,芬兰央行主席里斯托·吕蒂(Risto Ryti)也承认,如果要求国联预备相应的资金,那么就意味着需要从全球市场中抽离出大量的黄金,进而导致国际金本位制陷入风险之中。[③] 这就是为什么吕蒂支持英

[①] LoN, R 478/10/57661/60186 C.336.M.110.1927.II, Financial Committee, Report to the Council on the work of the twenty-seventh session of the committee, 8–14 June 1927. 这一数额已经相当庞大了——20世纪20年代,国联主导下的最大一笔贷款是1923年的奥地利重建贷款(3378万英镑),以及1924年发放给希腊(1230万英镑)与匈牙利的贷款(1438万英镑)。参见Yann Decorzant and Juan H. Flores, "Public Borrowing in Harsh Times: The League of Nations Loans Revisited," Working Papers in Economic History, Universidad Carlos-III de Madrid, September 2012, p.13, table 1.
[②] LoN, R 478/10/57661/57661 F/26ème session/P.V. 9, Annexe au procèsverbal du Comité financier, 7 March 1927.
[③] LoN, R 478/10/57661/57661 F. 391, Statement by Director Ryrto [sic] Ryti regarding the proposal of financial assistance to states victims of aggression, [undated; March 1927], pp.3–4. 在前一年,吕蒂将芬兰马克纳入金本位。

国财政部的奥托·尼迈耶的方案：国联成员国应将一定数量的本国国债存入一个特别设置的"制裁基金"之中，该基金应当设立在一个可靠的中央银行，如瑞士国家银行之中，以便在发生侵略的时候，能够靠出售这些高价值的资产来换取现金，或充当贷款的抵押品。梅尔基奥比尼迈耶走得更远，他提议建立一个"国际联盟金融机构"——一个具有特殊目的的、法律地位独特的机构，它有权打造属于自己的金融工具，以避免金融市场对实力较弱的个别国家采取投机行为。① 波兰代表甚至建议允许非成员国签署本公约，如此一来，华尔街就能参与到反侵略的金融业务之中了。②

越来越多的人开始支持打造财政援助武器。然而，布鲁克尔的第二项改革建议——授权国联经济与金融组织收集有关制裁的数据——则遭遇了不小的阻力。唯一支持这一建议的人是法国财政部官员沙朗达尔。③ 大多数经济与金融部门的官员都是正统的自由放任主义者，他们反对国联经济与金融组织为"在未来动用第16条时随时掌握足够的情报"而收集全球范围内的经济数据。金融委员会一再向德拉蒙德表示，收集为制裁所用的情报将使得国联经济与金融组织无力完成日常的收集金融与商业统计数据的工作。④ 如果收集

---

① PAAA, R 96753, January-July 1927, Melchior to Stresemann, 4 January 1927. 无论是在架构设计上，还是在其试图解决的涉及债务分摊的政治问题上，梅尔吉奥的方案都与2010年至2012年欧盟为对抗财政危机而创建的财政机构——欧洲金融稳定基金与欧洲稳定机制——有着惊人的相似之处。

② LoN, R 478, 10/61946/57661, Financial assistance to states victims of aggression; discussion at eighth session of the Assembly, extracts from discussions in Third Committee of Assembly on 22 September 1927, p.7.

③ MAE, Série SDN No. 815, M. de Chalendar, "Note au sujet de l'étude des mesures d'assistance financière à prévoir en faveur d'un état victime d'une aggression," 22 January 1927.

④ Financial Committee to Drummond, 13 October 1927; in LON, C.40.1928.IX, "Study of Economic and Financial Relations of the Various States with a View to the Possible Application of Article 16 of the Covenant," 15 February 1928, p.4.

第二部分　**经济武器的合法性**

相关数据是为了设计出更为有效的制裁工具，那么国联就是在科学调查工作的掩护下进行地缘政治方面的规划。如果提供这些经济数据可能导致未来的某一时刻，本国遭受更为严重的打击，那么成员国会同意向国联提交这些数据吗？金融专家们则担心收集此类数据会导致相关的国联机构无法维持自身的中立地位。经济委员会主席、法国语言学家、商业专家丹尼尔·塞鲁伊斯（Daniel Serruys）——在第一次世界大战期间，他也曾在封锁部门中任职——告诉德拉蒙德："除了已经拥有的信息外，收集任何其他信息的行为都是不合适的。"[1] 和秘书处里盛行的干涉主义观念相比，在国联的经济部门当中，持自由放任立场的人仍然占据着主导地位。[2] 塞鲁伊斯认为没有必要增加国联经济与金融组织的责任，该组织不应当担负起解决那些政治家、而非经济人士造成的危机的责任。[3] 由于主流意见反对让经济顾问去处理安全问题，国联经济与金融组织没能成为制裁机制的核心机构。英国人担心欧洲大陆的官僚们会将该组织打造为"经济领域内的总参谋部"，不过这种担心是没有根据的：国联的商业专家们同样反对这一方案，他们不希望自己的组织承担那么重大的政治责任。

尽管收集相关制裁情报的提案被拒绝了，但《财政援助公约》本身仍然拥有大量的支持者。在金融委员会中，最狂热的支持者当

---

[1] LoN, E.371, Serruys to Drummond, 29 December 1927, "Relations économiques entre différents pays. Réponse du Comité économique à la demande du S.G. concernant la réunion des informations à ce sujet," p.2; for Serruys's professional self-conception, 参见他的 "L'Oeuvre économique de la S.D.N.," *La Revue des Vivants* 3 (1929); Laurence Badel, *Un milieu liberal et européen: Le grand commerce français, 1925-1948* (Paris: Comité pour l'histoire économique et financière de la France, 1999).

[2] Patricia Clavin, *Securing the World Economy: The Reinvention of the League of Nations, 1920-1946* (Oxford: Oxford University Press, 2013), pp.47–123; Madeleine Lynch Dungy, "Writing Multilateral Trade Rules in the League of Nations," *Contemporary European History* 29 (April 2020): 1–16.

[3] LoN, E.371, Serruys to Drummond, 29 December 1927, p.3.

属斯特拉科施。作为移民到英国的奥地利犹太人,斯特拉科施已经成为南非采矿业领域内一名成功的银行家兼高管了,与此同时,他还为大英帝国以及其他国联成员国提供金融政策建议。^① 与凯恩斯一样(尽管他与凯恩斯在金本位问题上存在分歧,但他仍然与凯恩斯保持了友好的关系),斯特拉科施认为应当实现积极经济武器与消极经济武器之间的平衡。国联的目标应该是"向侵略国关闭外部市场,同时向受侵略国开放外部市场"。在一个正在为生存而战的国家最需要资金的时候,该国的信用度可能会不断下降,以至于走到崩溃的边缘,因此,首要任务是确保"世界主要金融中心的投资者会支持"对受侵略国提供国际紧急贷款的方案。^②

因此,按照斯特拉科施的设计,该公约会提供三方面的保证。第一个保证是,受侵略国将以自身的收入为担保,发行其所需的任何数额的债务。承销这笔国债的私人银行会将筹集到的资金的一半转交给受托方(在这里,受托方一般指瑞士国家银行)。这笔资金将构成储备金,以支付投资者的本金与利息。如果受侵略国能够偿还债务,那么这就是一次简单的发行国债的过程。然而,如果受侵略国无法再支付利息,或者该国有违约的风险,那么签署该公约的国家就会构成第二道防线。这些担保国会将尚未偿还的国债分成几个部分,并向受托的央行提供特别担保债券,在借款人无力偿还时,这些担保人就会承担起偿还债务的责任。斯特拉科施指出,由于每年的利息将由几十个国联成员国进行分摊,因此每个国家所需承担的费用会保持在非常低的水平,甚至有可能他们都无须支付任何费用。该公约将年度

---

① Bradley Bordiss and Vishnu Padayachee, "'A Superior Practical Man': Sir Henry Strakosch, the Gold Standard and Monetary Policy Debates in South Africa, 1920–23," *Economic History of Developing Regions* 26, no.1 (2011): 114–122.
② Sir Henry Strakosch, "The Convention on Financial Assistance," *International Affairs* (Royal Institute for International Affairs) 10, no.2 (March 1931): 210.

国债担保总额的上限设定为 400 万英镑;按照当时 6% 至 7% 的利率,这意味着该公约一年之中可以支持 5700 万至 6700 万英镑的国际贷款。对一个小国来说,这是一笔非常可观的资金。但是,如果有国家认为这种只有偶尔会出现的、适度的负担都太过沉重的话,那么该公约还提供了第三层保障,即一小批在财政上非常强大的国家——如英国、法国、德国与日本——承担起"超级担保人"的责任。这些国家承诺,如果任何一个原始担保人不能履行自己的义务,那么他们将承担责任并偿还相应的贷款份额。

凯恩斯认为,整个计划"非常好,正好满足需要"。他唯一关心的问题就是速度;他认为一旦担保国将债券存入受托银行,那么"一切都应迅速地进行,而无须担保国再做些什么"。[1] 斯特拉科施认为,该公约"能够让国际联盟的力量得到充分发挥,同时无须借助任何国际部队,也无须对侵略国施加任何种类的封锁。这一方案更加引人注目,也更有实际意义"。[2] 斯特拉科施利用自己《经济学人》杂志主席的身份,向伦敦金融城的金融家以及英国公众广泛宣传这份公约。[3] 1930 年 9 月,在英法两国的带领下,国联大会接受了该公约。到 1931 年年底,总共有 30 个国家签署了该公约。[4] 但是,由

---

[1] KCAC, JMK CO/2/132, Letter from J. M. Keynes to A. E. Felkin, 12 August 1928.
[2] Strakosch, "The Convention on Financial Assistance," p.216.
[3] 参见 Strakosch's short pamphlet, *A Financial Plan for the Prevention of War* (London: London General Press, 1929). 《经济学人》杂志认为,这份公约"对那些企图发动战争的人形成了一种强大的威慑力"("Finance and Peace," in vol. 109, no.4488 [31 August 1929]: p.389); Alexander Zevin, *Liberalism at Large: The World According to the Economist* (London: Verso, 2019), pp.191, 202.
[4] 最初,阿尔巴尼亚、奥地利、比利时、玻利维亚、英国、澳大利亚、保加利亚、爱尔兰、捷克斯洛伐克、古巴、丹麦、西班牙、爱沙尼亚、埃塞俄比亚、芬兰、法国、希腊、拉脱维亚、立陶宛、挪威、荷兰、秘鲁、波斯、波兰、葡萄牙、罗马尼亚、瑞典以及南斯拉夫签署了该公约;德国与意大利于1931年签署了该公约。*League of Nations—Official Journal* 11 (November 1930): 1648-1679.

于该公约与国际裁军条约之间挂起钩来了，只有国际裁军条约顺利通过，那么该公约才能生效，因此，《财政援助公约》遭到了致命打击。1933 年，国际合作机制走向崩溃，广受瞩目的世界裁军大会没有取得什么成绩，《财政援助公约》也随之夭折。因此，国联从未能将其从战争时期继承下来的融资经验以及新设计的借贷机制转化为战间期的积极金融武器。

《巴黎非战公约》与海洋自由

1928 年 8 月签署的《巴黎非战公约》明确禁止将战争作为国家政策工具。[①] 然而，英国、法国与美国在签署该条约时，都提出了明确的要求以及本国的保留条款。首先，美国国务卿弗兰克·凯洛格（Frank Kellogg）明确指出，自卫仍然是一个诉诸武力的正当理由。各国可以自行决定如何行使这一权利，对美国来说，不仅在美国领土遭到攻击时，美国可以动用武力进行自卫，当美国在世界各地的利益遭受攻击时，他们也可以进行武装自卫。[②] 英国政府对诉诸战争以保卫大英帝国拥有"特殊且重要利益"的地区做出了明确保留，为保卫这些地区，英国保留了本国的"行动自由"。[③] 当援引自卫条款的门槛一并降低时，各国也就更愿意表明自己同意放弃战争这一

---

① Hathaway and Shapiro, *The Internationalists*, pp.158–182, 396–415.
② Gerry Simpson, "Writing the Tokyo Trial," in *Beyond Victor's Justice: The Tokyo War Crimes Trial Revisited*, ed. Yuki Tanaka, Timothy L. H. McCormack, and Gerry Simpson, p.25n9 (Leiden: Martinus Nijhoff, 2011).
③ "The Ambassador in Great Britain (Houghton) to the Secretary of State," 19 May 1928; in FRUS, 1928 (Washington DC: GPO, 1942), 1:68.

权利了。① 然而，该公约的问题并不仅仅在于没有彻底禁止战争。在《巴黎非战公约》签署后，国联仍有权对违反条约的侵略国发动集体执法战争。此类"公战"具有联盟的属性。但作为非成员国，美国并不认为国联的决定对其有约束力，因此不清楚美国是否会尊重国联的制裁。事实上，美国商人与船只很可能会援引中立原则来突破禁运。这将迫使国联要么允许美国的商贸继续进行，要么对美国宣战。②

凯洛格区分了"战争状态"与作为战争行为的封锁；后者并不一定导致前者出现。但白厅仍然越来越担心，在国联发动的一场国际经济战争中，美国是否会容忍英国对侵略者施加的全面封锁。③ 鲍德温的保守党内阁十分担心封锁问题，以至于他们不打算再支持任何试图进一步提高国联制裁威力的方案。外交大臣张伯伦于1927年秋在日内瓦表示："除非美国参与制裁，否则，唯一合乎逻辑的结果就是与美国开战——我们很难说这一措施能维护世界和平。"④

欧洲与美国的制裁主义者现在走到了一个十字路口。美国与国联在制裁问题上发生冲突的可能性使得两边的国际主义者为维护世

---

① 埃德温·伯查德（Edwin Borchard）认为："很难想象，在上个世纪中各个国家之间所进行的战争，或者未来可能进行的战争中，有哪一场战争不符合上述所谓的例外条件。这些条款远没有将战争非法化，恰恰相反，它们反而成为有史以来对历史上发生过的战争最为明确的认可。"（"The Multilateral Pact 'Renunciation of War,'" address delivered at the Williamstown Institute of Politics, August 22, 1928).
② Henry Cabot Lodge, "The Meaning of the Kellogg Treaty," *Harper's* (December 1928), pp.28–41.
③ B. J. C. McKercher, *The Second Baldwin Government and the United States, 1924–1929* (Cambridge: Cambridge University Press, 1984), pp.34–44.
④ Cited in "American Warning to the League: Effect of Sanctions on Trade," *The Observer*, 30 October 1927. 张伯伦另外一位较为务实且亲欧的同事罗伯特·范西塔特勋爵（Lord Robert Vansittart）在1927年时表示，"与美国的战争确实是最没有意义的、最可恶的，但这并非'不可想象'的，如果我们能把那个词从我们的词汇库中删去的话，那么我们基本就能避免这场战争"（cited in Kori Schake, *Safe Passage: The Transition from British to American Hegemony*［Cambridge, MA: Harvard University Press, 2017］, p.252).

界和平所做的努力也许会适得其反。1928年年初,《经济学人》上的一篇文章指出:"人们似乎已经认为,如果一场国际危机发展到要求国联必须实施制裁的程度,那么国联就已经失败了——更不用说那个老生常谈的问题,即如何才能在对一个国联成员国实施经济制裁的同时不与美国发生冲突。"[1]该年签署的《巴黎非战公约》给了国际主义者一丝希望,他们试图推动大西洋两端就这一问题达成协议。

对《巴黎非战公约》背后制裁体系的讨论无法绕开"海洋自由"这样一个世界秩序与国际法中最古老的概念之一。实际上,在十年之前,一个新的海洋自由学说就已经诞生了。在威尔逊的"十四点原则"中,第二点即"无论战时还是和平时期,公海航行绝对自由,除非为执行国际条约而采取的国际行动可以封闭全部或部分的海洋区域。"1918年,威尔逊的顾问豪斯上校曾希望英国方面接受这一方案,但收效甚微。即使豪斯威胁称,除非英国接受威尔逊的海洋自由方案,否则美国将单独与德国议和,劳合·乔治也毫不动摇。他说道:"我们会感到十分遗憾,但我们决不会放弃封锁的权利,因为这是我们赖以为生的力量。"[2]1921年威尔逊去世后,国际主义者还在致力于推动新的海洋自由学说。《巴黎非战公约》与《国联盟约》可能发生的冲突使得英国的制裁主义者——包括国内的塞西尔与阿诺德-福斯特以及在日内瓦的萨尔特与费尔金——希望在英美之间达成一项基本的妥协:如果美国支持国联实施的制裁,那么英国会承诺只在"公战"以及国联授权的封锁中动用其海军力量。1928年春天,

---

[1] "The Next Step," *The Economist*, no.4409 (25 February 1928): 359.
[2] Cited in Edward House, *The Intimate Papers of Colonel House*, ed. Charles Seymour (Boston: Houghton Mifflin, 1928), 4:168. 西摩(Seymour)教授将英美海军有关军备问题的讨论描述为"整场和会中最严肃、最微妙的讨论"。(LoN, ASP, Box S119, "The Freedom of the Seas" [abstract from The Intimate Papers of Colonel House], 1928, p.7).

第二部分　经济武器的合法性

萨尔特与美国外交事务专家雷蒙德·布尔（Raymond Buell）建立了联系，他希望借此机会来获得美国对这一计划的支持。在第一次世界大战中，布尔曾加入美国陆军，之后他在普林斯顿大学获得了博士学位，并在哈佛大学任教，主要教授与政府相关的课程，32岁时，他成了外交政策协会（FPA）的研究室主任，该机构旨在推动美国政府采取更为积极的国际主义立场。1928年春天，布尔指出了美国在遵守国联制裁方面存在的问题，这引起了欧洲制裁主义者的注意。

萨尔特提议召开一次会议，为实现世界和平编纂一部海洋法。他希望这部法案能区分"私战"与"公战"（他还将后者称为"执法战争"或"国际战争"）。在私战中，有关封锁与禁运品的旧有规则仍然有效，只有武器与弹药的运输将受到限制。然而，萨尔特写道："在'公战'中，应当尽可能扩大封锁权，我们不光要获得先前战争中交战国声称自己拥有的权利，还需要获得更大的权利。而且，在这种国际执法行动中，中立国也必须服从和平封锁，就像他们在正式战争中必须服从封锁一样。"[①] 萨尔特希望公共封锁尽可能不受限制。即使在和平时期，也可以动用公共封锁，其包含的范围足够全面，同时适用于所有国家，包括中立国。

通过与美国国内的执法行动进行类比，萨尔特告诉布尔，即使美国不加入国联的行动，华盛顿方面也不应当"坚持向侵略国提供资源来支持他们的侵略行为……在这种情况下，走私枪支至少和走私朗姆酒一样不光彩"。[②] 在禁酒令仍然有效的时候，这样一个类比让人印象深刻：禁酒既是一项道德任务，又是一项法律任务，其中涉及了深入

---

① LoN, ASP, Box S118, Freedom of the Seas, Salter to Raymond Buell, 26 May 1928, pp.1–2.
② Ibid., p.2.

美国家庭内部的新形式的控制、监视与执法措施。[1] 如果希望打击侵略的经济制裁能成为要求各国遵守的规范，那么就需要将迄今为止仍属于私法领域的全球范围内的商业与金融也道德化。

阿诺德-福斯特很快就将萨尔特的建议传播开来。他希望"能确保国联拥有最广泛的自由裁量权，但与此同时，还要尽力缩小私人动用经济压力的空间；我们能容忍警察拥有某些权力，但如果一个普通路人也能拥有这样的权力，那是绝对无法容忍的"。[2] 在一份与塞西尔共同撰写并于英国皇家国际事务研究所宣读的文件中，阿诺德-福斯特进一步发展了自己的思想：英国应当放弃其在私战中的交战权，以换取在公战中无限动用经济制裁的权利。同时，阿诺德-福斯特还在1929年5月大选前为工党起草了他们的官方制裁政策。[3] 他强调，英国左派应该支持"完全放弃私战中的权利，并……完全接受新的海洋自由学说，即为了执行国际条约，应当封锁公海"。[4] 在美国方面，布尔与大卫·米勒主张美国政府应当采用同样的理论来确定自身应承担的国际义务。华盛顿不一定要加入国联。如果立法者认为一个被行政院确定为侵略国的国家同时也违反了《巴黎非战公约》，那么不再保护与侵略国的私人贸易就足够了，这样一来，美国也不会妨碍到国联实施的制裁。[5] 米勒认为，《巴黎非战公约》

---

[1] Lisa McGirr, *The War on Alcohol: Prohibition and the Rise of the American State* (New York: W. W. Norton, 2016).
[2] W. Arnold-Forster, "Maritime Law and Economic Pressure," *Journal of the Royal United Services Institution*, no.70 (February 1925): 456.
[3] *Freedom of the Seas: Old and New* (London: Labour Party, 1929).
[4] Arnold-Forster, "Freedom of the Seas: Old and New. Draft Pamphlet," Labour Party International Department, February 1929, p.13.
[5] Raymond Buell, "Sea Law under the Kellogg Pact," *New Republic*, 15 May 1929, pp.349–351.

第二部分　**经济武器的合法性**

"将捍卫和平的美国与国联联系在了一起"。[1] 如果能将《巴黎非战公约》与《国联盟约》协调一致，那么世界范围内的主要大国就没有中立这一选项了。

然而，在国内法上还存在一个障碍。美国政府缺乏相应的法律机制来只针对冲突当中的一方施加经济压力。肖特维尔与米勒等人忙于解决这一立法上的空白。为此，他们希望能得到两位国会议员——众议员斯蒂芬·波特（Stephen Porter）（宾夕法尼亚州众议员）以及参议员亚瑟·卡珀（Arthur Capper）（堪萨斯州参议员）——的帮助。1929年2月11日，波特与卡珀同时在众议院与参议院提出了"对违反和平协议的国家实施武器禁运"的法案。卡珀法案主要基于肖特韦尔起草的草案。[2] 这两项拟议的法案都要求实施武器禁运，波特版法案规定：当总统发现一个国家卷入战争之时，即应启动武器禁运；卡珀版法案规定：当一个国家被宣布违反《巴黎非战公约》时，美国政府即应启动武器禁运。因此，卡珀版法案是更具区别对待性质的经济制裁法案，因为其明确地惩罚了违反战争禁令的交战国。这样一来，国联与美国的反侵略行动就有可能协调一致了。[3]

美国的国际主义者热衷于推动卡珀法案获得通过；哥伦比亚大学校长巴特勒从一开始就极力支持这一法案。但是，美国的军火商激烈反对此项法案，而且，众议院也搁置了对该法案的讨论。[4] 法国

---

[1] David Miller, *The Pact of Paris—A Study of the Kellogg-Briand Treaty* (New York: G. P. Putnam's Sons, 1928), p.132. 相关的批判性评论，参见 Edwin Borchard in *American Journal of International Law* 23, no.2 (April 1929): 487–489.

[2] Harold Josephson, "James Thomson Shotwell: The Historian as Activist," (PhD diss., University of Wisconsin-Madison, 1968), p.222.

[3] L. H. Woolsey, "The Porter and Capper Resolutions against Traffic in Arms," *American Journal of International Law* 23, no.2 (April 1929): 379–383.

[4] "Porter Resolution Tabled. House Committee Says Time Is Too Short to Consider Arms Embargo," *New York Times*, 20 February 1929, p.4.

驻美大使保罗·克洛岱尔（Paul Claudel）将美国商界对禁运法案的反对比作"石匠与企业家对消防员的抗议，因为消防员偷走了他们盘子里的面包"。[1]事实上，制造业利益集团有充分的理由反对出口管制。[2]苏联报纸《消息报》一直关注着这一事件的进展，在一篇报道中，他们指出"在卡珀与波特所提交的法案中，美国总统是做出制裁决定的主体"，然而国联实施的制裁则"掌握在英法集团手中。这就是国联体系与一群美国政客在《巴黎非战公约》基础上建构的体系之间存在的根本区别"。[3]另外一个困难在于，欧洲的海军至上主义者仍然反对一切保证自由航行的国际承诺。例如，法国海军认为，允许那些制造麻烦的国家自由补给将带来十分危险的结果。法国海军分析人士写道："毫无疑问，一个有侵略意图的国家在发动战争之前会采取一切预防措施。在这种情况下，该国将有能力充分利用其从国外获得的原材料。"因此，法国战略家得出结论，几乎在所有情况下，不受限制的航行自由都只会"有利于侵略国，而不利于受侵略国"。[4]

英国海军的军官也坚决反对任何形式的海洋自由论，即便是威尔逊在1918年提出的具有国际主义特征的理论，他们也不接受。20世纪初最重要的英国海军战略家朱利安·科贝特（Julian Corbett）曾

---

[1] MAE, Série SDN No. 816, "Le Sénateur Borah et la liberté des mers," note from Claudel to Briand, 1 February 1929, p.4; Claudel to Briand, 27 March 1928, p.2.
[2] 1921年至1928年间，美国是继英国（无可争议的第一大武器出口国）与法国之后世界第三大武器出口国，其出口的武器约占世界武器总出口量的1/5。这一排名所依据的武器主要包括重型武器以及小型武器，但并没有包括飞机（美国是第一大飞机生产国）以及军舰（在这方面美国的产量排在第七位）。Keith Krause, *Arms and the State: Patterns of Military Production and Trade* (New York: Cambridge University Press, 1992), p.74, table 3.
[3] MAE, Série SDN, Box No. 816, Izvestia article on Capper Resolution, 14 February 1929, f. 98.
[4] MAE, Série SDN, Box No. 817, "Étude sur la liberté des mers," January 1932, pp.11–12.

在费立摩尔委员会中工作过,该委员会负责起草了英国第一份国联盟约草案。他十分反对海洋自由论,其主要理由在于,海洋自由理论将使得自由的海洋国家失去动用制裁以迫使冥顽不化之国屈服的权力。他写道:"当全世界在很大程度上命运与共之时,当每个国家都或多或少地通过贸易与其他国家联系在一起时,对海洋的封锁就成为所有制裁手段当中最有力的了。"1914年之前海洋自由的时代的确令人向往,"但当时的人们还没有意识到海权对于维护世界和平与自由事业、惩罚国际犯罪行为所具有的实际意义",因此,试图回归过去的想法无论是在政治上,还是在战略上,都是十分幼稚的。[1] 科贝特认为,小国应当支持将国际联盟打造为一个真正的集体安全体系,而不是固守其中立与自由航行的旧有习惯。在巴黎和会后的十年中,海军部人士一直都相当蔑视海洋自由论,他们认为这是一种非常危险的理论。"鼓吹这一理论的都是那些没有强大海军的大国……英国永远不会接受这一理论;因为一旦英国接受了,那么就相当于放弃了自己在世界范围内的权力。"[2]

到20世纪20年代末,有关海洋自由的争论已经导致了大西洋两岸的自由主义国家陷入分裂。英国和法国表示反对,美国与欧洲大陆上那些以贸易为生的小国,如荷兰、挪威与瑞典表示赞成。这些支持海洋自由的国家的存在就表明,尽管世界范围内支持制裁的热情日益高涨,但在推进制裁机制建设的过程中,这些制裁主义者还是遭遇了来自中立的自由主义国家的反对。他们提出了哪些替代方案?正如我们将看到的那样,中立国构建了一个属于自己的道德

---

[1] Sir Julian Corbett, *The League of Nations and Freedom of the Seas* (London: Oxford University Press, 1918), pp.10–11.
[2] "'Freedom of the Seas': Sir Richard Webb on War Difficulties," *The Times*, 3 January 1930, p.3.

与法律世界,在这个世界里,战争是一种需要在空间与时间上加以限制的敌对状态。中立国希望塑造的世界秩序有这样一个特点:国家强制力不得干涉社会与经济事务,也不得利用基础设施为国家服务。

中立的衰落

要理解为什么经济制裁与中立相互冲突,关键是要了解,欧洲中立国之所以有着相同的外交立场,是因为这几个国家的经济模式高度类似。瑞士、荷兰、瑞典、挪威与丹麦都是高度开放的出口导向型经济体;其中瑞士与荷兰还有着相当规模的金融部门从事海外借贷业务。因此,这些国家都坚定地致力于推动海洋自由、中立、相对自由的贸易体系以及金本位制。为了避免卷入军事冲突中,这些国家也形成了战略同盟,其中最引人注目的当属《奥斯陆公约》(the Convention of Oslo),这是一份带有一定政治色彩的七国自由贸易协定,在20世纪30年代,该公约将芬诺斯堪迪亚国家与低地国家联合了起来。[1]

制裁主义者则认为,中立是一种过时了的制度。在一个经济全球化、生产链与资金流相互交织的世界里,我们不能否认贸易在道德方面产生的影响。如果一国的商人与该国的敌人进行贸易,使得敌国获取到了更多的资源,那么为这些商人所做的任何辩护都是没

---

[1] Ger van Roon, *Kleine landen in Crisistijd. Van Oslostaten tot Benelux, 1930–1940* (Amsterdam: Elsevier, 1985). 有关战间期中立制度的衰落,参见Nils Ørvik, *The Decline of Neutrality, 1914–1941: With Special Reference to the United States and the Northern Neutrals* (London: Frank Cass, 1971); 有关中立主义者与制裁主义者各自心目中的世界体系,参见John F. L. Ross, *Neutrality and International Sanctions: Sweden, Switzerland, and Collective Security* (Westport, CT: Praeger, 1989).

第二部分 经济武器的合法性

有意义的。[1] 在第一次世界大战期间，英国第一位"大战略"理论家富勒少将十分不满中立国的行为，他说："这些'吸血鬼'在战场上大饱口福……只要国际法在措辞上允许中立国像食尸鬼一样在交战国打得血流成河的时候继续贸易，国际法就是不道德的，因此，为了美德，我们需要摧毁此类国际法。如果我们支持这些国际法，那么我们不仅仅是贪婪的、懦弱的，我们自己的道德也会沦丧。"[2]

在英国政治光谱当中，持如此强硬观点的富勒属于激进的右派。在 20 世纪 30 年代，他逐渐向莫斯利（Mosley）领导的英国法西斯联盟靠拢。但与此同时，我们也能在英国自由主义、进步主义的国际主义者中发现对中立的厌恶情绪。更令人感到困惑的是，在欧洲大陆，无论在政治光谱中的哪个位置，都有人站出来捍卫中立制度。挪威记者维克多·莫恩斯（Victor Mogens）宣称，在各国普遍接受海洋自由以及保护私有财产的原则之前，在"任何一个国家都不得利用饥饿武器打击另一个国家的非战斗人员、老人、妇女以及儿童之前，世界和平就是不可能的"。[3] 虽然看起来，莫恩斯的主张是人道主义式的，但他本人是一个坚定的保守派，后来，他担任了挪威右翼民族主义政党"祖国联盟"的领导人。威廉·阿诺德-福斯特激烈地反驳了莫恩斯的主张，作为一名工党成员，阿诺德-福斯特本人并不认为能在供应给国家的物资与供应给平民的物资之间做出明确

---

[1] M. W. W. P. Consett, *The Triumph of Unarmed Forces (1914-1918): An Account of the Transactions by Which Germany during the Great War Was Able to Obtain Supplies Prior to Her Collapse under the Pressure of Economic Forces* (London: Williams and Norgate, 1923); B. J. C. McKercher and Keith E. Neilson, "'The Triumph of Unarmed Forces': Sweden and the Allied Blockade of Germany, 1914-1917," *Journal of Strategic Studies* 7, no.2 (1984): 178-199.

[2] J. F. C. Fuller, *The Reformation of War* (London: Hutchinson, 1923), pp.96, 98.

[3] Victor Mogens, "Freedom of the Seas and Submarine Warfare: Comments of a Neutral," *Foreign Affairs* 3, no.9 (March 1922): 142.

的区分。他认为,鲁登道夫已经指出,世界大战给人们的教训在于"军队与国家是一体的","任何希望将封锁武器一刀切成两半的举动都注定会失败,因为其所依赖的区分根本不存在"。[1] 对中立的态度可以让一个民族主义者看起来像和平主义者,而让一个自由主义者看起来是鲁登道夫的同伙,这一事实说明,是否支持中立不单单是一个法律问题与道德问题,在更大程度上,其取决于一国的地缘政治以及经济倾向。

阿诺德-福斯特很早的时候就明确意识到,如果把针对侵略行为而采取的歧视性制裁措施推到极端,会产生什么后果。他指出,要么战争会消失,因为所有的武装行动都变成了针对侵略国的执法行动,要么就必须废除中立,让所有国家都必须参与"公战",而无法接着做不偏不倚的看客。1925年,在英国皇家联合军种研究院发表的一次演讲中,他总结道:"与其花力气重新试着调和交战国与中立国利益之间不可调和的旧有冲突,不如进一步推动万国联盟的建设事业,一旦这项工作大功告成,要么战争就不再存在,要么中立就不再存在。"[2] 然而,由于国际联盟采取的行动可能不仅限于制裁,而且有可能升级为真正的战争,因此最有可能被牺牲掉的是中立态度,而非战争。最终,每个国家都必须做出自己的选择,要么站在国联一边,要么站在侵略者一边;没有第三个选项。

从由于经济上的相互依赖而形成的不可避免的联系这一角度来看,反对中立的一方也给出了强有力的道德论据。当时,一位法学家曾表示,中立"与世界各民族大团结的理念之间存在着不可调和

---

[1] Arnold-Forster, "Freedom of the Seas: A Belligerent's Reply," *Foreign Affairs* 3, no.10 (April 1922): 158.
[2] Arnold-Forster, "Maritime Law and Economic Pressure," p.456.

的冲突"。① 在第一次世界大战之后，强国入侵周边小国的事件就不再仅是一个区域性事件了。由于新闻媒体自带的跨国属性以及大众舆论的形成，国联各成员国的公众都十分关注世界各地发生的暴行以及少数民族受到的待遇。很多人认为，在这样一个没有什么事情无法得到传播的世界里，在战争爆发时袖手旁观不仅仅是政治上的错误，更是道德上的恶。②

20世纪20年代末，支持还是反对中立这一问题成为中欧与东南欧各国的核心议题。这一地区的政治议题主要围绕着位于苏德两国之间的小国结盟问题以及谁有权动用国联的经济制裁武器打击谁的问题而展开。③ 一旦将一个国家认定为侵略国，那么一个与之对抗的国家联盟也就应运而生。芬兰希望，如果与苏联爆发战争，那么他们能够根据第16条的财政援助条款获得资金支持。热衷于维护苏德关系的德国外交官们并不支持芬兰人的立场。施特雷泽曼的顾问比洛认为，"在国联中，芬兰的形象不再是一个中立的北欧小国，而是一个极端的、目标明确的、鼓吹建立国际安全体系以及推动制裁的国家"。④

---

① Miroslas Gonsiorowski, *Société des Nations et problème de la paix* (Paris: Rousseau, 1927), 2:422.
② 从很多对支持和平与支持国联的公民运动的研究当中，我们就能得出这一结论，相关研究：Christian Birebent, *Militants de la paix et de la SDN: Les mouvements de soutien à la Société des Nations en France et au Royaume-Uni, 1918-1925* (Paris: L'Harmattan, 2007); Helen McCarthy, *The British People and the League of Nations: Democracy, Citizenship and Internationalism, c. 1918-1948* (Manchester: Manchester University Press, 2011); Michael Pugh, *Liberal Internationalism: The Interwar Movement for Peace in Britain* (Basingstoke: Palgrave Macmillan, 2012).
③ H. F. Crohn-Wolfgang, "Randstaatenpolitik," *Weltwirtschaftliches Archiv* 17 (1921/1922): 94–108.
④ PAAA, R 96754, Von Bülow, Aufzeichnung über die Note Finnlands und den Völkerbund vom 15.6.1927, 14 July 1927. 另见卡尔·冯·舒伯特（Carl von Schubert）针对不完整的、非普世性联盟中的集体安全条款可能产生的不稳定影响的思考，"Aufzeichnung," 1 December 1927.

对魏玛德国来说,《凡尔赛条约》中军备限制的条款意味着,德国只能坚守中立,以避免卷入战争。根据《凡尔赛条约》第 213 条,协约国有权检查德国的工厂与军事设施是否违反了军备限制规定,这意味着协约国仍有可能以此为由对德国进行制裁。1930 年 1 月在海牙举行的会谈中,法国总理安德烈·塔尔迪厄(André Tardieu)与英国财政大臣菲利普·斯诺登(Philip Snowden)向德国外交部部长尤里乌斯·库尔提乌斯(Julius Curtius)明确表示,他们仍有可能对德国施加经济与财政压力。[1] 尽管库尔提乌斯在几乎每一个国际问题上都让德国保持中立,但他仍然担心法国会"动用国际联盟的制裁武器"来打击德国。[2] 长期以来,美国经常违背英法两国的意愿,在财政问题上对德国表现出仁慈的一面。但到了 1930 年,德国政府开始认为美国政府只是在名义上保持中立。比洛认为,国联最终会受制于一个越来越有影响力的美国国际主义者团体,这帮人希望用制裁来解决所有问题。卡珀与波特所提交的法案表明,美国正在放弃自己的中立地位,而且很快就会带有倾向性地施加经济压力。他估计,一旦"华盛顿集团"批准了上述法案,国联就会毫无负担地对欧洲国家实施封锁。比洛认为,"国联对美国的依赖已经再明显不过了","在这之后,当国联需要实施封锁与制裁之时,美国就是国联强大的后盾"。[3] 即使他高估了英、法、美之间能达成的合作,但比洛所描绘的一个新兴全球自由主义制裁集团的诞生,显然让德国这

---

[1] "Aufzeichnung über die Unterredung swischen dem Herrn Reichsminister Curtius und den Herren Tardieu und Briand im Restaurant 'Anjema' im Haag, am 4. Januar 1930 von 9–11 Uhr 45 abends"; in ADAP, series B: 1925–1933, vol. 14:1. Januar bis 30. April 1930 (Göttingen: Vandenhoeck & Ruprecht, 1980), pp.18–19.
[2] "Aufzeichnung des Reichsministers des Auswärtigen Curtius," 4 April 1930; in ADAP, series B: *1925–1933*, vol. 14, pp.437–438.
[3] "Vortragender Legationsrat von Bülow an Botschaftsrat Dieckhoff (London)," 24 January 1930; in ADAP, series B: 1925–1933, vol. 14, pp.121–123.

样一个过去曾遭受过经济制裁的国家感到相当畏惧。

事实上，在英美关系当中，制裁是一个巨大的争论焦点。1929年5月，工党赢得英国大选，麦克唐纳上台，这一事件让英国的自由国际主义者欢欣鼓舞。麦克唐纳与苏联重新建立了外交关系，1929年10月，他访问了美国，成为第一位到访美国的英国首相。[1]这一时期美国的总统是胡佛，他可能是世界上最著名的人道主义国际主义者，于1928年11月作为共和党候选人当选总统。

胡佛支持麦克唐纳推动的裁军与财政整顿举措，但他仍然对基于经济封锁的全球执法计划保持警惕。[2]在第一次世界大战结束11周年之际，也就是1929年的停战日，胡佛提出了一项反建议：在封锁时，运输食品的船只应当享有豁免权，可以穿越封锁线。胡佛说："我认为，在战争期间，运输食品的船只应当不受任何干扰，这一建议源于我个人的深刻体会。我认为，有必要给予只运输食品的船只与医疗船相同的地位。现在，是时候禁止使用这种旨在打击妇女、儿童的战争武器了。"在面对英国、法国、日本、意大利以及其他较小的海军强国的政治家时，胡佛强调，这一举措有助于推动裁军进程，因为"由于担心海外粮食运输通道可能会中断，粮食进口国与

---

[1] Rhiannon Vickers, *The Labour Party and the World, vol. 1: The Evolution of Labour's Foreign Policy, 1900-51* (Manchester: Manchester University Press, 2003), p.94; B. J. C. McKercher, *Transition of Power: Britain's Global Loss of Pre-Eminence to the United States* (Cambridge: Cambridge University Press, 1999), pp.38-42.

[2] Adam Tooze, *The Deluge: The Great War and the Remaking of Global Order, 1916-1931* (London: Allen Lane, 2014), pp.491-492; Donald J. Lisio, *British Naval Supremacy and Anglo-American Antagonisms, 1914-1930* (Cambridge: Cambridge University Press, 2014), pp.313-315.

出口国都会极力发展本国的海军以避免这种情况发生"。①

胡佛有关粮食供应不应受到全球权力政治影响的建议在中立国广受好评。一家瑞士报纸写道:"当人们希望搞清楚这一提议的意义时,就有必要回顾一下这一提议与国际联盟的基础之间存在着多么强烈的对立。"德国驻伯尔尼代表团热烈地宣传道,国际联盟依靠的是"包括饥饿封锁在内的经济战争",但胡佛的提议意味着"不再将打击敌国平民的饥饿武器视为一种战争武器"。②但是,美国的这一提议并未获得国联行政院的支持,很快,欧洲主要列强就站出来公开表达了反对意见。③英国断然拒绝了这一提议。④法国政府认为有关是否应当豁免粮食运输船的争论只不过是一个披着"人道主义"外衣的战略策略,实际上"这毫无疑问是英美海军竞争中的一个插曲"。⑤尽管在伦敦海军会议上,各国就海军军备限制问题达成了一致意见,但胡佛的提议却毫无进展。

在整个20世纪20年代,制裁主义者都在有意识地反对人道主义,因为在他们看来,英美两国的海军霸权就是维护世界秩序的基

---

① "Armistice Day Address. November 11, 1929," in *Public Papers of the Presidents of the United States: Herbert Hoover, March 4 to December 31, 1929* (Washington, DC: GPO, 1974), p.377. 胡佛的观察相当敏锐,阿夫纳·奥尔夫(Avner Offer)在描述19世纪的全球化以及战争时,同样也指出了各国在海军与关税之间进行的权衡,参见Avner Offer, *The First World War: An Agrarian Interpretation* (Oxford: Clarendon Press, 1989).
② PAAA, R 96755, Telegram Nr. 104 from Adolf Müller (Bern) to AA (Berlin), 14 November 1929, pp.1–2.
③ "Europe Sees Hoover Clash with League in Food Ship Plan; Holds the Economic Blockade, Geneva's Strongest Weapon, Would Be Nullified," *New York Times*, 13 November 1929, p.1.
④ Steven W. Roskill, *Naval Policy between the Wars, vol. 2: The Period of Reluctant Rearmament, 1930-1939* (London: Collins, 1968), p.47.
⑤ MAE, Série SDN, Box No. 817, Note summarizing the dossier of freedom of the seas by Aubert et Basdavant, "État actuel de la question de liberté des mers," 14 October 1931, p.8, f. 103.

第二部分　经济武器的合法性

石。尽管他们为调和《国联盟约》与《巴黎非战公约》所做的努力并非全都获得了成功，但他们的对手，旨在对饥饿封锁进行人道主义限制的一方也没能大获全胜。胡佛有关豁免粮食运输船提案的夭折意味着，到了20年代末，制裁主义者仍然比中立派更强大。法国驻美大使在给巴黎的信中写道，利用制裁来保证《巴黎非战公约》得以执行的愿景"并非没有什么问题，可以说，这仿佛是个幽灵般的问题……即使现在看来，好像一切问题都得到了解决，但我们并不清楚这个幽灵什么时候就会回来"。[①]

对于埃利奥特·费尔金来说，1929年的秋天是一段愉快的时光。作为国联经济与金融组织的二号人物，费尔金以美国商会代表的身份出席了巴塞罗那的世界博览会。在白天谈完生意后，晚上他与其他参会者一道，在维多利亚·尤金妮娅号汽船上品尝着鸡肉、鹅肝以及海螯虾。作为"温和商业"理论的信徒，他们将金本位制的恢复以及工业、贸易与金融的增长视为未来实现繁荣的标志。正当费尔金以及其他国际主义者欢欣鼓舞之时，一位德国教授来到了巴塞罗那，并在欧洲文化联合会的大会上发表了一番演讲。他尖锐地抨击了同时代人坚信的经济稳定论，指出这些人认为消费与财富积累能促进政治稳定的乐观看法不仅是虚幻的，而且也是危险的。[②] 这位教授认为，在国际联盟的体系之下，战胜国剥夺了战败国的主权。[③] 制裁是自由主义黑暗的那一面，表面上看，这似乎是一个中立的工具，但实际上，其背后隐藏的是旧时代的权力政治。

---

① MAE, Série SDN, Box No. 817, French ambassador to United States Claudel to Briand (foreign affairs minister), 29 November 1930, p.2.
② This lecture is reproduced as "Das Zeitalter der Neutralisierungen und Entpolitisierungen," in *Positionen und Begriffe im Kampf mit Weimar-Genf-Versailles, 1923–1939* (Berlin: Duncker and Humblot, 1988), pp.120–133.
③ "Der Völkerbund und Europa"［1928］, in *Positionen und Begriffe*, pp.88–97.

271

这位发言人就是卡尔·施米特（Carl Schmitt），一位臭名昭著的非自由主义法学家，他反对魏玛共和国，并欢迎纳粹的崛起。他对战间期国际体系的冷峻分析一直强烈吸引着当时以及此后批判自由主义的人士。[1] 然而，在他对自由主义的攻击之中，施米特没能正确描述当时正在发生的事情。20世纪20年代末的特点并非由国联出面策划的邪恶的自由主义阴谋，而是从一种政治法律秩序向另外一种秩序过渡时出现的混合状态。集体安全与国际联盟实施的制裁所代表的新"公共"体系与有限战争、中立与人道主义法律所代表的旧"私人"体系之间产生了冲突。正是这两种范式在1927年至1931年实现的那种不稳定的共存状态，使得这一时期的政治变得如此令人感到迷茫。但这并不像施米特所说的那样，是自由主义方案与某种反自由主义或非自由主义替代方案之间的斗争；实际上，施米特与很多古典主义者以及未来的新自由主义者一样，偏爱于旧有的分离主义体系。[2] 制裁主义者与中立主义者之间的分歧，并非自由主义及其敌人之间的冲突，而是自由主义内部相互对立的范式之间的冲突。

施米特对意识形态冲突的描述也不正确。战间期的制裁显然不是英美对先前和谐的欧洲秩序的粗暴干涉。在欧洲大陆内部，制裁本就有着强大的智识与意识形态根源。由于美国拒绝签署《凡尔赛条约》，在战间期的几十年里，经济武器仍然主要是欧洲人的武器，特别是英法两国的武器，在可能的情况下，英法两国会借助国联来

---

[1] 在当时赞赏施米特的人中，有德国外交部的比洛，对他而言，施米特是一个非常有价值的"笔杆子"。[*Gewandte Feder* (PAAA, R 96753, Telegram by von Bülow to Martius, 21 June 1927, p.2)].
[2] Carl Schmitt, *The Nomos of the Earth in the International Law of the Jus Publicum Europaeum* (New York: Telos Press, 2003), p.235.

实施制裁，必要之时，两国也会发动单边制裁。[1] 与现代制裁不同的是，这时动用经济武器的目的并非保护民主或自由的价值观。其首要功能是捍卫1919年建立的新领土秩序。动用第16条制裁的理由主要是对国联主权成员国的攻击，而非一国国内的人权侵犯或自由体制的瓦解。在这方面，战间期的制裁主义体系与我们今天所了解的自由国际主义原则之间还存在着很大的不同之处。[2]

---

[1] A point that emerges from Peter Jackson, *Beyond the Balance of Power: France and the Politics of National Security in the Era of the First World War* (Cambridge: Cambridge University Press, 2014).

[2] George Egerton, "Collective Security as Political Myth: Liberal Internationalism and the League of Nations in Politics and History," *International History Review* 5, no.4 (November 1983): 496-524. 在20世纪初，"自由国际主义"一词出现的频率很低；即使出现，也是为了描述个别国家的具体政策选择，而非一种结构或一种秩序。20世纪20年代到30年代，少数提及自由国际主义的地方通常是为了与保护主义或帝国主义作对比，特别是在协约国如何对待德国的问题上，"自由"意味着重新接纳德国，而非严厉惩罚德国。参见Donald R. Taft, review of George Young, *The New Germany*, *Journal of International Relations* 11, no.4 (April 1921): 628-631. 有关指代有组织的自由贸易体系的"自由国际主义"，参见Lionel C. Robbins, "The Economics of Territorial Sovereignty," in *Peaceful Change: An International Problem*, ed. C. A. W. Manning, p.57 (New York: Macmillan, 1937); Ridgeway, *Merchants of Peace*, pp.342-360. 当下，这一概念指代的是一种结构性秩序，其特点是形式上的国家间平等，保护一定程度的个人权利与自由，以及在规范层面上承诺允许民众自治。参见Fred Halliday, "Three Concepts of Internationalism," *International Affairs* 64, no.2 (Spring 1988); Tony Smith, *America's Mission: The United States and the Worldwide Struggle for Democracy* (Princeton, NJ: Princeton University Press, 1994); G. John Ikenberry: *After Victory: Institutions, Strategic Restraint, and the Rebuilding of Order after Major Wars* (Princeton, NJ: Princeton University Press, 2001), and *A World Safe for Democracy: Liberal Internationalism and the Crises of Global Order* (New Haven: Yale University Press, 2020), p.13n20. 在历史上，曾将这一概念应用于国际主义实践当中，同时又有着深厚的国内民主传统的国家的相关情况（尤其是维多利亚后期、爱德华时期以及战间期的英国，参见Casper Sylvest, *British Liberal Internationalism, 1880-1930* (Manchester: Manchester University Press, 2013). 国联并没有取代帝国，反而维护了帝国，与此同时，很多独裁的、反自由主义的国家也纳入国联，因此，我们很难用"自由主义"这一称谓来描述整个战间期的国际秩序；有关这些问题的批判性考虑，参见David Petruccelli, "The Crisis of Liberal Internationalism: The Legacies of the League of Nations Reconsidered," *Journal of World History* 31, no.1 (March 2020): 111-136.

尽管制裁主义者在 20 世纪 30 年代初并没有建立起一个完美的秩序，但他们仍有能力阻止其他替代方案（禁止或限制经济制裁发挥作用的方案）获得成功。反对制裁的人们取得的唯一一场持久的胜利是在国联自身的官僚机构中获得的一场意外胜利：国联经济与金融组织拒绝为实施制裁而收集经济情报。

最终，制裁主义与中立主义之间不稳定的平衡被打破了，这不仅是因为二者的基本理念互不相容。在"咆哮的二十年代"，资本主义虽实现了复兴，但其基础仍旧相当薄弱，而且在 20 世纪 20 年代末期，世界经济正摇摇欲坠。从 1927—1928 年开始，全球商品的价格就开始下跌。在费尔金与施米特还在享受着巴塞罗那秋日的阳光时，华尔街爆发了大规模的金融风暴，这标志着大萧条的开始。全球经济衰退的影响远远不只让国际经济关系政治化，随着各国争相开始激进地追求自给自足，国联体系以及《巴黎非战公约》都受到了巨大的压力。最有希望拓展第 16 条覆盖范围的《财政援助公约》也没能通过。这使得施加制裁的国家能够惩罚侵略者，却没能给受害国提供什么支持。最终，在 20 世纪 30 年代，经济制裁面临了最为严峻的挑战。

第三部分
战间期危机中的经济制裁

第七章
对抗侵略的集体安全体系（1931—1935年）

1932年4月，人在日内瓦的美国教授皮特曼·彭德（Pitman Potter）写道："如今政治科学中最重要的一个问题就是如何在国际治理体系中建立一套制裁机制，并使之良好地运转起来。"[1] 尽管制裁已经诞生了十多年了，但直到彭德写作的年代，"集体安全"这一概念才逐渐进入人们的视野之中，成为武装捍卫国际条约与国际秩序稳定的一面大旗，而制裁则成为集体安全最重要的一件武器。[2] 在接下来的十年当中，从拉丁美洲到非洲，从欧洲到东亚，世界上一大批国家都试图利用制裁来预防战争的爆发，因为在这一时期，军国主义日本、纳粹德国与法西斯意大利都开始重新武装起来，准备进行领土扩张，以建设属于自己的帝国。

战间期的国际主义者认为经济压力能够阻止战争的想法是错误的吗？许多同时代的评论家以及后来的历史学家都认为国联的制裁是软弱无力的，在他们看来，制裁只是国联用来支持和平、谴责侵略的一种手段。[3] 爱德华·卡尔在那本国际关系领域中现实主

---

[1] Pitman B. Potter, review of David Davies, *The Problem of the Twentieth Century*, *American Political Science Review* 26, no.2 (April 1932): 382–383.

[2] George Egerton, "Collective Security as Political Myth: Liberal Internationalism and the League of Nations in Politics and History," *International History Review* 5, no.4 (November 1983): 496–524.

[3] Margaret Doxey, *Economic Sanctions and International Enforcement* (London: Oxford University Press, 1971), p.93. 有关这一主题的经典论述，参见G. Clyde Hufbauer, J. J. Schott, and Kimberley Ann Elliott, *Economic Sanctions Reconsidered: Supplemental Case Materials* (Washington, DC: Institute for International Economics, 1990), pp.33–40.

义学派的奠基之作《二十年危机》(The Twenty Year's Crisis)中指出，国联制裁的指导思想是有问题的，因为实施制裁的国家并不准备动用军事力量作为制裁的后盾。[1]查尔斯·金德尔伯格（Charles Kindleberger）在其有关大萧条以及霸权稳定论的论述中表示，制裁缺乏"美国或英国哪怕任何一丝的领导"，因此"走向了失败"。[2]扎拉·施泰纳有关战间期国际史的权威著作认为，尽管英国政府公开声明支持制裁，但他们始终缺乏执行的决心。[3]这些论断的含义非常清楚：是否能成功阻止20世纪30年代世界大战的爆发，取决于制裁能否成功发挥作用，而在这一问题上，历史向我们证明，国联过于软弱了。在历史文献以及人们对20世纪30年代的记忆当中，随处可见这种认为国联缺乏能力的描述。那些对1945年后建立的现代国际秩序抱有乐观、进步观点的人认为，国联是一个有着良好的出发点但过于"幼稚"的国际组织。在他们的叙事中，假如国际主义是一部成长小说中的主角，那么国联就是其不成熟的阶段。[4]在他们看来，国联缺乏有硬实力背书的制裁，而联合国则从其弱点中吸取

---

[1] 在卡尔看来，问题在于英国拒绝动用军事力量来支持制裁，因为在英国人看来，"军事武器与经济武器是完全不同的两种权力工具"。(Edward Hallett Carr, *The Twenty Years' Crisis, 1919-1939: An Introduction to the Study of International Relations*, revised 2nd ed. [New York: Harper and Row, 1964; first published 1939], p.109).
[2] Charles Kindleberger, *The World in Depression, 1929-1939* (Berkeley: University of California Press, 1973), p.240.
[3] Zara Steiner, *The Lights That Failed: European International History, 1919-1933* (Oxford: Oxford University Press, 2005), p.358.
[4] 这一结论的目的论倾向十分明显，参见Oona Hathaway and Scott J. Shapiro, *The Internationalists: How a Radical Plan to Outlaw War Remade the World* (New York: Simon and Schuster, 2017), p.173; Lori Fisler Damrosch, "Collective Economic Sanctions: Nonforcible Responses to Threats to Peace," in *The Dumbarton Oaks Conversations and the United Nations, 1944-1994*, ed. Ernest May and Angeliki E. Laiou, p.62 (Washington, DC: Dumbarton Oaks Research Library and Collection, 1998).

了教训，让制裁获得了真正的武力支持。①

在接下来的几章中，通过仔细考察20世纪30年代发生的关键危机，我们可以发现，与其说制裁的真正问题是其内在的缺陷，不如说是其所蕴含的能量过于巨大，但同时又无法预测。1931年9月，日本入侵了中国东北地区，美国、英国、法国与荷兰的决策者就是否要对日本实施经济制裁展开了争论。②之所以没有动用制裁，主要是因为他们担心制裁会使得日本采取进一步的军事行动。然而，在"九一八"事变之后，支持国联的国际主义者占据了上风，他们希望能进一步提升美国在维护世界和平方面的地位，将美国打造为一个动用制裁保卫和平的国家。在英国，作为坚定支持集体安全的政治人物，罗伯特·塞西尔出任了国际联盟协会（LNU）的负责人，到1933年时，这一民间团体就已经拥有了超过100万的成员。③这个组织的国际主义立场比保守派坚定得多，因此得到了左派人士与自由派人士的广泛支持，与此同时，在保守派人士眼中，塞西尔及其同事只不过是"嗜血的和平主义者"。④

尽管并非一帆风顺，但在一些重要时刻，国联似乎也掌握了权力。1934年，苏联加入了国联，并成了行政院成员国，这使得整个欧洲的反法西斯势力进一步壮大，他们希望苏联的加入能给纳粹德国进一步

---

① 例如，伊丽莎白·博格瓦特（Elizabeth Borgwardt）认为，在联合国成立之前，"负责保障国际安全的组织没有任何终极的制裁措施来执行其裁决"——这种说法忽略了第16条在战间期的重要地位。(Borgwardt, *A New Deal for the World: America's Vision for Human Rights* [Cambridge, MA: Harvard University Press, 2005], p.154).

② Dorothy Borg, *The United States and the Far Eastern Crisis of 1931-1933* (Cambridge, MA: Harvard University Press, 1964).

③ Donald S. Birn, *The League of Nations Union, 1918-1945* (Oxford: Clarendon Press, 1981).

④ Cited in J. A. Thompson, "Lord Cecil and the Pacifists in the League of Nations Union," *Historical Journal* 20, no.4 (1977): 949; 有关政党之间的结盟情况，参见Helen McCarthy, *The British People and the League of Nations: Democracy, Citizenship and Internationalism, c. 1918-48* (Manchester: Manchester University Press, 2011), pp.46-78.

施加经济压力。第二年春天,苏联外交官希望将各国联合起来组建一道封锁阵线来对抗重整军备的纳粹德国,但西方各国政府没有同意,因为他们担心制裁会冲击本国的经济。然而,1935年10月,国联表明其有能力对入侵埃塞俄比亚的法西斯意大利实施制裁。为制裁意大利的入侵行为,世界上大多数主权国家联合了起来,建立了人类历史上第一个多边经济制裁体系,在本书第八章中,我们会重点讨论这一具有开创性意义的事件。然而,由于担心将侵略国逼得太狠,以至于其狗急跳墙,直接在欧洲发动全面战争,制裁一方再次做出了让步,设计出了一款秉持渐进主义的工具,有意避免实施更为严厉的制裁措施。

为了组建一个成功的制裁联盟,制裁主义者需要面对外交、经济与技术方面的大量挑战,但困难并非仅限于一系列技术性问题,其中还包括一个更深的结构性问题,即战争与和平含义的模糊化,这是上次世界大战留下的尚未得到很好处理的遗产,在和平时期动用武力只会导致情况进一步恶化。制裁诞生于总体战之中,与总体战有着千丝万缕的联系,以至于制裁看起来好像与战争没有什么区别。这一点不光适用于民族主义国家,同时也适用于希望对其施加限制的制裁主义国家。对前者而言,在意识到自己在经济上可能会被孤立后,这些国家会进一步加速对民众与经济资源的动员,以对抗外部世界。对后者而言,实施制裁需要以维护和平的名义将国家带入准战时状态。1931年,一位英国评论家指出,"除非各国政府拥有必要的权力,否则他们就无法实施经济制裁……目前他们没有采取任何实际措施……这意味着我们还没有准备好动用经济武器"。[①]从"九一八"事变到意大利入侵埃塞俄比亚,这一连串国际危机进一

---

① Anton Bertram, "The Economic Weapon as a Form of Peaceful Pressure," *Transactions of the Grotius Society* 17 (1931): 164, 166.

步提高了为发动制裁而进行准备的风险。

"九一八"事变与制裁的希望

1930年2月21日，五位知名人士在纽约市中心的哈佛俱乐部会面，讨论了经济制裁会在哪些方面影响美国的外交政策。其中一位表示，在签署了《巴黎非战公约》之后，"经济制裁问题已经成为美国政治与经济生活当中一个无法忽视的真正问题了"。美国已经签署了这一条约，宣布侵略战争为非法行动。但同时，与承诺遵守第16条的国联成员国不同，美国没有承担任何在世界范围内打击侵略行为的正式责任。美国并不是唯一一个既没有加入国联，同时又在经济制裁问题上举足轻重的国家。苏联、巴西与墨西哥的缺席也同样重要。这四个国家控制着一个世界范围内主要的金融市场，拥有巨大的食品与工业品出口贸易，掌握着世界上大部分的石油供应，以及大量关键的战争物资：巴西的橡胶、墨西哥的石油、美国的铜与棉花以及苏联的锰与铂。[①]

在哈佛俱乐部召开的会议提出了一项倡议，这一倡议得到了"二十世纪基金"的资助，这是一个由爱德华·菲林（Edward Filene）在1919年出资设立的智库。菲林是一位成功的波士顿百货公司老板，1915年至1918年，他是强制和平联盟的重要支持者。通过这一基金，菲林将威尔逊式的国际主义者、仲裁主义者以及美国著名的法学家、商人与政府官员联合了起来。1931年8月，菲林邀请哥伦比亚大

[①] Frederick G. Tryon, "The Economic Aspects of Sanctions," in *Program for an Investigation and Report on Economic Sanctions and American Policy* (New York: Twentieth Century Fund, June 1930), pp.21–60; quote on p.21. 随着墨西哥于1931年加入国联，苏联于1934年加入国联，这一情况略有改善。

学校长巴特勒担任经济制裁委员会的主席。[1]法学家约翰·惠顿（John Whitton）与经济学家弗雷德里克·特赖恩（Frederick Tryon）已经为其研究打下了基础。该基金计划于1932年春季公布一份完整报告，以配合在日内瓦举行的世界裁军大会。尽管此时的中欧正在经历着一场不断升级的经济与金融危机，但1931年9月召开的国联大会仍享受着一片和平的氛围。塞西尔甚至对来到日内瓦的人说："可以说，现在这个时期是世界历史上最不可能爆发战争的时期。"[2]

仅仅8天后，9月18日，星期五，这句话就被证伪了。这一天，为给接下来入侵中国东北的行动找到合适的借口，日本军方炸毁了南满铁路，"九一八"事变爆发。就在这个周末，驻扎在苏格兰的皇家海军水兵发生了兵变，导致伦敦证券交易所与货币市场陷入一片恐慌之中，此次事件导致英国政府不得不于9月21日星期一宣布英镑脱离金本位。就在这一周，国际政治与经济秩序都遭受了严重冲击。在"九一八"事变之后，日本入侵了中国东北，由此引发了一场"远东危机"。[3]在国联还

---

[1] 这一十人委员会还包括支持威尔逊主义的法律顾问［约瑟夫·张伯伦（Joseph Chamberlain）与约翰·福斯特·杜勒斯（John Foster Dulles）］、商人与金融家［威廉·克罗克（William Crocker）、卢修斯·伊士曼（Lucius Eastman）、爱德华·赫尔利（Edward Hurley）、詹姆斯·穆尼（James Mooney）与博尔顿·史密斯（Bolton Smith）］，以及外交事务负责人［哈罗德·穆尔顿（Harold Moulton）以及前驻英大使艾伦森·霍顿（Alanson Houghton）］。

[2] Cited in *League of Nations Official Journal, Special Supplement*, no.93 (Geneva, 1931): 59–60.

[3] 有关这一问题的经典论述，参见Christopher Thorne, *The Limits of Foreign Policy: The West, the League, and the Far Eastern Crisis of 1931-1933* (London: Macmillan, 1972). 以及Steiner, *The Lights That Failed*, pp.707–754; Akira Iriye, "The Manchurian Incident: Japan's Revisionist Militarism, 1931–1932," in *The Cambridge History of China*, vol. 13, part 2: *Republican China, 1912-1949*, ed. John K. Fairbank and Albert Feuerwerker (Cambridge: Cambridge University Press, 1986); Ian Nish: "Some Thoughts on Japanese Expansion," in *Imperialism and After: Continuities and Discontinuities*, ed. Wolfgang J. Mommsen and Jürgen Osterhammel (London: German Historical Institute, 1986), and "Intelligence and the Lytton Commission, 1931–1933," in *Decisions and Diplomacy: Essays in Twentieth-Century International History in Memory of George Grun and Esmonde Robertson*, ed. Dick Richardson and Glyn Stone (London: Routledge, 1995).

没来得及采取行动之时，中国的学生就开始组织民众抵制日货。[①] 这一发端于基层群众的抵制日货运动产生了明显的效果。在入侵的两个月后，即 11 月，日本对中国东北的出口额就比 1930 年的同时期下降了 68%；对中国北部、中部与南部的出口额则分别下降了 24%、17%、10%。[②] 一位在中国的美国记者将这场大规模的抵制运动描述为"一件强大的经济武器……这是一场特殊的、激烈的战争，在这场战争中，整个民族的精神力量都被调动了起来"。[③]

西方世界的决策者面临的直接问题是，日本政府与中国政府都不是统一的行为主体。这一时期，蒋介石领导的南京政府与广州国民政府正分庭抗礼，而且双方在如何对付日本人的问题上还存在分歧。东京的日本文官内阁要比驻扎在中国东北的强硬派军官温和得多，然而这些军人正努力摆脱文官政府对自己的管辖，开始独立行事，同时，在日本本土，强硬派军官也在动员民众，谋求他们的支持。外相币原喜重郎因其在 1930 年伦敦海军会议上的合作态度而得到了西方各国人士，尤其是美国国务卿史汀生的高度评价。然而，币原喜重郎的地位越来越不稳固，因为这一时期，就连许多日本自由主义者也对西方在关税、移民配额以及和平条约上对日本施加的

---

① 有关这十年当中被反复利用的制裁手段，参见 Banno Junji, "Japanese Industrialists and Merchants and the Anti-Japanese Boycotts in China, 1919–1928," in *The Japanese Informal Empire in China, 1895–1937*, ed. Peter Duus, Ramon H. Myers, and Mark R. Peattie, pp.314–329 (Princeton, NJ: Princeton University Press, 1989).
② Hoover Institution Archives (HIA), Stanley Hornbeck Papers (SHP), Box 369, Folder "Economic Sanctions," Consul General Arthur Garrels, "Present Position of Japan's Commercial Interests and Trade in China," 2 November 1931, p.1.
③ George E. Sokolsky, "China Fights Again with the Boycott; a Weapon She Has Used Many Times Is Now Pointed toward Japan Once More," *New York Times*, 8 November 1931, p.3.

限制表示不满。[①] 仅在 1931 年，持极端民族主义立场的日本军官就试图发动了两次政变，使得币原喜重郎这样的日本温和派的活动空间越来越小。鉴于日本与中国的精英阶层内部都面临着严重的分裂，西方世界的决策者并不清楚究竟是谁做出了相关的决定，又应当重视哪个阶层对物质压力的反应。

由于整个事情仍处于一团迷雾之中，国联对这"九一八"事变的调查得到了美国总统胡佛、法国总理皮埃尔·赖伐尔（Pierre Laval）以及英国首相麦克唐纳及其外交大臣约翰·西蒙（John Simon）的广泛支持。塞西尔与萨尔特希望国联采取强有力的行动：宣布日本为侵略国，并开始审议根据第 16 条实施的制裁措施。[②] 起初，国联并没有发挥什么作用，因为各方领导人都希望通过谈判解决争端；此外，中国与日本都不承认这场冲突是一场正式的战争。[③] 另外一个障碍在于，美国在日内瓦与巴黎的代表似乎对国际合作都不怎么感兴趣。担任行政院主席的白里安多次要求美国大使查尔斯·道威斯（Charles Dawes）出席会议，但这位前将军兼金融家却懒得跨过塞纳河来开会。亚瑟·斯威策将 1931 年 11 月至 12 月这一系列失败的会议描述为"外交史上最糟糕的滑稽剧之一"。[④]

美国之所以反对制裁，是出于一系列相当复杂的原因的。作为

---

① 当年早些时候，日本自由主义者鹤见祐辅在《外交事务》杂志上发表的一篇文章中如是说道，"日本在毫无防备的情况下被三堵无法逾越的墙困了起来，这三堵墙分别是关税墙、移民墙以及和平墙。第一堵墙将日本的产品逐出了其他国家的市场。第二道墙禁止日本人民对外移民。第三道墙禁止日本在人口密度相差巨大的国家之间调整未能得到平等分配的领土。"（"Japan in the Modern World," *Foreign Affairs* 9, no.2［January 1931］: 262.)
② TNA, FO 371 F 590/1/10, Arthur Salter to John Simon, 2 February 1932.
③ Quincy Wright, "When Does War Exist?" *American Journal of International Law* 26 (1932): 362–368.
④ LOC, Arthur Sweetser Papers, Box 29, Letter from Sweetser to Drew Pearson, 6 October 1960, f. 5.

一个长期以来一直反对实施封锁的人，胡佛认为制裁是一种战争行为。① 作为一个以商业为导向的保守派国际主义者，他不希望商业世界被政治干预所扰乱。史汀生本人更倾向于限制日本，但国务院其他官员在制裁问题上还存在分歧。曾担任过驻日大使的副国务卿威廉·卡斯尔（William Castle）支持胡佛，他认为制裁是一种侵略性的战争行为。② 而另外一派支持制裁的外交官围绕在了远东事务司司长斯坦利·霍恩贝克（Stanley Hornbeck）周围。霍恩贝克是第一个在1931年12月就开始研究美国对日制裁措施可能性的美国高级官员。对他来说，制裁之所以是一个有吸引力的选项，是因为日美两国之间有着严重不平衡的贸易关系。日本每年40%的对外贸易都是与美国进行的，对日本来说，美国市场的重要性要远远大于日本市场对美国的重要性；美国每年只有4%的出口贸易是与日本进行的。霍恩贝克认为，只需要三个月，制裁就会给日本带来严重的经济损失。不出半年，日本政府就不得不与中国以及西方各国进行谈判，以达成解决方案。日本的出口导向型工业以及航运业"会立即被经济抵制所破坏"。③

贸易是针对日本可能实施的制裁的核心议题——我们完全可以

---

① Herbert Hoover, *The Memoirs of Herbert Hoover, 1920–1933: The Cabinet and the Presidency* (London: Macmillan, 1952), pp.366, 370; Thorne, *The Limits of Foreign Policy*, pp.196–197.
② 卡斯尔表示，"毫无疑问，一旦世界各国都参与进来，那么抵制就能让一个国家不得不屈服，但其造成的代价与战争相比几乎不相上下。除非是一个能够利用本国资源养活自己的国家，否则普遍的抵制就会带来饥荒；而饥荒会带来革命，会导致一切政府走向崩溃。可以肯定的是，在这种情况发生之前，战争完全有可能爆发。抵制意味着封锁，而我确信，没有什么措施比封锁更容易导致战争了。" (HIA, SHP, Box 369, Folder Sanctions #1, Transcript of speech by Under Secretary of State William R. Castle at General Conference of the Methodist Episcopal Church, Atlantic City, 6 May 1932).
③ HIA, SHP, Memorandum 793.94/4314, "Manchuria Situation. B. Economic Boycott," 6 December 1931.

理解这一点。到 1932 年年初，影响越来越深的大萧条使得世界贸易值迅速萎缩。按价值计算，美国仍然保持着最大规模的出口贸易，共 23.7 亿美元，之后是德国（21.9 亿美元）、英国（20.7 亿美元）以及法国（11.9 亿美元）。[1] 但美国的工业利益集团强烈反对参与禁运或经济抵制，因为如此一来，美国的出口额将进一步减少。劳动经济学家乔治·索尔（George Soule）认为，人们低估了目前已经对日本施加的经济限制与人口限制所发挥的效果；美国方面的抵制会掀起巨大的波澜。东京方面有可能因制裁而被迫屈服，"就像一个破落的乞丐面对警察的棍棒时一样"，"但对日本而言，更有可能发生的是，面对整个世界的反对，日本人会认为他们现在必须建立并巩固起一个伟大的东方帝国来让自己坚不可摧，如若不然，日本就会沦落为一个不光彩的二流国家"。[2] 他警告称，在制裁之下，日本人会被迫在经受屈辱与为生存而战之间做出选择，如此一来，制裁会进一步增强日本强硬派的力量。在英国，战时贸易与封锁事务咨询委员会研究了日本经济在哪些方面易遭到攻击，其给出的第一份报告得出了与美国方面类似的结论：在美国与苏联的支持之下，进口、出口与金融制裁的组合可能会产生强烈的效果，但不能排除"制裁将日本推向公开战争的可能"。[3]

尽管存在政治与经济上的疑虑，但在"九一八"事变发生之后，女权主义者对经济压力的看法发生了一次明显的转变。塞西尔和国际妇女和平与自由联盟的成员一起开展活动，要求日本对其在 1932

---

[1] R. A. Lamont, "United States Maintains Position as the Leading Exporter Nation," *Commerce Reports*, Washington, DC, 25 April 1932.
[2] George Soule, "The Fallacy of a Boycott," *Harper's Magazine* 164, no.984 (May 1932): 706.
[3] TNA, CAB 47/4 Report ATB 86 (CID Paper No. 1083-B), "Economic Sanctions against Japan," March 1932, p.8.

年1月后对中国领土的侵略行为负责。在美国，艾米丽·巴尔奇提议对日本商品进行和平的私人抵制，这将迫使企业重新考虑要不要支持日本的侵略行为，同时还能避免对日本民众发动饥饿封锁。在与史汀生的助理会面时，她提出，在那些关心世界和平，同时在政治事务方面十分活跃的女性中，"自愿抵制"的方案能够获得广泛的支持。① 在世界大战刚刚结束之时，女权主义政治组织的成员几乎一致反对实施经济制裁。但1931年至1932年，她们的立场发生了重大转变，与支持国联的国际主义团体（例如，美国的国际联盟协会与英国的国际联盟协会等）所采取的立场差别越来越小。② 不过，巴尔奇与其他人支持抵制行动的前提是此类行动不会"激起群众的仇恨情绪，也不会激发他们的战争精神"。国际妇女和平与自由联盟美国分部的负责人多萝西·德策（Dorothy Detzer）向巴尔奇保证，这一行动"不会导致我们与日本爆发战争"。③20世纪30年代，德策在国会山积极为武器禁运法案进行游说，维拉·米歇尔·迪安（Vera Micheles Dean）在制裁问题上的观点与德策一致，她是一位来自俄罗斯的移民，也是一位政治学家，曾为雷蒙德·布尔的外交政策协会撰写过有关制裁的新闻简报。④

1932年春，这一系列民间团体共同创建了美国抵制协会（ABA）。该协会发动了一场全国性活动，旨在要求对日本施加经济压力，大量

---

① HIA, SHP, Box 369, Folder "Economic Sanctions," Allen T. Klots, "Memorandum of Conversation with Miss Emily Greene Balch, Mr. Tucker P. Smith, Mr. Ray Newton," 2 March 1932, p.2.
② Carrie A. Foster, *The Women and the Warriors: The U.S. Section of the Women's International League for Peace and Freedom* (Syracuse, NY: Syracuse University Press, 1995), p.195.
③ Cited in Thorne, *The Limits of Foreign Policy*, p.222.
④ 有关迪安是如何看待制裁问题的，参见 "The United States and Sanctions," *Foreign Policy Bulletin*, 9 July 1930, pp.181–182; Dorothy Detzer, *Appointment on the Hill* (New York: Henry Holt, 1948).

活动家、社区工作人员、教会团体、新闻人士参与其中，此次活动收效甚佳。这场活动成功扭转了第一次世界大战后民主派与制裁主义者之间相互对抗的模式。在1918年至1921年漫长的"和平战争"中，民众运动的目标是反对针对苏俄的封锁，而协约国的精英们则希望维持对苏俄的封锁。十年后，美国国内希望将战争非法化的运动以及英国国内支持国联的相关组织所发动的基层运动已经转向支持抵制与制裁，而保守的统治精英们则反对这一政策。之所以发生这一转变，部分是因为国际政治环境发生了变化：到20世纪30年代初，迫在眉睫的问题不再是如何结束一场世界大战，而是如何防止小规模的战争升级。由于总体战的经验逐渐淡去，许多自由主义者、左派人士与女权主义者对动用武力有了新的认识：在他们看来，商业压力与战争不同，比起重启战端，商业抵制更为可取。然而，保守主义者却不这么认为，用一位保守派人士的话说，广泛的社会运动让他们进一步相信，"全国性的抵制本身就是战争……也许我们可以这样讲，抵制是战争技艺演进的结果，而且还是一种最新的发展形态"。[1]

在有关这一问题的讨论中，尼古拉斯·巴特勒主持的经济制裁委员会于1932年4月发布了报告——《抵制与和平》(Boycotts and Peace)。[2] 这份报告为美国参与国际制裁提出了最为充分的理由。该委员会对经济武器的认识也受到了前十年欧洲相关讨论的影响。威慑理论算得上是1921年国际封锁委员会决议、1924年肖特维尔-米勒计划以及整个20世纪20年代阿诺德-福斯特、塞西尔与费尔金设想中的制裁基础。这一逻辑也是巴特勒委员会报告的基础。正如《抵制与和平》这份报告所论述的那样："如果一个正在考虑采取侵略行动的国家内大多数人都知道一旦采取行动，整个世界都会联合起

---

[1] Garrard Glenn, "War without Guns," *Virginia Quarterly Review* 8, no.1 (July 1932): 389.
[2] "Butler for Boycott as Weapon of Peace," *New York Times*, 4 April 1932, p.18.

来对他们实施经济制裁,那么这个国家内部的工商业利益集团就会陷入恐惧之中;他们会在国内充分发挥自身的影响,在许多情况下,他们的影响力足以扭转政策方向。"[1] 这份报告在美国掀起了一场关于经济制裁的狂热辩论。[2] 巴特勒明确地将其作为抵制日本的理由,并试图改变胡佛政府对制裁的态度。[3]

《抵制与和平》还引发了雷蒙德·布尔与当时在哥伦比亚大学任教的著名进步主义哲学家约翰·杜威之间关于制裁的辩论。争论的焦点在于"对国际组织来说,制裁是否是必要的"这一问题。[4] 布尔认为,制裁是任何国际秩序必然的产物,同时,对制裁而言,关键问题是如何塑造其威慑力。他认为,日本人正是因为观察到了西方在应对1925—1927年的反帝运动时没有采取什么措施,所以才得出结论:无论他们在中国干什么,西方国家都不会对其进行制裁。如果当时西方世界采取积极手段,实施制裁,那么日本的工业家团体就会立即阻止军队在东北地区进一步升级事态的举动。布尔认为,世界大战之所以会爆发,也正是因为这一点:和塞西尔、安吉尔与斯威策一样,他相信如果当时的德国知道封锁会给他们带来什么样的后果,那么在1914年7月,德国就一定会阻止奥匈帝国对塞尔维亚发动进攻。

然而,布尔的核心论点并非基于历史经验,而是基于有关国际秩序的一套新哲学。如果不能将制裁决定性地打造为维护世界和平的基础,那么就意味着强权即公理的"战争体系"仍然会大行其道。

---

[1] Committee on Economic Sanctions, *Reports of Research Findings* (New York: Twentieth Century Fund, 1931), p.222.
[2] "Urge Treaty to Give Kellogg Pact Teeth. Members of Butler Committee Suggest Nations Agree to Joint Economic Action," *New York Times*, 2 March 1932, p.7.
[3] "Urges a Boycott Plan as Curb on Conflicts. Head of Twentieth Century Fund Tells Castle Concerted Embargo Would Uphold Kellogg Pact," *New York Times*, 9 May 1932.
[4] "Are Sanctions Necessary to International Organization?" *Foreign Policy Association pamphlet*, nos. 82–83 (June 1932).

第三部分　战间期危机中的经济制裁

为了建立一个新的、更好的国际秩序，人们就需要找到一个像战争那样强大，但又不像战争那样可怕的东西。仅仅依靠道德压力是不够的。布尔接受了制裁会导致附带损害的风险，同时他也否认在道德层面"将一个政府与其所管辖的个人区分开来的可能性"。在他看来，一旦受到制裁，"一个国家的人民可以通过敦促其政府履行国际义务的方式来摆脱国际抵制给他们带来的苦难"。[1] 民众是否有相应手段实现这一目标仍然是一个问题；不过他认为，无论在什么情况下，民众都应当采取任何可用的手段来改变该国政府的行为。

杜威质疑了布尔在国际体系与国内社会之间所做的类比。不能轻易地将国内法中的惩罚措施移植到国际领域。对杜威来说，只有一个道德共同体就核心价值达成一致之后，才能制定相应的惩罚措施。但如果我们期望将这一过程颠倒过来，将惩罚措施应用于国际政治之中，那么就犯了本末倒置的错误。只有当一个更有凝聚力的全球性道德观形成之后，各国才会接受集体的强制措施。在这种共识尚未达成之前就动用制裁，只会造成进一步的分裂。杜威认为，任何道德共同体都不可能通过武力建立起来；只有通过不断增加的互动与交流，道德共同体才能有机地形成。[2]

最终，美国没有在"九一八"事变中对日本实施制裁。然而，美国确实对日本支持的伪满洲国采取了不承认的态度。1932年1月，日本军队袭击了上海，针对这一事件，亨利·史汀生指出，华盛顿方面拒绝承认通过征服获得的领土。[3] 在事后，胡佛支持了这一"史汀生主义"，他认为这是一种没有战争风险的谴责形式。11月，国

---

[1] Raymond Buell, in "Are Sanctions Necessary to International Organization?" pp.13, 17.
[2] John Dewey, in ibid., pp.28, 33, 38.
[3] Donald A. Jordan, *China's Trial by Fire: The Shanghai War of 1932* (Ann Arbor: University of Michigan Press, 2001).

联组织的李顿调查团对"九一八"事变进行了调查,最终该调查团认定是日本方面挑起了事端。李顿在其提交的报告中认定伪满洲国是"被日本占领的领土",而非一个独立的国家,并建议国联对伪满洲国采取不承认的态度。这促使日本于1933年3月退出国联——这是历史上第一个退出行政院的成员国。[1]

在许多方面,这都算得上是一个出乎意料的转折性事件。在20世纪30年代初,日本似乎坚定地支持国联的国际主义立场。自由主义的外交政策与限制性的金融政策在一定程度上遏制了军国主义的崛起,使得日本国家进入了一个"宪制上的黄金时代",同时正在"成为第二个英国"。[2]但是,甚至在入侵中国东北之前,很多日本官员就开始质疑国际联盟的作用,在他们看来,这个组织对他们抱有着根深蒂固的偏见。在巴黎和会上,日本代表团中的很多成员都认为第16条更有可能被用来对付他们自己,而不会打击到英国或者美国。[3]在1921年国际封锁委员会的会议上,冈实在一定程度上弱化了制裁的严酷性。在接下来的几年当中,日本试图让国际社会更多地考虑到日本作为一个资源匮乏的亚洲岛国的特殊地理位置,但没能成功。与此同时,尽管日本因李顿调查团的报告而退出国联算得上是一次倒退,但这一时期,形势还没有发展到不可避免地与西方爆发战争那一步。[4]日本枢密院强调,日本仍然希望与其他大国保持友好关系,并继续推动裁军计划。退出国际联盟并非希望不受约束

---

[1] 事实上,日本并非第一个退出国联的成员国;1925年,哥斯达黎加退出了国联;1926年,巴西也退出了国联。
[2] Sobei Mogi and H. Vere Redman, *The Problem of the Far East* (Philadelphia: J. B. Lippincott, 1935), p.116.
[3] Thomas W. Burkman, *Japan and the League of Nations: Empire and World Order, 1914-1938* (Honolulu: University of Hawaii Press, 2008), pp.77-80.
[4] Ian Nish, *Japan's Struggle with Internationalism: Japan, China and the League of Nations, 1931-1933* (Abingdon: Routledge, 1993).

地发动战争，也不是重新回到孤立状态，而是退出了一个在许多日本人看来并不关心其在东亚利益的组织。①

远东危机在西方民主国家内部掀起了一场大辩论，这场辩论为日后政治家、决策者以及公众动用经济制裁这一武器打下了基础。到1933年，双方都开始进一步打磨自己的论点：支持制裁的人认为，制裁比战争更可取，而且可以打击到侵略者的痛点；批评一方则认为，全球性的制裁措施难以协调，有可能适得其反，或者在面对民族主义、贸易转移以及战略储备等情况时无法发挥预期的作用。

螺旋上升的不安全感

在日本退出国联的同一时间，纳粹也上台了。1933年1月30日，希特勒成功实现了"夺权"，他之所以能获得成功，既有经济危机以及德国专制保守派的政治机会主义的因素，也因为在这一时期，德国武装部队十分希望摆脱《凡尔赛条约》对德国军备施加的限制。②在纳粹掌权后的几个星期内，纳粹突击队就开始将枪口对准了犹太人所控制的企业，以此公开向全世界展示了自己的反犹太主义世界观。4月1日，纳粹政权正式宣布抵制犹太企业。③

和"九一八"事变时一样，比起各国政府，民间社会更早地动员

---

① Burkman, *Japan and the League of Nations*, pp.174–175, 198–206.
② Michael Geyer, "Etudes in Political History: Reichswehr, NSDAP, and the Seizure of Power," in *The Nazi Machtergreifung*, ed. Peter D. Stachura, pp.101–119 (London: George Allen and Unwin, 1983).
③ Avraham Barkai, *From Boycott to Annihilation: The Economic Struggle of German Jews, 1933–1943* (Hanover, NH: University Press of New England, 1990), pp.17–23; Christoph Kreutzmüller, "Picketing Jewish-Owned Businesses in Nazi Germany: A Boycott?" in Christoph Kreutzmüller, *Boycotts Past and Present: From the American Revolution to the Campaign to Boycott Israel* (Cham: Palgrave Macmillan, 2019), pp.97–114.

起来，开始呼吁对德国施加经济压力。美国的犹太人组织迅速组织了对这一歧视政策的抗议活动。在说服参议员罗伯特·瓦格纳（Robert Wagner）与美国劳工联合会主席威廉·格林（William Green）等人谴责纳粹政策后，美国犹太人大会率先组织了一场反纳粹的抵制活动。[1]然而，这场运动并没有获得官方支持，与此同时，其他各国的犹太人组织都担心如果普遍抵制纳粹政权，那么该政权是否会因此采取更多的暴力措施。[2]

希特勒上台后，英法不再像1926年至1932年那般，就是否会制裁德国这一问题持相对温和的态度。在英国，巴特勒领导的美国经济制裁委员会出版的报告以及布尔与杜威之间的辩论又将新闻界人士、外交政策专家与政府官员的注意力吸引到了制裁之上。[3]1933年春，英国皇家国际事务研究所召集了一个研究经济制裁问题的特别工作组，其成员包括法学家约翰·费舍尔·威廉姆斯（John Fischer Williams）、推动裁军运动的菲利普·诺埃尔－贝克（Philip Noel-Baker）、自由主义者菲利普·科尔（Philip Kerr，同时也是洛锡安勋爵）、长期担任首相秘书的托马斯·琼斯（Thomas Jones），以及国际

---

[1] Samuel Untermeyer, *Civilization's Only Weapon against Hitlerism* (New York: Non-Sectarian Anti-Nazi League, 1934); Moshe R. Gottlieb: "The First of April Boycott and the Reaction of the American Jewish Community," *American Jewish Historical Quarterly* 57, no.4 (June 1968): 516–556, and "The Anti-Nazi Boycott Movement in the United States: An Ideological and Sociological Appreciation," *Jewish Social Studies* 35, nos. 3–4 (July-October 1973): 198–227; Rona Sheramy, "There Are Times When Silence Is a Sin: The Women's Division of the American Jewish Congress and the Anti-Nazi Boycott Movement," *American Jewish History* 89, no.1 (2001): 105–121.
[2] 例如，英国犹太人代表委员会（The Board of Deputies of British Jews）由于担心德国会对其境内的犹太社区进行报复，因而选择了一种更加谨慎的做法。Sharon Gewirtz, "Anglo-Jewish Responses to Nazi Germany, 1933-39: The Anti-Nazi Boycott and the Board of Deputies of British Jews," *Journal of Contemporary History* 26, no.2 (1991): 255–276.
[3] Christian Lange, "An American Discussion of International Sanctions," *New Commonwealth*, April 1933, p.4.

事务专家阿尔弗雷德·齐默恩。像英国战时贸易与封锁事务咨询委员会与法国最高国防委员会这样的政府机构与军事参谋机关不再是唯一关心制裁问题的组织了，越来越多由官方或私人资助的智库与基金会都在组织专家与评论员讨论这一议题。[①] 在英国的国际主义大环境之下，人们希望即将上任的富兰克林·罗斯福能够比其前任更倾向于动用经济压力。

罗斯福派往日内瓦世界裁军大会的特使诺曼·戴维斯（Norman Davis）更加让人们相信美国政府要开始转变其政策方向了。5月22日，戴维斯向全世界宣布，美国不会阻止或破坏任何旨在打击侵略者的联合行动。如果美国方面认为的确发生了侵略行为，那么美国将不再坚持要求自己的中立权利，以免破坏国联实施的封锁或制裁体系。戴维斯的讲话让那些希望推动美国与国联进行合作的人们喜出望外。法国驻美大使认为，这一讲话标志着一个"巨大的进步"。美国的合作态度本身就很有价值，与此同时，美国的态度也使得法国政府能够回击英国长期以来拒绝建立自动制裁机制的借口：这样的经济武器将有可能导致与美国的战争。[②] 对法国政府来说，纳粹德国带来的越来越紧迫的政治危机使得法国有必要组建起一个更为紧

[①] 美国国务院也关注到了英国皇家国际事务研究所的研究成果，也正是在这里，斯坦利·霍恩贝克注意到了经济制裁这一武器，他在经济制裁这一问题上投入了相当多的精力，同时也没有仅限于研究经济制裁在远东地区的适用性，而是关注着一般意义上的经济武器。HIA, SHP 67008, Box 369, Folder "Sanctions #1," Letter from Royal Institute of International Affairs (29 March 1933) sent to State Department, 24 April 1933.

[②] MAE, Série SDN, No. 817, Ambassador Claudel (Washington, DC), "Note pour Monsieur Herriot," 26 April 1933, pp.2, 4; "Paris Encouraged by Davis's Speech; Press Holds Geneva Pledge Goes Far toward Assuring Security French Seek. Range Urged to Disarm. Blum Proposes Action in Gratitude for Our Abandoning Policy of Freedom of the Seas," *New York Times*, 26 May 1933; Warren F. Kuehl and Lynne Dunn, *Keeping the Covenant: American Internationalists and the League of Nations, 1920-1939* (Kent, OH: Kent State University Press, 1997), p.195.

密的跨大西洋联盟,以做好准备对德国实施制裁。

同月,英国负责制定战略规划的人员首次研究了德国经济方面的薄弱环节。麦克唐纳指示战时贸易与封锁事务咨询委员会开始研究如何利用经济压力阻止德国走上重新武装的道路。重建本国武装力量的行为会导致德国违反《凡尔赛条约》中的军事条款,但这一行为本身并不构成侵略,因此不可能通过动用第16条的制裁程序来对德国实施全面禁运。因此,战时贸易与封锁事务咨询委员会的成员不得不假设,如果要对德国施加经济压力,就需要绕过国联,与此同时,对德国的制裁还不能导致战争状态的出现。只有与此直接相关的国家才有可能采取相关的国内措施实施制裁;因此,参与者最多只会包括英国、法国、比利时、波兰以及捷克斯洛伐克、南斯拉夫与罗马尼亚组成的小协约国组织。这一集团不可能将德国密不透风地包围起来,而德国还可能会改道经由第三国与其他国家进行贸易,以规避这些限制。出口禁令可能只是让德国转移一下自己的销售市场;同时,德国也不太依赖从这七个欧洲民主国家进口重要物资。在这样的限制条件下,"是否能够对德国施加有效的经济压力,仍然是一个很大的问题"。[①]

1933年对德国施加经济压力的矛盾之处在于,早在西方民主国家有能力采取一致行动之前,纳粹政权就已经预见到了这一点。对纳粹党人来说,其他国家对德国的抵制与抗议应归咎于一个模糊的犹太世

---

① TNA, CAB 47/4 ATB-101 (CID Paper 1118-B), "Economic Pressure on Germany," 30 October 1933, p.14. 10月,英国战时贸易与封锁事务咨询委员会做出的悲观预期与海军部在1933年5月针对英国封锁德国可能造成的影响的研究结论相吻合。在这一系列研究背后,反映出的是英国政府更大的愿望,即希望英国在按照两强标准恢复其全球海洋主导地位之前避免战争,海军部的专家们预计,至少在1942年之前,这一目标都不可能实现。Joseph A. Maiolo, *The Royal Navy and Nazi Germany, 1933–1939: A Study in Appeasement and the Origins of the Second World War* (Basingstoke: Macmillan, 1998), pp.112–116.

界阴谋,正是这些犹太人将世界各国组织了起来,对德国施加外部压力。由于德国仍然需要依赖外部世界的供应——例如,外国的投资以及需要进口的重要原材料等——此类妄想的症状变得越发严重。[1]6月,纳粹政权宣布暂停偿还部分外债,与此同时,纳粹还在德国的主要经济部门当中展开种族清洗。[2] 为了保护有限的外汇储备,德国政府开始大幅限制流出德国的资金量,并将本国的工业商会置于国家控制之下。[3]8月,外汇管制局开始限制德国公民购买外国远洋轮船的船票,他们还制定了一项针对英美航运公司的禁令。[4]

1933年10月14日,德国迈出了与凡尔赛体系决裂的关键性的第一步,当时,裁军谈判的失败让希特勒感到愤怒,他宣布德国将退出裁军谈判以及国际联盟。德国外交部部长康斯坦丁·冯·诺伊拉特(Konstantin von Neurath)在给国际联盟新任秘书长、法国人约瑟夫·阿弗诺尔(Joseph Avenol)的一封信中确认了这一点。在德国政府内部,这一决定虽然并不出人意料,但让许多人感到措手不及。20世纪20年代到30年代初,很多德国政府官员与军官都讨厌《凡尔赛条约》对德国施加的军备限制,也不信任国联。但他们确实同意一件事:必须非常认真地对待国际联盟拥有的制裁权力。

长期以来,施特雷泽曼的老顾问比洛都十分担心国联的制裁威

---

[1] Adam Tooze, *The Wages of Destruction: The Breaking and Making of the Nazi Economy* (London: Viking, 2006), pp.73–74.
[2] Harold James, *The Deutsche Bank and the Nazi Economic War against the Jews: The Expropriation of Jewish-Owned Property* (Cambridge: Cambridge University Press, 2001), pp.23–27.
[3] Hans-Erich Volkmann, *Ökonomie und Expansion: Grundzüge der NSWirtschaftspolitik* (Munich: R. Oldenbourg, 2003), pp.107–109.
[4] 这一措施引发了美国与英国航运公司的诸多批评;一位美国航运公司主管警告称,"任何旨在限制美国贸易的德国政策都会反噬德国自己"。(cited in "Best Spirit," *Time* 22, no.8 [21 August 1933]: pp.13–14).

胁。比洛自己的职业生涯开启于德皇时期的外交部门，在魏玛时期，他升至国务秘书，在纳粹夺取政权后一片混乱的局面下，比洛成了外交部的领导。①1933年3月，他描绘了当时德国所面临的地缘政治格局。由于英国拥有"强大的政治、道德与财政地位"，法国仍然拥有"迄今为止世界上最强大的军事力量"，因此德国应该尽量避免挑衅英法两国。②不过，在不激怒世界主要大国的前提下，德国还是有可能慢慢克服自己在经济方面的弱点的。关键在于，德国需要将本国经济关系的重点放到东（南）欧，这片地区算得上是一片理想的扩张区域。多瑙河沿岸的小经济体过于依赖德国市场，以至于不会参与对德国的制裁；此外，即便在战时阶段，维持这一贸易的陆路与河运通道也无法被封锁所切断。③比洛认为，"我们无法摆脱……对外部世界的依赖"；然而，摆脱对外部世界的依赖也并非一个可取的选项，因为如此一来，德国将丧失对小国施加"政治影响"的最佳"机会"。④

---

① Peter Krüger and Erich J. C. Hahn, "Der Loyalitätskonflikt des Staatssekretärs Bernhard Wilhelm von Bülow im Frühjahr 1933," *Vierteljahrshefte für Zeitgeschichte* 20, no.4 (1972): 376–410.
② Bernhard von Bülow, "Die Außenpolitische Lage Deutschlands (März 1933)," in Günter Wollstein, "Eine Denkschrift des Staatssekretärs Bernhard von Bülow vom März 1933. Wilhelminische Konzeption der Außenpolitik zu Beginn der nationalsozialistischen Herrschaft," *Militärgeschichtliche Zeitschrift* 13, no.1 (1973): 77–94; 87, 89.
③ PAAA, RZ 101 Büro RAM, Handakten Neurath, "Deutsche Außenhandelspolitik," memorandum by Bülow, 24 March 1933, f. 32; Eckart Teichert, *Autarkie und Großraumwirtschaft in Deutschland, 1930-1939: Außenwirtschaftspolitische Konzeptionen zwischen Wirtschaftskrise und Zweitem Weltkrieg* (Munich: R. Oldenbourg, 1984), p.133; Sören Dengg, *Deutschlands Austritt aus dem Völkerbund und Schachts "Neuer Plan": Zum Verhältnis von Aussen-und Aussenwirtschaftspolitik in der Übergangsphase von der Weimarer Republik zum Dritten Reich (1929-1934)* (Frankfurt: P. Lang, 1986), pp.355-356; Stephen G. Gross, *Export Empire: German Soft Power in Southeastern Europe, 1890-1945* (Cambridge: Cambridge University Press, 2015), pp.264, 269.
④ Cited in Wollstein, "Eine Denkschrift," pp.84, 85.

在这一年当中，比洛与国防部部长维尔纳·冯·勃洛姆堡（Werner von Blomberg）都在尽力避免在国际上挑衅他国。然而，10月，希特勒在没有预先计划的情况下就宣布退出国联，使得军方不得不为国际社会可能采取的报复措施做好准备。[1] 10月25日，勃洛姆堡向陆、海军司令部以及空军部长发出指令，要求他们为"在敌对制裁的情况下"采取的防卫行动做好准备。[2] 国防部负责制订计划的人员预计，国联会基于第16条发动"制裁战争"，其手段包括从经济限制，到封锁，到入侵，再到占领德国领土在内的一切措施。由于担心制裁会引发一场压垮德国的战争，军方高估了国联的反应。事实上，阿弗诺尔以及国联秘书处的其他成员都对这一决定大吃一惊，他们没有考虑立即采取任何惩戒措施。与此同时，希特勒迅速采取行动，通过建议法德和解来安抚法国政府。[3] 但这一突如其来的决裂引发了一场影响深远的军事准备行动。在德国军方的眼中，制裁是威胁德国生存的行为，为了应对制裁，德国需要在军事方面做好准备，一位历史学家将军方的行动概括为"螺旋上升的不安全感，其结局如何，我们根本无法预料"。[4]

日本与德国的退出意味着国联在短短七个月内失去了行政院中五个常任理事国的两个。只有英国、法国与意大利仍然是维护凡尔

---

[1] Jürgen Förster, *Die Wehrmacht im NS-Staat: Eine strukturgeschichtliche Analyse* (Munich: R. Oldenbourg, 2009), p.27.
[2] BA-MA, RH 2/25 Oberkommando des Heeres, "Landesverteidigung—Allgemeines: 1933–1935"; "Vorbereitungen für ein bewaffneten Widerstand gegen feindliche Sanktionen nach dem Austritt Deutschlands aus dem Völkerbund." Document 140-C in Trial of the Major War Criminals before the International Military Tribunal (IMT), vol. 34, pp.487–491.
[3] Gerhard L. Weinberg, *Hitler's Foreign Policy, 1933-1939: The Road to World War II* (New York: Enigma Books, 2005), pp.132–136.
[4] Michael Geyer, *Aufrüstung oder Sicherheit: Die Reichswehr in der Krise der Machtpolitik, 1924–1936* (Wiesbaden: Franz Steiner Verlag, 1980), p.380.

赛秩序的大国。我们很容易得出这样的结论：没有对德国进行任何制裁这一事实说明了这些措施本身的弱点。然而，纳粹退出国联后的几个月里所采取的行动表明，这些措施所蕴含的威力仍然是不可小觑的。1934年1月，墨索里尼没有追随希特勒，退出国际联盟，而是特别呼吁"取消国联盟约中的制裁条款"。虽然这位法西斯领导人显然更喜欢一个实力较弱的国际组织，但他试图破坏制裁机制的事实表明，对他来说，国联拥有的制裁权力相当重要。墨索里尼声称，他希望国联能成为一个更实际一些的组织，一个不那么致力于维护现状的组织，"因此，我们应当废除目前的制裁制度，或建立起另外一套制度来代替制裁制度"。[①] 秘书长阿弗诺尔对与独裁政权保持合作持开放态度，这表明国联的国际主义正在从自由主义立场转向一种对独裁政权更为友好的非政治化立场。[②] 但是，法西斯政权试图让国联抛弃制裁武器，而非选择无视，这一事实表明，在他们表现出的自信背后，这些人仍然对制裁感到惶恐不安。

禁运的模糊性

修正主义国家之所以担心国联拥有的限制贸易的权力，部分是因为，在1933—1934年，越来越多的美国精英阶层开始探索在制

[①] German Ambassador Hassell in Rome to Foreign Ministry in Berlin, 5 and 12 January 1934; in Documents on German Foreign Policy (DGFP), series C, vol. 2: 1933–1934 (Washington, DC: GPO, 1959), pp.306, 345.

[②] James Barros, *Betrayal from Within: Joseph Avenol, Secretary-General of the League of Nations, 1933-1940* (New Haven: Yale University Press, 1969). 有关"在20世纪30年代，国际联盟内部与外部的行动者如何向专制国家寻求范例，以代替看似失效的自由主义秩序，来建立起一套有效的国际秩序"这一问题的分析。参见David Petruccelli, "The Crisis of Liberal Internationalism: The Legacies of the League of Nations Reconsidered," *Journal of World History* 31, no.1 (March 2020): 111–136.

裁方面与英、法以及国联展开合作的方式。^① 这些美国国际主义者将目光投向了立法领域，他们希望通过立法来禁止向侵略国出口武器、弹药以及战争物资。

总统实施武器禁运的权力源自门罗主义的实践，在20世纪初，美国政府试图通过武器禁运来遏制中美洲爆发的革命与内战。^② 然而，只对冲突中的一方实施区别对待式禁运的观点则源自威尔逊时代道德化了的国际主义传统。大卫·米勒与哥伦比亚大学法学教授约瑟夫·张伯伦（Joseph Chamberlain）在1925—1926年首次提出了这一方案。^③ 正如张伯伦所说："似乎没有任何理由认为一个国家不能利用经济武器来纠正不当行为……没有任何国际惯例规定一个国家必须与其他国家进行贸易，因此，不能认为禁运违反了国际法。"^④ 早期有关禁运的方案采取的是具有外交政策目标的国内经济监管形式；其所针对的对象是美国公司，而非外国公司。1927年，国会首次提出要对侵略国实施区别对待式禁运，然而这一提议以及1929年的卡珀法案与波特法案都没能真正成为法律，因此美国缺少必要的国内法手段来保证各国遵守《巴黎非战公约》。在"九一八"事变期间，国际主义者试图对日本实施区别对待式禁运，但这一提议遭到了军火商的抵制，最终未能付诸实践。1933年3月，民主党上台，欧洲人开始期待美国的

---

① Kuehl and Dunn, *Keeping the Covenant*, pp.178-202.
② 1912年，塔夫脱总统曾下令禁止向墨西哥出口武器。1922年，柯立芝总统也动用了同样的权力，禁止向中国出口武器，以避免中国的内战进一步升级，1927年，在干预尼加拉瓜事务期间，柯立芝也下令禁止向叛军出口武器。Edwin Borchard, "Comment: The Arms Embargo Resolution and International Law," *Yale Law Journal* 42, no.7 (May 1933): 1109-1112, 1112n18.
③ 参见Joseph P. Chamberlain, "Enforcing Economic Sanctions," *International Conciliation* 11 (1926): 287-291.
④ Joseph P. Chamberlain, "Embargo as a Sanction of International Law," *American Journal of International Law* 27 (April 1933): 68.

外交政策发生转变。①法国外交部希望能将有关禁运的立法从一项"国家政策工具"转变为一种"国际合作手段"。②

美国国内有一部分人主张通过军备控制来实现集体安全这一目标，但他们面临着诸多极难克服的困难。1933年4月，由国会议员山姆·麦克雷诺兹（Sam McReynolds）提出的禁运法案（该法案已经是美国历史上议员们提出的第十份有关禁运的法案了）在众议院获得通过。但一个月后，该法案在参议院进行讨论之时，加利福尼亚州参议员海勒姆·约翰逊（Hiram Johnson）提出了一个修改意见：即要对冲突中所有的交战方实施公平的禁运。③这一小小的修改完全改变了国家限制对外军火贸易的意义。禁止向交战各方出口武器，使得原本作为区别对待式禁运的措施变成了一种中立的遏制战争的措施。这是中立主义者的胜利，而不是制裁主义者的胜利。随后，约翰逊的修正案又成为1935年、1936年以及1937年中立法案的基石，这些法案同样要求平等对待所有交战国。这样一来，美国的中立法案就破坏了国联旨在区别对待侵略国的经济武器。

尽管美国代表发表了令人振奋的讲话，但对制裁主义者来说，即便是在最好的情况下，美国也只是一个缺乏热情的伙伴，而在最坏的情况下，美国则会成为一个全力阻挠制裁的国家。随着世界政治局势的逐步恶化，欧洲人对美国的冷漠态度越来越不安。1934年11月，英国首相鲍德温在格拉斯哥的一次演讲中承诺："只要我还在任，我就决不会允许皇家海军对世界上任何一个国家实施武装封锁，除非我明确知

---

① Robert A. Divine, *The Illusion of Neutrality: Franklin D. Roosevelt and the Struggle over the Arms Embargo* (Chicago: University of Chicago Press, 1962), p.41.
② MAE, Série SdN No. 817, Arbitrage Sécurité Désarmement: Article 16, janvier 1930-septembre 1935, "Note au sujet des idées américaines d'embargo sur les exportations d'armes," 4 February 1933, p.2.
③ Divine, *The Illusion of Neutrality*, pp.47, 53–54.

道美利坚合众国会采取什么行动。"① 在外交上，犹疑不决的态度会让人充满挫败感。与此同时，美国的态度也破坏了整个威慑理论的逻辑，而在制裁主义者看来，威慑力才是一个强大的经济武器的真正基础。

尽管如此，在这一时期，国际武器禁运工作仍然取得了很大进展。1932 年 9 月，玻利维亚与巴拉圭两国因大查科地区的边境纠纷爆发了战争。由于西方的军火商迫切地希望为自己的产品找到销路，他们极力推动向交战双方出口武器，使得查科战争升级为一场拉锯战，成为拉丁美洲 20 世纪历史上最为血腥的国家间战争。② 1933 年 2 月，英法两国向行政院提交了一份草案，要求国联对玻利维亚与巴拉圭实施武器禁运。然而，只要美国的军火商仍不受禁运决议的限制，那么国联行政院就无法做出决定。③ 1933 年夏天，玻利维亚与巴拉圭已经动员了 25 万名士兵。美国的国际主义者以拒绝国际联盟干涉拉丁美洲事务为交换条件，与国会中的中立派达成共识，双方同意限制向交战双方提供武器。④ 这一共识使得美国于 1934 年 5 月成功通过了一项禁运法案。

---

① Cited in "Mr. Baldwin in Glasgow," *The Times*, 24 November 1934, p.7.
② Bruce W. Farcau, *The Chaco War: Bolivia and Paraguay, 1932-1935* (Westport, CT: Praeger, 1996). 巴拉圭政府动员起了一支军队，并为其配备了从比利时采购的步枪与手榴弹、从丹麦采购的机枪、从法国采购的迫击炮、从美国采购的卡车以及从德国与英国采购的火炮；除此之外，巴拉圭还组建了一支装着意大利制造的炮艇的小型海军。玻利维亚政府则组建了一支规模更为庞大的军队，这支军队的指挥官是参加过第一次世界大战的德国人汉斯·昆特（Hans Kundt），和巴拉圭军队一样，玻利维亚军队也装备了来自世界各地的武器，其中包括捷克的步枪、德国的冲锋枪、英国的坦克与大炮、瑞士的高射炮与机枪，同时玻利维亚还有一支装备了美国飞机的空军。参见 Alejandro de Quesada, *The Chaco War, 1932-35: South America's Greatest Modern Conflict* (Oxford: Osprey Publishing, 2011), pp.6-35.
③ MAE, Série SDN, No. 316, "Bolivie et Paraguay (Conflit du Chaco): Embargo," French League section in Geneva to Quai d'Orsay, "Note pour la sous-direction d'Amerique," 20 January 1933, pp.1-3.
④ Leslie B. Rout, Jr., *Politics of the Chaco Peace Conference, 1935-1939* (Austin: University of Texas Press, 1970), chs. 3-4.

这一举措引发了一连串后果。现在，英法两国不再通过国联这一平台采取行动，而是在国联体系之外协调武器禁运的相关措施。到 1934 年 12 月，共有 27 个国家通过了禁止向这两个拉美国家出口武器的立法。尽管很多人都指出武器禁运的法案没能得到有效执行，但最终，大多数国家的政府还是设法要求本国的军火商执行这一禁令。[1]1935 年 1 月，针对这两个国家的禁运出现了一个未曾预料的转折。在国联的协调之下，交战双方达成了停火协议，但只有玻利维亚政府接受了这一协议。鉴于玻利维亚已经遵守了国际法，各国就解除了针对玻利维亚的国际武器禁运。[2] 然而，对巴拉圭的禁运依然存在，巴拉圭政府担心本国很快就会成为第 16 条的打击目标。[3] 对一个内陆小国来说，世界主要工业国家对其实施的武器禁运产生了相当令人不安的影响。[4] 事实上，面对武器禁运带来的外部压力，巴拉圭效法了日本与德国的做法，于 2 月退出了国联。尽管在战场上，巴拉圭战胜了玻利维亚军队，但巴拉圭的经济已经衰弱到无法再维

---

[1] 例如，法国制造商勃兰特（Brandt）在武器出口禁令生效前匆匆将 90 门迫击炮以及 10 万枚手榴弹装船运出。MAE, Série SDN, Box 316, "Note pour la sous-direction d'Amerique," 1 June 1934. 柯蒂斯–莱特出口公司（The Curtiss-Wright Export Corporation）是一家大型美国飞机制造商的国外销售分公司，这家公司因计划向玻利维亚出售机枪而被起诉；该公司随后起诉罗斯福政府侵犯了其在国外自由贸易的权利，这一案件一直上诉到了最高法院，最终，最高法院做出了支持政府的裁决。Charles A. Lofgren, "United States vs. Curtiss-Wright Export Corporation: An Historical Reassessment," *Yale Law Journal* 83, no.1 (November 1973): 1–32.
[2] LON, C.54.M.24.1935.VII, "Rapport du comité consultative sur la situation crée par les réponses de la Bolivie et du Paraguay," 24 January 1935.
[3] MAE, Série SDN, Box 317, Bolivie et Paraguay (Conflit du Chaco): Embargo, août 1934-novembre 1935, Telegrams Nos. 9–10 from Dussol (Asunción) to Quai d'Orsay (Paris), 6 February 1935, pp.1–2. 法国外交部部长拉瓦尔立即向法国驻巴拉圭大使确认，目前尚未准备采取这一程序：欧洲国家只是在遵守国联的建议。MAE, SDN 317, Tel. No. 9, Foreign Minister Laval to Dussol (Asunción), "Analyse. Le Paraguay et l'embargo," 8 February 1935.
[4] "League and Chaco. Difficulties of Peace Plan," *The Times*, no.46918, 22 November 1934, p.13.

持战争的地步了。1935 年 6 月,巴拉圭政府以相对优势结束了这场冲突。

国际社会普遍对查科战争的交战双方采取了武器禁运措施,这一点促使美国于 1935 年 8 月通过了一项中立法案。① 国际主义者指责中立主义者思想狭隘、仍固守"孤立主义"。② 但 20 世纪 30 年代的武器禁运与其说是对经济武器的限制,不如说是经济武器得以发挥作用的一个实例。③ 无论中立主义者是否承认,通过对世界上最大的制造业经济体实施出口管制的做法都对世界贸易与地缘政治产生了重大影响。这削弱了中立主义者的力量。从短期来看,罗斯福政府中的制裁主义者似乎失败了;但从长远来看,他们才是胜利的那一方。1935 年后,当"第二次新政"的立法改革与第一部中立法案同时出现时,中立主义者所能争论的只是国家干预商业的目的,而非干预行为本身。一旦人们接受了美国政府应当管制与交战国的贸易以避免战争的说法,离通过管制贸易以阻止战争就只剩下一小段距离了。中立法案的目的在于阻止美国走上全球干预主义的道路,但最终,这一法案却成了美国崛起的垫脚石。

---

① Manley O. Hudson, *The Chaco Arms Embargo: Report Presented by the American Committee in Geneva to the Special Committee of the United States Senate Investigating the Munitions Industry on September 1, 1935* (Washington, DC: GPO, 1935), pp.15–19.
② 很多人将美国国内反对全球霸权的人污名化为"孤立主义"的支持者,这一做法在政治上是有用的,但并不符合历史事实。有关反驳这一常见论点的著作,参见 Stephen Wertheim, *Tomorrow, the World: The Birth of U.S. Global Supremacy* (Cambridge, MA: Harvard University Press, 2020). 以及 the important corrective by Brooke L. Blower, "From Isolationism to Neutrality: A New Framework for Understanding American Political Culture, 1919–1941," *Diplomatic History* 38, no.2 (2014): 345–376.
③ 例如,艾伦·多布森(Alan Dobson)在他的书中简述了这一理论,参见 Alan Dobson, *US Economic Statecraft for Survival, 1933-1991: Of Sanctions, Embargoes and Economic Warfare* (New York: Routledge, 2002), p.35.

苏联与制裁

在查科战争期间,有一个国家十分意外地参与了国际武器禁运:苏维埃社会主义共和国联盟。1934年,斯大林与外交事务专员李维诺夫决定转变苏联的外交政策,站出来支持集体安全体系。[1]9月18日,在采取禁运措施的三个月后,苏联正式加入了国联,与英国、法国、意大利一样作为国联行政院常任理事国。苏联的加入意味着国联在经历了前一年日本与德国的退出后并没有遭受致命打击。更重要的是,莫斯科对《国联盟约》的遵守意味着国联经济武器的威力又上了一个台阶。苏联政府对贸易的垄断意味着在苏联,没有私人会站出来抵制经济武器的运用。此外,英国战时贸易与封锁事务咨询委员会的分析家在德国退出国联后得出结论,纳粹政权在经济上仍然存在可以打击的弱点。[2]对德国出口的制裁可以减少其外汇收入,由此产生的影响足以扼杀希特勒重整德国军备的计划。战时贸易与封锁事务咨询委员会预计,如果德国已经下降的对外贸易额进一步萎缩,那么纳粹就不得不在将稀缺的储备金用于进口食品与其

---

[1] 有关苏联转向集体安全的过程,参见Jirí Hochman, *The Soviet Union and the Failure of Collective Security, 1934-1938* (New York: St. Martin's Press, 1984), 在这本书中,霍克曼强调了针对这一转向的机会主义与反资本主义式质疑,以及 Jonathan Haslam, *The Soviet Union and the Struggle for Collective Security in Europe, 1933-1939* (Ithaca, NY: Cornell University Press, 1984), 在这本书中,哈斯拉姆认为, 斯大林虽然希望通过加入国联来进一步保障苏联的国家安全,但与此同时,他也希望增强苏联自身的实力,因为他并不相信西方民主国家与苏联建立的同盟。以及Geoffrey Roberts, "A Soviet Bid for Coexistence with Nazi Germany, 1935-1937: The Kandelaki Affair," *International History Review* 6, no.3 (August 1994): 466–490, and the important study by Sabine Dullin, *Des hommes d'influence: Les ambassadeurs de Staline en Europe, 1930-1939* (Paris: Presses Universitaires de Paris, 2001).
[2] TNA, CAB 47/5 ATB 106, "Economic Pressure on Germany: Possible Action by the League," 29 January 1934, p.13.

第三部分　战间期危机中的经济制裁

他民用必需品还是用于进口军队所需的原材料之间做出选择。[①] 事实上，到 1934 年夏天，德意志帝国银行的硬通货储备已经无法支撑一个星期的海外采购量了，这表明，一旦禁止德国商品进入主要的出口市场，那么德国支付进口货款的能力就会受到直接影响。

当然，这种损害是否足以推翻纳粹的统治还有待商榷。但在纳粹巩固其政权的关键时刻，这一措施肯定会给德国的经济复苏与重新武装带来严重的麻烦。比洛担心，"（我们的对手）无须动员一人，也无须开一枪，就能够通过隐蔽或公开的金融与经济封锁，将我们置于最困难的境地"。[②] 而之所以英国政府没有采取这种行动，不仅是因为保守党精英们在政治上的谨慎。战时贸易与封锁事务咨询委员会负责制订制裁计划的人员也发现了两个实质性的风险。一是对德国这样规模的经济体实施的制裁会对英国自己的外贸造成损害；二是金融方面存在的相互纠葛。英国银行平均持有 4000 万至 6000 万英镑的德国短期债务，而德国方面仍十分尽职地支付着这些债务的利息。对德国实施的任何金融封锁都会导致违约，英国的金融机构不得不注销这些资产，导致其资产负债表受到损害。因此，对德国施加的金融压力可能会在无意中引发伦敦金融城的偿付能力危机。

德国财政部部长兼德意志帝国银行主席亚尔马·沙赫特（Hjalmar Schacht）意识到了此类金融危机一旦蔓延，会给英国自身带来何种威胁，因此，他利用了英国银行与德国之间的密切关系来让英国政府不再那么坚定地反对纳粹。1934 年 9 月，沙赫特推出了一份新计划，这一计划将德国的对外贸易关系建立在了双边基础之上。其启用了一个新的清算系统，在这个系统中，交易双方相互交

[①] 有关这一观点，参见Tooze, *The Wages of Destruction*, pp.71–78.
[②] Bülow to Konstantin von Neurath, August 1934; cited in *Nazism, 1919–1945: A Documentary Reader*, ed. J. Noakes and G. Pridham, 3:662 (Exeter: University of Exeter, 1988).

付的货物被计算了出来,只有在出现差额之时,双方才需使用货币进行结算,这项新计划将外汇支出限制在了绝对最低限度之内。[1] 新计划的目的并非对抗经济制裁,但通过节约宝贵的外汇储备,这项计划降低了德国因外贸受到打击而被迫放弃其政治目标的风险。德国并非唯一有此类需求的国家:在20世纪30年代,所有正在快速重整军备的中型国家都面临着国际收支方面的问题,因为这些国家都发现货币储备的数量会直接影响到其外交政策的空间。负责制定制裁计划的人们越来越多地关注到了这种广泛存在的外汇短缺问题,并针对这一痛点设计出了一些专门的针对措施。

因此,苏联的加入使得国联有可能对德国采取制裁措施了。然而,由于意大利态度的不断转变,联合反德阵线遭遇了一系列挑战。大萧条的到来使得法西斯意大利的外交政策日渐激进。[2] 1932年秋,墨索里尼与意大利殖民地事务部长埃米利奥·德·博诺(Emilio De Bono)开始计划入侵埃塞俄比亚。海尔·塞拉西统治的这个东非君主国在很长一段时期内都是法西斯意大利实施帝国主义扩张与殖民计划的目标。[3] 1934年2月,意大利领导层决定于1935年的初秋雨季结束之时发动入侵。因此,必须立刻开始着手进行军事方面的准

---

[1] Tooze, *Wages of Destruction*, pp.90–94. 到20世纪30年代末期,德国的对外贸易只有1/5是用"自由流动"的外汇进行结算的,其余的外贸都是通过新的清算系统进行结算的。以及"German Exchange Control, 1931–1939: From an Emergency Measure to a Totalitarian Institution," *Quarterly Journal of Economics* 54, no.4 (August 1940): 54–76.
[2] R. J. B. Bosworth, *Mussolini* (London: Verso, 2002), pp.297–298.
[3] Giorgio Rochat, *Militari e politici nella preparazione della campagna d'Etiopia: Studio e documenti* (Milan: F. Angeli, 1971), pp.104–107; George Baer, *The Coming of the Italian-Ethiopian War* (Cambridge, MA: Harvard University Press, 1967), pp.29–35; G. Bruce Strang, "Places in the African Sun: Social Darwinism, Demographics and the Italian Invasion of Ethiopia," in *Collision of Empires: Italy's Invasion of Ethiopia and Its International Impact*, ed. G. Bruce Strang, pp.11–32 (Farnham: Ashgate, 2013); Robert Mallett, *Mussolini in Ethiopia, 1919–1935: The Origins of Fascist Italy's African War* (Cambridge: Cambridge University Press, 2015), pp.70–71.

备。事实上，阻碍意大利的并非国联，而是希特勒。墨索里尼开始担心纳粹在奥地利与日俱增的影响力，他认为，奥地利的独立是意大利国家安全的基础。意大利军队还为此准备了一份计划，即34号计划，以便在纳粹在奥地利煽动叛乱时出兵奥地利，进行军事干预。这年夏天，德国人采取的一系列行动确实进一步提升了纳粹在奥地利的影响力，进而威胁到了奥地利的独立地位。7月，奥地利总理恩格尔伯特·陶尔斐斯（Engelbert Dollfuß）在一场受到德国支持的政变中被暗杀，为应对这一事件，墨索里尼在蒂罗尔集结了几个师，并威胁说除非维持奥地利现有政权不变，否则将实施军事干预。希特勒退让了。但奥地利方面的紧张局势大大推迟了意大利在非洲的殖民战争计划，因为在欧洲局势恢复稳定之前，意大利无法抽出足够的兵力运往厄立特里亚。[①] 直到1934年12月，意大利与埃塞俄比亚的边境部队在欧加登地区的瓦尔瓦尔爆发了一次小规模冲突后，墨索里尼才下令继续为入侵埃塞俄比亚做准备。

当意大利的援军抵达东非时，国联也组织了一个委员会来调查瓦尔瓦尔事件。同一时间，希特勒也在采取进一步措施以颠覆凡尔赛体系。1935年3月，他在德国全面恢复了征兵制，将德国防卫军的规模从10万人扩大到了30万人。这一时期，法国政府正处于与苏联缔结友好互助条约的最后阶段，法国人建议在双方结为同盟后，应当采取有针对性的制裁措施来阻止德国的重新武装。法国方面不希望动用粮食封锁，因为这样一来，纳粹方面就有足够的理由宣称国联的目标是"饿死德国人民"。然而，如果是禁运军备生产所必需的原材料的话，英国、法国与苏联组成的同盟就能发挥巨大的作

---

① 我的相关论述参考了Esmonde M. Robertson, *Mussolini as Empire-Builder: Europe and Africa, 1932–1936* (London: Macmillan, 1977), pp.70–83, 100–102.

用了。这三个国家控制了世界上相当一部分的锰、铬、镍与碳酸镁，同时还有能力掐断输入德国的铝土矿、钨与钼等资源。①

1935年4月，法国政府在皮埃蒙特湖畔小镇斯特雷萨的一次会议上向英国与意大利方面提出了这一计划。这一针对德国实施制裁的计划核心在于与苏联合作，对德国进行矿产禁运，由于德国在重整军备期间需要苏联方面的原材料，因此苏联在贸易谈判中的地位越来越高。②此后不久，德国外交官向英国表示，他们希望与英国签署互不侵犯条约。斯特雷萨会议所塑造的这一同盟似乎足以喝止住希特勒。《纽约时报》驻莫斯科记者沃尔特·杜兰蒂（Walter Duranty）写道，"这意味着德国十分担心各国联合起来对他们实施经济抵制，尽管在欧洲其他国家面前，德国一直在虚张声势，但这并不能掩饰德国内心深处对斯特雷萨同盟的恐惧，他们害怕这一同盟对德国的对外贸易、原材料及金融实施制裁"。③

作为捍卫欧洲现状的一方，英法两国能够决定应当将集体制裁的

---

① TNA, CAB 47/5, Paper ATB 117, Annex I: "Economic Measures with the Object of Restraining German Rearmament" (Communicated by M. Leger at Stresa), 6 April 1935, pp.6–8.

② Edward E. Ericson, *Feeding the German Eagle: Soviet Economic Aid to Nazi Germany, 1933-1941* (Westport, CT: Greenwood, 1999), p.17. 法国的方案表明，可以将相互支援与针对德国施压的措施相结合。法国政府认为，针对德国的重新武装，采取国际行动要比采取单边行动要好，"因此，我们从斯特雷萨转向了日内瓦"（Eighty-Fifth [Extraordinary] Session of the Council. Minutes, 16 April 1935, p.3）。在斯特雷萨会议之后，行政院任命了一个特别的"十三人委员会"，该委员会在审议中强调了"可以利用金融武器来施加压力，进而预防战争"。(LoN, ASP S121 LON C.O.S.C./2, "Committee of Thirteen Set Up for the Purpose of Proposing Measures to Render the League Covenant More Effective in the Organisation of Collective Security," 23 May 1935, p.4).

③ Walter L. Duranty, "Economic Weapon Aimed at Germany: Threat of Pressure, Evidenced at Stresa, Is Seen as Cause of Compromise Spirit," *New York Times*, 13 April 1935, p.8.

重心放在哪个方向上。① 他们需要决定，究竟是要阻止德国在欧洲对《凡尔赛条约》的挑战，还是要阻止墨索里尼为入侵非洲而做的军事准备。如果要遏制纳粹的重新武装，就需要与意大利保持良好的关系。因为动用第16条需要行政院的一致同意，这意味着作为常任理事国的意大利在是否批准对希特勒的制裁中会发挥关键作用。② 但是，如果国联必须阻止法西斯意大利入侵另一个非洲的国联成员国埃塞俄比亚，那么比起约束德国，国联更需要阻止意大利的侵略行径。法国的精英阶层十分不希望看到后一种情况出现，对他们来说，德国才是威胁欧洲和平的重点。在20世纪20年代，法国在中东欧组建了"小协约国"来遏制德国的崛起。③ 然而，希特勒的力量增长得过于迅速，这意味着如果没有苏联的配合，那么法国就没有办法采取任何有效的遏制措施。因此，国联最有可能组成的反侵略同盟就是1907—1917年三国协约的翻版，只不过这次的英、法是与苏联，而不是沙皇俄国结盟。④

法国方面在斯特雷萨会议上提出的矿产制裁计划是西方在苏联转向集体安全之后提出的第一个此类方案。李维诺夫准备与西方民主国家一起捍卫第16条，但与此同时，他也不得不努力克服西方国家根深蒂固的反共情绪。⑤ 斯大林也在十分认真地对待来自德国的威

---

① Zara Steiner, *The Triumph of the Dark: European International History, 1933-1939* (New York: Oxford University Press, 2011), p.103.
② John Fischer Williams, "The League of Nations and Unanimity," *American Journal of International Law* 19, no.3 (July 1925): 475–488. 然而，当冲突或战争导致可能动用第16条时，"如果涉嫌违反盟约的国家是行政院成员国，那么其投票将不被计算在内"（ibid., p.484n29）。当埃塞俄比亚于1935年10月希望国联动用第16条时，行政院因此可以批准对其常任理事国之一的意大利进行经济制裁，而不致出现程序上的问题。
③ Frédéric Dessberg, *Le triangle impossible: Les rélations franco-soviétiques et le facteur polonais dans les questions de sécurité en Europe, 1924-1935* (Brussels: P.I.E. Peter Lang, 2009).
④ J. Calvitt Clarke III, "Soviet Appeasement, Collective Security and the ItaloEthiopian War," in Strang, *Collision of Empires*, pp.261–286.
⑤ Haslam, *The Soviet Union and the Struggle for Collective Security*, p.49.

胁,他支持与法国和捷克斯洛伐克进行会谈,也支持签署法国-苏联互助条约与捷克斯洛伐克-苏联互助条约。① 剩下的问题在于,英国是否愿意接受苏联作为一个真正的伙伴。1935年5月,安东尼·艾登(Anthony Eden)成为第一个访问苏联的英国外交大臣。在克里姆林宫与斯大林会面时,艾登指出,与苏联幅员辽阔的疆域相比,英国的领土面积很小。"是的,英国是一个小岛,"斯大林回答说,"但很多事情都取决于英国的态度。如果这个小岛告诉德国人,'我们不会给你钱、原材料以及金属',那么欧洲的和平就会得到保证。"②

在伦敦,苏联大使伊万·迈斯基(Ivan Maisky)也在致力于推进英、法、苏三国联合制裁的方案,希望将纳粹的扩张野心扼杀在萌芽之中。这一次,问题又出在意大利。墨索里尼在欧洲针对德国的亲国联政策与他在东非采取的反国联政策相互冲突。作为行政院成员国,国联不可能允许意大利攻击另一个拥有主权的成员国。但是,如何才能迫使意大利的法西斯分子重新加入欧洲反纳粹的联盟呢?迈斯基表示,如果鲍德温是一个聪明的帝国主义者,那么他应该明确地向意大利发出制裁威胁,包括关闭苏伊士运河。如此一来,意大利将丧失为其东非远征军提供物资的最短运输通道,墨索里尼也就不得不回到谈判桌前;也许可以拿法国或英国控制下的前德国殖民地来收买墨索里尼?迈斯基认为:"如此一来,不仅国际联盟的威望能得到大幅提升,而且英国、法国、意大利与苏联对抗德国威

---

① Michael Jabara Carley, "'Only the USSR Has... Clean Hands': The Soviet Perspective on the Failure of Collective Security and the Collapse of Czechoslovakia, 1934–1938 (Part I)," *Diplomacy and Statecraft* 21 (2010): 202–225.
② Cited in Stephen Kotkin, *Stalin*, vol. 2: *Waiting for Hitler, 1929–1941* (London: Allen Lane, 2017), p.244.

胁联合阵线也能得以巩固，欧洲就能再次走上和平的道路。"[1]

威慑的困难之处

局势会发生如此有利的转变吗？在墨索里尼准备对埃塞俄比亚发动战争的日子里，他仍然十分担心德国。1935年5月，当他听说纳粹要煽动对他的叛乱之时，墨索里尼写信给意大利驻慕尼黑领事说："与德国沟通的一切桥梁都已坍塌。如果德国愿意为欧洲的和平而展开合作，那再好不过；否则，我们将粉碎德国，因为今后我们会完全站在西方大国一边。"[2] 这并不是单纯的夸口。6月，法国与意大利的军事参谋人员制订了一份计划，一旦希特勒吞并奥地利，法意两国就会联合入侵巴伐利亚。[3] 在斯特雷萨，麦克唐纳重申，英国会捍卫《凡尔赛和约》与《洛迦诺公约》，并与法国、意大利一道对抗德国。[4] 在当时，大多数分析家预计，希特勒下一步将在奥地利挑起事端，或者也有可能针对波兰的但泽或立陶宛的梅梅尔采取挑衅行为。无论他在哪个方向上采取行动，相关举措都足以触发由行政院四个常任理事国——英国、法国、意大利与苏联——负责的第16

---

[1] Diary entry for 2 July 1935, in Gabriel Gorodetsky, ed., *The Complete Maisky Diaries* (New Haven: Yale University Press, 2013), 1:130–131. 参见 J. Calvitt Clarke III, *Russia and Italy against Hitler: The Bolshevik-Fascist Rapprochement of the 1930s* (Westport, CT: Greenwood, 1991).
[2] Cited in E. M. Robertson, *Mussolini as Empire-Builder*, p.133.
[3] Martin Laberge, "La France et la Méditerrannée: Objectifs politiques et stratégiques, 1930–1940" (PhD diss., University of Montreal, 2005), pp.118–151.
[4] 有关1935年春，英法两国在制裁德国的问题上存在的分歧，参见 Steiner, *The Triumph of the Dark*, p.89.

条制裁条款。①

然而,关起门来之后,英国精英的国际主义热情却大打折扣。白厅倾向于与德国达成协议,以便抽出身来应对其他威胁其全球帝国地位的冲突——例如意大利在东非造成的威胁。参谋们对英国武装力量的准备情况感到担忧,他们坚持认为"在未来的几年当中,英国不应卷入任何一场战争。我们必须清楚地意识到……我们不能失去任何一个避免战争的机会"。②英国方面还回绝了法、苏两国对纳粹德国进行矿产制裁的计划。6月初,英国战时贸易与封锁事务咨询委员会在最终审查了这份制裁计划之后认为其"无法发挥作用"。③但从他们给出的三个理由——对英国自身外贸造成的打击、经由第三国绕开制裁以及伦敦金融城可能因此发生金融危机——来看,对英国的决策者而言,问题不在于缺乏实力。只有经由第三国绕开制裁这一点才是计划的真正弱点,但即便如此,英国也可以通过外交努力来解决这个问题。事实上,担心制裁会打击到本国商业以及可能导致伦敦金融城崩溃的事实说明,制裁的副作用相当大,但这并非制裁本身的弱点。政治家们可能并不会认真对待自己做出过的承诺。但对那些在20世纪30年代努力研究利用相互依存关系实施具体的制裁措施的人来说,很明显,尽管发生了大萧条,但经济武器

---

① 布尔预计,"如果德国军队突然占领奥地利、但泽或梅梅尔,那么无论德国是否宣战,国联的制裁机制都可以发挥作用……如果国联行政院认定德国的行为是非法的,德国是侵略国,那么其可以授权大国——英国、法国、意大利与苏联——对德国实施制裁……从法律角度来看,协约国以及国联的其他成员国可以加入打击德国侵略者的'正义战争'中。因此,至少在道德意义上,国联的机制可以帮助协约国打击德国"。(in Herbert Briggs and Raymond Buell, "American Neutrality in a Future War," *Foreign Policy Reports* 11, no.3〔April 10, 1935〕: 29).
② TNA, AIR 8/200, Chiefs of Staff, "Imperial Defence: Revision of Defence Requirements," 28 May 1935, p.1.
③ TNA, CAB 47/5, Paper ATB 117, "Report on the French Memorandum for the Exercise of Economic Pressure on Germany without There Being a State of War," 6 June 1935, p.5.

仍然拥有相当大的力量。之所以意大利与德国还会虚张声势，之所以那些民主国家会显得软弱无能，都是因为他们仅从自身的利益出发，试图否认这一事实。

致力于支持国联并反对法西斯主义的国际主义民间团体一直最为坚定地宣称，经济制裁拥有足够的力量。1935年春夏之时，在英国，中左翼政治团体越来越支持采取这些措施。在之前的几个月当中，国际联盟协会动员了大约1100万选民参加"和平投票"，这是一个由私人组织的有关支持国联及其和平工作的公投。6月27日，塞西尔亲自在皇家阿尔伯特音乐厅宣布了投票结果，就连他自己也对这一结果感到惊讶：绝大多数人表示支持经济制裁（1000万张赞成票，60万张反对票），大多数人认为在必要时甚至会支持军事制裁（670万张赞成票，230万张反对票）。总体而言，在1100万投票者当中，有86.8%的人支持动用经济武器，3/4的人支持采取军事行动。

公布出来的和平投票结果正是塞西尔以及其他国际联盟协会领导人所希望看到的。几乎一夜之间，英国精英阶层对选民态度的认知发生了巨大转变。考虑到这样一个毫不掩饰自己支持国际主义、经济压力甚至军事制裁手段的庞大选民团体，保守党改变了自身的态度，开始更积极地讨论制裁问题。此时，一个非常广泛的左翼自由主义团体已经开始支持立即对法西斯意大利进行制裁，因为其正在准备发动战争。一部分议员甚至呼吁英国关闭苏伊士运河。[①]英法两国的工会也站出来支持制裁，第三国际的共产党也是如此，这些人完全支持苏联采取的集体安全路线。[②] 只有少数左派人士既反对墨

---

① Mallett, *Mussolini in Ethiopia, 1919-1935*, p.165.
② Paul Corthorn, "The Labour Party and the League of Nations: The Socialist League's Role in the Sanctions Crisis of 1935," *Twentieth-Century British History* 13, no.1 (2002): 62-85.

索里尼即将发动的侵略，也反对国联对其实施的制裁。特立尼达的托洛茨基主义者 C. L. R. 詹姆斯（C. L. R. James）强调，斯大林有关经济武器的论点是"可耻的废话"。詹姆斯宣称，他所参与的工人阶级运动会"支持阿比西尼亚对抗意大利，就像列宁支持阿富汗对抗英国一样，（但我们）不会允许自己陷入帝国主义陷阱中"，支持旨在保卫大英帝国以及国联的制裁。[①] 在反对国家实施的制裁的同时，詹姆斯支持蕴含着巨大解放潜力的抵制，他将其称为"工人的制裁"。[②]

考虑到围绕针对意大利进行制裁的可能性而进行的辩论发生了重大的变化，1935 年时经济武器的威慑力究竟是弱还是强？站在当下回看那个时代，我们发现，在当时的论述中，人们并不认为国联的制裁只是一只纸老虎。在意大利发动战争前的几个月里，针对墨索里尼实施制裁的决心越来越坚定，这一点是显而易见的。在和平投票结果的刺激之下，保守党政府采取了更为直接的行动来阻止冲突进一步升级。7 月 25 日，在国联对瓦尔瓦尔事件的调查结果出来之前，英国就同时对意大利与埃塞俄比亚实施了武器出口禁运；在

[①] 詹姆斯之所以反对制裁，是因为他认为制裁有挑起战争的风险。他认为，"如果你支持制裁，那么你就会支持关闭苏伊士运河。而这只能由军舰来完成。因此，你就必须告诉舰队中的水手们，这是一项具有革命意义的行动，而你们则是参与这一行动的革命者。然而，墨索里尼可能会发动进攻。从始至终，他都不是在虚张声势，那种认为一旦动用制裁，意大利就会退缩的想法才是十分疯狂的。他一旦发动进攻，战争就爆发了。那么现在，制裁主义者要如何向水手们做宣传，告诉水手们要把帝国主义战争转变为内战？"。(cited in "I.L.P. Abyssinian Policy," *Controversy: Internal Discussion Organ of the I.L.P.* [October 1935]).
[②] Adom Getachew, *Worldmaking after Empire: The Rise and Fall of Self-Determination* (Princeton, NJ: Princeton University Press, 2019), p.69.

此之前，法国、瑞士、比利时与捷克斯洛伐克已经实施了禁运。① 作为一个谨慎的保守派帝国主义者，斯坦利·鲍德温比塞西尔身边的国际主义者对集体安全抱有了更多的警惕。但在当时热烈的气氛中，他也开始为经济武器进行热情洋溢的辩护。5月重新开始办公后，鲍德温表示，任何威胁国际和平的国家都将面临英国与美国的联合制裁；"世界上任何一个国家都不敢面对联合封锁直接展示出的实力，以及贸易禁运与金融制裁等制裁措施"。② 在维也纳，经济方面的新闻工作者卡尔·波兰尼恰当地描述了国际社会日渐上升的对侵略的警惕情绪："在盎格鲁-撒克逊地区，一种和平主义-制裁主义的宗教正四处流传……它是为和平而战，而不是为维持现状而战。它代表着一种保守的活力。"③

---

① 这次禁运的效果与查科战争期间实施的禁运大不相同。与那场冲突中双方力量相对平衡的情况不同，1935年夏天，意大利已经为入侵埃塞俄比亚进行了大量的军事准备，而埃塞俄比亚方面却装备不足，只能依靠从国外进口的军事物资。S. K. B. Asante, "The Italo-Ethiopian Conflict: A Case Study in West African Response to Crisis Diplomacy in the 1930s," *Journal of African History* 15, no.2 (1974): 291–302. 回看这段历史，很明显，对双方都采取的禁运措施是埃塞俄比亚人最终在军事上失败的一个重要原因。Baer, *The Coming of the Italian-Ethiopian War*, p.224.
② "The Situation in Europe. Mr. Baldwin and Germany," *The Times*, 28 May 1935, p.18.
③ Polanyi, "Markstein 1935," in Michele Cangiani and Claus Thomasberger, eds., *Chronik der großen Transformation. Artikel und Aufsätze (1920–1945), Band 2: Die internationale Politik zwischen den beiden Weltkriegen* (Marburg: Metropolis Verlag, 2003), p.266.

第八章
现代历史上最伟大的一场实验
（1935—1936年）

在法西斯意大利入侵埃塞俄比亚后，国联第一次全面动用了经济武器。由于先前已经发生了的边境小规模冲突以及随后意大利在东非集结部队的行动，人们在几个月前就开始筹划制裁墨索里尼了。到1935年9月，世界各国政府都期望国联能在战争爆发之时采取行动。他们认为，如果要启用第16条制裁程序，那么其目标将会是意大利法西斯政权。在9月11日的国联大会之上，法国总理皮埃尔·赖伐尔与英国代表安东尼·艾登都公开宣布，一旦墨索里尼发动进攻，他们就会动用经济制裁。[1]在墨索里尼于10月3日入侵埃塞俄比亚后，国联几乎立即认定意大利为侵略国，与此同时，他们制定了一揽子制裁措施，并宣布这些措施将于六周后生效。国联副秘书长、爱尔兰人肖恩·莱斯特（Sean Lester）将这一事件描述为"现代历史上最伟大的一场实验"的开端。[2]

国联的制裁并没有迫使意大利放弃战争，也没有保住海尔·塞拉西皇帝领导的政府，埃塞俄比亚的独立地位就此丧失。1936年春，

---

[1] "British Stand for World Peace," *The Times*, 12 September 1935; p.12; Raymond Buell, "Geneva Threatens Sanctions," *Foreign Policy Bulletin* 14, no.47 (20 September 1935).
[2] LoN, Sean Lester Archives, Diary (1935–1947), vol. 1, entry for 17 November 1935, pp.24–25.

意大利完成了对埃塞俄比亚的入侵。在一片愤懑与沮丧的情绪中，国联于当年 7 月取消了针对意大利最后的制裁措施。传统的解释认为，在意大利与埃塞俄比亚的战争中，国联实施的制裁遭遇了一场惨败，而这场惨败也敲响了国联的丧钟——因为随之而来的是整个集体安全体系的瓦解。[1] 历史学家 A. J. P. 泰勒最为有力地阐述了这一观点。他认为，"国联的真正死亡时间是 1935 年 12 月，而非 1939 年或 1945 年"。[2] 虽然不可否认，国联实施的制裁没能成功遏制侵略行为，但其在更大范围内造成的影响是更为复杂的。在战间期的制裁史中，这一事件有三个方面需要特别重视。第一，在和平时期，将经济制裁真正投入实践的行为开启了制裁的一个新阶段，此次对经济武器的应用迫使人们改变了原先对其力量的设想。在世界大战后的十年里，仅仅靠威胁动用经济制裁就足以保卫和平了。1921 年的南斯拉夫与 1925 年的希腊都是威慑理论的成功案例。但 1935 年的不同之处在于，这一次制裁的对象是一个相对较大的工业化国家，与此同时，这个国家在意识形态上转向了军国主义，在实践中开始谋求对外的殖民扩张。这迫使人们将原先停留在口头上的制裁应用到实践当中。

第二，要想将概念中的制裁落到实处，就需要重新设计经济制裁的具体措施。国联负责制订制裁计划的人提出的一项措施是对意大利实行石油禁运，但这一措施从未付诸实施。[3] 墨索里尼对潜在的制裁感到十分恐惧，应当说这种感觉没什么问题。即使这一政策无

---

[1] George W. Baer, *Test Case: Italy, Ethiopia and the League of Nations* (Stanford, CA: Hoover Institution Press, 1976).
[2] A. J. P. Taylor, *The Origins of the Second World War* (New York: Simon and Schuster, 1961), p.96.
[3] G. Bruce Strang, "'The Worst of All Worlds': Oil Sanctions and Italy's Invasion of Abyssinia, 1935–1936," *Diplomacy and Statecraft* 19, no.2 (2008): 210–235.

法立刻见效，但墨索里尼似乎认为，一旦国联对意大利实施石油禁运，那么他在非洲的冒险行动就必须结束了。[1]但是，我们不能单单以可能发生的能源封锁为标准来评判此次制裁，因为这样做就会忽略英法两国的决策者寄予厚望的、实际发生的制裁模式：即以金融制裁为核心的制裁体系，而非以资源封锁为核心的制裁体系。在这一制裁体系背后，真正起主导作用的是经济学家，而不是海军专家。他们基于"财政部理论"实施的制裁旨在打击侵略国最薄弱的环节，即这些国家的外汇储备。大萧条时期的贸易断崖式下跌导致这些国家的硬通货陷入短缺之中，而进一步降低其外汇储备的方式就是禁止法西斯意大利将商品出口到其他国家。对国际收支施加压力是"财政部理论"的核心，人们常常更关注更为经典的"海军部理论"，即禁止该国进口关键商品，进而忽略了"财政部理论"本身的新颖性。但很多经济史学家的研究都表明，在20世纪30年代严酷的世界经济环境中，外汇储备是一种关键商品。[2]通过制裁迫使该国流失外汇的好处在于，这一武器不会特别影响到动用制裁的国家，对受制裁国来说也不具有十分明显的挑衅性。但是，这种渐进性恰

---

[1] Cristiano A. Ristuccia, "The 1935 Sanctions against Italy: Would Coal and Oil Have Made a Difference?" *European Review of Economic History* 4, no.1 (2000): 85–110.

[2] 当时有关这一问题的研究，参见Paul Einzig, *Behind the Scenes of International Finance* (London: Macmillan, 1931), and Ragnar Nurkse, *International Currency Experience: Lessons of the Interwar Period* (Geneva: League of Nations, 1944), 进一步的论证，参见Adam Tooze, *The Wages of Destruction: The Breaking and Making of the Nazi Economy* (London: Viking, 2006), pp.71–96, 214, 232–234; Barry Eichengreen and Marc Flandreau, "Rise and Fall of the Dollar, or When Did the Dollar Overtake Sterling as the Leading Reserve Currency?" *European Review of Economic History* 13, no.3 (2009): 377–411; Nicholas Crafts and Peter Fearon, "Lessons from the 1930s Great Depression," *Oxford Review of Economic Policy* 26, no.3 (Autumn 2010): 285–317; and Stefan J. Link, *Forging Global Fordism: Nazi Germany, Soviet Russia, and the Contest over the Industrial Order* (Princeton, NJ: Princeton University Press, 2020), pp.16, 102, 115–117, 134.

第三部分　战间期危机中的经济制裁

恰也是这一方案的主要弱点：出口禁令的核心在于迫使意大利压缩开支，但这并不能立刻迫使他们终止战争。因此，墨索里尼以及之后的其他侵略国依旧能够选择高风险的选项，发动对外战争，而非将战争剔除出他们的政策选项。

此次制裁的第三个关键方面在于，这一系列制裁措施改变了意大利、纳粹德国与日本等修正主义国家所面临的战略局面。对这些国家而言，国际联盟的制裁绝非没有起到作用，恰恰相反，他们感到十分焦虑。在大萧条的影响下，这些国家开始转向自给自足，而在这一阶段，自给自足的倾向因制裁而进一步加剧。即使在执行的过程中错漏百出，但国联的此次制裁也表明，在必要的情况下，国际主义联盟可以迅速建立起来，实施有组织的多边经济制裁，而且所施加的经济制裁的范围还很有可能继续扩大，程度继续加深，这不经让人们回想起 1914—1918 年的封锁。

上述三点表明，意大利入侵埃塞俄比亚的战争并没有导致集体安全走向终结，反而是将集体安全推进到了新的阶段。1935—1936年，英法两国一方面采取了新的经济制裁措施来维护集体安全。在罗斯福政府试图修改中立法案时，英法两国实际上也做了相当大的努力，试图将更多的国家拉入制裁一方。另一方面，在财政与后勤方面向埃塞俄比亚提供支援的方案也进一步丰富了反侵略的经济武器库。以上两个方面都表明，在下一个十年当中，经济战争的形式将会发生重大转变。[①] 消耗性制裁并没能阻止意大利侵略埃塞俄比亚，但这一系列措施也对意大利的经济造成了严重打击，进而使得法西

[①] 以下章节中对集体安全的讨论与托马斯·博特利耶（Thomas Bottelier）的观点相一致，他认为，集体安全是一种跨大洲式的联盟机制。参见Thomas Bottelier, "Associated Powers: Britain, France, the United States and the Defence of World Order, 1931–1943" (PhD diss., King's College London, 2019).

斯政权被迫做出艰难的选择，同时也使得德国与日本的精英开始追求自给自足。1935年后，这些国家已经开始逐渐走上战争动员的道路了，他们或是直接参与了西班牙与中国境内的战斗，或为其提供资金支持，这一切都表明，他们越来越不顾一切地努力让自己获得更多的资源，以经受住其他国家的联合封锁。[1]

相互依存与大萧条

要想理解20世纪30年代经济制裁的政治面向，我们就必须首先知道大萧条如何影响了这一时期的世界经济。在现代经济史上，这场全球性大萧条意义重大，可以称得上是一个分水岭。随着商品价格的暴跌，农民与企业纷纷破产，股票市场崩溃，投资者陷入恐慌之中，银行倒闭，各国政府也相继瘫痪。为了应对大萧条，各国政府采取了诸多措施，例如提高关税壁垒，拖欠债务，脱离金本位制，采取资本与外汇管制，同时进行竞争性货币贬值，等等。这一系列行为终结了自19世纪中期以来逐步建立起来的自由经济秩序。然而，尽管各国政府采取了这么多以邻为壑的措施，但一个基本事实是，大萧条并没有因此而结束，因为各主要工业经济体在物质上都十分依赖世界其他地区。20世纪30年代，世界经济格局发生了巨大变化，但尽管如此，制裁的潜在威力依旧巨大。

以贸易为例，国联经济与金融组织的年度调查显示：在1929

---

[1] 参见Saburo Ienaga, *The Pacific War, 1931-1945* (New York: Pantheon, 1978), and S. C. M. Paine, *The Wars for Asia, 1911-1949* (Cambridge: Cambridge University Press, 2006); 也有学者认为对于意大利而言，第二次世界大战相当漫长，参见John Gooch, *Mussolini's War: Fascist Italy from Triumph to Collapse, 1935-1943* (New York: Pegasus Books, 2020).

第三部分　战间期危机中的经济制裁

年，世界贸易总额为686亿美元；但到1934年，这一数字就急剧下降到了234亿美元。①贸易额锐减使得货币与商业都遭受了极大的冲击，但在物质方面，冲击还没有那么明显。尽管按照市场价格计算，世界贸易额下降了2/3，但实际的货物交换量只下降了约1/3。②1924年至1929年，全球贸易量以每年6%的速度高速增长。③即使后来贸易量大幅下跌，世界贸易的实际交易量也仍然比全球化之前的任何时期都要多，大萧条时期的贸易总额只是跌到了第一次世界大战前的高位点。在20世纪30年代的大部分时间里，世界贸易总额仍然高于1913年的水平。④此外，大萧条期间，减少的贸易量主要集中在高附加值的工业制成品之上。原材料与食品的贸易总量受到的影响不大，而且还迅速实现了反弹。⑤换句话说，20世纪30年代，世界各地流通的商品总量实际上几乎没有减少，更不用说其他涉及

---

① League of Nations, *World Economic Survey* (Geneva: Imprimerie de Genève, 1935), p.11. 这组数据的计量单位为1933年4月前的美元金币。
② Barry Eichengreen and Douglas A. Irwin, "Trade Blocs, Currency Blocs and the Reorientation of World Trade in the 1930s," *Journal of International Economics* 38 (1995): 1–24. 两位作者利用的数据出自国联经济与金融组织，*Survey of World Trade, 1938* (Geneva: League of Nations, 1939).
③ Paul Bairoch, *Economics and World History: Myths and Paradoxes* (Chicago: University of Chicago Press, 1993), pp.5, 9.
④ 事实上，在20世纪30年代，只有两年，即1932年与1933年，全球贸易总量低于1913年的水平。(at 95.9 and 94.4 percent, respectively). Giovanni Federico and Antonio Tena-Junguito, "World Trade 1800–1938: A New Synthesis," *Revista de Historia Economica—Journal of Iberian and Latin American Economic History* 37, no.1 (March 2019): 9–41 and appendix D.18.
⑤ League of Nations, *World Economic Survey: Fifth Year, 1935/36* (Geneva: League of Nations, 1936), p.64; Christian Saint-Etienne, *The Great Depression, 1929–1938: Lessons for the 1980s* (Stanford, CA: Hoover Institution Press, 1984), p.30, table 1.13.

全球化的重要指标，如移民等。①因此，所谓战间期剧烈的、绝对的"去全球化"进程并非事实的全部；所谓的"去全球化"主要体现在价格水平、资本与货币指标上，而没有怎么体现在人员、生产资料与商品的流通上。②

到 20 世纪 30 年代末，卷入世界贸易的地区也要比 19 世纪末多得多。1913 年，欧洲各国的出口额占了全球总出口量的将近 60%。到 1937 年，这一比例缩减了近 1/4，而美洲、非洲、亚洲与大洋洲的全球市场份额都有所增加。③在 20 世纪初，之所以欧洲精英会在战争期间如此信任经济武器，是因为这一时期欧洲大陆在贸易方面占据着主导地位。而 25 年之后，非欧洲经济体已经在全球市场上发挥了更加积极的作用。因此，战间期所谓的去全球化实际上更应当被称为世界经济的"去欧洲化"，而在这一时期，世界经济仍然进一步向全球化迈进。④

总体而言，对经济制裁来说，造成更大影响的并非作为整体的世界贸易的衰退，而是大萧条对某些特定经济部门造成的影响。大萧条在运输、能源与矿产等领域造成了巨大的影响。例如，航运行业本身既是一个经济部门，同时也是重要的全球性基础设施，在出

---

① 即使是在1931—1940年，全球范围内的移民总量也与1896—1905年人口高度流动的时期相当，且远远超过了19世纪中期的水平。那种认为大萧条时期各国竞相限制移民的观点具有相当程度的欧洲中心主义色彩；除了20世纪20年代，在20世纪30年代，亚洲地区的移民比过去80年中的任何时期都要多。参见Adam McKeown,"Global Migration, 1846–1940," *Journal of World History* 15, No.2 (June 2004): 165, fig. 1.
② Harold James, "Deglobalization: The Rise of Disembedded Unilateralism," *Annual Review of Financial Economics* 10 (2018): 219–237.
③ Derek H. Aldcroft, *Studies in the Interwar European Economy* (Abingdon: Routledge, 1997), table 4.3.
④ Christof Dejung, "The Boundaries of Western Power: The Colonial Cotton Economy in India and the Problem of Quality," in *The Foundations of Worldwide Economic Integration: Power, Institutions and Global Markets, 1850–1930*, ed. Christof Dejung and Niels P. Petersson, p.137 (Cambridge: Cambridge University Press, 2013).

口统计之中，有关航运的数据没有得到充分体现，然而对制裁而言，这一行业却至关重要。20 世纪 30 年代，全球最大的商船队归英国所有，其次是美国与日本，这两个国家的商船队在第一次世界大战期间发展迅猛。其余体量较小的竞争者，如德国、挪威、意大利、法国与荷兰的商船队均占全球总吨位的 3%~4%。尽管这一时期国际海运业并不景气，但德国与意大利的商船队仍保持着相当强势的地位。如表 8.1 所示，在战间期的大部分时间里，航运业都在不断增长。[1]但从 1932—1935 年，全球商船总吨位连续四年萎缩，这意味着，到 1937 年时，全球商船的总吨位已回落到 1921 年的水平（当时，因战时需求量暴增，协约国建造了大量的商船，以至于商船吨位大增）。[2]自战争结束以来，日本、挪威与德国的商船队就都在快速扩张，到 20 世纪 30 年代末，这三个国家的商船队都实现了大规模扩张。对实施制裁的人来说，问题并不在于远洋运输领域的去全球化，而是全球海运业份额的日益分散：到 20 世纪 30 年代末，三个修正主义大国（意大利、德国与日本）控制了全球约 20% 的商船吨位，与此同时，悬挂"中立"（荷兰、挪威或美国）旗帜的船舶吨位从 1914 年时的 1500 万吨整整翻了一番，至少达到了 3000 万吨（见表 8.1）。[3]

表 8.1 1914 年与 1937 年各国的商船队规模排名

排名	1914	总吨位（单位：百万吨）	占全球总吨位的比例（%）	1937	总吨位（单位：百万吨）	占全球总吨位的比例（%）
1	英国	21	50.4	英国	20.6	37.9

---

[1] Gelina Harlaftis, *A History of Greek-Owned Shipping: The Making of an International Tramp Fleet, 1830 to the Present Day* (London: Routledge, 1996), pp.189–191, table 6.3.
[2] Ibid., p.195, fig. 6.9.
[3] SHD, 2 N 237, Capitaine de vaisseau Leclerc (Collège des hautes études de défense nationale), "La Marine allemande, Conférence du 28 décembre 1938."

续表

排名	1914	总吨位（单位：百万吨）	占全球总吨位的比例（%）	1937	总吨位（单位：百万吨）	占全球总吨位的比例（%）
2	德国	5.5	13.2	美国	12.4	22.8
3	美国	5.4	13	日本	4.5	8.3
4	挪威	2.5	6	挪威	4.3	7.9
5	法国	2.3	5.5	德国	3.9	7.2
6	日本	1.7	4	意大利	3.2	5.9
7	意大利	1.7	4	法国	2.8	5.2
8	荷兰	1.5	3.6	荷兰	2.6	4.8
合计		41.6		合计	54.3	

技术变革使得海运行业进一步复杂化。战后新建的大多数商船都以燃油——也称重油——为动力来源，这些商船通过烧油来加热蒸汽锅炉或驱动内燃机。在1914年至1934年，以煤为动力的商船数量从全球总吨位的88%下降到了51%，而以油为动力的商船数量则从3%增长到了46%。[1]20世纪20年代中期，英国战时贸易与封锁事务咨询委员会就已经意识到了这一点，这意味着在未来的冲突中，煤仓控制体系不再能发挥作用了。[2]而产油的地区又过于分散，且主要分布在大英帝国以外的国家，如美国、苏联、委内瑞拉与墨西哥。[3]要想让燃料控制机制继续发挥作用，就需要英美双方与荷兰人进行合作，因为在这一时期，荷兰人通过荷兰皇家壳牌公司控

---

[1] John R. Bradley, *Fuel and Power in the British Empire* (Washington, DC: GPO, 1935), p.26.
[2] TNA, CAB 4/17, "Advisory Committee on Trading and Blockade in Time of War, Fourth Annual Report," 21 December 1927 (CID-852B).
[3] Anand Toprani, *Oil and the Great Powers: Britain and Germany, 1914-1945* (Oxford: Oxford University Press, 2019), pp.8-13.

制了中东与东南亚石油生产的大量份额,特别是东亚的主要石油产地——荷属东印度群岛。[1]

英、美、荷三国在全球石油市场上占据的优势地位也说明,在这一阶段,全球矿产生产进一步集中化。1938年,世界上的10个国家控制了全球71%的矿产;4个国家控制着52%的已探明储量;而美国一国就拥有全球29%的矿产。除了煤与铁之外,英国与法国本土缺乏很多其他重要矿产资源,但通过其殖民帝国以及在国外经营的英法私人公司,这两个国家非正式地掌控了大量矿产资源。如果将这些资源都计算在内,那么矿产的集中程度甚至更为极端,在这一计算方法之下,英美控制了全球矿产的51%以上,美英法德苏垄断了全球74%的供应。[2]如表8.2所示,借助正式的殖民帝国与以公司为代表的非正式帝国,英国控制了规模庞大的矿产资源,英伦三岛只占有全球矿产储量的4.5%,但将拉丁美洲、非洲、中东与亚洲的海外领土上的矿产以及英资公司所控制的矿产加进来后,大英帝国控制了全球矿产储量的21.6%。总的来说,20世纪30年代,国联成员国牢牢控制着最为重要的商业矿物资源,在其控制下的矿产供应量略高于全球总供应量的一半。[3]虽然反共的修正主义大国控制下的份额日益增加,但到1936年,其控制的矿产资源仍不到国联控制的1/4;苏联加入国联抵消了德国与日本退出国联造成的危害。

---

[1] Edward H. Shaffer, *The United States and the Control of World Oil* (Abingdon: Routledge, 1983), table 4.4. 由于石油的兴起,英国对煤炭的控制权已经没有什么意义了,而这反映出英国在原材料控制方面的霸权日益衰落。在1913—1928年的15年中,英国在石油、铁矿石、银、铜、锡、石墨、磷酸盐、钾盐与盐等领域的全球产量份额持续下降。参见Bradley, *Fuel and Power*, p.28.
[2] Edward Sampson, *Mineral Resources and International Strife* (Princeton, NJ: University Extension Fund, Herbert L. Baker Foundation, 1938), pp.8–9.
[3] 在英国与美国的工业调查与内政部的研究中使用了"主要商业矿物"的分类法。*Minerals Yearbook 1935* (Washington, DC: Department of the Interior, 1935), pp.19–20.

因此，国联是一个潜在的、强大的资源控制机构。然而，国联背后的核心国家——英国与法国——并不能仅靠自己的力量就调动起国联支配下的资源。他们需要依赖美苏两国的配合，因为在20世纪30年代，在经历了两个五年计划之后，苏联的实力飞速增长，其国内的原材料生产状况得到了十分明显的改善：

表8.2 1929年与1936年世界主要矿产品的分布

区域	1929年时占全球总产量的比例	1936年时占全球总产量的比例
国际联盟	53.5	52.4
修正主义大国（德国、意大利、日本）	9.6	11.6
美国	34.2	29
大英帝国	21.2	21.6
苏联	3.8	9.2
德国	7.1	8.2
法兰西帝国	7.8	6
加拿大	5.2	5.4
法国本土	5.9	4.7
英国本土	4.6	4.5
日本帝国	1.2	2.9
南非	3.3	2.6
墨西哥	3	2.5
澳大利亚	1.6	1.9
意大利	1.3	1.5

注：这里统计的矿物为28种"主要商业矿物"：铝、锑、铬、铜、铁、铅、锰、汞、镍、锡、钨、锌、石棉、重晶石、瓷土、煤、萤石、石墨、石膏、菱镁矿、云母、硝酸盐、石油、磷酸盐、钾盐、黄铁矿、硫与滑石。

广泛的经济增长是制裁一直具有强大威力的另一个原因。经济学家们开始意识到,在战争经济当中,重要的不仅是原材料的供应,还有原材料的消耗速度。在这方面,人口增长、城市化与生活水平的提高使得战间期的社会结构更加脆弱。以年为单位进行计算,1930年工业经济体所消耗的煤炭是1900年的两倍,石油的消耗量则翻了9倍。[1] 这种材料消耗量的增加意味着原材料短缺会在更短的时间内发挥影响。最后,如果希望大量进口原材料,那么这个国家还需要拥有足够的货币储备。由于外汇储备分布不均,一些国家比其他国家更容易受到制裁的影响。《经济学人》颇为讽刺地指出,"只要能支付得起,那么世界上的任何人都可以买到足够多的自然资源,就像丽兹酒店一样,只要有钱,谁都可以住——当然,战时除外"。[2]

有关制裁的"海军部理论"与"财政部理论"

英法两国的统治阶层已经注意法西斯意大利很长时间了。这些负责制订计划的人完成的第一份研究(分别于1931年与1933年完成)结论让人感到兴奋。海军部的分析家们认为:"经济武器最适合用来打击一个高度工业化的国家,因为这样一个国家在很大程度上会依赖外国供应的食品与原材料,同时其军事力量不容小觑,但该国抵抗经济制裁的能力往往不强……这意味着我们更应当利用经济手段去打击平民,而非用武力去击败这个国家的武装部队。"[3] 意大利的经济情况很符合上述标准,因为意大利需要依赖其世界第七大商

---

[1] Bradley, *Fuel and Power*, p.2.
[2] "Empires and Raw Materials," *The Economist* 121, no.4809 (26 October 1935): 793.
[3] TNA, CAB 47/4, Report ATB 92, "Italy. The Possibilities of the Exercise of Maritime Economic Pressure upon Italy. Part I," March 1931, p.3.

船队，从海外获取大部分所需的原材料。在燃料方面，意大利极度依赖外部供应：该国消耗的 47% 的煤炭与 99% 的石油都需要通过海上运输才能获得。① 从第一次世界大战时协约国的封锁经验来看，海军部所设计的规划自然倾向于以拦截商品为主的海上封锁策略。

但由于在面对像意大利与德国这样的修正主义国家时，制裁需要拥有一定程度的政治灵活度，所以有关制裁的"海军部理论"也有其缺点。首先，为了控制世界各地生产的各类商品，"海军部理论"要求建立起庞大的外交联盟。此外，大萧条导致各国之间竞相开展不公平竞争，关税战、资源垄断等措施层出不穷，国际局势高度紧张。如果"海军部理论"付诸实施，并成功在世界市场上制造了一个永久控制某些商品的机制，那么原先对经济制裁的所有善意推测就都会消失殆尽。出于以上原因，文官政府更倾向于采纳其他版本的制裁设计，以期用较低的政治成本收获更好的效果。

有关制裁的"财政部理论"则并不强调封锁重要商品。相反，该理论瞄准的是意大利脆弱的国际收支状况。在伦敦，人人都知道意大利已经有一段时间无法通过国际金融市场借到主权贷款了。华尔街、伦敦金融城与意大利经济之间唯一的联系是通过私人银行进行的。1935 年期间，随着战争即将来临的迹象越来越多，很多英美的银行家都降低了意大利借款人的信贷额度。甚至一些意大利的主要工业企业，如轮胎制造商倍耐力（Pirelli）、汽车制造商菲亚特（Fiat）与化工企业集团蒙特卡蒂尼（Montecatini）为满足自身进口需求而提出的 12 个月的融资计划也遭到了英格兰银行与伦敦商业银行

---

① SHD, 7 N 3571, Désarmement naval, "Importations par voie de mer," Tableau des importations par voie de mer en temps de guerre par l'Italie (mai 1933).

的拒绝。① 英国战时贸易与封锁事务咨询委员会的分析师指出,"现在世界各国普遍存在对意大利现状的不信任,实际上,这已经算是对意大利实施了某种性质的金融封锁"。② 在这种窘境之下,英国的制裁主义者可以利用意大利无法同时满足支付其军事开支与进口重要产品的弱点,因为其出口所换来的外汇收入十分有限。

国联前秘书长、英国现任驻意大利大使德拉蒙德报告称,在 1935 年的前六个月当中,意大利为在军事上增援东非,已经花费了 1150 万英镑(图 8.1 展示了军事集结的船只)。一旦再有一支 5 万人的远征军抵达非洲,意大利每年在东非的军事开支将上升到 4000 万英镑。考虑到 7 月意大利银行只有 9200 万英镑(合 55 亿里拉)的外汇储备,在接下来的日子里,意大利的军事开支就不得不与民用支出相互竞争,去争夺那少得可怜的外汇储备了。因此,战时贸易与封锁事务咨询委员会得出结论,意大利与纳粹德国一样,其经济中最薄弱的环节当属外汇储备。该委员会建议,制裁武器的枪口应该对准意大利外汇储备的来源——即意大利的出口,同时也需要打击其进口。如果所有国联成员国都禁止意大利商品进入本国市场,那么意大利每年的硬通货收入就会减少 73% 之多。③

---

① Mario Alexander May, "Fuelling Fascism: British and Italian Economic Relations in the 1930s, League Sanctions and the Abyssinian Crisis" (PhD diss., London School of Economics, 2000), pp.32–37; Gian Giacomo Migone, *The United States and Fascist Italy: The Rise of American Finance in Europe* (Cambridge: Cambridge University Press, 2015), pp.319–324.
② TNA, CAB 47/5 ATB 120, "Economic Pressure on Italy," 18 September 1935, p.7.
③ Ibid., p.8. 其余 27% 的出口收入来自对三个非国联成员国——美国、德国与阿根廷——的出口。这之后所有的货币储备数量都是按当时的汇率换算而来的。

图 8.1　1935 年 7 月，墨索里尼入侵埃塞俄比亚的前三个月，意大利正在进行军事集结，其船只正在向厄立特里亚的马萨瓦港运送物资
［图片源于史密斯档案馆 / 阿拉米图库（Alamy Stock Photo）］

从这个角度来看，允许墨索里尼在东非增加军事部署，并非助纣为虐，而是让他自己给自己预备了足够的绳子来上吊自杀。一旦开始制裁，意大利要想在国外维持一支庞大的机械化军队，就需要将大量的资金用于食品、燃料、服装、运输与装备维护，所有这些都会进一步消耗意大利本就不多的政府预算与货币储备。战时贸易与封锁事务咨询委员会给出的另一份有关如何直接对意大利军队施加经济压力的报告是这样说的：

> 除了可能缺乏水、谷物以及石油等必需品导致东非的意大利军队难以开展实际行动以外，意大利最有可能面临的困难就是缺乏购买基本物资所需的外汇，而非短缺什么特定种类的物资……因此，似乎没有必要采取特别严厉的

措施来阻止意大利获得其必需的物资……只要能确保意大利必须为其所获得的任何必需品支付高昂费用就可以了。①

一种全新的制裁模式就此诞生,其目标在于让侵略者"花大价钱",进而不得不认真考虑要不要发动战争。这是一种消耗理论,而非一种威慑理论。英法两国政府预计,在经济威胁面前,墨索里尼不会像20世纪20年代的帕西奇与潘卡洛斯那样迅速让步。但他们相信,他们可以一边在远离实际战争的同时消磨掉意大利的耐力。②出于这种考虑,英国外交大臣塞缪尔·霍尔(Samuel Hoare)与法国总理皮埃尔·赖伐尔在9月中旬的国联大会上同意不施加更具侵略性的制裁措施,如石油禁运、关闭苏伊士运河或实施海军封锁等,因为以上措施是不必要的挑衅行为。③

在法国,统治阶层也开始倾向于采取针对出口的消耗性战略。1935年,法国最高国防委员会在研究可能对德国施加何种制裁时,其首要任务在于避免再次让德国人民挨饿。法国负责制订计划的人

---

① TNA, CAB 47/5 ATB 127, Revisions and updates to ATB 120, "Economic Pressure on Italy," 27 September 1935, Annex I: Economic Pressure on the East African Expeditionary Forces, p.22.
② 乔治·贝尔(George W. Baer)称这一倾向为"工具主义",参见George W. Baer, "Sanctions and Security: The League of Nations and the Italo-Ethiopian War," *International Organization* 27, no.2 (March 1973): 165–179.
③ 9月16日,美国驻英国大使馆临时代办雷·阿瑟顿(Ray Atherton)报告了他从日内瓦回来后与英国外交大臣的谈话,这段谈话清楚地表明了霍尔承诺实施武器禁运与进口禁运的措施。"塞缪尔爵士重申,将按照1921年的决议逐步推动制裁的实施。此处遇到的第一个问题是,国联成员国与非成员国是否应停止向意大利出售武器、弹药与其他装备?第二个问题是,由于对意大利而言,外汇至关重要,那么这些国家是否也会同意停止从意大利采购物资?"(cited in a memorandum by Wallace Murray [chief of Near Eastern Affairs at the State Department], "Possible Situations in Which This Government May Find Itself in Connection with the Italo-Ethiopian Crisis," 18 September 1935, HIA, SHP, Box 369, Folder Sanctions #1).

认为,"最野蛮的制裁(莫过于)粮食封锁,次之是对纺织业的封锁",因为德国的纺织业吸纳了大量就业。一旦打击这一行业,德国可能就会经历大规模失业,或是爆发大规模罢工,但这样的社会影响并不能保证法国统治阶层实现削弱德国军工业的目的。由于德国人中有大量的"替代品天才",切断重要商品的流入并不能迅速发挥作用。因此,法国最高国防委员会认为,"抵制德国的出口似乎比封锁或禁运措施更可取"。①

1935年,英法两国为实施制裁而做的广泛准备表明,两国政府既对意大利的开战决定有所准备,同时也为实施制裁做好了准备。到8月,英国的报纸已经在向读者解释对意大利发动的经济制裁将如何发挥作用。②英法两国的战略家们完全准备好了。③对墨索里尼来说,他已经走得太远了,此时决不能退缩。法西斯意大利在东非已经驻扎了40多万部队,意大利也为这项事业投入了大量资金,军事动员业已完成。9月27日,墨索里尼向在东非的部队发出了入侵命令;7天后的黎明时分开始执行进攻计划。④

东非大地上的战争

1935年10月3日,意大利军队从厄立特里亚向南进军、从索马

---

① SHD, 2 N 151, "Étude sur le programme des sanctions économiques que l'on pourrait éventuellement appliquer à l'Allemagne," [undated, mid-1935], p.7.
② 例如,参见 "How Will Sanctions Work?" in the *Washington Post*, 30 September 1935——战争爆发前四天的文章。
③ TNA, CAB 47/1 ATB, Minutes of meetings 1924–1938, Minutes of twenty-first meeting, 25 September 1935, Report on the best form of economic pressure to exert on Italy (Paper ATB 122).
④ Emilio De Bono, *Anno XIII: The Conquest of an Empire* (London: Cresset Press, 1937), p.220.

里向西进军，以钳形攻势开始进攻埃塞俄比亚。在国际社会高度关注、且已经做好准备对其实施制裁的情况下，意大利军队需要速战速决。意大利指挥官埃米利奥·德·波诺（Emilio De Bono）手下有近50万人，是欧洲国家在非洲大陆上最为庞大的一支军事力量，军队中有30万意大利人，8.7万非洲士兵，以及承担修筑铁路以及其他后勤任务的10万劳工。[1] 在向埃塞俄比亚首都亚的斯亚贝巴前进的路上，德·波诺打算定期休整，以确保自己的军队能及时恢复战斗力，而后再跳跃式地向前进攻，如此一来，意军既能不过度消耗战力，又能避免补给线过长。

德·波诺的陆上作战计划十分谨慎，然而，意大利军队所依赖的海上补给线却十分脆弱。由于意大利发动的是一场跨洲战争，为了补充前线部队，意大利需要从本国的港口出发，经苏伊士运河向其在厄立特里亚与索马里的两个桥头堡源源不断地运送士兵、物资以及补给——这段海上的补给线总长度在2200千米到3600千米。对任何一个经济中等水平的国家来说，在如此远的距离上长时间维持军事行动都是十分冒险的，更不用说，这段海上通道还是由其他国家控制的，同时，意大利的财政已经捉襟见肘了。[2]

尽管意大利并没有向埃塞俄比亚宣战，但仅四天之后，国联就宣布意大利为侵略国。10月7日，行政院下令成立一个由18个成员国组成的委员会，负责研究、制定基于第16条规定的一揽子制裁措施，并将结论汇报给行政院。葡萄牙外交官奥古斯托·德·瓦斯

---

[1] Angelo del Boca, *The Ethiopian War, 1935-1941* (Chicago: University of Chicago Press, 1969), p.18; Nicola Labanca, *La guerra d'Etiopia, 1935-1941* (Bologna: Il Mulino, 2015), p.74.
[2] Giorgio Rochat, *Guerre italiane in Libia e in Etiopia: Studi militari, 1921-1939* (Treviso: Pagus Edizioni, 1991), pp.99-176.

康塞洛斯（Augusto de Vasconcellos）被任命为这一"十八国委员会"（或称协调委员会）的主席。在接下来的两周时间里，该委员会大致规划了五项经济制裁措施，分别是武器禁运、金融冻结、进口禁运、对特定商品与货物的出口禁令，以及设立一个互助基金。这一系列制裁措施于11月18日生效，同时，在58个国联成员国中，先后有52个成员国都参与了制裁。这在跨国协调领域算得上一次了不起的成就。在反侵略事务上，第16条终于有机会得到检验了。在紧张兴奋的氛围中，《纽约先驱论坛报》驻日内瓦记者写道："让近50个主权国家就实施集体制裁措施这一问题达成一致，是一个了不起的、前所未有的成就……这极大地提高了国际联盟的威望。在过去的两个星期内，在日内瓦的所有人都产生了这样一种印象：他们见证了世界历史的一个全新阶段，在无形之中，国际事务中已经诞生了一种全新的力量。"[1]

受法英两国官员所持的经济理性的影响，瓦斯康塞洛斯制订的一揽子计划中，最具杀伤力的措施与其说是第四项建议，即"禁止向意大利出口特定商品"（在此种措施之下，国联可以将出口禁令扩大到煤炭与石油），不如说是第三项建议，即"禁止进口意大利货物"（其打击的对象是意大利的外汇收入）。[2] 事实上，在要求所有参与制裁的国家实施的进口禁令中，有一个重要细节十分能反映这一制裁措施的目标：唯一允许进入国联成员国市场的意大利商品就是

---

[1] John Elliott, "League Action as a Warning," *New York Herald Tribune*, 24 October 1935.

[2] Alfred Zimmern, "The League's Handling of the Italo-Abyssinian Dispute," *Royal Institute for International Affairs* 14, no.6 (November-December 1935): 751–768.

金银，这些贵金属是意大利银行支付与借款能力的基石。[1]一旦墨索里尼认为，制裁是帝国扩张不可避免的代价，那么意大利与国联的制裁联盟之间的地缘政治对抗就演变为取得军事胜利与顶住物质压力之间的竞赛。换句话说，1935—1936年，制裁能否成功取决于意大利的军队能否在国联将其财政储备耗尽之前占领亚的斯亚贝巴。[2]由于近50个国家禁止意大利商品进入本国市场，协调委员会希望能大幅削减意大利的出口收入，在这期间，英国海军部负责计算意大利的出口收入。[3]乐观主义者相信英国方面做出的预测，即意大利的外汇收入会因此减少70%左右。[4]墨索里尼似乎已经掉进了制裁者为他设好的陷阱，现在，他正耗尽意大利的全部力量，与国联进行一场注定要失败的耐力比拼。[5]

禁止进口意大利商品这一措施背后的消耗逻辑有这样几个前提假设。一是意大利不会在夏季雨季（从5月一直持续到9月）来临之前征服亚的斯亚贝巴。大多数欧洲军事专家都认为，要攻占埃塞

---

[1] Ibid., 766. 以及Albert E. Highley, *The Actions of the States Members of the League of Nations in Application of Sanctions against Italy, 1935/1936* (Geneva: Imprimerie du "Journal de Genève," 1938).

[2] "军事专家认为，在很大程度上，在意大利的东非战役中，经济因素将发挥决定性的作用……作出如此判断，是有着专业的军事依据的，也就是说，尽管意大利有能力征服埃塞俄比亚，但这将是一个漫长且开销巨大的过程。目前，意大利军队的行动证明了这一观点的正确性。"（"Sanctions Vital, U.S. Experts Say. They Declare Cost Will Be the Deciding Factor in Italy's Ethiopian Campaign," *New York Times*, 11 October 1935.

[3] "Sanctions, and the Italian Loan," *New York Herald Tribune*, 22 October 1935.

[4] "Great Powers Maneuver on Sanctions," *Foreign Policy Bulletin* 14, no.52 (25 October 1935).

[5] 华盛顿邮报上的一篇文章指出，"按照目前的消耗速度，即使意大利能够向世界各国出售本国商品，其国内的黄金储备也撑不了几个月了……简而言之，如果坚决执行国联的进口禁令，那么只需要很短的时间，意大利就只能依靠对几个不愿意为保卫和平而参与集体行动的国家出口商品来换取外汇了，考虑到只有这一点外汇，意大利也只能在国际市场上采购数量极为有限的物资了"。（"Effective Sanctions," 22 October 1935）

俄比亚这样一个多山且面积较大的国家，意大利至少需要一个以上的旱季来发动攻势。① 贸易委员会与海军部预计，到那时，意大利的外汇储备就已经消耗殆尽了，在财政上，墨索里尼将无法继续发动他的战争。在财政部，经济学家拉尔夫·霍特里（Ralph Hawtrey）与S.D.瓦利（S. D. Waley）预测，如果制裁能使意大利的出口收入减少75%，那么意大利银行的外汇储备将减少6800万英镑至1.08亿英镑，在储备见底之前，意大利仅能维持9至15个月的进口。② 法国军事情报人员同样预计，由于每月的进口需求至少需要花费5亿里拉（合840万英镑），意大利坚持不了十个月。③ 由于华尔街与伦敦金融城都没有为意大利提供外部贷款，这将使意大利政府面临极为困难的局面。因此，英法两国都希望能通过压缩意大利的出口额迫使墨索里尼在一年内坐到谈判桌前，在这段时间内，他还无法成功征服埃塞俄比亚。

事实上，在从1935年年底到1936年年初的几个月里，有明显的迹象表明，禁止进口意大利货物的制裁正在发挥作用。由于意大利无法维持其出口规模，法西斯政权被迫大幅削减进口量以平衡外汇。但由于意大利存在结构性的经常账户赤字，在经受制裁之后，

---

① 参见《每日电讯报》1935年8月21日与22日刊登的休·坦佩利（Hugh Temperley）分析意大利在埃塞俄比亚采取的军事行动的前景的文章。SHD, 7 N 2809, Dossier 1, 3ème trimestre 1935, "Campagne en Abyssinie," Telegram No. 692, French military attaché Voruz to Minister of War, 22 August 1935, p.2.
② TNA, CAB 47/5 ATB 130, R. D. Hawtrey and S. D. Waley, "Sanctions and Italy's External Costs. Memorandum Prepared by Treasury Representatives," 3 October 1935. 霍特里与瓦利预测，如果没有制裁，那么最短18个月，最多4年，意大利就会耗尽自己的外汇储备，这取决于意大利采取何种措施以应对这一问题。
③ MAE, Série K (Afrique), Direction politique et commerciale, Carton 82, Dossier 81/2, Ethiopie, Box 110, Conflit italo-ethiopien. Sanctions prises contre l'Italie (Application de l'Article 16 du Covenant), "Conflit italo-abyssin. Sanctions économiques. Note pour le ministre," 4 October 1935, p.5.

意大利的货币与黄金储备持续大幅下降。甚至在战争爆发之前,意大利银行的储备就已经下降了 7800 万英镑(合 3.79 亿美元),因为意大利耗费了大量资金来维持其支援东非的庞大军事集团。[1]1935 年 6 月,中央银行不再要求在发行货币时需要相应的黄金做支撑,先前,这一比率规定货币供应总量的 40% 必须由黄金支持。[2] 但是,尽管这一举动能够增加国内支出,但进口仍然需要消耗硬通货。1935 年 10 月至 1936 年 8 月,意大利的外汇储备进一步暴跌,从 6700 万英镑降至 3750 万英镑。[3] 在制裁生效一周后,墨索里尼将里拉贬值了 25%,但由于此前里拉一直被高估,这一举动并没能提高多少出口竞争力。从 1935 年 11 月到 1936 年 7 月,意大利只出口了价值 3770 万英镑的货物,而一年前的同期出口价值是 5900 万英镑,同比减少了 35%。而且,尽管意大利已经实施了严格的配给制度,但在同一时期,其进口量也下跌了 22%。[4] 如果没有外国资金的支持,那么毫无疑问,意大利的国际收支最终会走向崩溃。

在国联,瓦斯科塞洛斯的制裁委员会还没有将第四项措施,即出口禁令,延伸到禁止向意大利出口石油与煤炭。由于预计这一军事行动将耗费相当长的时间,同时按照国联经济与金融组织的预测,到 1936 年夏末,进口禁令就会让意大利的财政完全枯竭,11 月 6 日,该委员会决定推迟实施石油禁令。[5] 原因在于,石油禁令能否得

---

[1] ATB 130, "Sanctions and Italy's External Costs"; "Effective Sanctions," *Washington Post*, 22 October 1935.
[2] Michele Fratianni and Franco Spinelli, *A Monetary History of Italy* (Cambridge: Cambridge University Press, 1997), p.153.
[3] Richard Pankhurst, *The Ethiopians* (Oxford: Blackwell, 1998), p.228.
[4] Felice Guarneri, *Battaglie economiche tra le due guerre*, vol. 1: *1918–1935* (Milan: Garzanti, 1953), p.407.
[5] HIA, U.S. Department of State Records, 44006, Box 1, Folder 1–1, "The Imposition of Sanctions: Documents Concerning the Experience of States Participating in the Application of Article 16 of the Covenant of the League of Nations to Italy, 1935–1936," p.1.

到有效执行，完全取决于美国政府的态度。当时，美国石油公司控制着全球石油产量的60%。虽然在战前他们并非意大利的主要供应商，但他们很容易就能在意大利打开市场，以满足其需求。① 协调委员会与美国就可能实施的石油制裁进行了接触；时任美国国务卿科德尔·赫尔（Cordell Hull）于10月26日通知瓦斯康塞洛斯，根据8月通过的中立法案，美国的武器禁运令已经生效。

然而，美国谨慎的中立政策与国联的经济制裁之间仍然存在着紧张关系。② 罗斯福要求商人们加入针对墨索里尼的"道德禁运"，但没有采取相关的立法行动来限制美国与法西斯意大利之间的贸易。③ 驻意大利大使威廉·菲利普斯（William Phillips）在11月14日写道，即使美国主要的石油公司同意不向意大利出售石油，其他150个较小的石油公司也不会遵守这样一道软性约束。他们极大地支持了法西斯的战争经济。意大利每天需要大约8000吨燃料用于民用以及军事行动，而美国的小公司一天就可以提供8万吨。④ 出于这一原因，菲利普斯建议，在国联发出石油禁运倡议之前，美国不应采取相关措施。

然而，这一沉默成了一个自我实现的预言，因为只有当华盛顿方面同意实施石油禁运时，国联才会同意采取这一措施。自"九一八"事变以来一直领导国务院制裁派的霍恩贝克坚持认为，如果美国不做出任何承诺，那么国联的制裁行动就会受到阻碍："国

---

① *World Petroleum* (New York: R. Palmer, 1936), 7:56.
② Michael L. Roi, "'A Completely Immoral and Cowardly Attitude': The British Foreign Office, American Neutrality, and the Hoare-Laval Plan," *Canadian Journal of History* 29, no.2 (1994): 333–352.
③ Migone, *The United States and Fascist Italy*, pp.326–342.
④ W. Phillips (Rome) to Hull (Washington, DC), 14 November 1935; Franklin D. Roosevelt Presidential Library, Folder Italy-Phillips; cited in Migone, *The United States and Fascist Italy*, p.364.

第三部分　战间期危机中的经济制裁

联大国是否决定实施制裁，取决于我们在这个时候是否表明了自己的立场……如果我们发出这一暗示，那么就是在帮助国联。而如果我们保持沉默，那么就是在帮助墨索里尼。"[1] 美国的国际主义者发起了一场要求援助埃塞俄比亚的新闻运动。在外交政策协会，雷蒙德·布尔自9月以来一直呼吁行政部门采取紧急行动，停止向意大利出口原材料。[2] 在制裁期间，他的同事维拉·迪安也一直主张应补上因美国与德国不参与制裁而产生的漏洞。[3]

反对法西斯意大利的国际主义阵线开始出现裂痕。11月8日，迈斯基报告称，他在外交部的朋友罗伯特·范西塔特（Robert Vansittart）表示，希望埃塞俄比亚的战事能在圣诞节前结束。对这位外交部常务次官而言，这一表态十分奇怪；因为根据进口禁令所遵循的消耗逻辑以及在当年年底之前意大利不可能在战场上取得军事胜利的事实，这一表态只能说明英国外交部希望达成某种协议。11月14日，鲍德温的保守党实现了连任。考虑到对墨索里尼的威慑已经失败，而且制裁已经就位，英法两国开始纠结是否要冒着爆发公开战争的危险采取进一步的经济措施。这既是塞缪尔·霍尔（Samuel Hoare）领导的外交部中渐进派所持的观点，也是法国总理赖伐尔与法国外交部所持的观点。英法两国都不希望在对意大利施加进一步的经济压力后，墨索里尼气急败坏，进而对英法两国发动

---

[1] HIA, SHP, Box 369, Hornbeck to Cordell Hull, 25 October 1935, p.2.
[2] Raymond Buell, "Geneva Threatens Sanctions," 20 September 1935; 以及 "Experts See Help of U.S. to League. Analysis of Neutrality Act Lists Possible Cooperation in Non-Military Sanctions. Report by R. L. Buell Asserts President Can Keep Raw Materials from Italy," *New York Times*, 28 September 1935.
[3] Vera Micheles Dean, "The League Applies Economic Sanctions," *Foreign Policy Bulletin* 14, no.51 (18 October 1935): 2.

攻击。①

英国大选结束后，赖伐尔与霍尔在巴黎展开秘密谈判，他们开始商讨分割埃塞俄比亚的协议，将塞拉西控制的大部分领土交予意大利帝国。②11月底，公众的热情依然高涨；一家报纸宣称，"在法西斯帝国主义的帮助之下，英法重新恢复了世界大战期间的友好精神，实现了联合"；然而，迈斯基指出，"在帝国主义的地狱厨房里，他们正在调制魔法药水"。③12月9日，有关领土交易的消息被泄露给了媒体，紧接着，国际社会一片哗然。很多人对《霍尔-赖伐尔协定》感到惊愕，这一协定成了反映帝国主义两面性的标志，国联好不容易凝聚起来的崇高团结之情也被大幅削弱。

然而，制裁并没有因《霍尔-赖伐尔协定》的公布而结束。事实上，英法两国政府被迫放弃了这一秘密计划，由此可见，反对墨索里尼的公众舆论还有着很强大的影响力。此外，制裁方案的消耗逻辑仍然在发挥作用。法西斯越来越不可能在东非取得胜利了。11月，塞拉西的部队在恩德塔与意大利人打得难解难分；到了12月中旬，埃塞俄比亚人在登贝吉纳山口发动了反攻，缴获了几十辆坦克、大量野战炮，还俘获了数千名意大利士兵。④德·波诺的军事行动逐渐疲软了下来。但国联能否取得胜利，还要取决于国联是否以及如何

---

① MAE, Série SDN, Art. 16, Box No. 818, Note "Remis à l'Ambassadeur d'Angleterre," 18 October 1935, p.6.
② 英法之间的秘密谈判接续了战争开始之前的和平谈判。(James C. Robertson, "The Hoare-Laval Plan," *Journal of Contemporary History* 10, no.3〔July 1975〕: 433–464, 440). 以及 W. N. Medlicott, "The Hoare-Laval Pact Reconsidered," in *Retreat from Power: Studies in Britain's Foreign Policy of the Twentieth Century*, vol. 1, ed. David Dilks, pp.118–138 (London: Macmillan, 1981).
③ "France Stands By," *Evening Star*, 30 November 1935; Maisky diary entry for 14 December 1935, in Gabriel Gorodestsky, ed., *The Complete Maisky Diaries* (New Haven: Yale University Press), 1:146.
④ Del Boca, *The Ethiopian War, 1935–1941*, pp.70–84.

扩大针对法西斯政权的制裁。

能源与基础设施

当意大利与埃塞俄比亚在东非激战时，围绕国联是否要实施石油禁运这一问题，各方正进行着紧张的外交沟通。1936年1月1日，瓦斯科塞洛斯领导的协调委员会再次讨论了能源制裁问题，并任命了一个专家委员会来研究这一措施是否能发挥作用。但由于美国的立场不明确，有关石油禁运的决定再一次被推迟了。1935年12月，美国运输至意大利的石油总量与一年前相比增加了446%。显然，美国的石油在很大程度上帮助了法西斯意大利的军队。[①] 如果这一供应渠道被切断，那么埃塞俄比亚人就有可能能巩固近期在战场上取得的成果。支持集体安全的人将希望寄托在8月通过的美国《中立法案》即将适用期满上；即除非延期或被新的法案所取代，否则这一法案将于1936年2月29日失效，进而允许美国自由地采取干预措施。

大西洋两岸的国际主义者希望修订后的《中立法案》能够授权美国政府实施区别对待的禁运，这样一来，罗斯福就能加入针对意大利的国际制裁了。但即使是次优的解决方案——允许美国不干涉国联的制裁措施的新法律——也会有所帮助。第三个选项是利用《中立法案》中的自由裁量权，将新的商品纳入禁运范围。如果美国立法者将某些重要商品列入禁运清单，那么就能在给意大利带来沉重打击的同时，不会对埃塞俄比亚产生太大的影响，即使美国没有公开认定意大利为侵略国也无关紧要。法国驻美大使认为，扩充禁

---

① Livingston Hartley, "Oil Sanction Impasse," *Washington Post*, 1 January 1936; Strang, "The Worst of All Worlds," pp.217–218.

运清单的"可能性很大",尤其有希望将石油与棉花纳入禁运清单。[1]

然而,事实证明,这种不公开的区别对待很难实施。为了安抚国会中的中立派,国务院放弃了在新的法案中加入区分侵略国与受侵略国条款的诉求。[2] 在巴黎,曾希望能得到罗斯福支持的赖伐尔感到"相当遗憾,因为这些打着中立旗号的法案依旧不打算……区分侵略国与受侵略国"。[3] 与此同时,即使是调整禁运清单的备选方案也面临着美国参议员前所未有的审查。加利福尼亚州参议员希拉姆·约翰逊(Hiram Johnson)认为:"一旦给予总统绝对的自由裁量权,那么他就能根据自己的意愿决定对哪些商品实施禁运了,这使得总统有机会认定自己心目中的侵略国,同时在冲突中做他认为合适的事情。"[4] 在约翰逊的带领之下,参议院从法案中删除了授予总统酌情决定禁运何种原材料的权力的条款。法国大使十分沮丧地通知巴黎方面,中立派已经意识到这些权力是"对总统的一种鼓励,鼓励他配合国际联盟的制裁,特别是石油禁运"。[5] 埃塞俄比亚的命运似乎取决于美国立法中那些晦涩难懂的细节。2月初,在战争爆发4个月后,意大利军队仍然只控制了埃塞俄比亚北部的默克莱等地,他们只推进了150千米,距离亚的斯亚贝巴还有750千米的距离。[6]

---

[1] MAE, Série SDN, Art. 16, Box No. 818, De Laboulaye (Washington, DC) to Joseph Paul-Boncour, 27 December 1935, Telegram 1466, f. 55.
[2] Robert A. Divine, *The Illusion of Neutrality: Franklin D. Roosevelt and the Struggle over the Arms Embargo* (Chicago: University of Chicago Press, 1962), pp.136–138.
[3] MAE, Série SDN, Art. 16, Box No. 818, Laval to De Laboulaye (Washington, DC), 6 January 1936.
[4] Hiram Johnson, "Neutrality," Senate Hearings, 74th Congress, 2nd Session (January 1936), pp.142–143.
[5] MAE, Série SDN, Art. 16, Box No. 818, De Laboulaye (Washington, DC) to Paris, 11 January 1936, Tels. 61–62, f. 142.
[6] John H. Spencer, "The Italian-Ethiopian Dispute and the League of Nations," *American Journal of International Law* 31, no.4 (October 1937): 614–641.

战地记者报道称，由于没能取得进展，意大利军队感到十分沮丧。[1]

2月12日，参议院打破了僵局，拒绝接受新的法案，转而选择将旧的中立法案延长至1937年5月1日。就在同一天，瓦斯康塞洛斯领导的专家委员会提交了有关石油禁运的报告。国联的专家们预计，如果全面实施石油禁运，且美国对意大利的出口保持在战前的水平，那么石油禁运将在三个半月内耗尽意大利的燃料储备。但由于美国对意大利的石油出口量正在增加，想要让制裁取得相应的效果，就只能等待更长的时间了。因此，石油禁运的方案被搁置了。就在同一周，意大利军队动用了化学武器，并再次发动攻势，埃塞俄比亚的未来令人担忧。

英法两国的国际主义者发现，相比于冷漠的美国人，苏联的外交官十分热烈地支持集体安全。作为行政院第四个常任理事国，苏联尽职尽责地切断了供应给意大利的铬、锰与铁矿石。李维诺夫还支持禁运煤炭与钢铁。[2] 然而，苏联受到一些国内问题的影响，其经济外交政策并没有保持一致，其他不受制裁的商品仍然正常出口给意大利。[3] 1936年2月，苏联停止向德国输送石油（而非意大利），因为苏联认为德国是世界和平的最大威胁。[4] 苏联外交官在与国联方面的通信中指出，对一个有野心的大国来说，如果其政府垄断了外

---

[1] Herbert Matthews, *Eyewitness in Abyssinia* (London: Martin Secker and Warburg, 1937), pp.177–188.
[2] J. Calvitt Clarke III, "Soviet Appeasement, Collective Security and the Italo-Ethiopian War," in *Collision of Empires*, ed. G. Bruce Strang, p.281 (Farnham: Ashgate, 2013).
[3] Lowell R. Tillett, "The Soviet Role in League Sanctions against Italy, 1935-36," *American Slavic and East European Review* 15, no.1 (1956): 11–16.
[4] Daniel Yergin, *The Prize: The Epic Quest for Oil, Money and Power* (New York: Simon and Schuster, 1991), p.332.

贸，那么在实施制裁的问题上就无须顾忌太多。①

还有什么能给意大利施加压力的手段呢？毫无疑问，最能给意大利经济带来麻烦的手段是基础设施方面的行动：对意大利船只关闭苏伊士运河。到1935年夏天，意大利是继英国之后苏伊士运河的第二大用户。②该运河受1888年签署的《君士坦丁堡公约》(Treaty of Constantinople)约束，在这份公约签署时，埃及仍然受英国统治。它规定，无论是在战时还是平时，无论是中立国还是交战国，该运河对所有国家的民用与军用船只都开放。因此，通过国际协议，苏伊士运河有效地实现了非军事化。③但到了20世纪30年代，许多制裁主义者认为，为了阻止侵略，应当允许国联推翻旧有的公约。由于制裁取消了中立的空间，因此，他们推论出，《国联盟约》第16条应当高于《君士坦丁堡公约》。

问题是，在当时的法学家看来，这种观点不太能经得起推敲。④事实上，战间期有关中立地位最重要的司法判决，即1923年由常设国际法院裁决的所谓温布尔登案（Wimbledon Case）已经明确表明，

---

① LON, C.L. 216.1936.II.A.Annex XVI, "Memorandum from the Government of the Union of Soviet Socialist Republics, January 21, 1937," p.115. 尽管李维诺夫与迈斯基支持在国联的体系之下参与国际制裁，但斯大林却专注于来自德国的威胁。对苏联领导人来说，提防德国和与其保持甚至加深经济绑定之间并不冲突。在很多方面，德苏之间的贸易模式使得纳粹越将资源用于战争，苏联越能更好地发挥自身的影响力。参见Edward E. Ericson: "Karl Schnurre and the Evolution of Nazi-Soviet Economic Relations, 1936–1941," *German Studies Review* 21, no.2 (May 1998): 263–283, and *Feeding the German Eagle: Soviet Economic Aid to Nazi Germany, 1933–1941* (Westport, CT: Greenwood, 1999), p.24.
② D. A. Farnie, *East and West of Suez: The Suez Canal in History, 1854–1956* (Oxford: Oxford University Press, 1969), p.601.
③ Coleman Phillipson and Noel Buxton, *The Question of the Bosphorus and Dardanelles* (London: Stevens and Haynes, 1917), pp.15–16; Joseph A. Obieta, *The International Status of the Suez Canal* (The Hague: Martinus Nijhoff, 1970), p.46.
④ Heinrich Rheinstrom, *Die völkerrechtliche Stellung der internationalen Kanäle* (Budapest: Réai, 1937).

第三部分　战间期危机中的经济制裁

国家必须尊重由条约管理的水道的中立地位。[1] 大多数法学家倾向于同意这一裁决。[2]1935年，意大利人对英、法以及《君士坦丁堡公约》的其他缔约国在应对埃塞俄比亚危机时会尊重这一公约孤注一掷。为了确保这一点，墨索里尼多次宣布，在意大利方面看来，任何关闭苏伊士运河的举动都等同于宣战。因此，出于法律与战略上的考虑，英法两国的统治者在 1935 年 8 月与 9 月的最后一次和平谈判中，排除了关闭运河的可能性。[3] 在英美两国的制裁主义者看来，如此明显的能制止意大利在东非的侵略行动的措施没能得到使用，是一件让人感到十分沮丧的事情。雷蒙德·布尔认为，如果要解决困扰世界政治的有关制裁不确定性的问题，就需要实现苏伊士运河、当时由美国控制的巴拿马运河，也许还包括土耳其海峡的国际化。[4]

相关人士也研究了其他形式的制裁措施。例如，英国战时贸易与封锁事务咨询委员会研究了向苏伊士运河公司支付运河费用的问题。[5] 为了节省外汇，意大利船只在通过苏伊士运河时经常赊账；到

---

[1] LoN, PCIJ, The SS Wimbledon, United Kingdom and others v. Germany, Judgment, PCIJ Series A, No. 1, 17 August 1923. 该案涉及德国根据《凡尔赛和约》第380条所应承担的义务，即在1920年苏波战争期间，德国需要保持基尔运河的开放，以便军舰以及运送战争物资的船只通过。J. H. W. Verzijl, *International Law in Historical Perspective*, vol. 3: *State Territory* (Leiden: A. W. Sijthoff's Uitgeversmaatschappij, 1970), p.238.

[2] See, for example, *Heinrich Triepel, Internationale Wasserläufe: Kritische Betrachtungen* (Berlin: F. Dümmler, 1931).

[3] MAE, Série K, Ethiopie, Box 110, Conflit italo-ethiopien: Sanctions prises contre l'Italie, Note de M. Dasderat, Dans le cas où il y aurait à prendre contre l'Italie les sanctions prévues par l'article 16 du Pacte de Société des Nations, celles-ci pourraient-elles comprendre une interdiction de passage, pour les navires italiens, dans le canal de Suez?, 30 August 1935.

[4] Raymond Buell, *The Suez Canal and League Sanctions* (Geneva: Geneva Research Center, 1935). 在1922年秋，阿诺德–福斯特就已经在关于如何管理土耳其海峡的辩论中提出了一个类似的、将土耳其海峡国际化的建议。参见W. Arnold-Forster, "Britain and Blockade," *Foreign Affairs* 4, no.5 (November 1922): 108.

[5] TNA, CAB 47/5 ATB 132, "Payment of Suez Canal Duty on Italian Ships," 28 October 1935.

1935年10月，意大利欠款数额巨大，由英法两国控制的苏伊士运河公司可以要求意大利船只当场支付费用，"这显然算得上一种制裁"。① 但迄今为止，英国政府曾考虑过的最引人注目的制裁形式应当是限制对意属东非的淡水供应。德·波诺的远征军在英国控制的亚丁、苏丹港与蒙巴萨等港口囤积了大量淡水。② 如果英国政府禁止出口这些淡水，那么意大利就需要在后勤方面做出巨大调整，费用也会高得惊人。然而，战时贸易与封锁事务咨询委员会最终决定不对意大利军队实施"淡水封锁"，因为该委员会认为这一行动属于军事行动，而非商业禁令。此时，帝国主义的偏见明显影响到了英国看待经济武器的方式。20世纪20年代，在考虑如何对中国施加经济压力时，战时贸易与封锁事务咨询委员会就曾提议对中国实施和平封锁，切断食物与燃料供应，当时的英国人并不觉得这有什么大不了的。③ 然而，在与另外一个欧洲殖民帝国的对抗中，仅仅违反公约关闭一条运河或禁止私人出售淡水就成了军事行动，而非"经济"行动。在一定程度上，这种双重标准解释了为什么在20世纪20年代对巴尔干小国起作用的制裁，在瞄准一个发动殖民战争的欧洲帝国时就遇到了困难。在制裁大国之时，制裁一方就会小心翼翼地承认这些措施所具有的胁迫性，但当制裁的对象是半主权国家或殖民地时，人们往往很轻易地就接受了这一点。

有关制裁的讨论正慢慢从经济领域转移到军事领域，这表明国联十分担心与意大利开战。但从战略角度来看，国际主义面临的挑战远远不止墨索里尼。德国与日本对欧洲与东亚的现存秩序构成了

---

① TNA, CAB 47/1, Committee of Imperial Defence. Advisory Committee on Trading and Blockade in Time of War. Conclusions of the twenty-second meeting, 3 October 1935, p.3.
② Ibid., p.8.
③ TNA, CAB 47/1, ATB Notes of meetings, eleventh meeting, 17 January 1927, p.3, f. 190.

更大的威胁。1936年3月，希特勒公然违反《凡尔赛和约》，将德国军队开进了莱茵兰地区。现在，德国武装部队再次驻扎到了德法边境之上。在对意大利实施了较为温和的经济制裁之后，英法两国希望能重点打击希特勒进军莱茵兰的行为，尽管这一举动在法律上没有那么重要，但在战略上，这一行为算得上极具威胁性的挑衅。[1]艾登是唯一一个仍在坚持要求实施石油禁运的内阁成员，他在3月时再次提出了这一建议。但此时，国际社会已经不再关注埃塞俄比亚人眼前的困境了。塞拉西的军队在春季遭受了一连串的大败。5月5日，法西斯军队开进亚的斯亚贝巴，而在此之前几天，皇帝就已经离开了首都。大受打击的国联行政院于7月投票取消了对意大利的制裁，到此时，整个制裁共实施了241天。

当战争结束之后，战时贸易与封锁事务咨询委员会回顾了国联所采取的制裁措施，之后，该委员会得出了一个结论："对意大利来说，所采取的制裁措施无法发挥有效的威慑作用，这主要是因为在制裁全面发挥作用之前，埃塞俄比亚就崩溃了，还因为意大利能够通过先前的积累以及逃避制裁等手段抵御经济压力，同时寻找到了足够的资源以满足其军事需求。"[2]在新的出口市场、战略储备、国

---

[1] James Thomas Emmerson, *The Rhineland Crisis, 7 March 1936: A Study in Multilateral Diplomacy* (Ames: Iowa State University Press, 1977); Richard Davis, "Mésentente cordiale: The Failure of the Anglo-French Alliance. Anglo-French Relations during the Ethiopian and Rhineland Crises, 1934–1936," *European History Quarterly* 23, no.4 (1993): 513–528; Michael L. Roi, *Alternative to Appeasement: Sir Robert Vansittart and Alliance Diplomacy, 1934–1937* (Westport, CT: Greenwood, 1997); Stephen A. Schuker, "France and the Remilitarization of the Rhineland, 1936," in *The Origins of the Second World War*, ed. Patrick Finney, pp.206–221 (London: Arnold Press, 1997); Jean-Baptiste Duroselle, *France and the Nazi Threat: The Collapse of French Diplomacy, 1932–1939* (New York: Enigma Books, 2004); Alexander Wolz, *Die Rheinlandkrise 1936: Das Auswärtige Amt und der Lokarnopakt 1933–1936* (Munich: Oldenbourg, 2014).

[2] TNA, CAB 47/5 Paper ATB 140, "Imposition of Sanctions against Italy, Review of the Forecasts in the Light of Subsequent Events," 6 October 1936, p.13.

家层面的节约以及军事行动中的运气等一系列因素的帮助下，意大利人在破产之前打完了这场侵略战争。然而，在战争的头几个月里，制裁还是对意大利造成了相当程度的损害，与此同时，美国在1936年2月的关键转折点上选择依旧保持中立的影响不应被低估。后来，墨索里尼告诉希特勒："如果国际联盟听从艾登的建议，对意大利实施石油禁运，那么只需要8天，我们就不得不从埃塞俄比亚撤退。这对我来说将是一场巨大无比的灾难。"[1]

意大利入侵埃塞俄比亚的战争让人们清楚地意识到，动用经济制裁打击侵略有哪些好处，又会有哪些风险。1936年6月30日，流亡海外的埃塞俄比亚皇帝塞拉西在日内瓦的国联大会上发表了一番演讲，在其中，他提出了一个让人感到棘手的问题：在法西斯意大利残酷地入侵了埃塞俄比亚之后，其他小国还能指望自己的主权得到尊重吗，还是说，这些小国会被迫"沦为附庸"？[2] 他的呐喊被载入史册，塞拉西在捍卫着国际主义的道德。然而，很少有人提到的是，在演讲结束时，塞拉西明确指责国联未能向埃塞俄比亚提供积极的物质援助。他指责国联在面对危险时采取的节俭行为。他指出，奥地利与匈牙利这两个在20世纪20年代从金融重建计划中获得大量好处的中欧国家，恰恰也是拒绝执行协调委员会倡议的制裁措施的六个成员国中的两个。然而，意大利的入侵并没有促使人们开始

---

[1] Cited in Renzo de Felice, *Mussolini: Il Duce*, vol. 2: *Lo stato totalitario, 1936-1940* (Milan: Einaudi, 1965), p.701n3.
[2] Haile Selassie, "Appeal to the League of Nations," 30 June 1936; available at https://www.mtholyoke.edu/acad/intrel/selassie.htm. Accessed 20 April 2021.

讨论如何执行第 16 条第 3 款所要求的积极援助。①

凯恩斯在意大利入侵之前也曾强调,埃塞俄比亚需要的不仅是制裁,还有国际社会为其提供的国防资金。虽然他支持对意大利实施禁运,但凯恩斯认为,向埃塞俄比亚提供担保贷款才能"从根本上改善埃塞俄比亚的国防",同时让"意大利面对一个完全不同的对手"。②在接下来的几个月里,埃塞俄比亚一直试图获得外界的物质援助,但并没能取得什么结果。埃塞俄比亚代表团于 1935 年 11 月首次向国联请求提供财政支持以购买武器时,称赞了芬兰在《财政援助公约》中发挥的先锋作用。③在塞拉西流亡英国后,埃塞俄比亚外交官要求维持对意大利的制裁,与此同时,他们也要求国联为 1000 万英镑的贷款提供担保,以便流亡海外的埃塞俄比亚人继续抵抗。然而,没有其他国家支持这一提议。④国际社会抛弃埃塞俄比亚的事实,不仅表明从威胁动用制裁到真正动用制裁之间有多么困难的路要走,还直接揭露出在政治上互不信任、经济上紧缩的 20 世纪

---

① 就英法两国认真对待的第三段中有关"互相扶助"的条款而言,这两个国家只讨论了如果任何一个国家最终因制裁而与意大利发生战争,那么他们将如何向这个国家提供军事援助——这种"扶助"的含义与小国所设想的财政支持截然不同。Franklin D. Laurens, *France and the Italo-Ethiopian Crisis, 1935-1936* (The Hague: Mouton, 1967), pp.190–209.
② "Arms Embargoes Sanction Proposed. Keynes Urges Prohibition of Commercial and Financial Transactions with Italy. Export Boycott Sought," *New York Times*, 28 September 1935, p.6.
③ C.447.M.234.1935.VII, Wolde Mariam, "Request by the Ethiopian Government for Financial Assistance from the Members of the League of Nations," *League of Nations Official Journal* 17, no.1 (January-June 1936): pp.24–26.
④ "Dispute between Ethiopia and Italy: Draft Resolutions Submitted by the Ethiopian Delegation," *League of Nations Official Journal* 151, Special Supplement (1936): 60, 68–69; Baer, *Test Case*, p.298.

30年代，国家间在物质层面上团结起来的局限性。①

然而，物质上的失败并不一定会削弱制裁在政治上的地位。这场战争表明，经济武器能够广泛调动西方民主国家中的左派、自由派以及中间派，并整合他们的意见。美国记者康斯坦丁·布朗（Constantine Brown）写道，针对意大利的制裁产生了一个重要的"道德结果"，即"和平主义者正在变成军国主义者，反之亦然，原先强硬的士兵以及海军将领正在变成和平主义者"。②包括共产主义者、社会主义者与自由主义国际主义者在内的制裁大联盟认为，第一次动用的第16条证明了其对世界秩序的重要意义。正如维拉·迪安所说："针对意大利的封锁显示出的并非国联机制的崩溃……而是国联领导层的崩溃。"③制裁主义者认为，之所以没能成功阻止墨索里尼发动的战争，是因为国联还没有准备好利用决定性的武器来捍卫现存秩序。德裔经济学家莫里茨·波恩（Moritz Bonn）认为，还有很多更具杀伤力的经济制裁措施没有使用，因此，"不能说制裁失败了，因为我们不能在一个武器尚未得到应用时就说它失败了"。④

对最强硬的国际主义者而言，制裁的价值并不取决于这一措施最终是否拯救了埃塞俄比亚。在他们看来，问题的关键在于他们是否能打垮意大利。1936年4月，曾参与设计国联经济武器的史末资写道，制裁正在"让意大利流血"，"如果坚持到底，我们就一定会

---

① 有关希腊在制裁意大利的过程中面临的错综复杂的问题，参见James Barros, *Britain, Greece and the Politics of Sanctions: Ethiopia, 1935-1936* (Atlantic Highlands, NJ: Humanities Press, 1982).
② Constantine Brown, "This Changing World," *Washington Evening Star*, December 1935.
③ Vera Micheles Dean, "A Farewell to Sanctions," *Foreign Policy Bulletin* 15, no.37 (July 10, 1936).
④ Moritz Bonn, "How Sanctions Failed," *Foreign Affairs*, January 1937.

第三部分　战间期危机中的经济制裁

发现制裁是有效的"。史末资坚信制裁能像其威慑的那样起到足够大的作用，他认为，如果能让意大利白白发动一场战争，拿不到任何战利品，那么即使没能成功阻止这场战争，制裁也能因此更为有效地阻止未来爆发的侵略战争。他认为，"如果制裁没能阻止战争，那么至少还可以拯救和平"。[1] 制裁主义者没有因此而放弃他们的工具，他们只是重新认识到，为了让制裁发挥作用，需要具备充分的政治决心。如果不能指望让危机逐步缓和，那么就必须利用制裁来实施战略遏制，在一个相当长的时段内，都需要利用制裁来打压侵略国。

因此，在反思过针对意大利的制裁之后，国际主义者往往更加坚定地支持实施经济制裁。安吉尔算是20世纪初英美自由主义主流情绪的可靠风向标，他认为，"这一事件的真相已经被'制裁意味着战争'这样的错误口号给掩盖起来了……正是由于制裁的不确定性，战争才会爆发。如果制裁是确定的、有效的，那么它就能带来和平"。[2] 安吉尔提议，国联应当明确地向世人表明这一组织的性质：国联是一个霸权主义联盟，为了捍卫和平，该组织不惜动用任何必要的手段来进行经济制裁。在面对"未来五年小组"——一个在1935年夏天那样一个充满国际主义热情的年代聚集到一起的，主要由英国自由派与保守派组成的讨论圈子——时，安吉尔向他们解释了在他看来，意大利-埃塞俄比亚战争的教训是什么：

世界已经变得太小了，以至于没有哪个国家能够仅仅依

---

[1] Letter to M. C. Gillett, 19 April 1936, in W. K. Hancock and Jean van der Poel, eds., *Selections from the Smuts Papers*, vol. 6: *1934–1945* (Cambridge: Cambridge University Press, 1966), pp.389–390.
[2] BL, RCP Add MS 51140, N. Angell, "Draft Manifesto of the Next Five Years Group," 13 July 1936, p.17.

靠自己的力量来保卫自己。在上次大战之中，我们有20个盟国，而且我们很需要这些盟友……即使有法国、俄国、意大利与日本的帮助，有美国的经济资源以及最终的军事援助，整场战争也是险象环生……因此，在现代世界，任何形式的国防都涉及我们与外国的军事合作。要联盟！如果假定的敌人结成了联盟，我们也必须结成联盟，以便拥有同等的力量。我们必须建立联盟，否则我们就会被淘汰。[1]

显然，在1936年，作为一个合作体系的国联还没有被打败。许多支持国联的人都认为集体安全与联盟政治并非对立的，而是同一目标的一体两面。这一决心保证了经济武器依旧是国际主义者的一个重要武器，即使从表面看上去，经济制裁好像已经失败了。事实上，在不经意间，制裁对国际历史造成的影响已经开始显露。

---

[1] Ibid., p.9. 有关"未来五年小组"的内容，参见Martin Ceadel, *Living the Great Illusion: Sir Norman Angell, 1872-1967* (Oxford: Oxford University Press, 2009), pp.319-326. 其中的成员包括阿诺德-福斯特、塞西尔、莱昂内尔·克提斯（Lionel Curtis）、费舍尔（H. A. L. Fisher）、哈罗德·麦克米伦（Harold Macmillan）、吉尔伯特·默里（Gilbert Murray）以及亚瑟·萨特尔，还包括其他的一些人。参见Thomas C. Kennedy, "The Next Five Years Group and the Failure of the Politics of Agreement in Britain," *Canadian Journal of History* 9 (1974): pp.45-68.

第九章
封锁恐惧症（1936—1939年）

1936年，捷克作家卡雷尔·恰佩克（Karel Čapek）出版了一部讽刺小说《鲵鱼之乱》。在这本书的开篇，人们在苏门答腊岛的海岸边发现了一群高智商的鲵鱼。这些鲵鱼能够从事劳动，会使用工具，还能学习语言，很快，这群鲵鱼就被人类奴役了。但这群鲵鱼与人类文明的融合使得局势变得紧张起来，例如，工人阶级认为，鲵鱼靠着低薪优势抢夺了自己的工作，与此同时，女权主义者们则在呼吁解放这些鲵鱼。最终，由于这些鲵鱼希望通过放水淹没沿海地区来制造沼泽地以供自己居住，双方矛盾激化，战争爆发。

> 从各方面来说，这次冲突都是一场奇异的战争（如果它能被称作战争的话）……英国海军部禁止"阿曼霍特普号"送交鲵鱼原先订好的一批炸药，因而破坏了双方的和平贸易关系。最后，英国政府禁止供应任何物资，从而对鲵鱼实施封锁。鲵鱼无法向海牙控诉这些敌对行为，因为伦敦协定没有授予鲵鱼提出控诉的权利；同时，它们也不能向日内瓦提出控诉，因为其并非国际联盟的成员。[1]

---

[1] Karel Čapek, *War with the Newts* (London: Penguin Classics, 2010 [1936]), pp.321-322.

可以说英国的封锁适得其反，因为这些鲵鱼对英国实施了反封锁，它们击沉了大量英国的船只，使得英国本土的粮食极度短缺。很明显，《鲵鱼之乱》的故事借鉴了第一次世界大战。第一次世界大战期间，恰佩克的祖国受到了协约国的重重封锁，而为了对抗封锁，德国选择发动了潜艇战，与此同时，这本小说还借鉴了战间期国联采取的反侵略手段。从这部小说可以看出，在20世纪30年代，很多人都认为在未来，经济压力不仅是战争的导火索，还会成为战争的主战场，只有给对手施加足够的经济压力才能赢得战争。1935—1936年国联对意大利的制裁让世界各国意识到，这种可能性近在眼前。恰佩克"鲵鱼之乱"的寓言生动形象地描绘出了在战间期人们的心目中，封锁是未来战争中的核心。

1935—1936年实施的经济制裁重新唤起了人们对第一次世界大战期间封锁的痛苦记忆。对法西斯意大利、纳粹德国以及军国主义日本而言，这一制裁迫使他们着手推进一种非常具体的经济自给自足，即有能力抵御制裁以及针对原材料的封锁。然而，这一防御性的反应进一步加剧了国际秩序的不稳定。1936—1937年，这三个国家签署了《反共产国际协定》(the Anti-Comintern Pact)，组成了联盟，而这三个国家在关键原材料方面都无法做到自给自足，因此，为了有效抵抗封锁，他们越来越倾向于侵略周边国家。而随着他们战略上的野心不断膨胀，威胁动用或是已经动用的新制裁只会进一步加剧自给自足计划的紧迫性，这三个国家会不惜一切代价地尽快掌控资源。原本旨在遏制对外侵略的经济压力，反而加速了侵略的到来。因此，在20世纪30年代后半段，制裁与追求自给自足互相推动，形成了一个恶性循环。

没有人有意推动这个恶性循环，但事实上，在很早的时候，就有一部分人意识到了这种可能性。霍布森与安吉尔等自由国际主义者在20世纪最初十年就已经预见到了民族主义对封锁的恐惧，以及这种恐惧会给国际体系带来的不稳定因素。1924年，供职于国联经济与金融组织的洛夫迪认为有必要研究："如果一个遭受封锁的国家能够立刻入侵其邻国，而其邻国又拥有必要的原材料资源，那么这个国家抵御封锁的能力就会大大增强。一旦如此，我们应当怎么办？"[1] 战间期，很多学者都意识到，"对原材料短缺的恐惧"是这个时代的独特现象。[2] 历史学家已经证明，在很大程度上，德国、意大利与日本对外侵略扩张的一个重要驱动力就是经济、商业以及战略上的不安全感。[3] 然而到目前为止，有关第二次世界大战前的

---

[1] LoN, ASP S120, Memorandum by Loveday, "Economic Information Required by Weapon," 8 October 1924, p.6.
[2] Hans Langelütke, "Das Rohstoffproblem in der neueren Literatur," *Weltwirtschaftliches Archiv* 47 (1938): 5. 仅就1936—1937年有关这一问题的代表性文献而言，参见 *Raw Materials and Colonies* (London: Royal Institute for International Affairs, 1936); Ferdinand Friedensburg, *Die mineralischen Bodenschätze als weltpolitische und militärische Machtfaktoren* (Stuttgart: Enke, 1936); Wilhelm Ziegelmayer, *Rohstoff-Fragen der deutschen Volksernährung. Eine Darstellung der ernährungswirtschaftlichen und ernährungswissenschaftlichen Aufgaben unserer Zeit* (Dresden: Theodor Steinkopf, 1936); *Le commerce international de certaines matières premières et denrées alimentaires par pays d'origine et de consommation* (Geneva: League of Nations, 1937); Brooks Emeny, *The Strategy of Raw Materials: A Study of America in Peace and War* (New York: Macmillan, 1937); Corrado Gini, "Problems of the International Distribution of Population and Raw Materials," *Annals of the American Academy of Political and Social Science 189* (January 1937): 201–214.
[3] 亚当·图兹指出，相较于英美列强而言，德国处于一种结构性的劣势之下，而正是这种劣势促使希特勒发动侵略战争，参见Adam Tooze, *The Wages of Destruction: The Breaking and Making of the Nazi Economy* (London: Viking, 2006)。戴尔·科普兰（Dale C. Copeland）认为，"正是由于人们认为在未来，贸易会持续走低，因此才会支持发动战争。"(*Economic Interdependence and War* [Princeton, NJ: Princeton University Press, 2014], pp.140–142). 以及Dale C. Copeland, "Economic Interdependence and the Grand Strategies of Germany and Japan, 1925-1941," in *The Challenge of Grand Strategy: The Great Powers and the Broken Balance between the World Wars*, ed. Jeffrey W. Taliaferro, Norrin M. Ripsman, and Steven E. Lobell, pp.120–146 (Cambridge: Cambridge University Press, 2012). 有关这一时期飞速增长的军备竞赛如何进一步使得国际秩序日渐不稳定，参见Joseph A. Maiolo, *Cry Havoc: How the Arms Race Drove the World to War, 1931-1941* (New York: Basic Books, 2010)。

封锁、制裁（无论是他们所经历过的，还是他们所预想的）以及自给自足之间是如何相互作用的这一问题，还没有多少系统性的研究。①

有两个因素使得这项研究变得更为复杂：一是战间期的经济危机，二是意识形态问题。不可否认的是，20世纪30年代国际局势之所以日益紧张，一方面是因为大萧条带来的破坏，另一方面是因为法西斯政权内部的激进化。②要解释为什么法西斯政权试图颠覆战间期的国际体系，就不可能绕过这两点。然而，通过将关键原材料短缺所带来的物质冲击与全面的意识形态冲突联系起来，制裁将人们脑海中有关1914—1918年的封锁记忆与未来战争的经济需求联系起来，进而产生了意想不到的效果。

国际联盟的制裁措施并没能帮助埃塞俄比亚成功抵御意大利的入侵，但这并不意味着制裁没能让意大利伤筋动骨。正如我们在第八章中所看到的那样，制裁使得意大利的货币储备消耗殆尽，而这几乎引发了一场严重的货币危机。法西斯意大利只能靠其控制的贸易体系来实施粗暴的配给制以及通货紧缩，才能抵御住经济武器的打击。但墨索里尼的自给自足政策成功掩盖了这一系列紧急措施，1935年11月，墨索里尼宣布实施旨在抵御封锁的自给自足政策，1936年春，这一政策得到了进一步阐述。意大利推出了一系列雄心

---

① Eckart Teichert, *Autarkie und Großraumwirtschaft in Deutschland, 1930-1939: Außenwirtschaftspolitische Konzeptionen zwischen Wirtschaftskrise und Zweitem Weltkrieg* (Munich: R. Oldenbourg, 1984); Michael Barnhart, *Japan Prepares for Total War: The Search for Economic Security, 1919-1941* (Ithaca, NY: Cornell University Press, 1988); and Alessio Gagliardi, *L'impossibile autarchia: La politica economica del fascismo e il Ministero scambi e valute* (Soveria Mannelli: Rubbettino, 2006).
② 有关意识形态是如何促使科学技术领域走向自给自足的这一问题，参见Tiago Saraiva and Norton Wise, "Autarky/Autarchy: Genetics, Food Production and the Building of Fascism," *Historical Studies in the Natural Sciences* 40, no.4 (Fall 2010): 419–428.

第三部分　战间期危机中的经济制裁

勃勃的自给自足计划，旨在实现粮食的自给自足，同时降低纺织品、煤炭以及石油的对外依存度。在制裁的打击下，意大利不得不一方面保障军备、促进出口，另一方面要求民众节衣缩食。对意大利脆弱的经济体系而言，不稳定因素正在急剧增加。然而，在制裁的影响下，墨索里尼可选的政策选项本身就相当少。只有冒着引发社会动荡的风险，意大利才能尝试稳定住经济。但对意大利而言，真正的自给自足仍然遥不可及，不光如此，他们还开始越发依赖德国。墨索里尼试图采取进一步的冒险行动来缓和这一紧张关系，以确保意大利能获得西班牙的铁矿石以及阿尔巴尼亚的石油等关键资源。最终，制裁所带来的效果让意大利只剩下两个选项，要么接受代价巨大的稳定，要么冒险对外扩张，制裁往往会将人推向后一个选项，而这将给整个世界带来严重的灾难。

在德国，自给自足的思想有着深厚的历史渊源，同时，这一思潮受到第一次世界大战期间的封锁记忆与大萧条的影响，正日益壮大起来。[1] 对德国而言，1935—1936年国联制裁意大利这一事件的意义在于其进一步巩固了纳粹的信念，即一旦德国遭到制裁，原材料进口中断，那么德国的生存就会受到严重威胁。[2] 制裁发生时，恰逢纳粹政权内部进入了一个关键时刻，与此同时，制裁还加速了已

---

[1] 18世纪末，费希特就提出了"封闭商业国"的理论，此后，这一思想传统一直延续了下来，参见Isaac Nakhimovsky, *The Closed Commercial State: Perpetual Peace and Commercial Society from Rousseau to Fichte* (Princeton, NJ: Princeton University Press, 2011); Keith Tribe, *Strategies of Economic Order: German Economic Discourse, 1750-1950* (Cambridge: Cambridge University Press, 1995). 卡尔·哈达赫（Karl Hardach）认为，1914—1918年的封锁，即"被迫实施自给自足的痛苦回忆，极大地影响了未来（尤其是1933年之后）德国的经济政策"(*The Political Economy of Germany in the Twentieth Century*［Berkeley: University of California Press, 1976］, p.12).
[2] 有关金属问题的研究，参见Jonas Scherner, "Lernen und Lernversagen. Die 'Metallmobilisierung' im Deutschen Reich 1939 bis 1945," *Vierteljahrshefte für Zeitgeschichte* 66, no.2 (2018): 233–266.

经被提上日程的自给自足计划，同时还促使原本"防御性自给自足"的目标转变为一个要求更高的、以战争为导向的目标：适应封锁的能力。[①]纳粹的封锁恐惧症促使其在经济、外交与战略政策制定领域推出了三项新的举措。第一项是1936年春提出、夏末公布的四年计划，该计划旨在通过大规模的建设来提升德国的石油、橡胶与纤维的合成生产能力，同时进一步开发国内的铁矿资源，以实现"原材料自由"。第二项是德国的外交官与政府官员进一步推动的、有政治目的的外贸政策，旨在与中东欧国家建立永久的陆上贸易通道。第三项就是希特勒的领土扩张计划，这一计划不仅旨在为德国创造一个安全的外部环境，而且还需要通过领土扩张来获取关键资源，为实现这一计划，希特勒首先于1936年夏天向佛朗哥领导的西班牙民族主义者提供了支持，而后，他于1938年吞并了奥地利，1939年吞并了捷克斯洛伐克。此时的希特勒已经做好准备，在欧洲发动一场规模更大的侵略战争了。

从某些角度来看，日本是最不可能陷入这一恶性循环的国家了。尽管日本于1933年退出了国联，但日本一向强调自己对西方的友好态度，与此同时，日本也对埃塞俄比亚表达了友善态度。在全球经济危机期间，日本依旧实行自由贸易政策，但作为一个高度依赖进口的岛国，以及在三个奉行修正主义、要求改变凡尔赛体系的国家中最依赖对外贸易的国家，日本强烈希望能实现本国的资源安全。1937年，日本发动了侵略中国的战争，而这使得日本原本的经济发

[①] 本章通过展现意识形态、政治经济以及战略之间的相互勾连，反驳了在外交层面对纳粹领导层如何理解1935—1936年国联针对意大利的制裁的狭隘解读——例如，大卫·鲍德温（David Baldwin）就认为国联的制裁没能达到预期目的，认为这些制裁并没能给希特勒留下什么印象（*Economic Statecraft*［Princeton, NJ: Princeton University Press, 1985］, pp.157–158）。

展与自给自足计划付诸东流。和意大利一样，侵略战争让日本的经济变得更加脆弱，同时也让日本暴露在西方的经济武器之下。正如研究日本自给自足的历史学家所说，这"让日本对自给自足有了变态般的追求，最终导致了日本与西方之间的战争，进而导致了日本的毁灭"。[1]

从政治"自我统治"到经济"自给自足"

由于20世纪30年代的大萧条使得国际社会陷入一片混乱中，人们很难确定制裁究竟对这一时期的国际政治造成了哪些影响。自由主义经济体系的全球性危机极大地破坏了国际政治秩序。[2] 与此同时，20世纪30年代的世界经济也充满着以邻为壑的强制性措施；关税、出口补贴、进口限额、外汇管制、清算协议以及抵制层出不穷。这使得我们很难指出哪些影响是由经济制裁造成的。即使是同时代的人也很难明确这一点。在1935年4月行政院讨论对德国实施制裁的时候，葡萄牙大使达·马塔（Da Mata）问道："难道我们不是都生活在一个即使对友好国家也会不加区分地实施进出口限制、配额、许可证以及其他诸多类似措施的时期吗？……难道我们不是都在遭受着不知何日才能解除的经济制裁吗？"[3] 在大萧条期间，国际合作趋于崩溃，因此，达·马塔的这一困惑是可以理解的。我们很难将

---

[1] Barnhart, *Japan Prepares for Total War*, p.76.
[2] 有关这一问题的最新研究，参见Robert Boyce, The Great Interwar Crisis and the Collapse of Globalization (Basingstoke: Palgrave Macmillan, 2009).
[3] LoN, ASP, Box S119, Remarks by M. Da Mata in minutes of the eighty-fifth (extraordinary) session of the Council, 17 April 1935, p.3. 达·马塔说道，"在当前世界经济与金融的情况下，我认为实施制裁不仅不会对违约国造成什么打击，而且还会给实施制裁的国家带来风险，甚至是直接的损害"。

出于经济目的的贸易战与出于政治目的的制裁区分开来了。

对这一问题的分析扩展到了实施制裁会对一国经济政策造成哪些影响上。在这一时期，即使是很多没有颠覆凡尔赛体系野心的国家（因而并不担心会成为国联制裁的对象），也都奉行着经济民族主义政策。[①]然而，如果我们仔细观察，就有可能分清哪些政策主要是为了抵御制裁，哪些政策只是一般的保护主义政策。1937年，意大利自由派经济学家路易吉·艾瑙迪（Luigi Einaudi）在"自我统治"（autarchy）与"自给自足"（autarky）之间做出了十分经典的区分。他指出，古希腊语中的"自我统治"一词源自"αὐτός"（自我）与"ἀρχή"（统治）两个词。斯多葛派哲学家曾用这个词来表示独立、政治上的自我统治以及心灵上的自我控制。这一概念与"自给自足"不同，"自给自足"一词是将"αὐτός"与动词"ἀρκέω"（足够）结合起来，主要表达物质上的自给自足。艾瑙迪指出，"自我统治"与"自给自足"追求的是两个不同的目标；而且，在实践中，这两个目标很可能相互冲突。通常来讲，政治上的独立往往只能建立在与其他国家的相互依存上，没有其他国家的支持，一个国家很难在政治上保持独立。然而，完全的自给自足恰恰可能会导致政治上的独立走向崩溃。出于这一原因，艾瑙迪批评了法西斯政权为应对制裁而采取的反应，即被称为"自给自足"的政策，在这里，法西斯政权犯的不仅是一个词源上的错误，而且是一个在实践中会危及意大利政治独立的错误。[②]

[①] 有关自给自足的相关理论，参见Eric Helleiner, "The Return of National Self-Sufficiency? Excavating Autarkic Thought in a De-Globalizing Era," *International Studies Review*, 2021, pp.1–25.
[②] Luigi Einaudi, "Autarchia o autarcia?" *Rivista di storia economica* 2, no.4 (1937): 369–370.

艾瑙迪在追求独立的"自我统治"与更为激进的"自给自足"之间所做的区分，有助于我们理解 20 世纪 30 年代各国的经济政策。斯蒂芬·林克（Stefan Link）认为，这一时期没有哪个国家的政策目标是实现完全脱离外部世界的物质独立——对一个工业国家而言，这一目标本身就是无法实现的。[1] 这一时期各国所奉行的经济民族主义的共同点在于，它们试图重组本国与国际贸易、金融市场之间的联系网络；国家间结为联盟，共同追求自给自足，以建立起"他们能施加更多政治影响的贸易与投资关系"。[2] 因此，以"自我统治"为目标的政策更多表现为保护主义，例如关税、颁发许可证、限额与补贴等措施。此类政策还可能表现为：为完成进口替代而实现的工业化、拖欠外债、以物易物的外贸模式以及旨在节约外币的新型清算协议。拉美、亚洲以及中东欧的许多国家在 20 世纪 30 年代都奉行这一政策，而且，在 20 世纪的剩余时间中，这些国家也大多一直坚持此类政策。[3]

1935—1936 年，尽管全球经济不景气的影响仍然十分显著，但这一影响已经有了消退的迹象。国联经济与金融组织发布的《世界

---

[1] Stefan J. Link, "How Might 21st-Century De-Globalization Unfold? Some Historical Reflections," *New Global Studies* 12, no.3 (2018): 358.
[2] 林克正确地指出，"20世纪30年代自给自足的性质之所以如此激进……是因为大萧条带来了严重且复杂的影响"。(ibid., p.362).
[3] 有关"自我统治"是如何旨在"改变全球化与主权之间的关系"的研究，参见 Ted Fertik, "Steel and Sovereignty: The United States, Nationalism, and the Transformation of World Order, 1898–1941" (PhD diss., Yale University, 2018), pp.20–21; Jan Kofman, *Economic Nationalism and Development: Central and Eastern Europe between the Two World Wars* (Boulder, CO: Westview Press, 1997); Eric Helleiner and Andreas Pickel, eds., *Economic Nationalism in a Globalizing World* (Ithaca, NY: Cornell University Press, 2005); Thomas David, *Nationalisme économique et industrialisation: L'experience des pays d'Europe de l'Est (1789–1939)* (Geneva: Droz, 2009); Henryk Szljafer, *Economic Nationalism and Globalization: Lessons from Latin America and Central Europe* (Leiden: Brill, 2013).

经济调查》(*World Economic Survey*)显示,这一时期的世界贸易总额仍比 1929 年的峰值低 18%,然而,"在 1935 年最后一个季度中,贸易额出现了相当明显的增长。"[①] 而在这一时期,针对意大利的经济制裁使得这些修正主义国家采取了一些新的政策,尽管这些政策有诸多不足之处,但其目的在于实现第二种更激进意义上的自给自足。1934 年,德国评论家首次将此类政策的目的表述为实现原材料自由,避免在经济上依赖那些有可能会因制裁或封锁而中断的原材料进口渠道。[②] 原材料自由与继续向世界其他国家出口商品之间完全兼容。这一政策所要避免的是第一次世界大战中同盟国所遭遇的商品封锁的风险,即重要的进口来源被切断。

要理解原材料自由政策背后的逻辑,我们就需要注意到,"自我统治"式的保护主义政策并不能抵御经济制裁。关税可以保护国内市场不受外国商品的影响,从而保护本国生产商不受外部竞争的影响。但旨在减少外国商品带来的冲击的保护主义措施也不能阻止外界商品的流入。即使那些实施高度保护主义政策的国家,只要其需要消费外部世界的原材料,那么该国就还会在很大程度上依赖外部世界。事实上,大萧条时期全球商品价格的暴跌使得原材料变得十分廉价,而这使得人们能够进一步优化本国的原材料进口渠道,从成本最低的地方进口原材料。经济学家菲利斯·瓜奈里(Felice Guarneri)(1935—1939 年担任意大利外汇部部长)指出,大多数国家都希望能在"作为生产者

[①] League of Nations, *World Economic Survey: Fifth Year 1935/36* (Geneva: League of Nations, 1936), pp.185–186. 国联经济与金融组织指出,由美国、大英帝国、斯堪的纳维亚国家、葡萄牙、日本与中国组成的国家集团(按黄金价值计算,这些国家的贸易额占全球贸易的54%)使得商业几乎不受行政权力的干预。

[②] Helmut Maier, *Chemiker im "Dritten Reich": Die Deutsche Chemische Gesellschaft und der Verein Deutscher Chemiker im NS-Herrschaftsapparat* (Weinhein: Wiley-VCH Verlag, 2015), p.176.

时实行保护主义,作为消费者时实行自由贸易"。^① 为了抵御制裁,一国需要建立一个受保护的供应来源。因此,建立在保护主义基础上的"自我统治"的经济政策是无法抵御经济制裁的。然而,建立在"原材料自由"基础上的自给自足的经济政策则可以实现这一点。

不过,实现"原材料自由"可不是一项简单的任务。1931年,美国地质学家、矿物学家查尔斯·利斯(Charles Leith)指出:"就战争物资而言,世界上没有哪个国家能实现真正的自给自足,而且……随着现代战争消耗的大幅增加,各国都必须从全球各地获得大量的原材料……就连最强大的国家也不太可能……做好充分的准备。"^② 战略储备能在一定程度上降低风险。但这一策略基本上只适用于那些在主要的战略物资方面已经实现自给自足的国家,例如美国。^③ 对那些在战略物资供应方面本就脆弱的国家来说,更有意义的方法是将重要原材料的供应线转移到更容易受到保护的陆路之上。例如,在20世纪30年代后半期,德国越来越倾向于在东南欧进行经济扩张,德国希望通过多瑙河的水路运输或铁路运输渠道获得南斯拉夫的铜与铁矿石、罗马尼亚的粮食与石油、匈牙利的牲畜以及铝土。^④ 日本打造的"日元集团"通过海上通道将日本与中国等地连接了起来,为了保护这一区域的海上运输通道安全,日本就需要增

---

① Cited in L. Zani, *Fascismo, autarchia, comercio estero: Felice Guarneri, tecnocrata al servizio dello "Stato Nuovo"* (Bari: Laterza, 1988), p.72.
② C. K. Leith, *World Minerals and World Politics* (New York: McGraw-Hill, 1931), p.149.
③ 正如一位美国评论家所说,"如果我们能改善我们的规划,使国家在经济上实现独立,那么经济制裁就会丧失其威力。"(John Gullet, "Economic Planning versus Economic Sanction," *Harvard Business Review* 10, no.3［April 1932］: 360).
④ Carl Freytag, *Deutschlands "Drang nach Südosten": Der Mitteleuropäische Wirtschaftstag und der "Ergänzungsraum Südosteuropa" 1931–1945* (Vienna: Vienna University Press, 2012), pp.54–60.

强本国的海军实力。① 意大利则重点依赖经阿尔卑斯山从德国进口的煤炭,从西班牙船运来的铁矿石以及从阿尔巴尼亚运输来的石油。②

还有另外一条实现原材料自由的捷径：合成生产。从 20 世纪 20 年代起,诸如贝吉乌斯法（Bergius）与费-托反应（Fischer-Tropsch）等化学技术的诞生,使得人们能够利用加压、加温、氢气与催化剂将煤转变为液体燃料。③ 德国军方十分重视这一新技术,同时出于经济与战略考量,军方在魏玛共和国以及纳粹德国时期都大力倡导采用这一技术。④ 尽管燃料氢化的效率极低,生产的燃料要比通过油轮从海外运来的天然石油昂贵得多,但是,海外的燃油供应渠道很容易被封锁与制裁掐断。在 1936 年年初,国联就已经在世界媒体的聚光灯下积极、公开地讨论这一方案了。⑤ 因此,我们能够借助一国在多大程度上希望推动合成燃料的研发这一指标来考察该国是否在实施追求自给自足的政策。例如,英国也建造了两个大型煤制油厂。但到了 1938 年,出于成本的考虑,英国还是选择了从海外进口石油；大卫·埃杰顿（David Edgerton）强调,考虑到英国强大的海军实力,

---

① Guenther Stein, "The Yen and the Sword," *Pacific Affairs* 12, no.1 (March 1939): 5–12; Michael Schiltz, *The Money Doctors from Japan: Finance, Imperialism, and the Building of the Yen Bloc, 1895–1937* (Cambridge, MA: Harvard University Asia Center, 2012).
② Amedeo Gambino, "Le relazioni economiche tra l'Italia e l'Albania," *Rivista Internazionale di Scienze Sociali* 11, no.3 (May 1940): 408–423.
③ Anthony N. Stranges, "Friedrich Bergius and the Rise of the German Synthetic Fuel Industry," *ISIS* 75, no.279 (1984): 643–667.
④ Anand Toprani, *Oil and the Great Powers: Britain and Germany, 1914–1945* (Oxford: Oxford University Press, 2019), pp.169–198.
⑤ G. Bruce Strang, "'The Worst of All Worlds': Oil Sanctions and Italy's Invasion of Abyssinia, 1935–1936," *Diplomacy and Statecraft* 19, no.2 (2008): 219–225.

第三部分　战间期危机中的经济制裁

从煤中提取石油的"双保险"措施没有什么意义。[1] 相比之下，意大利于1936年启动了本国的煤制油计划，而日本军方在合成石油生产方面投入更大，继德国与英国之后，日本建成了世界上第三个合成燃料工厂。这些国家明显没有英国富裕，但他们仍然会大量投资成本高昂的合成燃料，这表明他们渴望实现真正的原材料自由。自给自足不仅是一个民族主义的口号，还是一个真正的物质上的目标。

虽然合成燃料是最为典型的实现自给自足的工具之一，但其绝非唯一的工具。合成纤维也揭示了制裁给经济政策带来的影响。可以说，在海外进口被切断的情况下，合成纤维的意义甚至更大。在20世纪30年代，纺织业是工业吸纳就业的支柱产业，在工业劳动人口中，有1/5的德国人、1/3的日本人以及整整一半的意大利人都在从事纺织业的工作。[2] 一旦纺织业面临失业风险，那么该国的社会稳定将面临巨大威胁，无论是德、日、意还是英、法，制裁主义者都意识到了这一点。[3] 在这些国家的进口物资当中，原棉、羊毛以及丝占据了很大一部分。用人造丝、尼龙以及短纤维等合成纤维替代

---

[1] David Edgerton, *Britain's War Machine: Weapons, Resources and Experts in the Second World War* (Oxford: Oxford University Press, 2011), p.189. 反共产国际的三个国家在战略上都相当重视降低自身对海外进口资源的依赖程度，而英法两个国家却不追求这一目标，双方在这一点上的区别是关键性的。参见Maiolo, *Cry Havoc*.

[2] "Labor Conditions in Japan," *Monthly Labor Review* 61, no.4 (October 1945): 651-668; TNA, CAB 47/1, ATB 120, Appendix II, "Detailed Analysis of Italy's Economic Vulnerability," p.6.

[3] 德国与意大利的就业极其依赖从海外进口的棉花、羊毛以及丝，英法两国的统治者相信，制裁这些物品无法削弱法西斯国家的战争潜力，因为其打击的是"社会"层面，而非"军事"层面。这表明，对欧洲的制裁主义者来说，经济武器最主要的作用是遏制那些可能破坏和平的战略，而非煽动民众颠覆一国政权——事实上，这些人根本不打算通过禁止德国与意大利进口纤维类原材料来推翻希特勒与墨索里尼的政权，在他们看来，此类做法过于危险，会带来极大的不稳定因素。SHD, 2 N 151, "Sanctions applicables à l'Allemagne, 1935."

上述需进口的物资，无论是在政治上还是在财政上都有好处。[1] 此外，发展合成纤维还有另外一个战略上的原因。按价值计算，原羊毛是继棉花、煤炭、石油与小麦之后世界第五大贸易原材料，而且绝大部分原羊毛都产自大英帝国统治下的区域。1936年，澳大利亚、新西兰以及南非为全世界提供了3/4的原羊毛。[2] 尽管合成纤维看起来并没有多重要，但在面对英国或国联可能实施的制裁时，有能力生产合成纤维将为该国提供重要的防御屏障。

作为抵御制裁的意大利自给自足计划

最初，意大利之所以要制订并实施自给自足计划，是因为在第一次世界大战期间，来自美国的粮食以及英国的煤炭没能及时运抵意大利，导致国内爆发了严重的社会动荡。墨索里尼决定，绝不能让此类供应中断的问题再次发生。因此，墨索里尼于1925年发起了"粮食之战"。农业政策成了墨索里尼改造意大利的核心议题，在推动粮食自给自足的过程中，农民、农学家、工业企业以及普通家庭都参与了进来。[3] "粮食之战"是20世纪40年代法西斯意大利宣扬

---

[1] Jonas Scherner, "The Beginnings of Nazi Autarky Policy: The 'National Pulp Programme' and the Origin of Regional Staple Fibre Plants," *Economic History Review* 61, no.4 (2008): 867–895.

[2] U.S. Department of Agriculture, "World Wool Prospects," October 1936, pp.12–14; Gerda Blau, "Wool in the World Economy," *Journal of the Royal Statistical Society* 109, no.3 (1946): pp.179–242; Economic Intelligence Service, *The Network of World Trade: A Companion Volume to "Europe's Trade"* (Geneva: League of Nations, 1942), p.30, table 12, "World Exports of Twenty-Six Products in 1938."

[3] Tiago Saraiva, *Fascist Pigs: Technoscientific Organisms and the History of Fascism* (Cambridge, MA: MIT Press, 2016), pp.21–42. 意大利的农学家也大量借鉴了德国的技术。V. Gayda, I"quatro anni"del Terzo Reich (L'autarchia in Germania) (Rome: Edizioni Roma, 1938).

"食物主权"的第一步。① 在国联对意大利实施制裁时,意大利对进口粮食的依赖程度已经大大降低了。1930 年,该国仍需要进口 364 万吨谷物;到 1933 年,这一数字已降至 149 万吨。② 得益于 1933 年与 1937 年创纪录的大丰收,意大利在小麦方面成功实现了自给自足,尽管这一成就只是暂时性的,而非永久性的。③ 到 1938 年,意大利 94% 的食品都是国内生产的,同时,这一时期人均日热量消费达到了 2734 千卡的峰值。直到 20 世纪 50 年代,意大利才再次达到这一数值。④

自给自足计划的第二阶段始于 1934 年,因为这一时期,意大利受到了国内金融危机的影响以及大萧条带来的失业冲击。⑤ 在一定程度上,意大利之所以要入侵埃塞俄比亚,就是为了应对经济萧条给法西斯政权带来的合法性挑战。然而,随着意大利重新武装起来,被高估的里拉承受了巨大的压力。但墨索里尼并不能选择让里拉贬值。1927 年,意大利十分艰难地恢复了金本位制,这一时期,英镑兑里拉的汇率为 1∶92.46——著名的"新配额",墨索里尼为了维

---

① Alexander Nützenadel, *Landwirtschaft, Staat und Autarkie: Agrarpolitik im fascistischen Italien, 1922-1943* (Tübingen: Max Niemeyer, 1997); Carol Helstolsky, "Fascist Food Politics: Mussolini's Alimentary Sovereignty," *Journal of Modern Italian Studies* 9, no.1 (2004): 1-26.
② TNA, CAB 47/5, ATB 120, "Economic Pressure on Italy, Appendix II. Detailed Analysis of Italy's Economic Vulnerability," 18 September 1935, p.5.
③ U.S. Department of Commerce, *Economic Review of Foreign Countries, 1937* (Washington, DC: GPO, 1938), p.51.
④ Vera Zamagni, "Italy: How to Lose the War and Win the Peace," in *The Economics of World War II: Six Great Powers in International Comparison*, ed. Mark Harrison, p.191, table 5.8, "Italian Agricultural Production and Consumption" (Cambridge: Cambridge University Press, 2000).
⑤ Gianni Toniolo, *L'economia italiana dell'Italia fascista* (Rome: Laterza, 1980), pp.139-146; Marcello de Cecco, "The Economy from Liberalism to Fascism," in *Liberal and Fascist Italy*, ed. Adrian Lyttelton, pp.62-82 (New York: Oxford University Press, 2002).

护自己的声望，同时确保那些爱国的食利阶层不受损失，不得不维持这一局面。[1] 但是，随着越来越多的资本逃离意大利，如果不对贸易施加行政管制，那么墨索里尼就无法重整军备，也没有办法为发动入侵战争作准备。到1935年2月，针对贸易的管控已经扩展到了几乎所有的战略物资，其中既包括为了节省外汇而采取的易货贸易协议，也包括对民用进口数额的控制。[2] 5月，在工业游说集团意大利工业家联合会的游说之下，瓜奈里被任命为贸易管控机构——外汇与货币办公室的负责人。由此，瓜奈里成为法西斯政权中最有权力的技术官僚之一，他掌握着分配出口补贴、限制任何种类的货物进口、决定意大利宝贵的外汇与黄金储备该花在哪里的巨大权力。[3] 7月，意大利银行暂停实施黄金准备金的规定；8月，意大利银行停止支付外债，这使得瓜奈里拥有了额外的回旋空间。

因此，为了准备发动战争，同时应对可能出现的财政后果，意大利不再奉行自由的商业政策，而在此之后，国联才对意大利实施

---

[1] 1934年6月，当意大利认为有必要出兵奥地利时，墨索里尼还告诉他的财政部部长吉多·荣格（Guido Jung），必须维持里拉与黄金之间的兑换比，因为在与德国开战时，他需要里拉给予其支撑。Roberto Gualtieri, "Da Londra a Berlino: Le relazioni economiche internazionali dell'Italia, l'autarchia e il Patto d'acciaio (1933–1940)," *Studi Storici* 46, no.3 (July-September 2005): 625–659.

[2] William G. Welk, "League Sanctions and Foreign Trade Restrictions in Italy," *American Economic Review* 27, no.1 (March 1937): 96–107, esp.98–100; Maiolo, *Cry Havoc*, pp.67–72.

[3] Zani, *Fascismo, autarchia, commercio estero*. 战后，瓜奈里有意模糊自己定位，将自己说成是一个抵制"意识形态"政权的"理性"技术官僚——类似于第二次世界大战后阿尔伯特·施佩尔（Albert Speer）与纳粹政权的关系。参见Gualtieri, "Da Londra a Berlino," pp.636–637. 有关瓜奈里所发挥作用的最出色的研究，参见Alessio Gagliardi: "Il Ministero per gli scambi e valute e la politica autarchica del fascismo," *Studi Storici* 46, no.4 (October-December 2005): 1033–1071, and *L'impossibile autarchia*.

了制裁。① 由于这一制度的存在，意大利成功熬过了制裁，也正是由于这一制度，瓜奈里才能够实行严格的外汇储备限制，墨索里尼的财政部部长，意大利贵族、击剑冠军保罗·陶内·迪·莱费尔（Paolo Thaon di Revel）才能够实施严厉的财政紧缩政策。② 此外，通过意大利妇女和儿童积极参与的国家自给自足仪式，我们也能很明显地看出意大利对本国货币储备的依赖。在制裁生效的一个月后，埃琳娜女王与墨索里尼的妻子拉谢尔一同为一个新的特殊节日"信仰之日"揭幕，在这一天，妇女们会将她们的结婚戒指以及其他珠宝捐献给国家。③ 墨索里尼呼吁妇女们把"意大利的每个家庭都打造为抵抗的堡垒"，虽然收获的珠宝价值不高——大约有2262千克黄金，价值约280万美元，但在这样一场社会活动当中，意大利人展现出了极高的热情，以反对国联的制裁。④ 同时，孩子们也游走于全国各地的大街小巷、垃圾场以及各家各户，收集餐具、器皿、破旧的自行车以及其他可回收冶炼的废旧金属。⑤ 收集黄金以及各类金属的活动是一个很好的例子，能帮助我们理解法西斯政权如何利用国

---

① Mariangela Paradisi, "Il commercio estero e la struttura industriale," in *L'Economia italiana nel period fascista,* ed. Pierluigi Ciocca and Gianni Toniolo, pp.271-328 (Bologna: Il Mulino, 1976).
② Rolf Petri, *Von der Autarkie zum Wirtschaftswunder: Wirtschaftspolitik und industrieller Wandel in Italien 1935-1963* (Tübingen: Max Niemeyer, 2001), pp.34-38, 60-125, 234-293; Welk, "League Sanctions and Foreign Trade Restrictions," p.104; Maiolo, *Cry Havoc*, pp.147-150.
③ Petra Terhoeven, *Ora alla patria: Donne, guerra e propaganda nella giornata delle Fede fascista* (Bologna: Il Mulino, 2006).
④ Victoria de Grazia, *How Fascism Ruled Women: Italy, 1922-1945* (Berkeley: University of California Press, 1992), pp.77-78; Kate Ferris, "Fare di ogni familia italiana un fortilizio: The League of Nations' Economic Sanctions and Everyday Life in Venice," *Journal of Modern Italian History* 11 (2006): 117-142.
⑤ 后来，作家卡洛·埃米利奥·加达将墨索里尼描述为"以与英国开战为借口，偷走所有人家锅碗瓢盆的小偷"（*That Awful Mess on the Via Merulana*, trans. William Weaver ［New York: NYRB Classics, 2000 (1957)］, p.206).

联的制裁措施来发动大规模的社会动员，同时实施财政紧缩政策的。在制裁生效的第二天，意大利官方就宣布实施全国性的自给自足运动。在公共纪念碑的大理石上，在宣传海报上，随处可见这一运动的口号。同时，在这一运动的指导之下，人们开始改写历史书。[①] 一系列大大小小的政策被宣布为旨在对抗制裁或"反制裁"政策的一部分（参见图9.1）。[②]

图9.1　一幅"反制裁三联画"

注：该画呼吁意大利人在国家抵抗外部压力时捐出自家的黄金、废旧金属以及储蓄。该图由马里奥·西罗尼（Mario Sironi）绘制，发表于法西斯报纸《意大利人民报》，1935年11月28日。Biblioteca di storia moderna e contemporanea（Rome）。

1935年11月后，意大利仍在推进着本国的自给自足计划，但收效不大。对意大利这样一个原材料匮乏的国家而言，完全的自给自足是不现实的。但自给自足计划没能取得很好成效的核心问题在于法西斯政权内部对经济方面的优先事项缺乏共识。在国联制裁的冲

[①] Luigi Filippo de Magistris, *Per Non Dimenticare: Testo atlante antisanzionista* (Milan: G. de Agostini e Figli, 1936).
[②] Giuseppe Parenti, "L'efficacia delle 'controsanzioni' italiane," *Rivista Internationale di Scienze Sociali* 44, no.7 (July 1936): 355–365.

击下，稳定经济与保障经济不受未来的制裁影响需要的是两种不同的政策。阿莱西奥·加利亚尔迪（Alessio Gagliardi）指出，事实上，意大利的自给自足计划一直在两种相互冲突的目标之间徘徊：一种是强调贸易平衡，维持充足储备的财政"通货自给自足"，另一种是注重原材料供应的"必需品自给自足"。① 实际上，这两者恰好与国联制订制裁计划的指导思想相互对应：必需品经济自给自足意在抵御海军部主张实施的原材料制裁，而通货自给自足则试图抵御财政部主张实施的商业制裁。总的来说，意大利自给自足政策的指导思想非常不稳定，经常前后不一。

起初，法西斯政权中的保守派似乎占据了上风。瓜奈里出台的限制进口、促进出口的政策以及莱费尔实施的预算紧缩政策都是为了恢复经济平衡。1936 年 6 月，意大利银行实现了国有化；9 月，里拉贬值，其目的是进一步实现意大利的经济平衡。② 瓜奈里认为可以利用制裁来审慎地恢复意大利经济的稳定，同时也能解决制裁之前意大利的金融危机。他告诉法国驻意大利的金融专员，制裁"使政府能够渲染出一种'悲怆'的氛围，进而让人民以及统治阶级愿意接受在这种情况下政府出台的各项限制措施"。③ 到 1937 年，瓜奈里领导的机构扩张为了一个部级单位——外汇与货币部。④ 他希望借

---

① Gagliardi, *L'impossibile autarchia*, pp.146, 182.
② Alberto Caracciolo, "Ch9duzione," in *La Banca d'Italia tra l'autarchia e la guerra, 1936-1945* (Rome: Laterza, 1992), pp.21–30; Gianni Toniolo, "The Bank of Italy, A Short History, 1893–1998," in *Sveriges Riksbank and the History of Central Banking*, ed. Rodney Edvinsson, Tor Jacobson, and Daniel Waldenström, p.312 (Cambridge: Cambridge University Press, 2018).
③ MAE, Rélations commerciales, 1918–1940, Italie, Box 39, Leroy-Beaulieu to Paris, 20 December 1935; cited in Gualtieri, "Da Londra a Berlino," p.634n31.
④ Gagliardi, "Il Ministero per gli scambi e valute," pp.1033–1071. 以及 Henry Siefke Miller, *Price Control in Fascist Italy* (New York: Columbia University Press, 1938).

助国联的制裁来扩张法西斯政权的权力,进而让意大利能采取一系列并不受欢迎的措施来恢复到正常状态。

但保守派采取的稳定措施很快就陷入了困境。部分原因在于意大利经济长期存在的弱点。意大利长期以来一直存在结构性的国际收支赤字,对此,一位观察家开玩笑道,这一问题的源头"可能得追溯到征服迦太基的时候了"。[1] 在通常情况下,来到意大利的移民、游客以及航运业务带来的无形收入能够抵消这一赤字;而在资本项目上,意大利则依赖于英美两国的金融业。外部资金的枯竭可以借助意大利的两个大型工业-金融集团——意米银行(IMI)与工业复兴公司(IRI)——收入的回流来进行补偿。[2] 但这并没有解决外部平衡的问题。即使到1936年秋,意大利与英法两国恢复了一些基本的经济联系,他们所签署的一系列双边协议所涉及的贸易水平数额也相当之低,仅依靠这种数量的贸易完全无法满足意大利的进口需求。因此,贸易平衡政策不可避免地要求意大利政府严厉压制平民的生活水平。

此外,由于实现了不平衡的复苏,瓜奈里与莱费尔实施的紧缩

---

[1] Constantine E. McGuire, *Italy's International Economic Position* (New York: Macmillan, 1926), p.26.

[2] Francesco Cesarini, "Alle origini del credito industriale: La gestione dell'IMI dalla costituzione ai provvedimenti per l'autarchia (1931–1938)," in Banco di Roma, *Banca e industria fra le due guerre*, vol. 2: *Le riforme istituzionali e il pensiero giuridico* (Bologna: Il Mulino, 1981), pp.81–180; Marianna Cavazza Rossi and Pasquale Saraceno, "Sergio Paronetto e la politica autarchica dell'IRI," in *Pensare l'Italia nuova: La cultura economica milanese tra corporativismo e ricostruzione*, ed. Giuseppe De Luca, pp.231–243 (Milan: FrancoAngeli, 2007); Giovanni Farese, *Dare credito all'autarchia: L'IMI di Azzolini e il governo dell'economia negli anni Trenta* (Naples: Editoriale Scientifica, 2009); 有关工业复兴公司负责人阿尔贝托·贝内杜克(Alberto Beneduce)所发挥的重要作用,参见F. Bonelli, "Alberto Beneduce, il credito industriale e l'origine dell'IRI," in *Alberto Beneduce e i problem dell'economia italiana del suo tempo*, ed. P. Armani, pp.71–85 (Rome: Edindustria, 1985).

政策并没有阻止法西斯意大利外交政策的激进化,实际上,财政紧缩政策还进一步鼓励了意大利采取更为激进的外交政策。紧缩政策使得意大利几乎没有办法"建立"自己的非洲帝国了。[1] 从1936年到1939年,政府开支从占国内生产总值的23.5%缩减到19.4%。然而,由于做出相关调整的负担几乎完全落在了民用进口与私人消费上,军事支出的增加抵消了实际需求的下降。在意大利入侵埃塞俄比亚之后,军备开支仍然在增长,并且一直保持增长。[2] 然而,如果没有办法进口更多的原材料,特别是煤炭、铁矿石以及石油,那么意大利连重新武装都做不到。侵略埃塞俄比亚非但没有让意大利得到满足,反而给意大利带来了一个"摩洛神"(Moloch)[3],由于国联的制裁为这个魔鬼套上了一副枷锁,它便需要以其他方式获得满足。

于是,法西斯政权中的扩张主义者开始推动新的对外侵略战争。1936年11月,在罗马从事外交工作的埃里克·德拉蒙德及其副手格拉德温·杰布(Gladwyn Jebb)——未来的联合国秘书长——向伦敦报告称,为了抵御制裁,意大利大幅削减了进口数额,其国内经济形势相当严峻,因此"完全不能排除(意大利)与德国和日本联合起来采取某些肮脏的冒险行动的可能性。"[4] 表面上,意大利似乎成功

---

[1] 1937年与1938年实施的预算紧缩政策实际上延缓了意大利在非洲殖民地的发展,在此期间,意大利只为道路建设等基本需求提供资金,与此同时,意大利内部奉行"非洲主义"的游说团体所设想的更为雄心勃勃的定居计划已经没有实现的可能了。Roberta Pergher, *Mussolini's Nation-Empire: Sovereignty and Settlement in Italy's Borderlands, 1922-1943* (Cambridge: Cambridge University Press, 2018), pp.117-160.
[2] Zamagni, "Italy: How to Lose the War and Win the Peace," pp.198-199, table 5.13, "Italian Public Expenditure, Revenues and Deficit, 1933-1947."
[3] 摩洛神是一位上古近东神明,此神与火祭儿童有关;摩洛神盛行于上古的地中海东南岸地区,包括迦南人、亚扪人、希伯来人、腓尼基人乃至黎凡特和北非的很多其他民族都知道这位神明。在当代欧美语境中,摩洛神这个词有特定的引申义,指代需要极大牺牲的人物或者事业。——译者注
[4] TNA, FO 371 20403, Drummond to London, 20 November 1936; cited in Gualtieri, "Da Londra a Berlino," p.640n55.

抵御了制裁，但实际上，他们不得不为未来的侵略与战争做好准备。

通过对比意大利高调宣传的"自给自足计划"以及这一计划的实际结果，我们可以更好地理解意大利为什么会走上越来越激进的道路，因为意大利仍然需要开辟新的、稳定的原材料供应地。在一些领域，自给自足的政策取得了一些成绩。国内合成纤维与纺织品的生产情况有所改善，原羊毛与棉花的进口量有所减少。① 这一成就应当归功于很早之前意大利就对人造丝产生的兴趣，20世纪20年代，意大利公司与英国纤维与化学品公司考陶尔兹合作，生产出了最早的人造丝。考陶尔兹与德国联合光明纤维厂（VGF）共同拥有意大利最大的合成纤维生产商，位于米兰的维斯科萨公司的大部分股份。维斯科萨努力将自己打造为世界范围内领先的人造丝生产商，到20世纪30年代后半期，由这家公司供应的人造丝总量超过全球产量的一半。② 维斯科萨还利用从脱脂牛奶中提取的纤维——酪蛋白——开发了一种能够替代羊毛的产品，人们将其称为"意大利羊毛"。尽管其质量明显不如真正的羊毛，但意大利羊毛还是在全球的时尚圈中游行开来，其不仅被用于制作军服，而且还被贴上了"帝国纺织品"的标签。③ 而且，由于意大利能够使用这种"羊毛"，其原羊毛进口量减少了20%—25%。④

事实证明，能源是一个更难得到解决的问题。法西斯政权尝试

---

① "Industrie tessili e dell'abbigliamento: Meraviglie del prodotto tessile italiano al convegno di Forlì," *L'industria nazionale* 22, no.1 (January 1937): 9–11; G. Sessa, "L'industria della canapa e del lino," in *L'indipendenza economica italiana*, ed. L. Lojacono, pp.269–271 (Milan: Hoepli, 1937); Mauro Santoro, *L'autarchia tessile del regime fascista: Il ginestrificio di Cariati (1935-1943)* (Cosenza: Editoriale Progetto, 2000).
② Emanuela Scarpellini, *Italian Fashion since 1945: A Cultural History* (Cham: Springer, 2019), pp.75–76.
③ Marcella Spadoni, *Il gruppo SNIA dal 1917 al 1951* (Turin: Giappichelli, 2003), pp.9–17.
④ "Artificial Wool Production in Italy," *Nature* 140, no.3556 (25 December 1937), p.1090.

利用甲烷作为有轨电车以及火车的燃料。[1]到1938年时,从意大利北部与中部的矿藏中提取出的甲烷可以提供相当于约4万吨石油的能量,大约占每年石油消耗总量的10%。[2]意大利北部越来越多地利用水力来进行发电,使得煤炭与石油的消耗量进一步降低。[3]但是,尽管从宣传上来看,意大利在能源问题上取得了令人印象深刻的成绩,但实际上,意大利匮乏的矿产资源仍然是阻碍其帝国建设的关键因素。[4]

煤炭就是一个典型的例子。一直以来,意大利生产的煤炭就无法满足本国的需求;为此,意大利需要从欧洲大陆最大的煤炭生产国德国进口煤炭。在煤炭问题上,法西斯政权将注意力集中在了撒丁岛西南部的苏尔西斯地区。在这个遍布沼泽、疟疾肆虐的落后地区,由吉多·塞格雷(Guido Segre)领导的卡博萨达公司于1935年夏天首次开始开采煤炭。较早一些的时候,意大利组织了对这片区域的地质勘探工作。1932年,勘查重心被定在彭甸沼地一带,这一

---

[1] Angelo Tarchi, *Autarchia dei carburanti* (Florence: Carlo Cya, 1938); Alessio Zanardi, *Dall'autarchia all'austerity: Ceto politico e cultura d'impresa nell'industria nazionale del metano (1940-1973)* (Rome: Aracne Editrice, 2012).
[2] Gustav Egloff, "Motor Fuel Economy of Europe," *Industrial Chemistry and Engineering* 30 (October 1938): 1091–1104; Charles Will Wright, "Progress in the Petroleum Producing Countries in Europe during 1938," *International Petroleum Trade* 8, no.1 (25 January 1939): 14.
[3] Marino Ruzzenenti, *L'autarchia verde: Un involontario laboratorio di green economy* (Milan: Jaca Book, 2011).
[4] *L'autarchia del minerale italiano: Guida della mostra, 18 novembre-9 maggio XVII E.F.* (Rome: Circo Massimo, 1938). 有关意大利法西斯的宣传活动,参见Karen Pinkus, *Bodily Regimes: Italian Advertising under Fascism* (Minneapolis: University of Minnesota Press, 1995).

系列项目为之后的煤炭开采工程奠定了基础。[1]在国联实施制裁之后，墨索里尼希望能尽快将苏尔西斯地区打造为"意大利版的鲁尔区"。[2]塞格雷新成立的煤炭公司意大利煤炭公司开始在苏尔西斯煤田附近建设一个新的城镇，该城镇于1937年11月5日正式成立，名为卡博尼亚（Carbonia），意思是煤炭之城。[3]这一由专业建筑师设计的城镇很快就吸引了来自威尼托、马尔凯、西西里与阿布鲁佐的移民。1935—1939年，该公司雇佣的劳动力从1060人增加到了14965人，而这里的年煤炭产量从7.7万吨增加到了116万吨。[4]亚得里亚海边的伊斯特拉矿区产量又增加了100万吨。但在自给自足计划实施了三年以后，意大利进口的煤炭总量仍然是本国生产的6倍之多。

  石油更是一个老大难的问题。在国联制裁之后，法西斯政权同时推进了两项计划：一是在阿尔巴尼亚开发油田，二是合成生产。意大利在阿尔巴尼亚的石油工业核心位于库乔瓦镇，1928年，意大利公司从佐格国王处获得了在这里开采石油的特许权。意大利阿尔巴尼亚石油公司（AIPA）的成立就是为了在阿尔巴尼亚开采石油，并将其运往意大利，1935年，该公司开始建设库乔瓦镇。[5]和撒丁岛上的硬质碳一样，墨索里尼极力宣传从库乔瓦开采的石油，他还

---

[1] F. Caprotti, *Mussolini's Cities: Internal Colonialism in Italy, 1930-1939* (Youngstown, NY: Cambria Press, 2007). 这些土地得以开垦的标志性事件就是新城镇的建立。Tommaso Stabile: *Le Bonifiche in Italia e nei Territori d'Oltremare* (Vela: Velletri, 2000), and *La Bonifica di Mussolini: Storia della Bonifica Fascista dell'Agro Pontino* (Rome: Settimo Segillo, 2002).
[2] Patrizia Dogliani, *L'Italia fascista: 1922-1940* (Florence: Sansoni, 1999), p.224.
[3] Alberto Vacca, *Carbonia e i problemi dell'industria carbonifera sarda (1936-1976)* (Cagliari: Della Torre, 1985).
[4] Massimo Carta, *Perché Carbonia* (Cagliari: Ettore Gasperini Editore, 1981), p.124.
[5] Massimo Borgogni, *Tra continuità e incertezza: Italia e Albania (1914-1939): La strategia politico-militare dell'Italia in Albania fino all'Operazione "Oltre Mare Tirana"* (Milan: FrancoAngeli, 2007), pp.141-142.

将该镇更名为佩特罗里亚（Petrolia），意思是石油之城。意大利修建了一条80千米长的管道，以便将石油运送到阿尔巴尼亚西南部港口城市发罗拉，而后再运过亚得里亚海，进行精炼——由于从阿尔巴尼亚开采出的石油质量很差，呈焦油状，因此必须进行精炼。1939年春，外交部部长加莱亚佐·齐亚诺（Galeazzo Ciano）劝诱阿尔巴尼亚成为意大利的保护国，如此一来，意大利公司就能利用阿尔巴尼亚作为垫脚石，在巴尔干地区进行更为广泛的资源开采，就在同一时期，德国公司已经扩大了他们在巴尔干地区的业务。[1]这一时期，佩特罗里亚油田每年能生产20万吨燃料。阿尔巴尼亚实际上已经成了法西斯帝国的一个石油殖民地，石油占该国出口总量的2/3（见图9.2）。[2]

卡博尼亚与佩特罗利亚都是墨索里尼自给自足计划中备受瞩目的组成部分，这一系列计划将殖民运动与工业高度现代化的策略结合了起来。但国联的制裁也促使意大利开始推动一个合成燃料计划。意大利的国有石油公司——意大利石油总公司（AGIP）、意大利阿尔巴尼亚石油公司以及该国主要的化工集团蒙特卡蒂尼——共同出资设立了一个专门的财团，即国家燃料氢化公司（ANIC）。[3]在德国燃料氢化技术的帮助下，国家燃料氢化公司在利沃诺与巴里建立了两个

---

[1] Bernd Jürgen Fischer, "Count Ciano's invasion of Albania" in *Albania at War, 1939-1945* (West Lafayette, IN: Purdue University Press, 1999), pp.5–32; Davide Rodogno, *Fascism's European Empire: Italian Occupation during the Second World War* (Cambridge: Cambridge University Press, 2006), pp.50–59.
[2] Andrea Vento, *In silenzio gioite e soffrite: Storia dei servizi segreti italiani dal Risorgimento alla Guerra fredda* (Milan: Il Saggiatore, 2010), p.441n24; Libero Lenti, "Gli scambi internazionali dell'Albania," *Giornale degli economisti e annali di economia* 2, nos. 7–10 (July-October 1940): 548, table 6.
[3] G. Fauser, "La benzina sintetica in Italia," *L'industria nazionale. Rivista mensile dell'autarchia* 24, nos. 11–12 (November-December 1939): 13–17.

图 9.2 1939 年，位于阿尔巴尼亚佩特罗利亚的意大利阿尔巴尼亚石油公司开采的油田（MARKA/Alamy Stock Photo）

第三部分　战间期危机中的经济制裁

煤炭液化厂与两个精炼厂。[1] 国家燃料氢化公司的第一个生产目标是将 234 万吨低质量褐煤液化为 5 万吨燃料。正如该公司向政府的自给自足委员会通报的那样，问题在于意大利可用的剩余煤炭太少了，以至于无法实现这一目标。最多只能从托斯卡纳的阿诺河谷矿区拨出 57.8 万吨用于氢化。从 1938 年 6 月到 1940 年 12 月，意大利的精炼油只有 4% 是煤炭氢化的产物，而超过 1/3 来自阿尔巴尼亚的油井。鉴于这些情况，意大利仍然不可避免地需要依赖海外的供给。这一时期，意大利 43% 的石油供应来自墨西哥。[2] 国家燃料氢化公司的生产于 1939 年达到顶峰，当时该公司交付了 37.4 万吨精炼产品——仅仅是年度目标的一半。到 1940 年夏天墨索里尼加入战争时，意大利的石油储备仅够一个月的消费量。[3]

由于意大利从来没有实现过自给自足，甚至没有实现过原材料自由，因此，意大利只能通过扩大其影响范围来确保自己能获得足够的资源。齐亚诺试图将阿尔巴尼亚转变为保护国就是这一趋势的一个例子，但阿尔巴尼亚能提供的资源太少了，无法满足意大利长期的资源需求，而且这个国家太穷了，以至于没有能力消费意大利的出口商品。在国联制裁之后，意大利实施的自给自足促使墨索里尼一步步走向战争，有关这一点的另外一个更为实质性的表现是 1936 年年末，墨索里尼开始干预西班牙内战。通过支持弗朗西斯科·佛朗哥的民族主义队伍，反对西班牙共和政府，意大利找到了

---

[1] Mario Perugini, *Il farsi di una grande impresa: La Montecatini tra le due guerre mondiali* (Milan: FrancoAngeli, 2014), pp.323–328, 336.
[2] Ibid., p.338. 拉萨罗·卡德纳斯（Lázaro Cárdenas）领导下的墨西哥政府于1938年将西方石油公司收归国有，并暂时奉行中立主义政策，墨索里尼因此短暂获利。Noel Maurer, "The Empire Struck Back: Sanctions and Compensation in the Mexican Oil Expropriation of 1938," *Journal of Economic History* 71, no.3 (September 2011): 590–615.
[3] Alan S. Milward, *War, Economy and Society, 1939-1945* (Berkeley: University of California Press, 1977), p.37.

一种维持意识形态狂热的方法，同时还能将其军备生产出售给一个愿意购买的人，并获得来自西班牙的原材料。意大利与西班牙的贸易是通过一家在罗马注册的智利硝酸盐公司（SAFNI）秘密进行的。对墨索里尼来说，西班牙的主要经济价值在于佛朗哥政权控制下的摩洛哥矿场中的大量铁矿石。为了报偿意大利提供的军事援助，佛朗哥政权大幅提升了对意大利的铁矿石出口，数量从1936年的仅6000吨增加到了1938年的39.7万吨，满足了意大利工业每年炼钢需求的1/5。[1]从1938年年初开始，佛朗哥用向英国人出售铁矿石赚取的英镑来购买墨索里尼的武器，从而为意大利提供了宝贵的外汇来源。[2]限制意大利在西班牙收益规模的并非该国有限的供应量，而是因为德国人先意大利人一步到达了这里（和巴尔干地区的情况一样）。在争夺资源的过程中，第三帝国正在挤压意大利的空间。

这并非德国与意大利之间第一次产生摩擦。国联的制裁使得意大利与德国之间建立了更为紧密的商业联系，因为德国是为数不多没有加入国联禁运的欧洲主要经济体。但仔细观察就可以发现，德意两国的结盟对双方而言都不是有利无害的。1936年，制裁使得双方爆发了冲突，因为意大利与德国贸易结算系统是以以货易货为基

---

[1] 有关西班牙铁矿石对意大利有何意义这一问题，参见Ulrich von Hassell (Rome) to Berlin, 27 October 1937, in DGFP, series D, vol. 1 (Washington, DC: GPO, 1949), pp.19-20; John R. Hubbard, "How Franco Financed His War," *Journal of Modern History* 25, no.4 (1953): pp.390-406; Charles E. Harvey, "Politics and Pyrites during the Spanish Civil War," *Economic History Review* 31, no.1 (February 1978): pp.89-104; Stanley Payne, *The Franco Regime, 1936-1975* (Madison: University of Wisconsin Press, 1975), p.155; Robert H. Whealey, *Hitler and Spain: The Nazi Role in the Spanish Civil War* (Lexington: University Press of Kentucky, 1989), p.86, table 2, "Annual Export of Iron Ore from Spanish Morocco, 1936-1938."
[2] Robert H. Whealey, "How Franco Financed His War: Reconsidered," *Journal of Contemporary History* 12, no.1 (January 1977): 133-152.

第三部分　战间期危机中的经济制裁

础的，因此两国的进出口贸易需要保持平衡。[1] 为了抵御封锁，意大利大幅削减了进口数量，因此其购买的德国商品也随之减少了。[2] 由于长期以来德国对意大利都是贸易顺差，德国公司要求意大利用硬通货支付货款，否则不会向其交货。瓜奈里认为这种"态度一点也不友好"。[3] 最终，双方达成了妥协，但关系仍然相当紧张，这主要是因为墨索里尼知道，在意大利入侵埃塞俄比亚期间严格遵守中立原则的德国人，在战争爆发前夕选择向塞拉西一方提供武器与弹药来赚钱。[4]

1938 至 1939 年，两个国家再度陷入僵局，因为他们都瞄准了同一片经济区。同时发动的扩张行动使得自给自足这一目标更加遥不可及，特别是对意大利来说，情况尤为严重。1939 年 4 月，双方签署了一项新的结算协议，其中包括了双方就本国控制的资源的交换。意大利用其控制下的阿尔巴尼亚石油交换德国控制下的捷克工业品。但在幕后，德国人意识到，有必要将墨索里尼排除在战争之外；因为意大利大量依赖进口石油，这会破坏德国主导的欧洲大陆经济中已经开始不稳定的石油供需平衡。[5] 如果说意大利通过与德国的贸易成功抵御了制裁，那么意大利付出的代价就是，在此之后本国经济

---

[1] Giuseppe Tattara, "Power and Trade: Italy and Germany in the Thirties," *Vierteljahrschrift für Sozial-und Wirtschaftsgeschichte*, no.3, 1992, pp.457–500.
[2] 根据1935年4月14日签署的《德国-意大利双边清算协议》，双方交付的货物必须实现均衡。Manfred Funke, *Sanktionen und Kanonen: Hitler, Mussolini und der international Abessinienkonflikt 1934-36* (Düsseldorf: Droste, 1970), pp.71–73.
[3] "La manifestazione di un atteggiamento fondamentalmente non amichevole" (Felice Guarneri, *Battaglie economiche tra le due guerre, vol. 1: 1918-1935* [Milan: Garzanti, 1953], pp.391–392).
[4] Funke, *Sanktionen und Kanonen*, pp.68–69.
[5] Gualtieri, "Da Londra a Berlino," p.650; Toprani, *Oil and the Great Powers*, p.197; Maximiliane Rieder, *Deutsch-italienische Wirtschaftsbeziehungen. Kontinuitäten und Brüche 1936-1957* (Frankfurt: Campus Verlag, 2003), p.118.

的结构性问题进一步恶化。德国方面所做的战略抉择使得墨索里尼的选择空间进一步缩小,这完全是一个引发战争,而非维持和平的秘诀。①

为抵御制裁而采取的激进的、不平衡的措施使得意大利长期处于军事化状态之中。瓜奈里试图掩盖这一紧张局势。在《时代》杂志上,他引用了玛丽·安托瓦内特(Marie Antoinette)的话:"如果人民吃不到面包,那么他们可能就得吃蛋糕……意大利人可能不得不穿天然的丝绸,因为意大利生产大量的丝绸,但意大利几乎不产棉花。"②在国联禁运两周年之际,"意大利版的沙赫特"仍然向《纽约时报》吹嘘道:"尽管制裁让(我)夜不能寐,但却是意大利有史以来最好的事情。"③然而,当瓜奈里于1939年10月被墨索里尼解职时,很明显,他采取的反制裁措施并没有将意大利从危机与战争中拯救出来,就像安托瓦内特的饮食建议没能避免法国大革命一样。

纳粹的封锁防御政策

可以说,国联对意大利的制裁既有利于希特勒进一步恢复德国在欧洲的权力地位,也使得德国受到了威胁。从短期来看,由于英法两国的注意力集中在东非的战场之上,纳粹德国因此获益。对意大利的惩罚不仅使1935年年初建立起来的、威胁要对德国进行制裁的斯特雷萨阵线走向崩溃,还给了希特勒一个推进德国修正主义运动

---

① Angela Raspin, *The Italian War Economy, 1940–1943: With Particular Reference to Italian Relations with Germany* (New York: Garland Publications, 1986).
② "Marie Antoinette and Sanctions," *Time* 26, no.16 (14 October 1935): 24.
③ Cited in Anne O'Hare McCormick, "Europe: Italy Boasts That Sanctions Only Made Her Stronger," *New York Times*, 19 November 1937, p.16.

的合适时机，他试图推翻《凡尔赛条约》对德国军备与领土主权施加的诸多限制。但从长远来看，纳粹政权面临的形势显然没有因为国联对意大利施加经济制裁而得以改善。在这个大背景之下，国联实施的制裁只是更加坚定了希特勒的决心，他力图让德国从海外供应渠道中独立出来。得益于20世纪20年代科技的飞速进步，德国所掌握的技术使得其至少能够尝试着向实现原材料自由的目标前进，特别是在合成燃料与橡胶方面。①20世纪30年代初，德国的自给自足政策在农业研究与合成生产等领域取得了重大进展。② 不过这些领域也面临着一些限制，为了在更短的时间内重整军备，德国不得不压制民用消费与投资，自1933年以来，德国财政部部长兼帝国银行主席沙赫特就一直在负责维持二者之间的平衡。③

在意大利入侵埃塞俄比亚仅仅几天后，德国外交官就开始预测，"实施制裁的国家"可能会切断对德国的原材料供应，以免德国将这些原材料转运至意大利。④ 军事分析家汉斯·斯坦伯格（Hans Steinberger）警告道："日内瓦的偏袒之心早已臭名昭著了……因此，

---

① Wolfgang Birkenfeld, *Der synthetische Treibstoff 1933-1945. Ein Beitrag zur nationalsozialistischen Wirtschafts- und Rüstungspolitik* (Göttingen: Messerschmidt Verlag, 1964); Peter Hayes, *Industry and Ideology: IG Farben in the Nazi Era* (Cambridge: Cambridge University Press, 1987), pp.32-80.
② Suzanne Heim, *Autarkie und Ostexpansion: Pflanzenzucht und Agrarforschung im Nationalsozialismus* (Göttingen: Wallstein Verlag, 2002); Jonas Scherner, *Die Logik der Industriepolitik im Dritten Reich* (Stuttgart: Franz Steiner Verlag, 2008). 有关纳粹意识形态中的粮食安全问题，参见Gesine Gerhard, *Nazi Hunger Politics: A History of Food in the Third Reich* (Lanham, MD: Rowman and Littlefield, 2015), pp.19-46.
③ Tooze, *The Wages of Destruction*, pp.203-240.
④ PAAA, RZ 209, Referat Völkerbund, R 96758, "Die Lage Deutschland sim Falle der Verhängung von Völkerbundssanktionen gegen Italien," 7 October 1935, p.13.

不能排除国联会切断与德国的商业往来,禁止向德国提供信贷。"① 外交部的官员们确信,制裁"毫无疑问是由某些国家主导的,他们之所以这么做,就是为了进行一场试验性的动员,以便在未来与德国发生冲突时知道该如何制裁德国"。② 墨索里尼现在经历的制裁,就是德国未来会经历的制裁,这一观点很快传到了希特勒和德国军队、外交部、经济部门以及纳粹主要负责人的耳朵里。11月21日,国联制裁措施生效的三天后,希特勒接见了法国大使安德烈·弗朗索瓦-蓬塞(André François-Poncet),并告诉了他国联实施的制裁措施意味着什么。希特勒说:"如果利用经济上的强迫手段来实现政治目的,那么造成的结果就是每个国家都会比先前更加努力地实现自己在经济上的独立。"他警告弗朗索瓦-蓬塞道,"在经历了这一切后,意大利会继续利用各种手段来争取实现自给自足"。更危险的是,他警告称,德国政府"也会从国联采取的制裁措施中推导出合乎逻辑的结果"。③

德国很快就间接遭受到了国联的制裁。由于制裁的影响,黄油、人造黄油以及其他食品等商品供应量减少,价格有所上涨。④ 这给德国的国际收支平衡带来了直接的压力,进而迫使外交部的经济部门

---

① Hans Steinberger, "Der deutsche Außenhandel in Kriegszeit," *Deutsche Wehr* 15 (1 August 1935); cited in French intelligence report found in SHD, 2 N 151, "Le commerce exterieure en temps de guerre," p.3.
② PAAA, R 96758, Artikel 16, October-November 1935, Note "Die Genfer Sanktionsbeschlüsse," Bd. 8, Vbd. 1313/55 (undated), p.11.
③ Cited in memorandum by Konstantin von Neurath, 22 November 1935, in DGFP, series C, vol. 4 (April 1935-March 1936) (Washington, DC: GPO, 1962), p.849.
④ 这一情况一出现,德国的报纸就开始联想起1914—1918年有关饥饿封锁的记忆了,由此,在报道的过程中,德国报纸的语气迅速从相对正式转变为了满含恐惧之情。Heinz A. Ludwig, "Italien unter Blockade. Die Auswirkungen der Sanktionen von Rom aus gesehen," *Wiener Wirtschaftswoche*, 13 November 1935.

考虑"如何才能避免经济战给德国带来的这种不幸的后果"。① 德国外交部的高级官员伯恩哈德·冯·比洛写道:"我们唯一关心的事情是,我们是否以及如何能够实现自给自足,进而保护德国免受制裁对原材料供应造成的影响(无论是直接影响还是间接影响)。"他还补充道,德国不能"眼睁睁地看着本国的食品与原材料需求因制裁而受到威胁"。②

12月6日,德国国防委员会——一个两年前由希特勒创设的部际战略规划部门——在柏林的战争部召开了一次会议。③ 军队方面负责制订国防计划的阿尔弗雷德·约德尔(Alfred Jodl)宣布,考虑到近期的情况,"尽管没有爆发战争,但所有国家都要比以往更卖力地武装自己。各国利用的是经济或军事制裁……谁先用了'动员'这个不祥的字眼,谁就在政治层面上输掉了战争。因此,所有国家都避免使用'动员'一词"。在约德尔看来,制裁意味着情况已经十分危急了,双方随时都可能动用武力。在会议结束时,主席威廉·凯特尔(Wilhelm Keitel)要求所有政府部门都要研究意大利应对制裁的经验,以便为德国提出政策"建议"。④ 第二天,沙赫特发表了一番演讲,他将制裁描述为"国联一个有问题的发明……正是由于制裁的存在,德国才如此渴望实现自给自足"。沙赫特的结论是,"虽然很多经济民族主义政策听上去更像是合适的自给自足政策,但只

---

① Bülow to German Embassy in Rome, 7 November 1935; in DGFP, series C, vol. 4, pp.798–799.
② Ibid., p.799.
③ Trial of the Major War Criminals before the International Military Tribunal (IMT), vol. 36, Document 406-EC, "Sitzungsbericht zur 11. Sitzung der Reichsverteidigungsausschusses, 6.12.1935," p.463.
④ Ibid., p.477.

有真正的'防御性自给自足'才能抵御未来的制裁"。① 到 1935 年 12 月，德国的决策者已经不再仅限于观察制裁导致了何种影响，而是开始计划如何抵御制裁了。

1936 年 1 月到 2 月，人们开始讨论是否要将石油纳入制裁范围，德国人密切关注着相关的讨论。② 当月，苏联停止向德国运输石油，理由是德国没有付够货款。③ 专家们警告说，目前德国原材料的情况仍然不容乐观，如果准备承受长期的经济孤立，或是发动战争，那么现在的战略储备仍然离目标相差甚远，国内合成燃料的能力也并不能满足需求。④ 如果国联建立了一个旨在控制全球石油运输系统的国际机构，那么国联很容易就能利用这一机构打击德国。德国驻意大利大使乌尔里希·冯·哈塞尔（Ulrich von Hassell）在 2 月 14 日（情人节）那天报告称，即使国联"没有决定实施"石油制裁，"但这一可能性仍然像达摩克利斯之剑一样悬在我们的头顶上"。⑤

直到 3 月 2 日，巴斯康塞洛斯领导的协调委员会向意大利与埃塞俄比亚发出和平呼吁，再加上国联再次决定推迟实施石油制裁，

---

① Hjalmar Schacht, *Deutschland und die Weltwirtschaft. Vortrag vor dem "Bund der Freunde der Technischen Hochschule," München, am 7. Dezember 1935* (Berlin: Druckerei der Reichsbank, 1935), p.11. 这次讲话还表现出沙赫特本人就稳定经济的问题所持的矛盾态度，参见Teichert, *Autarkie und Großraumwirtschaft*, p.125.
② "Ölsanktion als Kampfmittel," *Preußischer Zeitung*, no.334, 3 December 1935; Heinz Gernhuber, *Der italienisch-abessinische Konflikt und das Völkerrecht* (Königsberg: Otto Kümmel, 1937), pp.98–99.
③ Helmut Mejcher, *Die Politik und das Öl im Nahen Osten* (Stuttgart: KlettCotta, 1980), 1:169. 后来，苏联的出口恢复了，但总量要比1935年下降了一半。Toprani, *Oil and the Great Powers*, p.175n35.
④ Maj. a. D. Dr. W. Hedler, "Deutsche Rohstofflage und die Rohstoffwirtschaft im Kriege," *Militär-Wochenblatt* 120, no.32 (25 February 1936).
⑤ Von Hassell to Berlin, 14 February 1936; in DGFP, series C, vol. 4, p.1143.

国联才清楚地表明短期内不会动用这一武器。① 希特勒十分迫切地希望利用这一机会,他于 3 月 7 日宣布进军莱茵兰。他赌对了,由于刚刚经历过大萧条,全球经济仍然处于缓慢复苏当中,国联几乎没有能力同时对两个违反盟约的国家施加经济压力。事实上,英国战时贸易与封锁事务咨询委员会就建议英国内阁不要对希特勒实施制裁。作为仅次于英国与美国的世界第三大货物进口国,德国是许多经济规模不大的欧洲国家重要的出口市场,因此"如果要制裁德国,那么世界贸易体系就会受到极大的冲击,这远比对意大利的经济制裁所造成的影响严重得多"。②

在成功进军莱茵兰之后,希特勒准备开始推进一个长期的自给自足计划。在沙赫特的安排之下,德国在维持国际收支平衡的前提下实现了军备的重整。但到 1936 年 4 月,希特勒就不再坚持这一相对温和的政策了,他任命赫尔曼·戈林（Hermann Göring）为原材料与外汇特别委员——他负责的这两项事务正是制裁主义者核心打击的两个主要目标。当戈林开始着手设计一个旨在让德国实现自给自足、为战争做好准备的计划之时,沙赫特表达了反对意见,他指出德国的财政情况无法支撑戈林的方案。③ 但是,由于他自己都承认有必要实现自给自足,以抵御制裁以及其他种类的威胁,他的反对意见并没能起到很大的作用。5 月 14 日,德国国防委员会又举行了一次会议,在此次会议上,凯特尔、约德尔、比洛以及其他官员都认可了戈林的新方案,并将其

---

① George W. Baer, *Test Case: Italy, Ethiopia and the League of Nations* (Stanford, CA: Hoover Institution Press, 1976), pp.221-231.
② TNA, CAB 47/5 ATB 137, "Exercise of Economic Pressure on Germany without There Being a State of War," 12 March 1936, p.18.
③ Tooze, *The Wages of Destruction*, pp.207-222; Peter Longerich, *Hitler: A Biography* (New York: Oxford University Press, 2019), pp.448-450; Toprani, *Oil and the Great Powers*, pp.174-176.

与"意大利采取的反制裁措施"联系了起来,在他们看来,这些政策也能够"解决我们在军备经济方面遇到的困难"。[1]

因此,德国一直致力于分析制裁究竟给意大利造成了哪些影响,在此基础之上,德国于该年夏天制订,并于9月公布了那份著名的"四年计划"。[2] 该计划的主要目标之一是"适应封锁"。[3] 德国的官方出版物声称:"我们意识到,一个拥有6700万人口的民族不能指望依赖邻国的怜悯,无论是在和平时期还是在战争时期,'和平'封锁或经济战都有可能让德国人民无法获得足够的食物或原材料,因此,一个负责任的国家领导人认为有必要采取相应的措施。"[4] 在戈林的监督之下,德国官方为实现自给自足这一目标定下了一个明确的时间表:在18个月内(即1938年3月前)实现燃料独立,在1940年9月前做好发动战争的准备。[5] 这年12月,在面对主要工业家的一次演讲中,戈林提醒他的听众,在1914—1918年,德国能采取的"应对措施严重不足"。最为重要的是,"必须保证每天能供应充足的面包。这比枪支与手榴弹还要重要"。德国还需要在本土囤积工业所需

---

[1] Nazi Conspiracy and Aggression, 1945–1946 (NCA), vol. 7, Document EC-407, "Minutes of the 12th Meeting of the Reich Defence Council, 14 May 1936," pp.463–464.

[2] 最早注意到这一问题的人是威尔海姆·特洛伊厄(Wilhelm Treue),参见 Wilhelm Treue, "Hitlers Denkschrift zum Vierjahresplan, 1936," *Vierteljahrshefte für Zeitgeschichte* 3, no.2 (1955): 188–202. 马约洛指出,"墨索里尼3月23日有关自给自足的演讲预示着(当然也帮助了)希特勒完善自己的四年计划"(*Cry Havoc*, p.148).

[3] 在纽伦堡审判之时,戈林称,四年计划有两个目标:一是保障德国不受任何农业危机的影响;二是"(让德国)能够在最大程度上承受外部封锁的压力"(IMT, vol. 9, "Vernehmung Görings zum Vierjahrenplan, 14. März 1946," p.283).

[4] *Der Vierjahresplan: Zeitschrift für nationalsozialistische Wirtschaftspolitik* 1, no.2 (February 1937): 93.

[5] Arthur Schweitzer, "Der ursprüngliche Vierjahresplan," *Jahrbücher für Ökonomie und Statistik* 168 (1956): 348–396; Dieter Petzina, *Autarkiepolitik in dritten Reich. Der nationalsozialistische Vierjahresplan* (Stuttgart: Deutsche Verlagsanstalt, 1968), pp.30–48; Tooze, *The Wages of Destruction*, pp.222–230; 有关该计划中戈林负责的进一步开采德国铁矿石的部分,参见Fertik, "Steel and Sovereignty," pp.301–360.

的原材料。"试想一下,一旦瑞典的铁矿石落入犹太人手中,那么我们就没办法从瑞典获得任何铁矿石了!"① 这只不过是戈林的幻想而已;即使在第二次世界大战期间,来自瑞典的铁矿石供应也从未中断过,因为瑞典保持了中立,而德国海军一直维持着对波罗的海的控制。戈林担心的是斯德哥尔摩方面会做出一个政治决断,切断该国与德国的贸易。在反犹主义的世界观之下,和平时期的经济制裁与战时的封锁已经演化为能够独立存在的威慑方式。② 一位德国地缘政治学家写道:"制裁与公开敌对行为之间根本不存在一条清晰的分界线,即便存在,那么它也只存在于法学家的头脑之中。"③

德国与东欧以及东南欧的贸易不可能被西方大国轻易切断,因此,这一贸易网络与旨在适应封锁的战略紧密相连。④ 南斯拉夫能提

---

① IMT, vol. 7, Document NI-051, "Minister President General Goering on the Execution of the Four-Year Plan. The Speech in the Big Assembly Hall of the 'Preussenhaus' on 17 December 1936," pp.815, 816.
② 因此,纳粹党内的种族主义宣传家声称,"当罗马民族为建立其帝国以及扩大其生活空间(Lebensraum)而战时,是犹太人主导了对意大利的制裁之战,想要迫使他们屈服"("Italiens Rassenpolitik," *Neues Volk* 7, no.1［1939］: 9).
③ Albrecht Haushofer, "Berichterstattung aus der atlantischen Welt," *Zeitschrift für Geopolitik* 12, no.9 (September 1935): 556.
④ Paul Einzig, *Bloodless Invasion: German Economic Penetration into Danubian States and the Balkans* (London: Duckworth, 1938); Alice Teichova, "Über das Eindringen des deutschen Finanzkapitals in das Wirtschaftsleben der Tschoslowakei vor dem Münchener Diktat. Ein Beitrag zur ökonomischen Geschichte des Imperialismus," *Zeitschrift für Geschichtswissenschaft* 5 (1957): 1160–1180; Alan S. Milward, "The Reichsmark Bloc and the International Economy," in The "Führer State": *Myth and Reality: Studies on the Structure and Politics of the Third Reich*, ed. Gerhard Hirschfeld and Lothar Kettenacker (Stuttgart: Klett-Cotta, 1981); Bernd-Jürgen Wendt, "Südosteuropa in der nationalsozialistischen Grossraumwirtschaft," in Hirschfeld and Kettenacker, *The "Führer State,"* pp.414–428; Alfred Kube, "Außenpolitik und 'Grossraumwirtschaft': Die deutsche Politik zur wirtschaftlichen Integration Südosteuropas 1933 bis 1939," in *Wirtschaftliche und politische Integration in Europa im 19. und 20. Jahrhundert,* ed. Helmut Berding, pp.185–211 (Göttingen: Vandenhoeck and Ruprecht, 1984); Stephen G. Gross, *Export Empire: German Soft Power in Southeastern Europe, 1890-1945* (Cambridge: Cambridge University Press, 2015), pp.253–391.

供宝贵的铁矿石、铜与锡；匈牙利能为德国提供铝矾土、牲畜与小麦；而罗马尼亚长期以来一直都是德国重要的粮食与石油进口地。[①] 从这一地区获取粮食、关键矿物以及燃料的主要问题在于，德国需要出口足够多的货物才能维持这一贸易网络。一位经济学家解释道，"为了进一步恢复德国的实力，德国有必要扩大出口来获得足够的外汇盈余，这样德国才能够采购到足够的原材料"。[②] 军方负责经济事务的官员说得更直白一些："没有出口，就没有外汇"，"没有外汇，我们就没法重整军备"。[③] 因此，对德国来说，出口仍然是至关重要的。[④] 为了打造一个支撑原材料自由的欧洲范围内的"大经济空间"，德国就还需要向拉丁美洲、亚洲以及非洲出口本国的商品。[⑤] 因此，对纳粹的经济官员来说，封锁防御政策与进一步提升德国的贸易实力这两者之间是完全兼容的。能否实现自给自足的目标，实际上取决于德国能不能继

[①] Roland Schönfeld, "Deutsche Rohstoffsicherungspolitik in Jugoslawien, 1934–1944," *Vierteljahrshefte für Zeitgeschichte* 24 (1976): 215-258; Pierre L. Siklos, *War Finance, Reconstruction, Hyperinflation and Stabilization in Hungary, 1938-48* (New York: St. Martin's Press, 1991), pp.45–48.

[②] Cited in *Deutschlands wirtschaftliche Lage an der Jahreswende 1935/36* (Berlin: Reichs-Kredit Gesellschaft, 1936), p.79.

[③] Cited in Freytag, *Deutschlands "Drang nach Südosten,"* p.229. 弗雷塔格指出，在20世纪30年代初，德国工业曾希望打开新的市场，以出口其产品，恢复德国工业品的市场份额，同时处理产能过剩的问题，与此同时，他们也愿意从那些进口德国商品的国家进口一些商品，但到了1937—1938年，这一关系已经颠倒了过来；为了重新军备，军工产业吸收了大量的原材料，这一时期德国的出口仅仅是为了赚取进口重要原材料所需的外汇。

[④] Michael Ebi, *Export um jeden Preis: Die deutsche Exportförderung von 1932-1938* (Stuttgart: Steiner, 2004).

[⑤] Teichert, *Autarkie und Großraumwirtschaft*, pp.180–205.

续大规模出口高附加值产品以积累足够多的外汇。①

然而,到1937年,东南欧各国显然没有从德国进口足够多的商品,好让德国能够进口重工业所需的大量原材料,进而实现四年计划中设定的生产目标。② 尽管德国还可以从世界市场上获得所需的商品,但希特勒拒绝进一步增加从其他大洲进口来的原材料,他认为,皇家海军随时都能切断德国的海外供应线,"这与其说是一个外汇问题,不如说是一个运输安全问题"。③ 意大利的先例一直萦绕在他的心头。9月的时候,希特勒曾强调:"一个拥有强大军事力量的民族可能会成为经济封锁的打击对象。当国联中的52个国家决定将意大利视为罪犯,并对其进行经济制裁之时,我们就充分认识到了这一危险的紧迫性……我们永远不会忘记这一点。"④ 在西班牙内战期间,德国为佛朗哥提供了大量支持,作为回报,西班牙也为德国提供了一些物质利益,但从西班牙到德国的海运或空运供应线仍然是相当

---

① 纳粹记者费迪南德·弗里德(Ferdinand Fried,1898-1967)曾热情洋溢地设想过在一个多个大空间并存的世界经济体系中各方继续交换奢侈商品的可能性——这与前现代的洲际贸易并无不同。参见他的"Die Überwindung des Kapitalismus," *Odal: Monatsschrift für Blut und Boden* 5, no.12 (June 1937): 961-962. 以及Joshua Derman, "Prophet of a Partitioned World: Ferdinand Fried, 'Great Spaces,' and the Dialectics of Deglobalization, 1929-1950," *Modern Intellectual History*, 2020, pp.1-25.
② Albrecht O. Ritschl, "Nazi Economic Imperialism and the Exploitation of the Small: Evidence from Germany's Secret Exchange Balances, 1938-1940," *Economic History Review* 54, no.2 (2001): 324-345. 里施尔发现,与德国商界的中欧主义者所希望的情况相反,在1938—1939年,在与多瑙河流域的国家进行贸易的过程中,德国存在着较大的贸易逆差。这支持了这样一个观点,即德国之所以重视与这些中东欧国家的贸易,并非为了实现经济复苏,而是要建立政治上安全的贸易网络。
③ Hossbach memorandum, 10 November 1937; in DGFP, series D, vol. 1 (September 1937-September 1938) (Washington, DC: GPO, 1949), p.31.
④ Address in Berlin, 28 September 1937; cited in *Hitler. Reden und Proklamationen, 1932-1945*, ed. Max Domarus, 2:738 (Wiesbaden, R. Löwit, 1973).

脆弱的。① 1938年3月，德国正式吞并奥地利，使得德国的战略情况有所好转，德国与东南欧的贸易联系进一步加强，德意志帝国银行的储备也翻了一番，为十分消耗外汇储备的德国重整军备运动又多争取了一年的时间。②

与此同时，英法两国已经开始为公开的经济战争做准备了。1938年7月，英国制定了第一份打击德国的经济战研究报告。③ 这份报告的结论是，德国已经囤积了相当数量的战略储备，同时，如果希望封锁奏效，可能需要包括19个中立国在内的国家集团的配合——与塞西尔的封锁部负责应对的5个中立国相比，新的封锁波及的中立国数量大幅增加。到9月初，当法国总理爱德华·达拉第（Édouard Daladier）前往慕尼黑，准备决定捷克斯洛伐克的命运时，他已经准备好实施法国最高国防委员会制订的计划，以便在战争爆发时"立刻对敌人实施严密的封锁"。④ 但达拉第与张伯伦没有冒发动战争的风险，而是选择将捷克斯洛伐克交给希特勒。因此，纳粹德国不仅避免了一场与有125万人的捷克斯洛伐克军队的战斗（这时的纳粹德国很可能无法打败捷克斯洛伐克），还获得了价值35亿

---

① Christian Leitz, *Economic Relations between Nazi Germany and Franco's Spain, 1936-1945* (Oxford: Oxford University Press, 1996); Pierpaolo Barbieri, *Hitler's Shadow Empire: Nazi Economics and the Spanish Civil War* (Cambridge, MA: Harvard University Press, 2015).
② Felix Butschek, *Die österreichische Wirtschaft 1938 bis 1945* (Vienna: Österreichisches Institut für Wirtschaftsforschung, 1978), p.45; Tooze, *The Wages of Destruction*, pp.245–247.
③ 1937年4月，参谋长要求帝国防御委员会开始准备制订这一计划，但1937年12月时，这一计划暂时中止了，因为中日冲突升级后，负责协调国防事务的负责人指示经济战争规划人员优先制订针对日本的经济战规划。1938年3月德奥合并之后，英国战时贸易与封锁事务咨询委员会重新将德国视为经济战的重点打击对象，四个月后，第一份经济战计划准备就绪。参见TNA, CAB 47/5, Walter Elliott, "Plan for Economic Warfare against Germany. Memorandum by the Chairman," 22 July 1938, p.1.
④ SHD, 5 N 579, "Étude pour le président Daladier, des décisions à prendre au CSDN," 13 September 1938.

第三部分　战间期危机中的经济制裁

帝国马克的黄金、外汇以及储备的原材料。[1] 法国外交部商业部门的分析家警告："希特勒意识到，新获取的资源会成为其将霸权强加于整个欧洲的重要手段……为了抵御经济封锁，纳粹很可能会进一步采取冒险行动，捷克斯洛伐克不会是最后一个受害者。"[2]

通过侵略获得的自给自足也并非牢固不破的。到1939年年初，德国的战争经济状况比1914年时要好。通过经济外交，德国在封锁无法到达的东南欧国家中建立了一个贸易集团。[3] 通过生产合成燃料，德国能满足和平时期国内石油消费的1/3，而从罗马尼亚进口来的石油则刚好可以满足其余的需求。[4] 因此，从纸面上来看，在一定程度上，德国获得了抵御和平时期制裁的能力。然而，这建立在两个条件之上。第一个条件是，德国没有进行军事动员，因为动员行动会大量增加资源消耗；例如，一旦进入动员状态，石油的需求将增加60%。第二个条件是，德国已经建立起来的为其提供资源的联盟能够保持稳定。如果德国宣布进行军事动员或者采取一些负面的外交政策，那么德国会立即面临诸多问题。只有进一步动用武力，才能保证更多的原材料来源处于德国的控制之下。

最终，德国的封锁恐惧症促使纳粹走向了极端，以至于他们追求的不再是"适应封锁"，而是绝对安全。纳粹的侵略激起了其他国家的反抗，而这些反抗会危及德国的自给自足目标。在1939年1月30日著名的国会演讲中，希特勒宣称，欧洲的战争将意味着犹太人

---

[1] Katriel Ben-Arie, "Czechoslovakia at the Time of 'Munich': The Military Situation," *Journal of Contemporary History* 25, no.4 (October 1990): 431–446.
[2] MAE, Relations commerciales to secrétariat-général de la Défense nationale, "L'expansion allemande en Europe Centrale et sud-orientale" [based on Memorandum No. 1086 from the French Embassy in Berlin of 13 October 1938], 25 October 1938, p.14.
[3] Alexander Görner, *Die deutsche Kriegswirtschaft 1914 und 1939* (Munich: Deutsche Verlagsanstalt, 1939), p.17; S. Gross, *Export Empire*, pp.253–329.
[4] Toprani, *Oil and the Great Powers*, pp.190, 196–197.

的"毁灭",但他也警告称:"当外国的政治家试图用经济制裁来威胁我们时……我所能做的就是向他们保证,一旦他们发动制裁,就会出现一场为经济生存而进行的激烈斗争。"① 大约在这一时期,美国开始转向"武装不中立",选择站在英法一边,反对希特勒。② 纳粹占领捷克斯洛伐克后,罗斯福以及美国财政部部长亨利·摩根索(Henry Morgenthau)决定对德国商品征收报复性关税,为此,德国损失了8500万帝国马克的出口收入。③ 到了4月,戈林手下一位负责四年计划的官员警告称:"在英国、法国与美国的领导下,对反共产主义同盟的经济战争已经秘密进行了很长时间,只不过到现在才终于暴露出来;随着时间的推移,他们的经济战措施会越来越多。"④ 在"时间上的幽闭恐惧症"的影响之下,德国选择了对外扩张,而这又进一步带来了外部施加的经济压力,给德国造成了更严重的供应问题,进而使得德国不可避免地走向了失败与毁灭。⑤

因此,西方各国制裁主义者与绥靖主义者之间的辩论建立在一

---

① Cited in Domarus, *Hitler*, 3:1053.
② Herbert Sirois, *Zwischen Illusion und Krieg: Deutschland und die USA 1933-1941* (Paderborn: Ferdinand Schöningh, 2000), pp.162–167; David Reynolds, *From Munich to Pearl Harbor: Roosevelt's America and the Origins of the Second World War* (Chicago: Ivan R. Dee, 2001), pp.41–50.
③ "Memorandum by the director of the Economic Policy Department, 30 March 1939: Economic Tension with the United States of America Caused by the Incorporation of the Protectorate of Bohemia and Moravia" in DGFP, series D, vol. 6 (London: HMSO, 1956), pp.159–160.
④ Nuremberg Military Tribunals (NMT), vol. 7, Document EC-282, "Work Report of Dr. C. Krauch, Plenipotentiary General for Special Questions of Chemical Production of Minister President, Field Marshal Goering, Submitted to the General Council of the Four-Year Plan," 20–21 April 1939, p.953; Tooze, *The Wages of Destruction*, pp.307–308.
⑤ 克里斯托弗-克拉克(Christopher Clark)以第一次世界大战为背景,将"时间上的幽闭恐惧症"定义为"一种不剩多少时间的感觉,在他们看来,他们处在一个资源不断减少、威胁不断增加的环境之中,任何拖延都肯定会带来严重的后果"(*The Sleepwalkers: How Europe Went to War in 1914* [London: Penguin, 2012], p.247)。

个错误的前提假设之上。这两方都相信类似的物质性计算方法，即如果成本与收益得到了平衡，那么希特勒就会变得更为理性一些，重新回归当前国际体系的怀抱。① 这一观点完全低估了封锁这个幽灵给希特勒造成的困扰，也没有注意到封锁的可能性给纳粹政权带来了什么样的改变（典型代表就是四年计划）。当年5月，德国经济部部长沃尔特·芬克（Walter Funk）曾强调，四年计划与对外贸易并非相互矛盾，而是相互补充的政策，《金融时报》将此解读为"德国并不想放弃其在世界经济中的地位"，"作为经济武器的封锁已经丧失了威慑能力"。② 然而，纳粹领导人仍然生活在制裁的恐怖阴影之下。在他们的脑海中，战争与和平之间的界限，也就是制裁与封锁之间的界限，已经被打破了。③ 甚至在欧洲全面进入战争之前，德国的宣传部门与官员就将国联对意大利的禁运描述为一场由英法两国指挥的"制裁战争"。④

对自由主义国家来说，第16条仍然是一个旨在防止或限制战争的工具。但纳粹的意识形态则认为，制裁发端于上一次战争中的战

---

① 国际联盟协会的集体安全观点十分明确；在为抵制1980年苏联奥运会的行为辩护时，菲利普·诺埃尔-贝克仍然坚持认为，"如果在1937—1938年对德国实施了全面的贸易禁运，那么希特勒就会无能为力"（"Sheer Hypocrisy That Our Athletes Should Ignore," letter to the editor of *Manchester Guardian Weekly*, 16 June 1980, p.14）.
② "German Need of Raw Materials," *Financial Times*, 22 May 1939, p.7.
③ 在1939年国联对意大利实施制裁四周年之时，墨索里尼说，"在和平时期的经济与战争时期的经济之间做划分的行为简直荒谬至极……即使在和平时期，也会存在各种类型的战争，而这些战争又是为热战做准备的。因此，应该主导并且确实主导经济的是热战的事实，或者说是迫在眉睫的威胁"（cited in "Economy of War Affirmed to Italy," *New York Times*, 19 November 1939, p.32）.
④ Josef Kölble, *Arbeitskraft schafft Wirtschaftsfreiheit: Rohstofffragen und Sozialprobleme der Gegenwart* (Leipzig: v. Hase and Koehler Verlag, 1938), pp.80–84; Rudolf von Xylander, "Der Sanktionskrieg des Völkerbundes gegen Italien," *Deutsche Wirtschaft-Zeitung* 17 (1938): 545–550; Gerhard Herrmann, "Italiens Imperium im Aufbau II," *Zeitschrift für Geopolitik* 15, no.1 (1938): 283.

时封锁,而在下一场战争中,封锁会再度登场。8月11日,当瑞士外交官兼国联高级专员卡尔·布克哈特(Carl Burckhardt)在希特勒的巴伐利亚夏日居所拜访他时,希特勒告诉他:"我需要乌克兰,这样他们就没法再像上次战争中那样把我们饿死了。"① 两周后,德国外交官与苏联签署了《莫洛托夫-里宾特洛甫条约》(《苏德互不侵犯条约》)(the Molotov-Ribbentrop Pact),确保苏联会向德国交付大量的高加索石油以及乌克兰的谷物。8月22日,希特勒向德军的将军们宣布,这些来自东方的供应意味着"我们不需要再害怕封锁了"。② 但这并非局势得以缓和的迹象,而是暴风雨前的平静。在这一时期,希特勒只是在向他的下属保证,任何外部干预都无法破坏他安排的下一次征服行动,他一定能将德国打造为欧洲大陆上的主

---

① Carl Burckhardt, *Meine Danziger Mission 1937–1939* (Munich: Callwey, 1960), p.348. 完整的背景是希特勒做了如下声明(由布克哈特转述):"我所做的一切都是在针对俄国;如果西方国家太过愚蠢、太过盲目,以至于无法理解这一点,那么我只能被迫与俄国人达成协议,先打败西方国家,然后我将会动用我手中所有的力量打击苏联。我需要乌克兰,这样他们就没法再像上次战争中的那样把我们饿死了。"这句话的真实性受到了质疑,参见Paul Stauffer, Zwischen Hofmannsthal und Hitler: *Carl J. Burckhardt. Facetten einer aussengewöhnlicher Existenz* (Zurich: Verlag Neue Zürcher Zeitung, 1991), pp.187–201. 参见Golo Mann, "Kritik: Carl J. Burckhardts Danziger Mission," *Merkur* 14, no.148 (June 1960): 573–576; Percy Ernst Schramm, "Brach Danzigs wegen der Zweite Weltkrieg aus?" *Die Zeit*, 1 July 1960. 以及Andreas Hillgruber, "Quellen und Quellenkritik zur Vorgeschichte des Zweiten Weltkrieges," in *Kriegsbeginn 1939. Entfesselung oder Ausbruch des Zweiten Weltkriegs?*, ed. Gottfried Niedhart, p.373 (Darmstadt: Wissenschaftliche Buchgesellschaft, 1976). 然而,希特勒提到希望通过夺取乌克兰来防止1914—1918年的封锁重演这一点应当是真实的,从他的《第二本书》(写于1928年,但直到1961年才出版)以及1941年夏末秋初德国军队占领乌克兰时希特勒的深夜呓语来看,这一段话似乎是完全合理的。recorded in Werner Jöchmann, ed., *Monologe im Führerhauptquartier 1941–1944: Aufgezeichnet von Heinrich Heim* (Munich: Albrecht Knaus, 1980); 布克哈特在1960年写《我的但泽使命》(*Meine Danziger Mission*)之前不可能知道这两件事。

② IMT, vol. 26, Document 798-PS, "Ansprache des Führers vor den Oberbefehlshabern am 22. Aug. 1939," p.343.

导力量。① 一周之后，德国入侵了波兰。

与经济压力斗争的日本

和德国与意大利一样，日本对自给自足的兴趣源自第一次世界大战。在研究了这场大战之后，日本的军事精英们确信，在未来的某一天，德国——自明治维新以来一直是日本的国家典范——在协约国封锁之下的命运也会成为日本的遭遇。② 受总体战经验的影响，以石原莞尔为代表的青年一代军官希望能获得足够的物质保障与领土保障，以确保日本能够在未来的"持久战"（长期的消耗性战争）中生存下来。③ 1932年，伪满洲国成立，并成为日本的保护国，石原莞尔以及其他的"统制派"试图将伪满洲国打造为一个资源密集型的工业基地。④ 因此，东亚大陆有望为日本本土岛屿无法实现的"战略性自给自足"提供基础。⑤

尽管极端民族主义者的关注重点在伪满洲国，但日本仍然继续

---

① Andreas Hillgruber, *Die Zerstörung Europas: Beiträge zur Weltkriegsepoche, 1914 bis 1945* (Frankfurt: Propyläen, 1988), pp.208-212; Gerhard L. Weinberg, *Hitler's Foreign Policy, 1933-1939: The Road to World War II* (New York: Enigma Books, 2005), pp.639-645; Tooze, *The Wages of Destruction*, pp.321-325.
② Barnhart, *Japan Prepares for Total War*, pp.23, 27-34; Maiolo, *Cry Havoc*, p.27; Janis Mimura, *Planning for Empire: Reform Bureaucrats and the Japanese Wartime State* (Ithaca, NY: Cornell University Press, 2011), p.18.
③ Mark R. Peattie, *Ishiwara Kanji and Japan's Confrontation with the West* (Princeton, NJ: Princeton University Press, 1975), pp.27-83.
④ Louise Young, *Japan's Total Empire: Manchuria and the Culture of Wartime Imperialism* (Berkeley: University of California Press, 1998); Ortrud Kerde, "The Ideological Background of the Japanese War Economy: Visions of the 'Reformist Bureaucrats,'" in *Japan's War Economy*, ed. Erich Pauer, pp.23-38 (London: Routledge, 1999).
⑤ Yoshihisa Tak Matsusaka, *The Making of Japanese Manchuria, 1904-1932* (Cambridge, MA: Harvard University Asia Center, 2001), pp.214-223, 250-258.

实行着相对自由的贸易政策,同时依旧高度依赖海外市场以及海外供应。这一时期日本的经济政策主要受财政大臣高桥是清的影响,他主导下的通货再膨胀以及国家驱动的投资刺激了20世纪30年代中期日本的经济繁荣。[1] 在某种程度上,日本的经济开放已经成为其重要的增长模式了:日本的工业主要集中于钢铁、纺织与丝绸业,这些行业需要从国外进口大量的铁矿石、棉花、羊毛以及生丝。日本的私营船队是世界上规模第三大的商船队,其几乎垄断了亚洲内部的大部分贸易运输业务。此外,日本并非自然而然地成了德国或意大利的盟友。事实上,在意大利入侵埃塞俄比亚期间,很多日本人都同情受意大利帝国主义侵犯的埃塞俄比亚人。[2] 同时,人们普遍认为,意大利入侵埃塞俄比亚的战争标志着全球各大国之间的斗争日渐加速,日本可能需要在东亚建立一个以东京为中心的经济圈。[3]

　　1936年2月,当欧洲人还在等待国联有关石油制裁的决定时,极端民族主义的日本军官暗杀了高桥。在他死后,年轻的改革派官僚们掌握了权力,他们开始更加快速地重整军备。由此,一个紧张的局面浮现了出来,因为一方面,日本的经济日益国家化、军事化,另一方面,日本依旧高度依赖国际贸易。[4] 军事方面的扩张导致大量的原材料

---

[1] Mark Metzler, *Lever of Empire: The International Gold Standard and the Crisis of Liberalism in Prewar Japan* (Berkeley: University of California Press, 2005), pp.32–35, 240–256.

[2] 英国的制裁主义者知道日本的这一态度。参见TNA, CAB 47/5 ATB 120, "Economic Sanctions against Italy, July 1935, Appendix I. International Cooperation in the Exercise of Pressure on Italy," p.3.

[3] Reto Hoffmann, *The Fascist Effect: Japan and Italy, 1915-1952* (Ithaca, NY: Cornell University Press, 2015), pp.89–108.

[4] Chalmers Johnson, *MITI and the Japanese Miracle: The Growth of Industrial Policy, 1925-1975* (Stanford, CA: Stanford University Press, 1982); Nakamura Takafusa, "The Japanese War Economy as a 'Planned Economy,'" in Pauer, ed., *Japan's War Economy*, pp.9–22; Yoshiro Miwa, *Japan's Economic Planning and Mobilization in Wartime, 1930s–1940s: The Competence of the State* (Cambridge: Cambridge University Press, 2015).

流向了军事领域，进而使得原先的贸易平衡被打破，原材料价格大幅上涨；进口煤炭与铁矿石的价格上涨了许多，使得原先很多不存在资源匮乏问题的地方也都出现了资源短缺的情况。[1] 更危险的是，为了满足不断增长的原材料需求，日本不得不进一步依赖美国以及大英帝国的供应，而英美是最有可能反对日本在东亚扩张势力的国家。1936 年，美国与大英帝国为日本供应了 72% 的铁矿石、92% 的废铁、90% 的锰、97% 的铜、85% 的锌、86% 的原棉、70% 的石油以及 74% 的橡胶。[2]

一方面，从经济上看，日本与西方世界深度绑定；而另一方面，从政治上看，日本与西方世界的分歧越来越严重，这使得日本极有可能成为制裁的对象。但日本的精英阶层尚未就当前日本面临的主要威胁达成共识。石原莞尔与其他统制派将目光聚焦于苏联，因为在这一时期，苏联仍然坚决反对日本在亚洲大陆上的扩张行为。[3] 相比之下，日本的海军人士则更担心美国，因为美国在菲律宾与太平洋岛屿上的存在使得日本无法进一步向南扩张。苏联与美国都可能对日本施加经济压力，前者可以借助其在国联行政院的常任理事国身份，利用国联的平台实施经济制裁，后者则可以与其在欧洲以及中国的盟友一道制裁日本。为了应对可能到来的制裁，日本方面认真研究了墨索里尼的反制裁运动。日本的商业与工业部派遣了一个秘密代表团前往意大利，以更好的研究意大利采取的反制裁措施；日本国内的技术官僚对

---

[1] Yasukichi Yasuba, "Did Japan Ever Suffer from a Shortage of Natural Resources before World War II?" *Journal of Economic History* 56, no.3 (September 1996): 543–560.
[2] TNA, CAB 47/5 ATB 155, "Economic Sanctions against Japan," 5 November 1937, p.12, Annex I. Principal Japanese imports by weight, 1936, showing proportion supplied by British Empire and United States and possible alternative sources of supply.
[3] 1936年9月，日本人开始实施了第一个满洲五年计划，该计划借鉴了斯大林模式下的经济规划方式，旨在打造一个日本版的纳粹"经济大空间"（Großraumwirtschaft），一个"统一的经济区域"（*koiki kokumin keizai*）。Mimura, *Planning for Empire*, pp.95–97; Kerde, "The Ideological Background of the Japanese War Economy," p.29.

瓜奈里节约外汇的手段尤其感兴趣。[1]

对日本来说，学习意大利抵御制裁的防御措施不仅是在未雨绸缪，这些措施还有着更为直接的用途。正当日本经济的发展逐渐摸到天花板时，高桥是清的死，使得财政部没有办法再反对军方增加开支的要求了。[2]1936年，日本在海外进行了大规模的采购，使得日本进口激增，经济进一步过热，还迅速推高了日本国内的通货膨胀水平。为了管理国内的工业生产，日本不得不对外贸进行管控。为了抑制大额的支出，日本政府于1937年1月实行了控制外汇的许可证制度。[3]在军方的资助之下，日本也开始在帝国的边缘地带试验自给自足所需的技术。日本的工业家以及伪满洲国的官员希望能吸引德国的法本化学工业公司（IG Farben）投资伪满洲国，他们希望借助德国的燃料氢化技术，进而充分利用中国东北以及朝鲜半岛上丰富的煤炭资源。[4]到1937年夏，统制派以及改革派的官僚们正在努力实现日本自给自足

---

[1] Guarneri, *Battaglie economiche*, p.394.

[2] Metzler, *Lever of Empire*, pp.255–256.

[3] G. C. Allen, *A Short Economic History of Japan, 1867–1937* (London: Routledge, 2003), 1:135–136; C. Johnson, *MITI and the Japanese Miracle*, pp.133–134; Leon Hollerman, *Japanese Dependence on World Trade: An Approach toward Economic Liberalization* (Princeton, NJ: Princeton University Press, 1967), p.225.

[4] Akira Kudo, *German-Japanese Business Relations: Co-operation and Rivalry in the Inter-War Period* (London: Routledge, 1998), pp.110–147. 日本第一家合成燃料工厂于1931年在朝鲜北部的延安地区开工生产；第二家工厂于1937年在茂山建成。1938年，伪满洲国政府、日本帝国石油开发公司以及日产化学公司在伪满洲国东部的吉林市又新建了一座综合性燃料合成工厂。先前，法本公司在洛伊纳（Leuna）建成了一个工厂，英国帝国化学工业公司于1935年在比林汉姆（Billingham）建成了另外一家工厂，而吉林的这家工厂是世界上第三家开始进行生产的专用合成燃料工厂。Dennis L. McNamara, *The Colonial Origins of Korean Enterprise, 1910–1945* (Cambridge: Cambridge University Press, 1990), p.109; Barbara Molony, *Technology and Investment: The Prewar Japanese Chemical Industry* (Cambridge, MA: Harvard University Press, 1990), pp.226, 229, 231; Aaron Stephen Moore, *Constructing East Asia: Technology, Ideology, and Empire in Japan's Wartime Era, 1931–1945* (Stanford, CA: Stanford University Press, 2013), p.170.

的目标，并希望相关自给自足的计划能得到国会批准。

然而，在日本领导层内部，就如何处理中国问题意见分歧严重。聚焦于伪满洲国的统制派希望能通过较长的时间实现自给自足，为此，他们要求维持中日之间的和平。石原莞尔本人推动了1931年的"九一八"事变。但到1937年，他反对在中国采取进一步扩张行为，他警告称，一旦如此，日本就会陷入"无尽的沼泽之中……就像西班牙之于拿破仑那样"[1]。最终，强硬派与温和派达成了妥协：派遣三个师团到中国北部进行一次短暂的局部行动，时间不超过三个月，目的在于迫使蒋介石求和。

到8月时，尽管双方都没有正式宣战，但中日之间已经进入全面战争。[2]中国方面动员了50万人来保卫上海，上海成为双方激战的战场。在意大利入侵埃塞俄比亚期间，西方就是否要采取进一步的制裁措施犹豫不决，这使得蒋介石确信他不应该指望从国联或华盛顿方面获得任何形式的援助。而这也进一步让他下定决心，不向日本妥协。8月7日，蒋介石在国防会议上表示："现在英美在道义上、在精神上，对我们可以有相当的帮助。物质上我们不能作一定始终靠得住的打算，意大利的事件是一个明显的例子。"[3]由于已经不能指望来自国外的积极经济援助了，国民党的领导人可以根据当时中国的情况决定与日本进入全面战争，以免亡国灭种。[4]尽管如此，

---

[1] Cited in Barnhart, *Japan Prepares for Total War*, p.89.
[2] S. C. M. Paine, *The Wars for Asia, 1911–1949* (Cambridge: Cambridge University Press, 2006), pp.131–133.
[3] Cited in Rana Mitter, *Forgotten Ally: China's World War, II 1937–1945* (New York: First Mariner Books, 2014), p.94.
[4] Margharita Zanasi, *Saving the Nation: Economic Modernity in China* (Chicago: University of Chicago Press, 2006), pp.197–203.

蒋介石依旧希望能获得外国的支持。① 当月，日本海军开始对中国南部海岸实施和平封锁，日军方面称，之所以要采取这一措施，是因为向国民党运输武器的中国船只"滥用他国国旗"，因此日方要实施报复。② 在执法的幌子之下，日本成为第一个在不宣而战的战争中施加有组织经济压力的非西方国家；日本对中国的封锁一直持续到了1945年，成为20世纪最漫长的封锁之一。③

在华盛顿，罗斯福十分犹豫要不要宣布中日之间存在战争状态，因为一旦认定战争状态存在，就会触发《中立法案》中规定的武器禁运条款，当年4月，该法案的第三个版本获得通过。④ 罗斯福本人更倾向于中国一方，不希望对双方都宣布实施武器禁运，因为一旦如此，依赖从海外进口德国以及捷克武器装备的国民政府就会受到极大打击，而依赖本国生产的武器的日本人则不会受到什么影响。

---

① 在日内瓦，曾就读于哥伦比亚大学、长期致力于推进中美关系的中国外交官顾维钧，恳请国联对非成员国日本施加经济制裁，以保护中国这个国联成员国。LON C.300.M.176.1938.VII, "Communication de la delegation chinoise," 11 September 1938.
② Ken-ichi Arakawa, "Japanese Naval Blockade of China in the Second SinoJapanese War, 1937–41," in *Naval Blockades and Seapower: Strategies and Counter-Strategies, 1805-2005*, ed. Bruce A. Elleman and S. C. M. Paine, pp.105–116 (London: Routledge, 2006); 为日本帝国海军辩护的法学家将1913年列强对黑山实施的和平封锁以及1916年协约国对希腊实施的封锁作为日本行动的先例。MAE Série SDN No. 356, Bureau du Japon, "Observations sur l'affaire sino-japonaise," 20 September 1937.
③ 之所以不公开宣战，是有着充分理由的。如果只发动事实上的战争，那么日本就能够长期封锁西方各国在华的通商口岸，以免国民政府经由这些港口获得武器。LON, Com.Cons./Requête chinoise/2, "Extrait du compte rendu stenographique de la séance de l'assemblée, tenue le 15 septembre 1937, à 10h.30," 17 September 1937, p.8.
④ 第三版的中立法案中包括了"付现自运"条款，即美国的出口商在向交战国出口普通商品时，必须要求交战国直接付款。这一条款对于英法等外汇储备较多的国家来说较为有利；但在侵华战争之中，法国人认为这一条款"是对日本方面更为有利的，这会导致十分危险的局面出现"(MAE, Série SDN, No. 818, Tels. 114–118, De Laboulaye［Washington, DC］to Quai d'Orsay［Paris］, 28 January 1937). 法国人遗憾地表示："对日本实施全面的原材料禁运肯定是不可能的了。"(Tel. 444, Georges Bonnet［DC］to Paris, 28 April 1937, f. 289).

法国方面则认为，只要还有机会靠谈判解决冲突，就不要轻易"适用第 16 条这一制裁的幽灵"。①

罗斯福越来越同情中国。10 月 5 日，他在芝加哥宣布："在全球范围内，目无法纪的传染病正逐渐蔓延开来。"他隐晦地表示："当某些传染病开始大流行时，全社会的人都会赞同把患者隔离起来，不光如此，他们还会用实际行动将那些病患隔离出去，以维护整个社会的健康，防止传染病的蔓延。"② 这一"隔离演说"让全世界的观察家们都感到相当震惊。③ 国会中的反干预主义者意识到，美国已经偏离了他们竭力捍卫的中立地位。一位支持新政的进步派人士写道："日本总参谋部不是傻瓜，毫无疑问，他们已经囤积了足以维持几年的战略物资……如果罗斯福先生试图带领美国加入针对日本的国际制裁，那么他可能就会发现自己会和威尔逊一样，丧失自由派人士的支持，而受托利党人的摆布，他所推进的国内改革也会因此而名誉扫地，直到下一代人才能重新恢复这些改革措施。"④ 就连《纽约时报》也认为，"从长远来看，经验表明，抵制与制裁，或威胁实施抵

---

① MAE, Série SDN, No. 356, Directeur politique adjoint, "Conflit sinojaponais," 6 September 1937, p.2.
② Cited in FRUS, Japan 1931–1941, vol. 1 (Washington, DC: GPO, 1943), pp.379–383.
③ John McVickar Haight, "Roosevelt and the Aftermath of the Quarantine Speech," *Review of Politics* 24, no.2 (April 1962): 233–259.
④ John Franklin Carter, "We, the People: Warning Issued That Sanctions against Japan Would Hurt U.S. Commerce," *Evening Star*, 12 October 1937. 在《晚星报》上开设"我们人民"专栏之前，卡特曾主要负责为亨利·华莱士（Henry Wallace）撰写演讲稿，他认为，制裁并没有成功解决凡尔赛体系中明显的不平等问题。他继续说道，"战后这二十几年的教训在于，即使是最成功的军事与经济镇压行动（我们在1918年饿死了德国人，迫使他们不得不投降）也无力解决国际关系中因经济与社会不平等而产生的问题……然而，如果罗斯福先生是一位伟大的政治家，那么无论是在国内事务，还是国际事务上，他都应当在威胁实施民主式报复的同时，提出经济上的安抚措施，同时在政治上满足那些'穷人'（have-nots）的社会保障诉求。这意味着他必须说服英国、法国、荷兰以及葡萄牙帝国修订他们本国制定的排他性的殖民政策，给德国、意大利以及日本一个在目前的政治现状之下为其人民谋生的机会。"

制与制裁,会让很多国家在自给自足的道路上走得更远,进而进一步削减国际贸易量。"①

然而,在欧洲人看来,"隔离演说"表明美国正准备对日本施加经济压力。英国战时贸易与封锁事务咨询委员会迅速分析了日本的战争经济模式。尽管日本极度依赖国际贸易,但在意大利的前车之鉴之后,英国人不再相信那些停留在纸面上的制裁措施能发挥多大的作用了。殖民地部的公务员杰拉尔德·克劳森(Gerald Clauson)警告称,不要"试图……给出一个等式……即只要过多少个月,日本的国库就能被掏空了"——这是对财政部制裁理论的直接批评。②但霍特里仍然支持利用财政消耗这一手段进行制裁。1937年年中,日本的外汇储备有12.2亿日元(合3.51亿美元)。霍特里解释道,禁止日本出口商品能够减缓其外汇储备积累的速度,而为了支持在中国的战争,日本的战争工业会全速运转,进而导致进口数量增加,进一步消耗其外汇储备。③由于情报显示,日本已经囤积了足够消耗6到9个月的物资,因此从短期来看,对日本实施原材料禁运的效果有限。

英国的决策者在粮食封锁能发挥多大作用这一问题上发生了分歧,他们不清楚以大米为主要食品的日本是不是更能经受得住粮食封锁。④1933年起,日本不再从海外借款,使得金融制裁没法发挥很大的作用;而如果要对日本规模庞大的商船队实施制裁,就会对

---

① "If We Boycott Japan," *New York Times*, 12 October 1937.
② TNA, CAB 47/1, ATB minutes of twenty-fifth meeting, 4 November 1937, p.1.
③ 然而,这其中有一个悖论:任何对日本出口活动的干预都意味着原先民用工业所用的原材料会减少,进而可以被转移至战争领域;那么,在短期内,对日本实施出口禁运反而不会遏制其战争经济。CAB 47/5 ATB 155, Economic Sanctions against Japan, 5 November 1937, p.3.
④ TNA, CAB 47/1, ATB minutes of twenty-fifth meeting, pp.5–7.

英国海外的自治领造成十分消极的影响。[1] 煤仓控制以及商业上的施压都很难产生立竿见影的效果，同时，如果没有美国的参与，没有荷兰、法国、比利时、埃及、苏联以及阿根廷的参与，那么对日本的制裁也不会起作用。即使能够成功组建这样一个联盟，试图动用制裁来提高日本的失业率，那么这一制裁是否真正能发挥作用，最终还是要归结为一个"心理学上的问题"。[2] 英国战时贸易与封锁事务咨询委员会的规划人员怀疑日本是否会以他们认为的从经济角度上看合理的方式做出反应，因为他们"面对的是一个东方国家，其国民的习惯、性格与英国大相径庭"，因此"不可能预测出制裁会对日本人造成哪些物质上与心理上的影响"。

越来越多的人开始支持打击日本的侵略行动，特别是到了1937年12月，日军飞机在长江上击沉了美国帕奈号（USS Panay）炮艇，造成船上5名乘客死亡，48名乘客受伤。西方的公众舆论开始强烈谴责日本。罗斯福政府要求对肇事者施加惩罚，尽管此时，总统仍不准备派美国海军进入华东地区，但他开始重新审视经济制裁这一选项。[3] 私下里，罗斯福与他的顾问们讨论了如何将民主国家团结起来，对法西斯国家发动一场不宣而战的经济战争。如果意大利与日本能不宣而战，那么为什么美国不能？罗斯福告诉摩根索，他也想"不宣而战"。这意味着美国不会"称其所采取的措施为经济制裁，而是称其为隔离"。他坚持认为，"我们要和日本、意大利一样

---

[1] Metzler, *Lever of Empire*, p.253; G. Bruce Strang, "Imperial Hubs and Their Limitations: British Assessments of Imposing Sanctions on Japan, 1937," in *British World Policy and the Projection of Global Power, 1830-1960*, ed. T. G. Otte, pp.276-304 (Cambridge: Cambridge University Press, 2019).
[2] TNA, CAB 47/5 ATB 155, Economic Sanctions against Japan, p.6.
[3] Richard A. Harrison, "A Neutralization Plan for the Pacific: Roosevelt and Anglo-American Cooperation, 1934-1937," *Pacific Historical Review* 57, no.1 (February 1988): 47-72.

聪明。我们希望以一种现代的方式来做这件事"。① 财政部法律顾问赫尔曼·奥利芬特（Herman Oliphant）将这种新形式的动用武力的手段描述为"缔造和平"。②

当摩根索与英国人约翰·西蒙谈及对日本采取的经济行动时，英国财政部官员研究了如何利用外汇管制降低日本的出口收入，这一措施与国联禁止从意大利进口商品一样。③ 而这一措施很难付诸实践的原因在于，美国与大英帝国对日本都有着大量的贸易顺差。因此，财政部与战时贸易与封锁事务咨询委员会得出了相同的结论：在一到两年之内，制裁不会产生什么严重的影响。如果制裁的目标是速战速决，而不仅是"在经济上给日本人制造一些烦恼"，那么这一措施就没什么用。④

尽管在日本人支付了赔偿金，也进行了道歉后，帕奈号事件得以解决，但侵华战争的烈度仍然有增无减。如何在不开战的前提下遏制日本一直是一个问题。1938年整个春天，中国前总理顾维钧都

---

① Cited in John Morton Blum, *From the Morgenthau Diaries*, vol. 1: *Years of Crisis, 1928-1938* (Boston: Houghton Mifflin, 1959), p.489; Reynolds, *From Munich to Pearl Harbor*, p.38.
② Cited in Blum, *From the Morgenthau Diaries*, 1:262; 以及 Harold L. Ickes, *The Secret Diary of Harold L. Ickes*, vol. 2: *The Inside Struggle, 1936-1939* (New York: Simon and Schuster, 1955), pp.274-276.
③ TNA, T 160/693/11, Treasury Secretary John Simon to Neville Chamberlain, 18 December 1937, ff. 26–27.
④ 西蒙对张伯伦说道，战时贸易与封锁事务咨询委员会已经说明了"为什么不能采取这种'在经济上给日本人制造一些烦恼'的理由，不光如此，我们还有意大利的前车之鉴！"（ibid., p.27）。西蒙与摩根索之间的交流也让英国人惊讶地发现，罗斯福政府已经于1933年将《对敌贸易法》的美国版本用于服务国内目的了。英国人无法理解一个旨在打击敌国人士财产的经济战法律为什么能被应用于外汇管制领域，他们对这一建议感到相当震惊（ibid., Note from Hopkins to S. D. Waley, Phillips, and Warren Fisher, 20 December 1937, ff. 41–42）。财政部常务秘书R.V.N.霍普金斯（R. V. N. Hopkins）警告称，"旨在遏制战争的经济制裁具有强烈的挑衅意味，我认为，除非我们派遣一支舰队到东亚，否则我们决不应该对日本人动用制裁。"(handwritten comment on memorandum by Sir Frederick Leith-Ross, 20 December 1937, f. 38).

第三部分　战间期危机中的经济制裁

一直在恳求西方国家，无论是动用第 16 条第 3 款，还是采取直接援助的形式，来对中国进行财政援助。李维诺夫表示，苏联赞同英法苏联合起来对中国进行援助的方案。但这一时期，欧洲各国都在重新武装起来，英法两国政府声称，他们没有如此庞大的工业实力来为中国军队生产足够的武器。[1] 因此，重点仍然是消极制裁，而非积极的经济援助。塞西尔从伦敦发出的信件中对日本能够继续在美国购买飞机这一事件表示很关切；难道罗斯福不了解"这一罪行的严重性"吗？[2]

考虑到西方世界没有给中国提供实质性的援助，我们可以说中国方面的抵抗取得了相当了不起的成就。从战略上来看，中国的抵抗使得日本没能建立起一个包括日本、伪满洲国、朝鲜、中国华北以及台湾地区在内的、以日元集团为基础的东亚经济自给自足区域。[3] 蒋介石放弃了上海，撤退至中国内地，然而日本也没能有效控制这些占领区，中国军民在这些地区长期进行游击战，使得日本军队陷入了泥潭之中。近卫文麿最初仅仅授权 3 个师团发动一场为期 3 个月的惩罚性远征，预算为 1 亿日元，但等到 1938 年春，这场战争已经牵扯了日军 20 个师团，同时占用了 25 亿日元的紧急预算，占政府日常开支的 90%。为了优先保障这支部队的供给，日本严格限制了民用工业占用的资本以及进口商品，这使得日本几乎没有办法通过出口来获得外汇了。[4]

---

[1] MAE, Série SDN, No. 367, January-August 1938, Service française de la SDN, No. 7, "Note. Appel du gouvernement chinois," 22 April 1938, pp.1-2.
[2] LOC, Norman Davis Papers, Box 8, Letter from Lord Cecil to Norman Davis, 30 June 1938; letter from Davis to Cecil, 13 July 1938.
[3] Warren S. Hunsberger, "The Yen Bloc in Japan's Expansion Program," *Far Eastern Survey* 7, no.22 (9 November 1938): 251-258.
[4] Barnhart, *Japan Prepares for Total War*, pp.91-96.

时间并不站在日本这一边。在日本军方试图与蒋介石的部队进行决战之时，日本的经济因其庞大的军事支出而步履维艰，日本越来越依赖（而非越来越不依赖）从大英帝国以及美国进口的产品。军方领导层中有一派人士敦促通过谈判解决问题，但在1938年1月，近卫文麿打算彻底击垮中国，他宣布绝不会与国民政府打交道。[①]与此同时，从莫斯科拿到了2.5亿美元援助金的蒋介石也不打算妥协。[②]

在华盛顿，经过1937年12月的激烈讨论，摩根索脱颖而出，他极力支持利用经济力量打击侵略行为。1938年，他开始利用黄金购买政策对受侵略国进行财政援助，财政部从国民党政府手中购买白银，从西班牙共和派手中购买黄金。从官方角度来看，这一行为的目的在于稳定美元汇率，但实际上，这一政策是为了资助中国与西班牙购买武器。摩根索还批准了复兴金融公司向中国提供2500万美元贷款的方案。[③]在1938年9月苏台德危机期间，摩根索说服了罗斯福，一旦欧洲发生战争，就应当向法国提供财政支持，同时切断对德国的供应链，以对其施加压力。[④]

由于日本没能通过一场决战消灭中国军队的主力，日本随即开始发动了一场更加残酷的战争。为了能在西方世界决定与日本摊牌之前彻底击垮中国，日本内阁于1939年1月通过了本国的四年计划。这一动员计划涵盖了从日本、朝鲜、中国台湾地区、伪满洲国到华北的日元集团的所有原材料。前一年对民用工业的打压情况有所好

[①] Mitter, *Forgotten Ally*, p.146.

[②] Paine, *The Wars for Asia*, pp.144-145; Stephen Kotkin, *Stalin*, vol. 2: *Waiting for Hitler, 1929-1941* (London: Allen Lane, 2017), p.1003n152.

[③] Benjamin H. Williams, "The Coming of Economic Sanctions into American Practice," *American Journal of International Law* 37, no.3 (July 1943): 393, 394n15; Arthur N. Young, *China and the Helping Hand, 1937-1945* (Cambridge, MA: Harvard University Press, 1963).

[④] Blum, *From the Morgenthau Diaries*, pp.483-484, 506-508, 519, 526-527.

转;通过"进出口连锁制",出口商赚取的外汇比进口原材料所花费的外汇更多。① 由此,日本没有像瓜奈里在意大利那样走上通货紧缩的道路。

1939 年夏天,英国与日本在天津的英国租界内爆发了一场冲突,两国逐渐走到了战争边缘。首相张伯伦命令皇家海军准备对日本(而非德国)采取行动。② 然而,英国的决策者仍然不确定能否通过施加和平的经济压力迫使日本回心转意。问题不在于他们没有能力实施这一措施,而在于他们如何估计这一措施能收获的效果。像澳大利亚、新西兰以及加拿大这样的帝国自治领会抗议经济制裁,因为这样会使得对他们而言至关重要的贸易被迫中断。事实证明,英国所掌控的帝国既可以成为实施制裁的保障,也可以成为实施制裁的阻碍。尽管见效慢,但战时贸易与封锁事务咨询委员会认为,针对日本出口的制裁是施加压力的最佳方式,因为这样一来,"人们就没法指责(我们)滥用手中对原材料的掌控了"。③

9 月,欧战爆发,国际经济形势突变,因为在战争中,英国要首先考虑让大英帝国的原材料优先供应英伦三岛。英国的动员工作产生了意想不到的后果。印度以及澳大利亚对日本的出口大幅下降,加拿大也削减了对日本的镍出口量。④ 由于来自大英帝国自治领的供应大幅下降,日本的新经济战略陷入了混乱之中。要想维持生产,日本就必须更加依赖美国供应的镍、铜以及机械设备。但美国的供

---

① C. Johnson, *MITI and the Japanese Miracle*, pp.139–141; Barnhart, *Japan Prepares for Total War*, pp.137–146.
② Donald Cameron Watt, *How War Came: The Immediate Origins of the Second World War, 1938–1939* (New York: Pantheon, 1989), p.356.
③ TNA, CAB 47/5, ATB 201, "Economic Measures to Restrain Japan from Further Action Inimical to British Interests in the Far East," 20 July 1939, p.5.
④ John D. Meehan, *The Dominion and the Rising Sun: Canada Encounters Japan, 1929–1941* (Vancouver: University of British Columbia Press, 2004), pp.181–184.

应也越来越不可靠。1938年7月,罗斯福首次以个人身份对美国制造商发出呼吁——即所谓的道德禁运,建议他们停止向日本交付飞机。1939年12月中旬,由于美国公司不再向日本供应铝、镁以及钼,并终止向日本转让制造高辛烷值航空燃料的相关技术,日本的进口压力进一步增大。[①] 霍恩贝克鼓动美国废除1911年签署的美日商贸条约,最终,该条约于次年1月失效。

所有这些措施对日本造成了哪些影响?日本的陆军与海军多年来一直在囤积库存,因此,在短期内,日本没有受到极大冲击。伪满洲国的官员幻想着即将实现的"东方自给自足",这一时期,在日元集团内,煤炭、铁矿石、硫黄、铝、盐以及木材都实现了自给自足。[②] 但从更广阔的视角来看,日本已经陷入了一个十分危险的境地中。伴随着对外的侵略扩张,日本国内的民主机制也遭到了破坏,而日本的经济则被无限制、无休止的侵华战争所拖累。这场冲突使得中国东部的经济与社会遭到了巨大破坏,以至于东亚地区长期自给自足的目标被进一步破坏了。[③] 同时,到1940年时,在石油、铜、镍以及橡胶等工业原材料方面,日本比1935年时更为依赖美国与荷属东印度群岛的供应。征服并不是一个可持续性的实现自给自足的手段。但一旦施加经济压力,则可能导致战争进一步升级。

最为敏锐地注意到这种不稳定局势的人是伊丽莎白·布迪·熊彼特(Elizabeth Boody Schumpeter),这位经济史学家在之前很长的

[①] Edward S. Miller, *Bankrupting the Enemy: The U.S. Financial Siege of Japan before Pearl Harbor* (Annapolis, MD: Naval Institute Press, 2007), pp.73-75.
[②] Mimura, *Planning for Empire*, p.187.
[③] 佩恩(Paine)指出:"日本之所以要入侵中国,是为了实现自给自足,追求国家安全。然而,日本采取的军事战略却摧毁了中国的经济,使得其经济目标无法实现。"(*The Wars for Asia*, p.167).

一段时间里一直在研究日本在亚洲的帝国。① 在她看来，"经济压力、制裁的威胁、自给自足政策以及领土侵略之间的关系［是］非常复杂的，因为这几个因素相互促进，共同导致了最终的结果。"到了这种地步，再多施加额外的压力也不会让他们改变方向了。熊彼特写道："我们不能像许多人那样简单假设，禁运或其他形式的经济压力会压垮日本军队，从而让他们打包行李，离开中国，这一制裁也不会让日本人突然不再支持其军队。除非到了最后一刻，否则从人性角度出发，他们绝不会做如此反应。"② 在国务院，斯坦利·霍恩贝克批判了熊彼特的主张，他认为熊彼特做出的是一个"政治结论"。③ 熊彼特的经济分析确实建立在对维护国际和平这一问题的政治理解之上。在原则上，熊彼特并不反对制裁。但她确实批评了美国的制裁主义者，因为他们没有考虑到另外一种彻底消灭制裁所要制止的冲突根源的全球秩序的可能性：

> 如果想让制裁成为保障集体安全的有效手段，那么就必须打造一个随时准备用武力实施经济制裁的国际组织。这个国际组织绝不只是通过动用集体力量对抗个别国家的力量来维持现状。它还必须认识到，社会、经济安全与领土完整同样重要。如果其成员承诺不进行领土扩张，那么他们就必须被允许在工业与商业领域进行扩张。只有这样，

---

① E. B. Schumpeter, ed., *The Industrialization of Japan and Manchukuo, 1930-1940: Population, Raw Materials and Industry* (New York: Macmillan, 1940).
② E. B. Schumpeter, "The Yen Bloc: Program and Results," *Annals of the American Academy of Political and Social Science* 215, America and Japan (May 1941): 30.
③ HIA, SHP, Box 369, Folder Sanctions #2, Letter ［with written comment by Hornbeck］ from Elizabeth Boody Schumpeter to the editors of *Pacific Affairs*, "The Problem of Sanctions in the Far East," 14 January 1940, p.15.

我们才能建立起真正的集体安全。①

熊彼特的分析触碰到了20世纪40年代的核心议题。在接下来的十年当中，社会与经济安全确实成了新一代国际主义的基石。但只有经历了一场毁灭性的世界大战后，这一积极的方案才得以诞生。此外，熊彼特曾严厉警告，称美国的经济制裁会进一步推动日本的侵略行为，很快，这一预言就成真了。

---

① 早在珍珠港事件前两年，熊彼特就预见到了美国实施经济制裁的结局。"如果摆在日本面前的只有两个选项，一是彻底屈服（这会使得日本沦为一个三流国家），一是在南洋发动一场终极决战，那么我认为日本军国主义很可能会选择发动进攻。"(ibid., p.16).

第十章
积极经济武器(1939—1945年)

1941年7月,捷克经济学家安东宁·巴什(Antonín Basch)在哥伦比亚大学发表了一系列演讲。巴什本人曾供职于捷克斯洛伐克商务部以及中央银行,在移居美国之前,他还参加了20世纪20年代与20世纪30年代的世界经济会议。由于捷克斯洛伐克沦为纳粹的保护国,他被迫出逃,但巴什并不认为轴心国发动的侵略意味着国联注定会失败。在纽约,巴什强调:"如果说战争教会了我们什么,那么就是当今整个世界经济的相互依赖、集体安全制度以及不可动摇的和平依然有效。"与其说战争使得理想主义破产,不如说战争让人们明白,人类需要建立一个更强有力的全球政府。他认为,"在未来,有必要建立一个世界组织,以阻止任何可能为军事侵略铺平道路的经济侵略活动"。[1]

巴什提到了20世纪中叶的一个重要事实:体现为集体安全的国际主义运动并没有因20世纪30年代的失败而声名狼藉,恰恰相反,在经历了重整之后,集体安全以更为强有力的形式回归了。集体安全并没有消亡,而是转向了战争。无论是从名义上来看,还是从实质上来看,联合国都起源于战时同盟。它是战间期的国联从未真正建立的全方位军事同盟。作为战间期国联手中主要的武器,经济制

---

[1] Antonín Basch, *The New Economic Warfare* (New York: Columbia University Press, 1941), p. xii.

裁同样会在 1945 年诞生的联合国中扮演重要角色。

如果说，制裁确实要比人们通常所设想的更具杀伤力，那么我们就必须要问：为什么在 20 世纪 30 年代，以制裁为武器的国联没能将世界各国团结起来，阻止战争爆发？正如我们所看到的那样，很大一部分原因在于要组建这样一个联盟，会面临各种各样复杂的挑战。民主国家和独裁国家之间的意识形态竞争与其地缘政治目标经常会发生冲突。20 世纪 30 年代的危机通常被描绘成自由国际主义与非自由民族主义之间摩尼教式的对抗。[1] 尽管这一论述在政治上有号召力，但这并非理解集体安全所面临的挑战的正确方式。1918—1919 年巴黎和会上创设的经济武器，首先是为了防止侵略战争的爆发。经济武器并不关心一个民族国家或帝国内部的政治问题。在战间期，政变、内战、革命、种族清洗、民主政权遭到颠覆等问题一直存在，但经济制裁并不旨在解决这些问题。[2]

然而，制裁主义者对国家间政治稳定的关注，与战间期的意识形态和制度建设混为一谈了。这就使得协调各方成了一个棘手的问题，在这一时期，至少存在四个不同的集团。一是主要的奉行自由帝国主义、国际主义的大国——法国、英国及其盟国；二是在集体安全领域内一半被接受、一半遭遇不信任的苏联；三是基本保持中立但在经济上十分重要的美国；四是纳粹德国、意大利与日本这三个奉行修正主义的大国，这三个国家都希望破坏当前的国际秩序，

---

[1] 有关罗斯福式的国际主义旨在在全球范围内推动民主进步的观点，参见G. John Ikenberry, *A World Safe for Democracy: Liberal Internationalism and the Crises of Global Order* (New Haven: Yale University Press, 2020), pp.141–176.
[2] Mark Mazower, *Dark Continent: Europe's Twentieth Century* (London: Allen Lane, 1998); Andrea Orzoff, "Interwar Democracy and the League of Nations," in *The Oxford Handbook of European History, 1914–1945*, ed. Nicholas Doumanis, pp.261–281 (Oxford: Oxford University Press, 2016).

第三部分　战间期危机中的经济制裁

但作为一个集团，他们内部仍然存在嫌隙，因此有可能出现互相牵制的局面。到1941年年底，战争的进程已经解决了先前存在的协调问题，使得前三个集团在军事与经济上展开了直接合作，共同对付第四个集团。

一旦新的国际主义阵线建立起来，这个联盟就能够建立起相应的组织以发动经济制裁了，而且，第二次世界大战中经济制裁的范围要远远超过1914—1918年的先例。[1] 从一开始，英法两国就设立了专门负责经济战的部门。第二次世界大战的经济战涉及了大量复杂的制裁措施，其中包括行政上的封锁与海上封锁、黑名单封锁、遍布各大洲的资源控制、潜艇的拦截，以及一种新形式的、具有独特破坏性的远程武力投射形式：战略轰炸。[2] 美国与苏联都于1941年加入了这一联盟，为打击轴心国的侵略活动增加了力量。到1941年年底，战争已分胜负。战间期安全体系的力量之所以强大了起来，不是因为其将军事力量纳入了一个原本缺乏军事力量的体系之中，而是因为两个欧洲之外的"侧翼大国"，即美国与苏联，被完全纳入了集体安全体系

---

[1] Thomas Bottelier, "'Not on a Purely Nationalistic Basis': The Internationalism of Allied Coalition Warfare in the Second World War," *European Review of History* 27, nos. 1–2 (2020): 152–175.

[2] W. N. Medlicott, *The Economic Blockade*, 2 vols. (London: HMSO, 1952); Alan S. Milward: *The German Economy at War* (London: Athlone Press, 1965), pp.13, 48, 115, and *War, Economy and Society, 1939-1945* (Berkeley: University of California Press, 1977), pp.294–328; Lance E. Davis and Stanley L. Engerman, *Naval Blockades in Peace and War: An Economic History Since 1750* (New York: Cambridge University Press, 2006), pp.239–320; Geoffrey Till, "Naval Blockade and Economic Warfare in the European War, 1939–45," in *Naval Blockades and Seapower: Strategies and CounterStrategies, 1805–2005*, ed. Bruce A. Elleman and S.C. M. Paine (London: Routledge, 2006), pp.117–130; Michael Geyer and Adam Tooze, eds., *The Cambridge History of the Second World War*, vol. 3: *Total War: Economy, Society and Culture* (Cambridge: Cambridge University Press, 2015), pp.27–195.

中。① 因此，作为总体战时代的产物，在《联合国宪章》中，经济制裁依旧存在。但是否要动用制裁将取决于安全理事会中的一小部分大国：美国、英国、法国、苏联与中国。②

在制裁的历史上，经济压力再次广为应用这一事实并非 20 世纪 40 年代出现的最重要的变化。毕竟，《国联盟约》第 16 条保留了第一次世界大战中的封锁经验。实际上，真正新颖的地方在于第 16 条中的积极援助措施在这一时期得到了充分发展。1938 年，美国首次向处于困境的国家提供了财政援助，在此之后，罗斯福与摩根索于 1940—1941 年设计出《租借法案》，为积极经济武器开辟出一片新天地，这是一个规模庞大的全球性后勤计划，任何愿意加入联合国阵营对抗轴心国侵略战争的国家都可以申请获得援助。③ 由于在战

---

① Ludwig Dehio, *Gleichgewicht oder Hegemonie: Betrachtung über ein Grundproblem der neueren Staatengeschichte* (Krefeld: Scherpe Verlag, 1948); Georges-Henri Soutou, "Was There a European Order in the Twentieth Century? From the Concert of Europe to the End of the Cold War," *Contemporary European History* 9, no.3 (November 2000): 329–353.

② F. P. King, *The New Internationalism: Allied Policy and the European Peace, 1939-1945* (Newton Abbot: David and Charles, 1973); Robert C. Hilderbrand, *Dumbarton Oaks: The Origins of the United Nations and the Search for Postwar Security* (Chapel Hill: University of North Carolina Press, 1990).

③ Warren Kimball, *The Most Unsordid Act: Lend-Lease, 1939-1941* (Baltimore: Johns Hopkins University Press, 1969); Robert Huhn Jones, *The Roads to Russia: United States Lend-Lease to the Soviet Union* (Norman: University of Oklahoma Press, 1969); George C. Herring, *Aid to Russia, 1941-1946: Strategy, Diplomacy, the Origins of the Cold War* (New York: Columbia University Press, 1973); Leon Martel, *Lend-Lease, Loans, and the Coming of the Cold War: A Study of the Implementation of Foreign Policy* (Boulder, CO: Westview Press, 1979); Roger Munting, "Lend-Lease and the Soviet War Effort," *Journal of Contemporary History* 19 (1984): 495–510; Henri Dunajewski, "Le lend-lease américain pour l'Union soviétique," *Revue d'études comparatives Est-Ouest* 15, no.3 (1984): 21–89; Alan P. Dobson, *US Wartime Aid to Britain* (London: Croom Helm, 1986); Hubert P. Van Tuyll, *Feeding the Bear: American Aid to the Soviet Union, 1941-1945* (New York: Greenport Books, 1989); Albert L. Weeks, *Russia's Life-Saver: Lend-Lease Aid to the U.S.S.R. in World War II* (Plymouth: Lexington Books, 2004); 有关《租借法案》对苏联经济的宏观影响，参见 Mark Harrison, *Soviet Planning for Peace and War, 1938-1945* (Cambridge: Cambridge University Press, 1985), pp.153–154.

间期，世界经济相当不稳定，甚至有所紧缩，所以在那时，积极的经济武器还没能诞生，但等到20世纪40年代初，美国战争经济获得了巨大增长，积极经济武器终于拥有了物质基础。[1]战争时期的物资生产使得全世界都充斥着货币与商品，进而打破了大萧条导致的经济困境以及由其所带来的"制裁-自给自足"的螺旋上升。[2]此外，事实证明，有组织的物质援助要比相互协调实施经济封锁更有助于建立联盟。随着20世纪30年代的制裁与相互竞争被20世纪40年代的物质援助与蓬勃发展的生产力所取代，战后的国际主义获得了坚实的基础。[3]

冬季战争与第16条

在20世纪30年代的生死存亡之际，被迫卷入战争的国家往往将国联的经济武器视为救命稻草。塞拉西、顾维钧以及西班牙共和政府都曾试图请求国联动用第16条制裁侵略者以及背后有外国势力支持的内部敌人。1937年12月，意大利退出了国联，如此一来，能

---

[1] Paul A. C. Koistinen, *Arsenal of World War II: The Political Economy of American Warfare, 1940–1945* (Lawrence: University Press of Kansas, 2004); James T. Sparrow, *Warfare State: World War II Americans and the Age of Big Government* (New York: Oxford University Press, 2011); Mark R. Wilson, *Destructive Creation: American Business and the Winning of World War II* (Philadelphia: University of Pennsylvania Press, 2016).
[2] 20世纪40年代的全球性通货再膨胀尚未得到充分重视，参见A. J. Brown, *The Great Inflation, 1939-1951* (New York: Oxford University Press, 1955).
[3] Charles Maier, "The Politics of Productivity: Foundations of American International Economic Policy after World War II," in Charles Maier, *In Search of Stability: Explorations in Historical Political Economy* (Cambridge: Cambridge University Press, 1987), pp.121–152; Eric Helleiner, *Forgotten Foundations of Bretton Woods: International Development and the Making of the Postwar Order* (Ithaca, NY: Cornell University Press, 2014); David Engerman, *The Price of Aid: The Economic Cold War in India* (Cambridge, MA: Harvard University Press, 2018).

决定动用经济制裁的行政院常任理事国只剩下了苏联、英国与法国三个国家。尽管李维诺夫一再保证苏联将维护集体安全、互不侵犯，但张伯伦的保守党内阁与达拉第并不信任苏联，因此1938年9月的慕尼黑会议并没有邀请苏联参加，而恰恰在此次会议上，英法将捷克斯洛伐克出卖给了希特勒。[1] 在10月份的国联大会上，西班牙、中国、苏联与墨西哥是仅有的投票支持第16条规定的经济制裁这一强制措施的国家。[2] 如果不能对侵略者采取惩罚性措施，那么就只能对受侵略国予以援助了。但是，由于1930年的《财政援助公约》尚未生效，这一时期没有任何有效的国际机制能完成这一任务。因此，苏联对西班牙共和政府以及中国国民政府的援助是一种纯粹的双边政策。但斯大林一直希望先前英法俄的联盟能得以恢复。[3]

随着德国实力的逐步增强，英法两国希望能避免布列斯特-立托夫斯克时刻再次出现。1939年3月，英国向波兰与罗马尼亚提供了安全保证，以巩固反纳粹封锁圈的东部堡垒。[4] 张伯伦与达拉

---

[1] Igor Lukes, *Czechoslovakia between Stalin and Hitler: The Diplomacy of Edvard Beneš in the 1930s* (New York: Oxford University Press, 1996), pp.190–224; Igor Lukes and Erik Goldstein, eds., *The Munich Crisis, 1938: Prelude to World War II* (London: Frank Cass, 1999); Louise Grace Shaw, *The British Political Elite and the Soviet Union, 1937–1939* (London: Frank Cass, 2003), pp.5–30; Hugh Ragsdale, *The Soviets, the Munich Crisis, and the Coming of World War II* (Cambridge: Cambridge University Press, 2004), pp.28–52.

[2] LON, "La 19ème Assemblée et l'application facultative des sanctions économiques," 11 October 1938.

[3] Gabriel Gorodetsky, *The Grand Delusion: Stalin and the German Invasion of Russia* (New Haven: Yale University Press, 2001), p.4.

[4] David E. Kaiser, *Economic Diplomacy and the Origins of the Second World War: Germany, Britain, France, and Eastern Europe, 1930–1939* (Princeton, NJ: Princeton University Press, 1980), pp.284–315; G. Bruce Strang, "Once More unto the Breach: Britain's Guarantee to Poland, March 1939," *Journal of Contemporary History* 31, no.4 (October 1996): 721–752; 以及G. Bruce Strang, "John Bull in Search of a Suitable Russia: British Foreign Policy and the Failure of Anglo-French-Soviet Alliance Negotiations, 1939," *Canadian Journal of History* 41 (Spring-Summer 2006): 47–84.

第倾向于与波兰结盟，这也说明了为什么建立英法苏联盟的努力会走向失败。[1] 1939年夏，这一联盟建立的可能性进一步降低，因为斯大林将苏联的利益放到了首位，与德国签署了《莫洛托夫–里宾特洛甫条约》，这是一个以牺牲小国主权为代价来遏制纳粹军国主义的次优解决方案。[2] 对纳粹领导人来说，在签署了这一条约之后，欧亚大陆西部的资源——动物饲料、磷酸盐、粮食、铬矿、锰、镍与石油——都可以为其所用，使得德国更有可能抵御封锁了。[3] 德国海军称苏联的帮助"如此慷慨，以至于经济封锁几乎不可能成功"。[4]

但在签署了这一条约之后，斯大林仍认为苏联的国家安全面临着威胁，他十分希望能将苏联的防卫圈进一步西移。在目睹了《财政援助公约》终成泡影之后，芬兰只能打赌苏联对自己的态度

---

[1] Robert Boyce and Joseph A. Maiolo, "Ch10duction," in *The Origins of World War Two*, ed. Robert Boyce and Joseph A. Maiolo, p.6 (Basingstoke: Palgrave Macmillan, 2003). 彼得·杰克逊（Peter Jackson）指出，"意识形态冲突使得法国很难将新的外交政策付诸实践"（"France," in Boyce and Maiolo, *The Origins of World War Two*, p.99）。安妮塔·普拉茨莫乌斯卡（Anita J. Prazmowska）认为，"波兰不愿意考虑支持苏联的集体安全政策会带来哪些好处，在苏联的集体安全努力失败后，波兰也完全没有意识到这会带来什么后果，那就是苏联与德国达成了和解，并一同采取了针对波兰的行动。"（"Poland," in Boyce and Maiolo, *The Origins of World War Two*, p.157）. 以及Michael Jabara Carley: "End of the 'Low, Dishonest Decade': Failure of the Anglo-French-Soviet Alliance in 1939," *Europe-Asia Studies* 45, no.2 (1993): 303–341, and *1939: The Alliance That Never Was and the Coming of World War II* (Chicago: Ivan R. Dee, 1999); 有关张伯伦扮演的角色，参见Shaw, *The British Political Elite*, pp.114–127.
[2] Geoffrey Roberts: *The Soviet Union and the Origins of the Second World War: Russo-German Relations and the Road to War, 1933-1941* (New York: Macmillan, 1995), pp.62–91, and *Stalin's Wars: From World War to Cold War, 1939–1953* (New Haven: Yale University Press, 2006), pp.30–43; Gorodetsky, *The Grand Delusion*, pp.7–9.
[3] Adam Tooze, *The Wages of Destruction: The Breaking and Making of the Nazi Economy* (London: Viking, 2006), pp.319–321.
[4] Angelo Tasca, *Deux ans d'alliance germano-soviétique, août 1939-juin 1941* (Paris: Fayard, 1949), p.123.

了。① 1939年10月，斯大林邀请芬兰的外交官到莫斯科，他提议两国进行土地交换。芬兰方面将获得苏联的白卡累利阿一带的大片领土，而苏联方面则希望能将靠近列宁格勒的边界向西北方向移动一些，以拥有更多的海岸线。由于没能准确判断斯大林对波罗的海战略通道的渴望程度，芬兰人拒绝了这一提议。为了能让芬兰屈服，斯大林于11月30日发动了入侵。②

冬季战争能够很好地说明西方国家是否做好准备联合起来对抗纳粹与苏联的同盟。在苏联入侵三天后，赫伯特·胡佛在加利福尼亚州帕洛阿托（Palo Alto）的家中收到了芬兰总理里斯托·吕蒂以个人身份请求的粮食援助。胡佛十分欣喜自己又能参与一场人道主义援助运动，很快，他便开始在全国范围内巡回演讲，呼吁美国民众支持芬兰人。他宣称："芬兰是一个小国，他们身处极北的荒凉森林之中，其国土面积没有蒙大拿州大，总人口只有400万。一千两百年以来，芬兰人一直生活在他们心爱的极北之地……现在，他们遭受到了野蛮的攻击……他们正英勇地抵抗着野蛮人的进攻。"③ 在六个

---

① 尽管在官方层面，芬兰是中立的，但自20世纪30年代以来，芬兰就与爱沙尼亚秘密结为了军事同盟，两国还曾计划并演练了联合封锁芬兰湾的行动。参见Jari Leskinen, *Vaiettu Suomen Silta: Suomen ja Viron salainen sotilaallinen yhteistoiminta Neuvosoliiton varalta vuosina 1930-1939*［The silenced bridge of Finland: Secret military cooperation between Finland and Estonia against the Soviet Union, 1930-1939］(Helsinki: Suomen Historiallinen Seura, 1997), with an English summary of his argument on pp.450-459.
② 有关苏芬战争的总体情况，参见Stephen Kotkin, *Stalin*, vol. 2: *Waiting for Hitler, 1929-1941* (London: Allen Lane, 2017), pp.706-729；以及Zara Steiner, *The Triumph of the Dark: Interwar International History, 1933-1939* (New York: Oxford University Press, 2011), p.938.
③ HIA, Herbert Hoover Papers (HH), Box 90, Folder 1, "The Crusade against Famine in World War II," pp.38-39. 然而，美国对芬兰的粮食援助不得不穿越英法为欧洲大陆设置的封锁线。美国保守派对一个与共产主义斗争的小民族的支持表明，20世纪30年代所谓的"中立者"可以在很短的时间内转变为积极的干预者。这也预示着后来美国为其他反共分子——从1939年的芬兰人到1979年的阿富汗人——对抗苏联提供的帮助。

月的时间里，胡佛主持的芬兰救济基金通过私人渠道筹集了超过 350 万美元的人道主义援助。① 与此同时，摩根索通过财政部向芬兰提供了更有力的援助，从 1939 年 12 月到 1940 年 3 月，美国进出口银行向芬兰提供了 3000 万美元的贷款。②

12 月 11 日，鲁道夫·霍尔斯蒂（Rudolf Holsti）在日内瓦的国联大会上发表了一番演讲。这一次，芬兰人得到了来自英国、法国、低地国家以及斯堪的纳维亚国家在外交上的支持。此时，纳粹已经入侵了波兰，在这一时间点上，西欧人迅速团结了起来，反对苏联类似纳粹一般的侵略。甚至在英国的左翼媒体看来，"立即将苏联驱逐出国联……也并非不公正的……因为他们发动的战争毫无正义性可言"。③ 与此同时，大会也谴责了苏联的行动。

12 月 14 日，行政院召开会议，在此次会议上，各国经投票决定依据第 16 条第 4 款将苏联驱逐出国联。④ 尽管从技术上来看，驱逐苏联的条件似乎没有得到满足，但英法在国联的主导地位依旧使得苏联被驱逐了。⑤ 在欧洲战争的头几个月里，原先战间期将制裁主要视为一种消极工具的观念被颠覆了。《财政援助公约》背后的理念似

---

① *Report to American Donors, December 1939-July 1940* (New York: Finnish Relief Fund, 1940).
② 罗斯福政府之所以要借助进出口银行向芬兰人发放贷款，是因为中立主义反对派并不支持国会直接拨款的做法。Richard H. Sherman, "Development of Export-Import Bank Loan Policy to 1944" (PhD diss., University of Wisconsin-Madison, 1957), p.113.
③ "Finland and Russia," *Manchester Guardian*, 13 December 1939, p.6.
④ 这一决定本身是有争议的，因为在行政院16个成员国当中，有两个缺席（伊朗与秘鲁）；三个弃权（中国、希腊与南斯拉夫）；还有两个是争端的当事方，因此不能参与投票（芬兰与苏联）。此外，有三个成员国（南非、埃及与玻利维亚）是在英法两国的鼓动下，于前一天刚刚进入行政院。
⑤ 必须指出的是，作为国联的创始成员，1931年的日本、1935年的意大利都并非因为发动侵略战争而被国联直接开除。Leo Gross, "Was the Soviet Union Expelled from the League of Nations?" *American Journal of International Law* 39, no.1 (January 1945): 35–44.

乎又被赋予了新的意义。正如美国驻法国大使所报告的那样，"整个会议记录中没有一处提及消极意义上的'制裁',（因为）法国代表团在前往日内瓦时决心要强调'援助'这一积极概念。"① 虽然惩罚性的制裁没有消失，但现在，积极的物质援助也成了经济武器中的重要组成部分。

冬季战争是国联国际主义历史上的一个关键时刻。1939年12月14日的会议是行政院召开的最后一次会议，其决议也是最后一份援引《国联盟约》第16条的文件。在此之后，1914—1918年首次登上历史舞台的综合性经济武器再度登场，而且，新登场的经济武器同时包含了积极的后勤物资供应以及消极的封锁机制。但在这一阶段，操纵这一经济武器的联盟尚未诞生。制裁在战后秩序中到底处于什么地位，还要取决于这场战争本身的政治历程。

之所以要优先援助盟国，而非打击敌国，主要是出于战略考虑。1939年9月，英法两国成立了一个盟国最高委员会，以负责规划联合作战。从战略角度出发，他们认为德国与苏联已经结成了一个一体的、自给自足的经济集团。帝国防御委员会与法国最高国防委员会都认为对这一联合体而言，有两个关键的战略物资十分重要，一是斯堪的纳维亚的铁矿石，二是高加索的石油。法国情报部门指出："德国的原材料供应，尤其是铁矿石，十分不足，其财政状况也相当不稳定，以至于我们可以较为准确地估算出德国不得不投降的日期。"② 而冬季战争的爆发导致波罗的海两岸的矿石运输中断。因此，支持芬兰是打击苏德集团战略中的重要一环。在1940年的头几个月

---

① HIA, SHP, Box 369, Folder "Sanctions," Tel. 2985, Ambassador William Bullitt (Paris) to Secretary of State Cordell Hull, 16 December 1939.
② SHD, 2 N 237, Delanda (Minister of War) to CSDN, "Au sujet des renseignements sur la situation en Allemagne," 21 December 1939; Medlicott, *The Economic Blockade*, 1:45.

第三部分　战间期危机中的经济制裁

里，英法两国准备派遣一支由10万英国军人与3.5万法国军人组成的联合远征军，前往挪威的纳尔维克或芬兰的佩萨莫港，以切断德国的铁矿石供应链。[1]

另外一种包抄苏德集团的方案是在南部的黑海地区采取行动。1940年春，斯堪的纳维亚国家可以选择将土耳其拉入盟军阵营，进而从南部攻击苏联，一旦成功，盟军要么可以空袭巴库油田，要么可以借助法国的殖民地部队从其委任统治地叙利亚发动地面进攻，要么可以在格鲁吉亚的巴统登陆。[2]但在法国沦陷前的几个月里，法国统治阶级内部出现了严重的分裂。[3]在经济制裁方面，英法仍然坚持反苏，他们不仅将苏联赶出了行政院，而且还在战争的最初九个月里计划对苏联发动经济战争。当1940年3月苏芬两国通过谈判结束战争后，英法两国计划远征斯堪的纳维亚半岛北部的计划被暂时搁置了。但希特勒已经察觉到了瑞典铁矿石供应链的威胁。4月，纳粹迅速征服了丹麦与挪威，但在这一过程中，纳粹小心翼翼地维护了瑞典的中立地位，与此同时，在此次军事行动之后，皇家海军需

---

[1] François Bédarida, *La Stratégie secrète de la drôle de guerre: Le Conseil suprême interallié, septembre 1939-avril 1940* (Paris: Éditions du CNRS, 1979); John C. Cairns, "Reflections on France, Britain and the Winter War Prodrome, 1939–1940," *Historical Reflections / Réflexions Historiques* 22, no.1 (Winter 1996): 211–234; David Edgerton, "Controlling Resources: Coal, Iron Ore and Oil in the Second World War," in Geyer and Tooze, *The Cambridge History of the Second World War*, 3:133, 139.
[2] Charles O. Richardson, "French Plans for Allied Attacks on the Caucasus Oil Fields, January-April 1940," *French Historical Studies* 8, no.1 (1973): 130–156; Patrick Osborn, *Operation Pike: Britain versus the Soviet Union, 1939-1941* (Santa Barbara, CA: Praeger, 2000). 后来，戴高乐曾批评这些行动是完全不必要的，反而还让法国没有专心应对纳粹的威胁。"某些人将斯大林而非希特勒当作敌人。他们更关心如何通过援助芬兰、轰炸巴库或在伊斯坦布尔登陆来打击苏联，而不关心如何才能打败德国。"(*Mémoires de guerre*, vol 1: *L'Appel, 1940-1942*〔Paris: Librairie Plon, 1954〕, p.26).
[3] Annie Lacroix-Riz, *Le choix de la défaite: Les élites françaises dans les années 1930* (Paris: Armand Collin, 2010).

423

要封锁的海岸线又变长了。①

在美国，先前坚持中立的中西部各州中的丹麦与挪威社区对纳粹的入侵感到十分惊诧，这使得华盛顿能够采取比冬季战争时更为有力的行动。4月10日，罗斯福发布了第8389号总统令，为"保护受侵略国的资金"，根据1917年《对敌贸易法》，美国政府没收了丹麦与挪威在美国的所有资产——约2.67亿美元。② 此举旨在避免纳粹利用这些资金，华盛顿将这些资金托管给了伦敦的丹麦与挪威流亡政府。财政部成立了一个新的办公室——外国资金管制办公室，负责管理斯堪的纳维亚国家的资产。在接下来的几个月里，德国国防军在欧洲推进到哪里，相应的资产冻结就推进到哪里。到1940年年底，外国资金管制办公室已经扣押了低地国家、法国、罗马尼亚、保加利亚以及匈牙利的海外资金。因此，纳粹在欧洲发动的侵略使得美国在与德国正式宣战前大约20个月时，就在国内建立了一个负责经济战的机构。

经济战再现

与1914年8月的情形一样，1939年9月战争爆发后，英国政府并没有拿出一个统一的经济战战略。但从机构上来看，这一次英国准备得更为充分了。英国战时贸易与封锁事务咨询委员会认为，

---

① 尽管在纳粹的战争经济中，来自瑞典的铁矿石处于核心地位，但无论是对斯德哥尔摩方面施加更大的压力，还是利用第一次世界大战式的出口配给制，都没有对第三帝国的工业生产造成决定性的打击。参见Alan S. Milward: "Could Sweden Have Stopped the Second World War?" *Scandinavian Economic History Review* 15, no.1 (January 1967): 127–138, and *War, Economy and Society, 1939–1945*, pp.309–310.
② John Morton Blum, *From the Morgenthau Diaries*, vol. 2: *Years of Urgency, 1938–1941* (Boston: Houghton Mifflin, 1965), p.134.

第三部分　战间期危机中的经济制裁

负责封锁的组织"会是下一场战争中最重要的部门之一",但该机构"真正负责的是经济战",而且这一特征应当在部门名称中得以体现。[1]9月3日,经济战部成立,其负责人为保守党人、贸易委员会政务次官罗纳德·克罗斯爵士(Sir Ronald Cross)。[2]正如该部门的官方史学家所说,在国际性强力措施之中,"经济战"是一个新词。[3]该部门在很短的时间内就建立了起来,并开始工作。在运转了几个月后,一位美国记者称,英国的经济战部"拥有全英国最精明的银行家以及经济学家,同时还有400名辅助他们的助手",他们的目标是从经济上击败纳粹。[4]尽管克罗斯是一名职业政治家、公务员,而且该部的大多数官员都是行政人员,但其核心的情报收集工作是由德斯蒙德·莫顿(Desmond Morton)少校领导的工业情报中心负责的。

该部门的主要工作大致可分为三类。第一类是"立法活动",其中包括利用《对敌贸易法》,尽可能地禁止英国公司以及根据英国法律经营的外国公司与德国的贸易往来。只要私营商人、航运公司、煤炭与石油贸易商、银行以及保险公司从事可疑交易,那么他们就有可能被纳入黑名单,也有可能遭到起诉。第二类是"外交活动",其中包括采购协议以及中立国自愿实施的出口限制。只有在第三类工作,即"军事活动"中,我们才能看到海军封锁行动中传统的拦截商船并检查其货物等行为。

在战争的最初几个月里,经济战部采取的行动大多是见效慢且间接的,这使得很多人开始指责该部门的工作人员都是绥靖主义者。

---

[1] TNA, CAB 47/1, Minutes of twenty-fourth meeting, 11 June 1937, p.7.
[2] TNA, CAB 47/5 ATB 197, "Handbook of Economic Warfare," 24 July 1939.
[3] Medlicott, *The Economic Blockade*, 1:1.
[4] Fredric Sondern, "Contraband Control: Britain's Ministry of Economic Warfare Seeks a Death Grip on Germany's Trade," *Time* 15 January 1940, p.44.

金融记者保罗·艾因齐格（Paul Einzig）批评道，封锁"就像筛子一样，四处漏水"。① 阿诺德–福斯特也认为，当下的封锁中存在太多漏洞。1940年春天，荷兰、比利时、意大利、瑞典、葡萄牙与西班牙都保持中立。阿诺德–福斯特认为，只有立即采用他在上一次战争中开发的统计制度，经济战部才有可能迅速削弱德国的实力，因为"时间就是生命"。② 塞西尔并不认为这一时期有必要对中立国施加太大的压力，他私下里建议克罗斯可以放放水，让德国多进口一些物资。他认为，德国的财政储备非常有限，因此"德国人从外部购买的非必需品越多，他们用于购买战争物资的资金就越少"。③ 出于这一原因，塞西尔认为，应当将打击的重点放到德国用于创汇的出口，而非消耗现金的进口上。因此，在第二次世界大战初期，财政部在1935—1939年支持制裁政策的外汇理论仍然有较大的影响力。④

与第一次世界大战相比，经济武器的另外一个进步之处在于，1939年实施的封锁从一开始就是依靠国际合作的。6月，一个由26人组成的经济代表团从巴黎抵达伦敦，以确保法国封锁部与英国的经济战部之间能实现密切的合作。这一英法联合执行委员会开始与其他国家展开谈判，试图排他地购买一些没有被德国人控制的物资，例如土耳其的铬、罗马尼亚的石油、挪威的鲸油以及墨西哥的钒酸

---

① Paul Einzig, *Economic Warfare, 1939-1940* (London: Macmillan, 1941), p.20.
② BL, RCP Add MS 51140, W. Arnold-Forster, "Rationing Neutrals in the Blockade," 3 December 1939, f. 122.
③ BL, RCP Add MS 51088, Lord Cecil to Minister of Economic Warfare Ronald H. Cross, 11 January 1940, f. 114.
④ 实际上，德国的货币储备与原材料的库存远远低于很多英国与法国分析家的预测，在战争的前几个月里，德国的进口活动遭受了极大的压力。Tooze, *The Wages of Destruction*, pp.332–335.

铅。① 英法两国还试图说服罗斯福政府扩大其道德禁运政策覆盖的范围，以将对德国而言十分关键的战争物资包含在内。尽管罗斯福没有采取相应的行动，但他确实允许美国公司与英法两国负责经济战的人士达成一些交易。美国的国内经济政策也起到了一定作用。1939 年 6 月通过的《战略物资法》(Strategic Materials Acts) 为陆军部与海军部拨出了 1 亿美元的专款，以开始囤积战略物资，保障国家供应。实际上，美国政府尚未表露出任何对参与封锁与制裁的积极兴趣，但正是这一系列国内政策以及备战工作，让美国政府开始扣押很多对德国而言相当重要的商品与原材料。②

1940 年夏天，希特勒侵占了西欧，这极大地改变了经济战所面对的环境。法国的沦陷让美国统治阶层紧张了起来，他们开始制订具体的干预计划。③ 由于纳粹帝国占领了大片领土，目前的他们能够更为有效地抵御封锁。④ 然而，纳粹的侵略也使得中立国数量大幅减少，进而使得经济战变得没有那么棘手了。由于需要关注的中立国数量不多，封锁一方能够对其施加更有分寸的压力。在欧洲，他们将目光聚焦于矿产丰富且大量向轴心国提供供应的葡萄牙、西班牙

---

① Medlicott, *The Economic Blockade*, 1:133–138.
② National Academy of Sciences, *Managing Materials for a Twenty-First-Century Military* (Washington, DC: National Academies Press, 2008), p.134.
③ Stephen Wertheim, *Tomorrow, the World: The Birth of U.S. Global Supremacy* (Cambridge, MA: Harvard University Press, 2020), pp.47–62.
④ 艾伦·米尔沃德（Alan Milward）十分正确地指出认为，在短期内，"通过征服新的领土，德国有效地抵消了经济封锁给他们带来的影响。"(*War, Economy and Society, 1939–1945*, pp.312, 317); 有关战争初期德国人如何对经济制裁实施反击的问题，参见Rolf-Dieter Müller, "The Mobilization of the German Economy for Hitler's War Aims," in Bernhard R. Kroener, Rolf-Dieter Müller, and Hans Umbreit, *Germany and the Second World War*, vol. 5: *Organization and Mobilization of the German Sphere of Power*, part 1: *Wartime Administration, Economy, and Manpower Resources, 1939–1941* (Oxford: Clarendon Press, 2000), pp.457–473.

以及土耳其等国家之上。①

8月,盟军一方达成了一个重要的成就,即美国方面利用经济制裁阻止了西班牙加入轴心国的企图,避免了战争进一步扩大。在第三共和国灭亡后,佛朗哥正考虑让希特勒夺取英国在直布罗陀的基地,以此来确保德国对西班牙的经济援助,同时希望德国能支持西班牙在北非的扩张。英国内阁希望不惜一切代价来阻止德国与西班牙结盟。因此,7月时,经济战部请求美国政府限制对西班牙的石油供应。②这一行动的官方理由在于防止这些石油被转运给德国与意大利,但实际上,此举是在告诉佛朗哥,盟军能够控制西班牙的关键资源。拦截工作之所以有效,是因为供应给西班牙的石油并不算多:只需10艘油轮就能满足西班牙每月5万吨燃料的进口需求。当两艘开往桑坦德与毕尔巴鄂的油轮在休斯敦港被扣押后,西班牙的石油库存立刻告急,其影响既直接、又巨大。美国的"禁运"——与其说是全面封锁,不如说是一次实验性的警告——让佛朗哥政权的官员们感到十分恐惧。由于西班牙的全部海外石油进口都依赖于美国公

---

① 有关伊比利亚半岛与德国之间的经济联系,参见Herbert Feis, *The Spanish Story: Franco and the Nations at War* (New York: Alfred A. Knopf, 1948), and Christian Leitz, *Economic Relations between Nazi Germany and Franco's Spain, 1936-1945* (Oxford: Oxford University Press, 1996). 有关伊比利亚半岛上的经济战,参见Donald G. Stevens, "World War II Economic Warfare: The United States, Britain, and Portuguese Wolfram," *The Historian* 61, no.3 (Spring 1999): 539–555; Antonío Louca, *Nazigold für Portugal: Hitler und Salazar* (Vienna: Holzhausen, 2002); Hugh Rockoff and Leonard Caruana, "A Wolfram in Sheep's Clothing: Economic Warfare in Spain and Portugal, 1940–1944," *Journal of Economic History* 63, no.1 (2003): pp.100-126; 有关与土耳其之间的资源外交,参见Murat Önsoy, "The World War Two Allied Economic Warfare: The Case of Turkish Chrome Sales" (PhD diss., Friedrich-Alexander-Universität, Nuremberg, 2009).
② Leonard Caruana and Hugh Rockoff, "An Elephant in the Garden: The Allies, Spain, and Oil in World War II," *European Review of Economic History* 11, no.2 (August 2007): 159–187.

第三部分　战间期危机中的经济制裁

司,而西班牙国内的石油库存最多只能支撑一个月,一旦石油库存耗尽,西班牙的运输系统、捕鱼船队以及农业生产都会陷入停滞之中。因此,佛朗哥政权的内政部部长拉蒙·塞拉诺·苏涅尔(Ramón Serrano Súñer)警告称,一旦石油供应中断,即使在国内实施消费配给,"西班牙的重要必需品生产活动"也会很快"遭受严重损害"。[①]

在美国通过控制油轮来对西班牙实施石油制裁之时,他们也正在考虑利用经济手段来让东亚地区恢复稳定。英国不愿意在没有美国支持的情况下再与日本发生对抗。7月18日,在华盛顿的一次晚宴上,英国大使向摩根索、陆军部部长史汀生以及海军部部长诺克斯询问美国是否愿意与英国一道实施制裁。他担心,如果制裁的力度不足够大,以至于英美需要面对日本与其开战的风险,那么日本就不可能考虑从中国撤军。摩根索、史汀生以及诺克斯接受了他的观点,他们建议禁止英美控制下的、向太平洋地区供货的油田(主要包括加利福尼亚州与波斯湾的油田)向日本运输石油;他们还希望荷兰能限制荷属东印度群岛向日本提供石油供应,以此来收紧封锁圈。

7月25日,罗斯福宣布对日本实施出口禁运,但禁运的对象仅限于航空燃料、高级钢铁以及废铁。[②]他如此行事的依据是新颁布的《出口管制法》(Export Control Act),这部法案允许为了国家安全的利益而限制对其他国家的出口。这一经济干预手段给东亚带来了巨大的影响,一位记者将出口管制描述为"美国可以用来对付日本的

[①] Archivo de Ministerio de Asuntos Exteriores, 2246 E. 75; cited in Caruana and Rockoff, "An Elephant in the Garden," pp.168–169.
[②] Alan P. Dobson, *US Economic Statecraft for Survival, 1933–1991: Of Sanctions, Embargoes and Economic Warfare* (New York: Routledge, 2002), pp.37–39; Medlicott, *The Economic Blockade*, 1:476–477.

429

最强大的经济武器的一个缩影"。[①]1940年7月,美国政府同时禁止向日本与西班牙出口燃料以及铁,这是美国政府在和平时期第一次公开使用只针对一方的经济制裁。[②]之前,美国所采取的限制性措施要么是针对交战双方的禁运,要么是更类似于抵制的自愿性私人禁运。[③]尽管罗斯福早在1940年1月就终止了与日本签订的贸易条约,但直到7月,在法国已经沦陷、全世界的民主已经处于危险之中的时候,他才开始利用新政打造出的监管国家对欧洲与亚洲国家施加经济压力。由此,美国开始作为主要参与者进入经济制裁的历史。

一开始,美国对西班牙的经济制裁取得了积极的成果。随着西班牙石油供应的减少,佛朗哥向希特勒寻求帮助。然而,由于要维持一整个大陆的经济,德国既拿不出石油,也拿不出小麦来支援西班牙。佛朗哥明白,即使他站在希特勒一边参战,他也没办法获得更多的支持。此外,美国的石油禁运意味着他们还能进一步制裁西班牙进口的粮食以及其他重要物资。经过三年内战,西班牙社会遭到了严重的破坏,而制裁的威胁让人感到十分恐惧。最终,佛朗哥没有加入轴心国。9月7日,对西班牙的制裁措施被迅速取消,美国恢复了对西班牙的石油供应。因此,对西班牙的石油制裁阻止了佛

---

① John H. Crider, "Ban Affects Japan. U.S. Supply of Materials in Her War on China Can Be Cut Off. Oil to Spain Stopped," *New York Times*, 26 July 1940, pp.1, 7.
② 这一政策的内容并非从一开始就是清楚的。报纸以及商人们十分惊讶地看到,美国的油轮仍然通过加利福尼亚—海参崴的航线向苏联提供石油,而同一时期,美国政府已经禁止向西班牙以及日本出口石油了。"Use of U.S. Tanker Granted Russians: Maritime Board Approves Chartering, after Denials to Spain and Japan. Export Ban Proclaimed," *New York Times*, 27 July 1940, p.2.
③ 例如,1938年7月,罗斯福呼吁美国公司对日本实施飞机的"道德"(即自愿、私下实施的)禁运,1939年12月对铝、镁、钼的禁运以及对航空燃料提炼技术的转让禁令。

朗哥政权因受到帝国扩张的"诱惑"而加入战争。[1]

制裁在西班牙取得的成功与在日本取得的效果形成了鲜明对比。在给维希当局施加压力之后，日本进驻了法属印度支那，在此驻军，同时采购原材料，为报复日本采取的这一行动，9月，美国政府将《出口管制法》的管制范围扩大到所有种类的铁以及废钢。[2]而日本建筑业以及军工生产的核心支柱产业——钢铁业——此时正缺乏生产的原材料。在东京，主张通过谈判解决问题的人越来越难以回避强硬派发出的警告，他们指出，美国人正在利用一场不断升级的经济战争来阻止他们建立日本帝国。[3]

制约日本地缘经济地位的关键因素是石油。1940年，世界五大石油生产国分别是美国（年产量1.82亿吨）、苏联（2900万吨）、委内瑞拉（2700万吨）、伊朗（1040万吨）以及荷属东印度群岛（790万吨），这些国家共占全球总产量的约87%。[4]伊朗的石油几乎完全掌握在英国公司手中，而委内瑞拉生产的重油在准备出口之前，需要在荷兰殖民地库拉索岛的近海附近进行提炼。因此，伊朗与委内瑞拉生产的石油都处于英荷两国的有效控制之下。这意味着日本唯一有可能进口到石油的国家就是苏联。日本海军在库页岛上经营着一个小型石油生产项目，但其年产量不超过16万吨。[5]1939年夏天，

---

[1] Stanley G. Payne, *Franco and Hitler: Spain, Germany and World War II* (New Haven: Yale University Press, 2008), pp.61–145, 243–248.
[2] Blum, *From the Morgenthau Diaries*, 2:358–359.
[3] Akira Iriye, *The Origins of the Second World War in Asia and the Pacific* (Abingdon: Routledge, 1987), ch. 5; Saburo Ienaga, *The Pacific War, 1931-1945: World War II and the Japanese* (New York: Pantheon, 1978), pp.131–150.
[4] League of Nations, *Statistical Year-Book of the League of Nations, 1940-1941* (Geneva: League of Nations, 1941), p.128; Anand Toprani, *Oil and the Great Powers: Britain and Germany, 1914–1945* (Oxford: Oxford University Press, 2019), p.13.
[5] Alexander Igolkin, "The Sakhalin Anomaly," *Oil of Russia*, no.1, 2004.

苏联与日本两国在蒙古短兵相接，之后两国关系一直不好，以至于日本无法从苏联那里获得足够的石油。①1940年，日本两次派遣贸易代表团前往荷属东印度群岛，希望能购买该片殖民地380万吨产量中的一半。但是，由于日本人提出了过多的附加条件，以至于他们的方案过于苛刻，荷兰人没能接受。② 全球市场中的其他生产国，如墨西哥，在1939—1940年对日本的金属以及石油出口量已经增加了三倍多，但总量依旧太少，起不到什么作用。③ 因此，日本的致命缺陷仍然是其对美国石油供应的依赖。

在英国，人们将罗斯福对西班牙以及日本实施的原材料禁运称为"源头控制"。此类措施旨在禁止本国的重要物资出口，同时在第三国抢先购买这些物资，进而将轴心国赶出世界市场。英国的经济战政策也逐渐开始以"在欧洲制造石油荒"为目标。④ 但是，消耗战并非经济战的唯一策略。经济战部在筹备战略轰炸以及规划空中作战方面也发挥了重要作用，因为其下属的工业情报中心向空军部的规划人员提供了相应的目标以及经济数据。《经济学人》杂志称："经济战部从来不是一个单纯的封锁部，一直以来，该部门都希望本部门的经济专家来指导皇家空军进行轰炸……轰炸是加速版的封锁。"⑤ 经济战部的规划人员预计，在封锁正一点点地耗尽敌人的物资，使其经济变得越发脆弱之后，如果轴心国再遭受战略空中力量的打击，

---

① S. C. M. Paine, *The Wars for Asia, 1911-1949* (Cambridge: Cambridge University Press, 2006), p.146.
② L. de Jong, *Het Koninkrijk der Nederlanden in de Tweede Wereldoorlog 1939-1945, Deel 11a Nederlands-Indië I: Tweede Helft* (Leiden: Martinus Nijhoff, 1984), pp.695-696.
③ Harry Bernstein, "Mexico's War with Japan," *Far Eastern Survey* 11, no.24 (November 1942): 246.
④ Medlicott, *The Economic Blockade*, 1:416-419, 474.
⑤ "Bombing and Blockade," *The Economist* 139, no.5070 (26 October 1940): 512.

那么他们会迅速走向崩溃。[1] 在伦敦大轰炸之后，英国战争内阁批准了对德国城市进行轰炸的作战计划。1940年12月16日至17日，皇家空军对敌人的城市中心实施了第一次"区域轰击"，即阿比盖尔·雷切尔行动，此次行动重点轰炸了曼海姆附近的炼油厂。[2] 自此之后，盟军一直利用其战略空中力量来让他们对欧洲大陆实施的经济封锁发挥更大的作用。

作为反侵略措施的《租借法案》

1940年9月27日，德国、意大利与日本签订了《三国轴心协定》(*The Tripartite Pact*)，这标志着战争战略史上一个关键阶段的起点。[3] 英国不愿意求和，使得德国没有办法如希特勒所希望的那样，与英国达成一个帝国之间的交易。但是，在美国石油禁运的情况下，德国没有能力向西班牙提供足够的援助，因此佛朗哥不敢加入轴心国，这使德国向南扩张到非洲西北部的作战计划受到了阻碍。如此一来，希特勒的注意力重新回到了东方，他依旧十分迫切地渴望掌控俄罗斯以及乌克兰的资源，现在看来，这是与英美两国维持长时间洲际竞争的唯一可能的基石。12月18日，希特勒做出决定，于1941年年中进攻苏联。[4]

---

[1] Richard William Barnes Clarke, *Britain's Blockade* (Oxford: Clarendon Press, 1940).
[2] Richard Overy, *The Bombing War: Europe, 1939-1945* (London: Penguin, 2013), pp.225-226.
[3] 针对这一问题最出色的全球史研究，参见Andreas Hillgruber, *Hitlers Strategie: Politik und Kriegführung 1940-1941* (Bonn: Bernard und Graefe Verlag, 1965)，本章受到了这一研究的很大启发。
[4] "Weisung Nr 21. Fall Barbarossa vom 18. 12. 1940," in Gerd R. Überschar and Wolfram Wette, eds., "Unternehmen Barbarossa"：*Der deutsche Überfall auf die Sowjetunion 1941: Berichte, Analysen, Dokumente* (Paderborn: Schöningh, 1984), pp.298-300.

经济制裁：封锁、遏制与对抗的历史

由于美国越来越深地卷入战争，纳粹的东进决定就显得更加重要了。1940年11月，罗斯福成功连任，为美国进一步加大对盟国的援助扫清了障碍。仅仅几天之后，罗斯福就批准了为英国制造12000架飞机的订单，并开始向丘吉尔运输战争物资。与此同时，摩根索启动了对中国的财政援助，美国向国民政府提供了1亿美元的贷款——这也是向日本方面发出的一个信息，即日本应该抛弃幻想，不要指望能在中国取得胜利。[1] 如果说在1937—1938年，日本还试图通过封锁中国沿海地区来摧毁国民政府的经济，那么两年之后，这场局部的经济战争似乎被证明是徒劳的。蒋介石因日本海军的封锁而丧失的亚洲内部的贸易额，都可以从美国的贷款那里获得补偿。

在援助世界上陷入困境之国的庞大工程之中，美国所发挥的作用得到了充分重视。12月，国联副秘书长沃尔特斯从牛津写信给他的同事斯威策。"我一点也没有失去希望，1917—1918年美国所迸发出的巨大能量很可能会重新显现出来，美国有可能比以往更加彻底地加入这场战争——即使其没有成为交战国。在我看来，这不仅是可能的，而且概率还相当高。"曾在巴黎和会期间担任塞西尔秘书的沃尔特斯认为，在这种情况下，"我们可能会见证一个基于有效经济制裁的新盟约的诞生，1921年美国退出之后不可避免地出现的力量衰退，如今似乎不会再出现了"。[2]

1940年秋天，欧洲正处于纳粹的控制之下，伦敦大轰炸一刻也没有停歇，而就在这一背景之下，一个已经不复存在的流亡机构的官员竟然会对一个基于"有效经济制裁"的新国际组织抱有如此之高的期望，这似乎让人感到十分震惊。但从长远的角度来看，沃尔特斯感到

---

[1] Blum, *From the Morgenthau Diaries*, 2:364–365.
[2] LOC, ASP, F. P. Walters to Arthur Sweetser, 20 December 1940, pp.1–2.

乐观的原因也变得清晰起来。罗斯福已经开始在和平时期动用经济制裁了，而这一行动打破了威尔逊时代后美国维持了二十多年的中立地位，并且就在这一时期，美国正在准备采取进一步的反侵略措施。

12月17日，罗斯福结束了自己的休假，他决定以一种更具建设性的方式为英国提供援助。英国政府越来越清楚地意识到，英国没有能力支付其与美国公司签订的巨额武器与军需品订单。从账面上来看，英国政府与美国公司已经签订了价值近50亿美元的武器订单，而仅存的外汇储备只有20亿美元，英国财政部门预计，1941年夏天时，英国就会耗尽资金。[1]美国人提出了一个方案，他们将用于战争的枪支、船只以及其他设备借给英国以及其他盟国，条件是这些东西会被算作实物援助，在战争胜利之后，受援国需要归还这些武器。这使得美国的战争生产体系与盟国的需求之间实现了极佳的整合。12月30日，罗斯福在他的一次炉边谈话中宣布了所谓的租借计划。在接下来的几周当中，摩根索的财政部拟定了一项法案，经由该法案，美国将向其盟国提供70亿美元的物资援助。

人们通常将《租借法案》视为一项自由主义的国际主义政策，用让·莫内（Jean Monnet）的话说，这一法案将美国变成了"民主的军火库"，12月29日，罗斯福在一次广播讲话中也使用了这一短语。与此同时，《租借法案》还避免了第一次世界大战后让大西洋两岸国家陷入重重矛盾的战争债务问题重演。[2] 罗斯福的慷慨与威尔逊

---

[1] Adam Tooze and James R. Martin, "The Economics of the War with Nazi Germany," in Geyer and Tooze, *The Cambridge History of the Second World War*, 3:42.
[2] Peter Jackson, *Beyond the Balance of Power: France and the Politics of National Security in the Era of the First World War* (Cambridge: Cambridge University Press, 2013), p.102, 这本书指出，在1916—1917年，《租借法案》是不可想象的。其论点在于，在这几十年当中，有关对受侵略者提供有组织的国际援助的讨论确实使得《租借法案》在1940年成为一个可想象的选项了。有关莫内对"民主的军火库"一词的使用，参见Jean Monnet, *Memoirs* (London: Collins, 1978), p.160.

的冷漠以及20世纪20年代共和党政府的吝啬形成了鲜明对比。但这一对比忽略了另一个与《租借法案》同样相关的背景：在战间期国联一直努力建立一个财政援助机制来帮助那些受到侵略的国家，这一努力尤其体现为1930年的《财政援助公约》。《租借法案》是国联从未充分建立起的一个庞大的后勤援助体系。其政治意味比"民主的军火库"一类的言辞所暗示的更加含混不清。与其说《租借法案》是在捍卫全世界的民主制度，不如说其更接近第16条的设想：在财政上捍卫国家主权不受侵略，而不论受侵略国的国内政治体系究竟如何。

要想获得《租借法案》的援助，重要的并非其是不是一个民主国家，而是这个国家目前是否已经有可能成为侵略的受害者。在1940—1941年的冬天，很多国家都希望能拿到援助。10月，墨索里尼发动了对希腊的入侵，使得希腊政府向美国请求予以援助，罗斯福承诺美国将于12月提供援助。2月10日，当摩根索下属的金融专家正在起草《租借法案》时，罗斯福的经济顾问劳克林·柯里（Lauchlin Currie）访问了迁至重庆的国民政府，他向蒋介石承诺美国会为其提供4500万美元的军事装备。[1] 四天后，美国国务卿赫尔将土耳其与南斯拉夫列为《租借法案》的援助对象，以作为他们加入反轴心国联盟的奖励。[2] 在国会举行的有关这一计划的听证会上，美国政府进一步明确了《租借法案》的目标：帮助那些受到外来攻击的主权国家。即使是在其他方面对罗斯福奉行的干预主义政策进行严厉批评的胡佛，也认为"我们希望我们的工业能够为英国、中国

---

[1] Rana Mitter, *Forgotten Ally: China's World War II, 1937-1945* (New York: First Mariner Books, 2014), p.235.
[2] Craig Stockings and Eleanor Hancock, *Swastika over the Acropolis: Reinterpreting the Nazi Invasion of Greece in World War II* (Leiden: Brill, 2013), p.60.

以及希腊提供帮助"。①在《租借法案》中有一个关键的自由裁量权条款，该条款允许罗斯福在未来将援助扩大到"总统认为其国防安全对美国国防安全至关重要的任何国家"。②

在1941年年初，英国、中国与希腊都在与侵略者作战。但这也是这三个国家仅有的相似之处。英国仍然是欧洲主要的海军与陆军强国，美国对英国援助的真正价值在于让英国政府能够做其在第一次世界大战中就已经做过的事情：为其他盟国提供资金支持。③大多数可能得到《租借法案》援助的国家都不是民主国家。重庆的国民政府以及希腊的梅塔克萨斯（Metaxas）政权都是独裁政权；在阿塔图尔克的继任者伊斯麦特·伊诺努（Ismet Inönü）的领导下，土耳其仍然是一党制国家；在赫尔承诺提供援助之时，只有南斯拉夫是一个民主制度仍有效运转的国家。许多推动《租借法案》的人们之所以要宣扬民主言论，主要是为了满足美国国内的需求；在很大程度上，《租借法案》并不关心受援国的国内政治情况。正如外交关系委员会对《租借法案》的研究报告所强调的那样："如果可以避免的话，不应要求受援国在政治方面做出任何交换性的让步……美国应当只要求受援国在拿到援助后能推动世界回到稳定的状态。"④（图10.1中的漫画展现了这种情况）

---

① Hoover, *Addresses upon the American Road*, vol. 3: *1940–1941* (New York: C. Scribner's Sons, 1941), p.57.
② Susan Dunn, *Blueprint for War: FDR and the Hundred Days That Mobilized America* (New Haven: Yale University Press, 2018), p.165.
③ 事实上，截至1941年1月，英国已经与希腊军队进行了意义深远的军事合作。Stockings and Hancock, *Swastika over the Acropolis*, pp.49–56.
④ Arthur D. Gayer, *The Problem of Lend-Lease: Its Nature, Implications, and Settlement* (New York: Council on Foreign Relations, 1944), p.2.

图 10.1 "保证按时完成任务"

注：在这幅漫画中，C.K. 贝里曼（C. K. Berryman）描绘了罗斯福总统、财政部部长摩根索以及民主党参众两院多数党领袖萨姆·雷本（Sam Rayburn）以及阿尔本·巴克利（Alben Barkley）准备援助英国、希腊与中国的《租借法案》。该漫画发表于 1941 年 1 月 8 日的《华盛顿晚星报》（*Washington Evening Star*）。藏于美国国会图书馆。

因此，美国并非出于支持民主制才选择在 1941 年开始资助这些国家的反侵略斗争。真正重要的并非该国国内的自由，而是尚未落入轴心国控制的欧洲、亚洲与拉美各国的独立地位。在集体安全与经济制裁的历史上，《租借法案》在很大程度上是第 16 条积极经济武器的具体表现。事实上，对当时的评论家而言，这项政策似乎是"美国实施的最重要的、单一类型的经济制裁"。[①] 美国劳工联合会称该法案为"在国防领域里最重要的法律与经济武器"，在整个美国民

[①] 政治学家本杰明·威廉姆斯（Benjamin Williams）对经济武器的双重结构有着清晰的认识："消极制裁的目的在于阻止侵略国进一步从美国获得物资与美元……而积极制裁的目的在于让侵略的受害者以及反对者更容易获得美国的物资。"（"The Coming of Economic Sanctions into American Practice," *American Journal of International Law* 37, no.3［July 1943］: 394, 387–388）。

间，这一观点都得到了广泛认同。^① 在这场战争中，美国政府每花费 6 美元，就有 1 美元用于该计划。简单地说，《租借法案》是有史以来最重要的反侵略经济计划之一。^②

负责实施《租借法案》的是美国钢铁公司的商业主管爱德华·斯特蒂纽斯（Edward Stettinius）。1941 年 3 月 11 日，在总统签署该法案，使之正式生效后的几个小时之内，美国就开始向欧洲运送武器。^③ 南斯拉夫的情况尤其能说明《租借法案》带来的政治影响。南斯拉夫是在摄政王保罗领导下的一个君主立宪制国家，在意大利入侵埃塞俄比亚期间，国联实施的制裁迫使南斯拉夫暂停了与意大利的贸易，而这一时期的意大利是南斯拉夫最大的贸易伙伴，因此该国的精英们逐渐不再信任国联。^④ 这使得保罗开始向德国人靠拢，到 1940 年，德国人购买了南斯拉夫绝大部分出口产品。保罗接

---

① U.S. Senate, *To Promote the Defense of the United States: Hearings before the Committee on Foreign Relations*, Seventy-Seventh Congress: First Session on S.275 (Washington DC: GPO, 1941), p.831; "U.S. Weighs Economic Weapons in Aid-Britain Plan; Still Held in Reserve, They May Yet Bring Strong Pressure on the Axis. Impounding of German, Italian and Japanese Funds Suggested," *New York Times*, 12 January 1941, p.3.
② William Hardy, *America, Britain, and Russia: Their Co-operation and Conflict, 1941-1946* (New York: Oxford University Press, 1953), p.778. 在国际法学家埃德温·博查尔（Edwin Borchard）等批评家眼中，《租借法案》与第16条之间的联系是显而易见的，他称《租借法案》是"《国际联盟盟约》第16条的直接产物，其意味着一些国家将通过共同商议决定谁是'侵略者'，即任何反抗现状的国家，然后联合起来制裁它……近些年，在这些国家里有这样一种趋势，即认为美国自己就能独自决定谁是侵略者，然后制裁该侵略者。在1931年谴责日本、1935年对意大利实施制裁的渴望之中，这一倾向表现得十分明显。而在这一法案当中，这一倾向简直达到了神化的程度"。(Borchard in U.S. Senate, *To Promote the Defense of the United States*, pp.653–654).
③ Dunn, *Blueprint for War*, p.168.
④ 在1931—1935年，南斯拉夫出口至意大利的贸易额是出口至英法的四倍；在制裁之下，南斯拉夫与意大利的贸易总量下降了2/3，这对该国而言是一个相当痛苦的经历。Giuseppe Parenti, "L'efficacia delle 'controsanzioni' italiane," *Rivista Internationale di Scienze Sociali* 44, no.7 (July 1936): 360; Perica Hadči-Jovančić, *The Third Reich and Yugoslavia: An Economy of Fear, 1933-1941* (London: Bloomsbury, 2020), pp.97–100.

受了赫尔的租借援助。但随后，希特勒就对保罗施加了巨大的压力，要求南斯拉夫与轴心国签署《三国轴心协定》。当美国副国务卿萨姆纳·威尔斯（Sumner Welles）发现保罗打算改变主意之时，他通知南斯拉夫方面，如果该国加入轴心国，那么美国政府不仅会拒绝对其提供援助，而且会立即冻结南斯拉夫的海外资产。① 此时的南斯拉夫要么选择接受援助，要么选择遭受金融制裁，保罗会作何选择再清楚不过了。在保罗签署协议两天之后，英国方面支持的由杜尚·西莫维奇（Dušan Simović）将军领导的政变就将保罗推翻了。新政府仍然接受了《租借法案》的援助。但在从美国运来的大炮、弹药以及其他物资到达南斯拉夫之前，西莫维奇的军政府就遭到了德军的入侵。② 贝尔格莱德于 4 月 18 日沦陷；雅典则于 4 月 27 日沦陷。南斯拉夫与希腊都曾在 20 世纪 20 年代遭到过国联的消极制裁威慑，在 1941 年时，这两个国家又险些错过了美国积极经济武器的援助。

由于这两个巴尔干半岛国家命运多舛，英国成为事实上《租借法案》的第一个直接受益者。英国方面派遣凯恩斯前往华盛顿就《租借法案》资金的发放问题进行谈判。这一人选十分恰当，因为早在 1924 年时，凯恩斯就已经告诉国联经济与金融组织，"对受害方的积极援助"要比"对侵略国的报复"更能展现出经济武器的作用。③ 1940 年 2 月，他计算出英国还有大约 10 亿英镑的海外资产可供支配。④ 仅

---

① J. B. Hoptner, *Yugoslavia in Crisis, 1934-1941* (New York: Columbia University Press, 1962), p.235.
② David A. T. Stafford, "SOE and British Involvement in the Belgrade Coup d'État of March 1941," *Slavic Review* 36, no.3 (September 1977): 399–419. 爱德华·斯特蒂尼乌斯（Edward Stettinius）指出，《租借法案》的援助来得太晚了，无法帮助到南斯拉夫人民了。(*Lend-Lease: Weapon for Victory* [New York: Macmillan, 1944], 91).
③ LON, ASP, Box 120, Letter from J. M. Keynes to A. E. Felkin, 29 October 1924, p.2.
④ J. M. Keynes, *How to Pay for the War: A Radical Plan for the Chancellor of the Exchequer* (New York: Harcourt, Brace, 1940), pp.82–86.

第三部分　战间期危机中的经济制裁

仅一年后，英国的国防开支就已经远远超过了其资产。英国不得不说服美国接受延期付款这一方案。在《租借法案》最初生效的几个月里，英国的海外采购活动得到了有力支持。因此，摩根索将该计划称为"帝国的军火库"，这一定义要比莫内以及罗斯福的定义更为准确。[①]

可以预料到的是，英美两国的国际主义者在看到美国的工业与金融力量向世界各个主权国家开放之时有多么欣喜。[②] 历史学家已经认识到，1944—1945 年创建的国际组织在很大程度上应当归功于战间期的国联，而非仅是美国人的功劳。[③] 几位主要的国际主义者之间的通信说明，在 1941 年春天《租借法案》提供的援助开始运往各国之时，人们就已经希望通过改进的方式在战后恢复国联了。这一时期，斯威策与流亡的国联经济与金融组织成员一同居住在普林斯顿，他十分敏锐地注意到了未来国联的全球物质基础。斯威策坚持主张，美国的政策制定者应当建立一个真正的"普遍联盟"。他强烈反对那些在坊间流传的提议，例如克莱伦斯·斯特莱特（Clarence Streit）建议英美两国组建一个政治军事联盟，他认为"一旦我们建立一个过于排他的盎格鲁–撒克逊联盟来管理世界事务"，那么就会招致"十分明确的危险"。[④] 斯威策敦促塞西尔不要"忽视其他民主国家，其中不仅包括

---

① Blum, *From the Morgenthau Diaries*, 2:248.
② 《租借法案》之所以能得以通过，在很大程度上应当归功于1940年与罗斯福竞选总统的共和党候选人温德尔·威尔基（Wendell Wilkie）的宣传，雷蒙德·布尔曾在其竞选团队中担任外交事务顾问。Wertheim, *Tomorrow, the World*, p.120.
③ Donald Cameron Watt, "Every War Must End: Wartime Planning for Postwar Security in Britain and America in the Wars of 1914–1918 and 1939–1945: The Role of Historical Example and of Professional Historians," *Transactions of the Royal Historical Society* 28 (1978): 159–173; Mark Mazower, *No Enchanted Palace: The End of Empire and the Ideological Origins of the United Nations* (Princeton, NJ: Princeton University Press, 2009), pp.14–18.
④ LOC, ASP, Box 30, Letter from Arthur Sweetser to R. L. Buell, 9 April 1941. This referred to Clarence Streit's book *Union Now with Britain* (New York: Harper and Brothers, 1941); Wertheim, *Tomorrow, the World*, p.94.

441

斯堪的纳维亚国家、荷兰等老朋友,而且还包括中国。""未来一百年英美治下的和平"绝非一个新世界秩序的合法基石,这势必会"导致反对者建立起一个对抗性的联盟"。①

1920年,斯威策仍然着迷于国联手中的"经济扼杀武器"。但现在,他更倾向于建立新的联系,而非切断联系,而且他也相信和平的基础是由"发明家以及商人奠定的,他们正将世界打造成一个不可分割的整体"。此刻,日内瓦精神已暂居于美国东海岸地区。斯威策向塞西尔保证:"无论是在理论上,还是在实践中,火星都没有熄灭。我坚信,如果我们能以正确的方式解决这场战争,那么国联的力量就能进一步得到增强,最终,世界(将)进入一个前所未有的繁荣以及充满希望的时代。"②

制裁与援助

1941年6月22日,希特勒入侵苏联,此时,盟军很难再将苏联视为经济战的打击对象了。③而这也给罗斯福提供了一个机会,让他去实现先前英法两国没能做到的事情:将苏联纳入国际主义反法西斯联盟之中。美国扭转了先前英法两国1939年时对莫斯科采取的政策,选择向苏联提供了援助。在短短的两年时间里,苏联就从国际援助所要打击的侵略者变成了获得援助的受害者。6月25日,芬兰作为轴心国的盟国,发动了所谓的"继续战争",苏芬重开战端,而

---

① LOC, ASP Box 30, Letter from Arthur Sweetser to Cecil, 1 July 1941, p.3.
② LOC, ASP Box 30, Letter from Arthur Sweetser to Cecil, 9 May 1941, pp.1, 2.
③ Jürgen Förster, "Hitler's Decision in Favour of War against the Soviet Union," in *Germany and the Second World War*, vol. 4: *The Attack on the Soviet Union*, ed. Horst Boog, Jürgen Förster, *Joachim Hoffmann, Ernst Klink, RolfDieter Müller, and Gerd R. Ueberschär*, pp.13–51 (Oxford: Clarendon Press, 1998).

这一次，芬兰受到的待遇就完全相反了。1941 年 4 月，芬兰方面仍然能从美国进出口银行获得贷款；到 6 月，芬兰就不得不向外国资金管制办公室申请许可证以处置本国在美国的资产了，因为到这一时期，美国已经冻结了所有欧洲大陆国家的海外资产。[①]

1941 年夏天，消极的制裁武器与积极的援助武器同时运转了起来。在为苏联提供租借援助的同时，美国也进一步升级了对日本施加的经济压力，在国内设立了一个负责经济战的部门。纳粹在东线发动的攻势也标志着其发动的种族灭绝大战的高潮已然到来。因此，在 1941 年的大乱局中，战间期经济制裁史上的三条核心线索融汇到了一处：同时使用援助以及制裁来预防与遏制侵略行径；在战争之外实施有效的威慑行为来防止战争扩大；以及在这样一个由制裁所主导的世界中，封锁恐惧症所带来的影响。

纳粹在欧洲大陆上建立起来的"新秩序"理应要比帝国时代德国脆弱的霸权强大得多。一位德国经济学家宣称，"'封锁欧洲'是不可能的"。[②] 但纳粹政权中的官僚们知道这绝非事实。尽管在 1939 年，德国在战前的边界内还能勉强实现自给自足，但到 1940 年冬天，德国在欧洲的征服战争导致了原材料与粮食的短缺，使得德国不可能与英美两国维持全球性的权力斗争了。[③] 控制苏联西部的领土并不能改善德国在应对封锁时的处境，除非德国人打算把这片土地上的人

[①] "Freezing of German and Italian Assets in the United States," 14 June 1941, in *Department of State Bulletin* (Washington, DC: GPO, 1941), 4:718.

[②] V. Muthesius, *Autarchia Europea* (Rome: Quaderni di politica e di economia contemporanea no.18, 1940), p.11.

[③] BA-BL, R 3601/2360 RWM memorandum, "Die ernährungswirtschaftliche Blockadefestigkeit Deutschlands und Kontinentaleuropas," November-December 1940; 有关这一重大危机，参见 Hillgruber, *Hitlers Strategie*, pp.352–377; Tooze, *The Wages of Destruction*, pp.411–420; Toprani, *Oil and the Great Powers*, pp.199–230; Edgerton, "Controlling Resources," p.131.

都饿死。1941年春天，纳粹制订了臭名昭著的"饥饿计划"，以令人不寒而栗的清晰度向人们展示出在封锁中追求安全与大规模屠杀之间的联系："这片领土上的数千万人都是多余的，他们要么死，要么必须迁居西伯利亚。如果用黑土区产出的额外物资来养活这里的人口，那么欧洲部分就得不到充足的供应了。如此一来，德国就没有办法坚持到战争结束了，也没有办法让德国以及欧洲部分有效抵御封锁。在这一问题上，必须保持头脑的绝对清晰。"[1]在"东方总计划"——计划对这片土地进行种族清洗后重新安置德国人——的设计过程中，德国人也是以"抵御封锁"为目标的。[2]在德国，封锁的幽灵与种族灭绝的计划实现了结合。[3]

6月22日，历史上规模最大的入侵部队进入苏联境内，西方政府随即开始考虑向莫斯科方面提供援助。在巴巴罗萨行动开始两天后，外国资金管制办公室就解封了价值1000万美元的苏联飞机发动机与机床订单，并开始解封苏联的其他资产。6月底，苏联大使请求

---

[1] Trial of the Major War Criminals before the International Military Tribunal (IMT), vol. 36, Document EC-126, "Wirtschaftspolitische Richtlinien für Wirtschaftsorganisation Ost, Gruppe Landwirtschaft," 23 May 1941, p.145.

[2] Alex J. Kay, *Exploitation, Resettlement, Mass Murder: Political and Economic Planning for German Occupation Policy in the Soviet Union, 1940-1941* (New York: Berghahn Books, 2006), pp.39-40; Kim Priemel, "Scorched Earth, Plunder, and Massive Mobilization: The German Occupation of Ukraine and the Soviet War Economy," in *The Consequences of Nazi Hegemony for Europe*, ed. Jonas Schermer and Eugene White, pp.389-426 (Cambridge: Cambridge University Press, 2016).

[3] BA-MA, OKW/WiAmt/Z1/II Nr. 6250/42 geh., "Auszug aus den Arbeitsrichtlinien des Reichsministers für die besetzten Ostgebiete für die Zivilverwaltung," 1 September 1942; 以及pamphlets such as *Deutschland blockadefest, Europa blockadefest* (Gauschulungsamt der NSDAP, 1942), and the memoranda by Theodor Oberländer, collected in *Der Osten und die deutsche Wehrmacht: 6 Denkschriften aus dem Zweiten Weltkrieg über die Behandlung der Sowjetvölker* (Ingolstadt: Mut Verlag, 1984), pp.43, 48; Götz Aly and Susanne Heim, *Vordenker der Vernichtung: Auschwitz und die deutsche Pläne für eine neue europäische Ordnung* (Hamburg: Fischer, 1991), pp.234-282; Ulrich Herbert, *Geschichte Deutschlands im 20. Jahrhundert* (Munich: C. H. Beck, 2015), p.434.

美国国务院向苏联提供 5 亿美元的信贷，以帮助苏联获得更多的物资供应。① 7 月初，一个苏联军事代表团抵达华盛顿，双方开始讨论细节问题。由于德国空军正迅速掌握制空权，苏联空军特别需要高辛烷值的航空燃料。② 然而，随着东线局势的日益恶化，苏联所需的援助规模也涨到了天文数字。7 月 18 日，罗斯福政府看到了苏联第一个完整的援助请求清单，其物资总价值达到令人瞠目结舌的 18.5 亿美元：包括 3000 架战斗机、3000 架轰炸机，2 万门高射炮，5 万吨航空燃料，大量的汽油、润滑油，以及价值 5000 万美元的工厂设备。③

即使对像美国这样的工业强国来说，在短时间内完成规模如此庞大的订单也不是一件容易的事情。更为复杂的情况在于，在东线战场进行"工厂战争"的同时，美国正打算进一步升级对日本的经济制裁。④ 1940 年 12 月，美国禁止向日本出口铁矿石、液压泵以及润滑油；1941 年 1 月至 2 月，禁止出口的清单扩大到了铜、锌、镍以及钾盐。美国方面是逐步开始采取这些限制性措施的，这样一来，他们就可以宣称这些措施的目的在于优先保障美国重整军备所需的物资供应。⑤ 事实上，在《租借法案》通过之后，美国开始从世界各

---

① Blum, *From the Morgenthau Diaries*, 2:256-259, 262.
② Stettinius, *Lend-Lease*, pp.121-124.
③ William L. Langer and S. Everett Gleason, *The Undeclared War, 1940-1941* (New York: Harper and Brothers, 1953), p.558.
④ "工厂战争"一词是由德国奥尔多自由主义学派经济学家福克马尔·姆泰苏斯（Volkmar Muthesius）提出的，参见Volkmar Muthesius, *Der Krieg der Fabriken* (Berlin: Im Deutschen Verlag, 1941). 以及Jeffrey Fear, "War of the Factories," in Geyer and Tooze, *The Cambridge History of the Second World War*, pp.94-121; 当代有关纳粹与苏联在战时生产方面的研究，参见Stefan J. Link, *Forging Global Fordism: Nazi Germany, Soviet Russia, and the Contest over the Industrial Order* (Princeton, NJ: Princeton University Press, 2020), pp.172-206.
⑤ Michael Barnhart, *Japan Prepares for Total War: The Search for Economic Security, 1919-1941* (Ithaca, NY: Cornell University Press, 1988), p.215.

地采购原材料、能源、半成品以及机械设备。①

在罗斯福政府当中,人们在对日政策上仍存在严重的分歧。② 作为强硬派代表,国务院远东司的霍恩贝克赞成"对日本实施全面彻底的经济制裁方案"。③ 而作为温和派代表,驻日大使约瑟夫·格鲁(Joseph Grew)则并不相信"日本经济与财政资源方面的恶化能在短时间内让日本这个军国主义大国走向崩溃……到目前为止,事实都证明我们无法通过对日本实施贸易禁运与封锁来避免远东的冲突"。④ 大多数美国决策者的观点介于霍恩贝克与格鲁之间,他们认识到,尽管制裁可以给日本带来严重的经济损失,但"不一定能让日本停下战争的步伐"。⑤ 最为核心的政策难题在于是否要对日本实施石油禁运。日本方面一直在大量囤积燃料。但到了1941年夏天,

---

① M. Wilson, *Destructive Creation*, p.61.
② 大卫·雷诺兹(David Reynolds)认为,罗斯福政府的核心目标还是在于避免参与战争,他认为罗斯福政府的主要政策是"以威胁实施石油制裁以及增强美国在菲律宾的力量为后盾,同时准备继续进行谈判,以争取时间"(*From Munich to Pearl Harbor: Roosevelt's America and the Origins of the Second World War* [Chicago: Ivan R. Dee, 2001], pp.139-144, 143)。另外一些人,如马克·特拉赫特伯格(Marc Trachtenberg)则认为,美国所实施的政策意在积极削弱日本,而在此过程中,美国准备承担因加强制裁而导致的战争风险,同时不同意赫尔–野村会谈中美国代表与东京方面达成的太平洋问题解决方案。(*The Craft of International History: A Guide to Method* [Princeton, NJ: Princeton University Press, 2006], pp.79-139)。不过,双方都同意一点,即1941年下半年经济制裁的升级,不管是事实上的还是法律上的,不管是罗斯福方面有意推行的还是其顾问们在背后秘密安排的,都是让日本方面决定发动战争的关键性因素。
③ 霍恩贝克主张实施经济制裁的第一份备忘录可以追溯到1931年12月,但在日本侵华战争开始之后,他至少从1938年就开始支持美国对日本施加经济压力了。参见HIA, SHP, Box 369, Folder "Sanctions #1," Telegram from Hornbeck to Mr. Sayre, 22 December 1938, p.1.
④ Joseph C. Grew, *Turbulent Era: A Diplomatic Record of Forty Years, 1904-1945* (Boston: Houghton Mifflin, 1952), 2:1279-1280.
⑤ William Diebold Jr., "Japan's Vulnerability to American Sanctions," *Studies of American Interests in the War and the Peace* (New York: Council on Foreign Relations), 23 November 1940, p.3.

第三部分　战间期危机中的经济制裁

由于《租借法案》的影响，全球石油供应情况变得十分复杂。由于需要优先供应英国，大量的美国油轮改道将石油运输给英国。[①]6月20日，内政部部长兼战争石油管理局局长哈罗德·伊克斯（Harold Ickes）宣布，从今以后，任何从美国出口的石油衍生品都需要获得出口许可证。[②]除了向英国或拉丁美洲的盟友提供供应之外，美国政府禁止油轮离开大西洋港口。中立的西班牙与葡萄牙的石油供给速度开始放缓，对西班牙而言，他们再次经历了1940年8月的石油禁运。[③]一方面，盟军需要大量的军事物资；另一方面，日本也需要为在中国作战的百万远征军队提供资金与装备。此时，两方需要争夺同一批来自北美的资源。

由于日本在远东方面采取了进一步的行动，华盛顿方面更加倾向于对日本实施贸易管制。7月24日，维希法国当局将法属印度支那的两个港口以及八个空军基地移交给了日本。在与日本驻美大使野村吉三郎沟通之后，美国海军作战科科长哈罗德·斯塔克（Harold Stark）上将认为，日本军方会"巩固他们侵占的阵地，同时在等待世界对他们的最新行动会作何反应"。他怀疑日本方面是否会发动进攻，"除非我们禁止向日本运输石油……否则他们不会采取任何行动……直到苏德战争出现一个更加确定的结果"。[④]但在华盛顿，日

[①] "The Congress Is Asked for an Oil Pipeline to Supply Middle Atlantic Refineries with Crude Oil. May 20, 1941," in *Public Papers of the Presidents of the United States: Franklin D. Roosevelt: 1941* (New York: Harper, 1950), 10:173–174; David Edgerton, *Britain's War Machine: Weapons, Resources and Experts in the Second World War* (Oxford: Oxford University Press, 2011), pp.184, 188.
[②] Stephen J. Randall, "Harold Ickes and United States Foreign Petroleum Planning, 1939-1945," *Business History Review* 57, no.3 (Autumn 1983): 367-387.
[③] Joan Maria Thomàs, *Roosevelt and Franco during the Second World War: From the Spanish Civil War to Pearl Harbor* (New York: Palgrave Macmillan, 2008), pp.169–170.
[④] *Pearl Harbor Attack: Hearings before the Joint Committee on the Investigation of the Pearl Harbor Attack, Seventy-Ninth Congress*, part 5 (Washington, DC: GPO, 1946), p.2114.

447

本进占印度支那的行动使得支持制裁的一方占据了上风。7月25日，罗斯福冻结了日本在美国的所有资产，并规定所有向日本的出口都需要申请许可证。① 出口许可证就像"套在日本脖子上的一根绳索"，（罗斯福）能"时不时地收紧一下这根绳索"。② 五天之后，罗斯福成立了经济防卫委员会，这是美国第一个专门负责经济战的机构。

　　罗斯福可能没有打算对日本实施全面的经济制裁。但英国与荷兰内阁很快就加入了美国的资产冻结行动中，荷属东印度群岛政府也大幅减少了向日本供应的铝土矿与橡胶。当罗斯福在纽芬兰海岸与丘吉尔会面，起草《大西洋宪章》(the Atlantic Charter) 时，摩根索与助理国务卿迪安·艾奇逊（Dean Acheson）对出口管制机构进行了一定程度的改造。他们设立了一个严格的双重许可证制度，使得美国与日本之间的几乎一切交流都被切断了。③ 随着金融制裁逐步升级，日本的影响力日益缩小，几乎被限制在日元集团范围之内，到1941年8月的第一周，日本几乎与世界经济的其他部分隔绝开来，在不到两周的时间里，日本丧失了90%的海外石油供应以及70%的贸易收入。④ 其大部分海外资产都遭到了扣押，这意味着日本最终将没有足够的外汇来进口重要的商品，与此同时，日本也无法再在国

---

① Jonathan G. Utley, *Going to War with Japan, 1937-1941* (New York: Fordham University Press, 1985), pp.153-156; Edward S. Miller, *Bankrupting the Enemy: The U.S. Financial Siege of Japan before Pearl Harbor* (Annapolis, MD: Naval Institute Press, 2007); Roland H. Worth, *No Choice but War: The United States Embargo against Japan and the Eruption of War in the Pacific* (Jefferson, NC: McFarland, 1995).

② Harold Ickes, *The Secret Diary of Harold L. Ickes*, vol. 3: *The Lowering Clouds, 1939-1941* (New York: Simon and Schuster, 1965), p.588.

③ Barnhart, *Japan Prepares for Total War*, p.231; Blum, *From the Morgenthau Diaries*, 2:378-380; Reynolds, *From Munich to Pearl Harbor*, pp.150-151. My thanks to Noriko Kawamura for driving this point home.

④ Akira Hara, "Japan: Guns before Rice," in *The Economics of World War II: Six Great Powers in International Comparison*, ed. Mark Harrison, p.240 (Cambridge: Cambridge University Press, 1998).

际市场上购买燃料了。英荷美三方的经济封锁导致的结果是,日本开始紧锣密鼓地准备以武力夺取东南亚的关键原材料产地。7月30日,海军总参谋长永野修身告诉天皇,"目前我们的供应正逐渐减少,如果我们要打仗,我想我们越早打越好"。[1] 由于石油制裁已经落地,他提醒日本领导层,仅仅海军每小时就要消耗400吨燃油。[2]

1941年夏天,美国一方面开始对日本施加相对严格的制裁,一方面利用《租借法案》对英国、中国以及苏联提供了规模庞大的援助,这两者是同时出现的,这一点十分明确地证明了经济武器的双重性质。和第一次世界大战一样,动用经济武器的人一方面要为盟国提供资源,一方面要禁止敌人获得资源,两种手段并驾齐驱。特别值得注意的是石油这一资源在经济武器当中的关键地位。在巴巴罗萨行动开始后的头三个月里,在美国对苏联的所有援助中,石油产品占了总重量的79%(14.5万吨)。[3] 由于其中的大部分是由油轮从西海岸的炼油厂运至苏联的,因此,破坏性的经济制裁与关键的物质援助之间的区别相当于小小地改变了太平洋上的能源运输路线——美国的油轮不再驶向横滨,而是驶向其北方几百千米外的符拉迪沃斯托克(海参崴)。制裁与援助之间的差别很小,但其影响却是巨大的。

9月17日晚,当德军在苏联的进攻速度开始放缓之时,希特勒在他的总部与一小群亲近人士共进了晚餐。他宣称,"一旦占领了俄罗斯,欧洲就能参与争夺世界霸权了;因为俄罗斯的土地能让欧洲

---

[1] Cited in Noriko Kawamura, "Emperor Hirohito and Japan's Decision to Go to War with the United States: Reexamined," *Diplomatic History* 31, no.1 (2007): 60.
[2] Robert J. C. Butow, *Tojo and the Coming of the War* (Stanford, CA: Stanford University Press, 1969), p.314.
[3] Weeks, *Russia's Life-Saver*, p.141, table 1.1.

成为世界上最能抵御封锁的地区"。① 几天后,他宣布,"指望通过长期战争来征服我们的神话已经是过去式了。我们不会再相信时间的流逝会迫使我们屈服这种话了"。② 矛盾的是,随着希特勒发动的战争在范围上以及时间上不断扩大,在1938—1939年让希特勒感到畏惧的时间上的幽闭恐惧症却似乎消失了。在回顾了最近的一系列事件之后,希特勒解释道:"只要我意识到有一种原材料对战争而言至关重要,我们就需要控制此类材料,而不依赖于外部供应——铁、煤、石油、谷物、牛、木材,我们必须实现原材料自由。"让欧洲能充分抵御封锁的努力已经取得了成功,"今天我可以说:只要我们可以阻止遥远的巨型国家利用欧洲文明将亚洲人动员起来反对我们,欧洲就能做到自给自足"。③

远方的巨型国家确实在通过分享他们的资源来动员世界各国反对希特勒。10月1日,罗斯福的特使W.阿维尔·哈里曼(W. Averell Harriman)抵达莫斯科。在苏联外交官莫洛托夫、李维诺夫,以及英国供应部大臣、报业巨头、工业家比弗布鲁克勋爵(Lord Beaverbrook)的面前,哈里曼签署了《莫斯科议定书》(*Moscow Protocol*),开始正式向苏联交付租借的物资。美国援助苏联的卡车、燃料、飞机以及机械工业设备尤其帮助了苏联的军事行动以及战争

---

① "Führerhauptquartier, 9.17 Abends und in der Nacht zum 9.1941," in *Werner Jöchmann, ed., Monologe im Führerhauptquartier 1941-1944: Aufgezeichnet von Heinrich Heims* (Munich: Albrecht Knaus, 1980), p.46.

② "Führerhauptquartier, 25.9.1941, Abends," in *Jöchmann, Monologe im Führerhauptquartier*, p.53.

③ Jöchmann, *Monologe im Führerhauptquartier*, p.24. 希特勒还说:"四年计划对英国造成了前所未有的打击,因为他们觉得如此一来,(德国)将不再容易受到封锁(Blockadeschwach)的影响;如果我放弃这一计划,他们愿意为我提供贷款。"

经济。①1941年，经济武器所应对的国际政治形势发生了惊人的转折。当援助苏联的物资开始运抵北极港口摩尔曼斯克时，芬兰军队向苏联发动了一场地面攻势，切断了已被围困的列宁格勒的外部供应线。这个转折颇具讽刺意味：在战间期，芬兰是主张国际联盟打造财政援助武器的国家之一，最终却在第二次世界大战期间打击了这一机制。1943年年初，芬兰政府谨慎地与美国外交官进行了接触，表达了对《大西洋宪章》的兴趣，并询问了在没有加入联合国的情况下是否有可能获得美国的租借援助。② 这一诱惑是显而易见的，也很容易理解。到战争结束之时，租借给苏联的汽车总数超过40万辆，粮食175万吨，石油260万吨，苏联生产的53%的重武器弹药原材料也都来自美国的援助（见图10.2）。③ 这使得盟军能够维持一场全球性战争，在这场战争中，苏联红军以及中国国民政府提供了大量的人力。④

尽管经济援助能够帮助盟军赢得战争，但在此之前，经济制裁导致了冲突进一步扩大。英、荷、美的石油制裁直接导致日本进军东南亚。由于石油制裁成功地阻止了佛朗哥加入战争，美国的决策者们因此感到信心十足；既然这套武器对西班牙管用，那么为什么

---

① 这一观点已经得到了俄语材料的证实，参见Boris V. Sokolov, "The Role of Lend-Lease in Soviet Military Efforts, 1941–1945," *Journal of Slavic Military Studies* 7, no.3 (September 1994): 567–586, and Alexander Hill, "British Lend-Lease Aid and the Soviet War Effort, June 1941-June 1942," *Journal of Military History* 71, no.3 (July 2007): 773–808; M. Harrison, *Soviet Planning for Peace and War*, pp.257–262.
② Chargé in Finland (McClintock) to Secretary of State, 20 February 1943, Document 163, in FRUS, 1943, vol. 3: *The British Commonwealth, Eastern Europe, the Far East* (Washington, DC: GPO, 1963), p.240.
③ Weeks, *Russia's Life-Saver*, p.141, table 1.1.
④ A point made well by Mark Edele, "Who Won the Second World War and Why Should You Care? Reassessing Stalin's War 75 Years after Victory," *Journal of Strategic Studies* 43, nos. 6–7 (2020): 1039–1062.

图 10.2　伊朗妇女在通过"波斯走廊"运给苏联的租借物资车队旁边（拍摄于 1944 年。Everett Collection Historical/Alamy Stock Photo）

不用它来针对日本呢？1941 年 10 月，霍恩贝克对现有的制裁措施感到十分满意；他不认为日本领导人会"采取一些可怕的暴行……在巨大的经济压力面前，日本人还没有丧失理性，没有打算发动一场必败的攻击"。①11 月 5 日，丘吉尔写信给罗斯福称，英荷美战线"取得了辉煌的战绩。但我们的联合禁运正不断地迫使日本人做出是战是和的决定"。②

一个月后，日本突袭了珍珠港，并对整个东南亚地区发动了攻

---

① HIA, SHP, Box 369, Folder "Sanctions #2," Memorandum by Hornbeck, "Withdrawal of Americans from Far East," 2 October 1941, pp.1–2. juramentado 一词指的是菲律宾的摩洛人用剑对西班牙以及美国的殖民部队发动的攻击。

② Winston S. Churchill to Franklin D. Roosevelt, 5 November 1941; in Martin Gilbert, ed., *The Churchill War Papers*, vol. 3: *The Ever-Widening War, 1941* (New York: W. W. Norton, 2000), p.1412.

击。日本帝国的精英们很清楚他们自己发动了一场没有机会取胜的战争。[1] 和1939年夏天的希特勒一样,日本领导人被时间上的幽闭恐惧症所困扰。但他们并非凭空认为时间不站在他们这一边;在考虑到经济制裁所导致的资源短缺以及日本被孤立在日元集团内的情况之后,任何人都会和日本精英做出同样的判断。不出所料,1941—1942年,日军攻势的主要目标是控制印度尼西亚的石油资源。[2]1942年1月,当大岛浩大使会见希特勒时,他告诉希特勒,一旦日本控制了东南亚的原材料,那么他们就能维持一场长期战争。当日本军队在整个东南亚地区展开行动之时,大岛认为罗斯福在不准备武装防御的情况下就实施制裁是一个巨大的错误,他表示,这是一个"彻头彻尾的疯狂政策"。希特勒对封锁带来的恐惧感再熟悉不过了,他同意大岛的观点,并补充道:"如果一个人不想坐等被人割喉,那么他就必须先发制人,日本正确地认识到了这一点,同时也是这么做的。"[3]

但短期的成功并没有让轴心国长期的劣势得以改观,因为他们面对的是他们无法战胜的力量。作为战时联盟的联合国于1941年12月29日正式成立。其目标已在《大西洋宪章》中写明。[4] 该宣言的第四条承诺所有国家"都有机会在同等条件下,为了实现它们经济

---

[1] Jeffrey Record, *A War Which It Was Always Going to Lose* (Washington, DC: Potomac Books, 2011), ch. 1.
[2] Willem Remmelink, ed., *The Invasion of the Dutch East Indies (Compiled by the War History Office of the National Defence College of Japan)* (Leiden: Leiden University Press, 2015), pp.xxxi, 1–2, 4.
[3] IMT, vol. 35, Document 423-D, "Aufzeichnung über das Gespräch des Führers mit Botschafter Oshima am 3. Januar 1942 im Beisein des Reichsaußenministers in der Wolfsschanze," pp.101, 102.
[4] David L. Roll, *The Hopkins Touch: Harry Hopkins and the Forging of the Alliance to Defeat Hitler* (London: Oxford University Press, 2013), pp.172–175.

的繁荣,参加世界贸易和获得世界的原料"。这一时期,美国已经承诺向30多个国家提供租借援助。这些物资是支撑联合国这一联盟的面包、黄油与枪支。到1945年夏天,当《租借法案》圆满完成任务之时,美国已经提供了超过480亿美元的援助物资,并通过所谓的回惠租借(Reverse Lend-Lease)获得了80亿美元的物资。[1]罗斯福同样也建立了新的政府机构来负责对敌人施加经济压力,例如1941年12月成立的经济战委员会。[2]该委员会由三个部门组成——负责进口的部门、负责出口的部门以及负责分析的部门,其机构设置十分简洁,证明美国在物质上占据着主导地位。在很大程度上,对美国政府而言,决定哪个国家能获得什么原料,是一个控制美国经济的内部生产与外部供应的问题。该委员会的出口办公室重点关注可以将哪些货物与资源运给至少38个国家,而进口办公室则负责管理"关键原材料的外部供应"。[3]该委员会的工作建立在这样一个前提之上:"供应是一种积极的经济武器,我们能成功地利用这一点维持战争。"[4]

经济战委员会的主席是罗斯福政府的副总统亨利·华莱士(Henry Wallace)。华莱士是一个出身农业家庭的左翼新政支持者,他的战后秩序设想充满了野心,他希望能为这个世界上的所有人提供经济安全以及体面的生活。在1942年5月8日著名的"自由世

---

[1] Gayer, *The Problem of Lend-Lease*, p.5; Koistinen, *Arsenal of World War II*, p.266.
[2] *A Brief Historical Statement of the Office of Economic Warfare, Office of Lend-Lease Administration, Government Corporations, Office of Foreign Economic Coordination, Office of Foreign Relief and Rehabilitation Administrations, with Exhibits* (Washington, DC: United States Foreign Economic Administration, 1944), p.7.
[3] *The Office of Exports: Purpose and Organization*, 7 December 1942 (Washington, DC: Board of Economic Warfare, 1942), p.5.
[4] "Board of Economic Warfare," in *United States Government Manual, Summer 1943* (Washington, DC: Office of War Information, 1943), p.133.

界胜利的代价"演讲中,华莱士预言,在新的战后秩序中,世界各国将迎来"人民的世纪""普通人的世纪"。他重申,罗斯福提出的"四大自由是联合国为之奋斗的革命的核心"。① 然而,华莱士认为,"如果我们不希望再度爆发热战,那么我们就不能将经济战永久化。"② 与1914—1918年不同的地方在于,战时的联合国必须准备好利用援助的力量来实现其社会变革的目标。在战间期,许多制裁的批评者认为,在很大程度上,政治冲突是由社会经济发展的不平衡造成的。华莱士对艾薇·洛·李维诺夫(苏联外交部部长李维诺夫的妻子,出生于英国)说道:"这场战争的目的是确保世界上每个人都有每天喝一夸脱牛奶的权利"(她回答说"是的,哪怕半品脱也行")。③ 这与国联创始人简单的国际主义诉求完全不同,是一个全新的政治经济议题。塞西尔对此类进步政策持怀疑态度,他解释道,尽管他支持"以某种形式恢复国际联盟",但他"最害怕的就是左翼的狂热分子,他们试图利用新的国际联盟来实现其经济主张"。④

到1943年春天,对欧洲施加的经济压力被称为"联合国的封锁"。⑤ 联合国的作战行动既包括直接针对敌方平民的战略轰炸,也包括准备提供给这些平民的物质援助。例如,1943年,盟军对德国城市进行了轰炸,而就在同一时期,联合国成立了善后救济总署

---

① Henry Wallace, *The Price of Free World Victory*, address before the Free World Association, New York City, 8 May 1942 (Washington, DC: GPO, 1942), p.2.
② Cited in Donald G. Stevens, "Organizing for Economic Defense: Henry Wallace and the Board of Economic Warfare's Foreign Policy Initiatives, 1942," *Presidential Studies Quarterly* 26, no.4, Intricacies of U.S. Foreign Policy (Fall 1996): 1126–1139.
③ Wallace, *The Price of Free World Victory*, p.3.
④ LOC, ASP, Box 30, Letter from Cecil to Sweetser, 23 November 1942.
⑤ HIA, NCFSD, Box 27, Folder 32, "What Must Be Done to Start Relief," 3 May 1943, p.2.

（UNRRA）。[1] 在战争结束之后，每个国家都能获得物资供应，但盟国会设置一些条件。例如，轴心国必须无条件投降，这一点是毫无疑问的。[2] 盟军为未来世界所做的规划建立在环环相扣的垄断之上：全球性的干预力量、对战略资源的控制，以及对侵略国实施全方位制裁而不给中立国留出空间的能力。战争生产委员会的矿业顾问查尔斯·利斯（Charles Leith）认为"美国必须制定一项矿产政策，其中需要包括对未来可能出现的侵略者的制裁……如果要防止轴心国重新武装起来，就必须找到能解决制裁存在的问题的方案"。[3] 因此，"制裁存在的问题"似乎与制度设计问题联系在了一起——如何设计一个类似于《国联盟约》第 16 条，但要比之更有效的制度，以及物质稳定方面的问题：如何让世界经济从战争的破坏中走出来。

这是一个十分艰巨的挑战。当国际清算银行于 1944 年调查世界经济情况时，他们估算战前世界贸易总额为 460 亿美元，其中近 200 亿美元的贸易要么被破坏，要么被封锁。[4] 生产、贸易以及分配领域

---

[1] Jessica Reinisch, "Internationalism in Relief: The Birth of UNRRA," *Past and Present* 210, no.1 (2011): 258–289.
[2] 诺曼·安吉尔以特有的方式表达了自己的观点。"无论是在过去，还是在将来，人们都不可能建立起一个所有人都满意的法律体系，一个所有人都认为公平公正的现状。在上一次战争结束之后，我们没能重视这一真理，而这也是导致和平遭到破坏的原因。我们说，我们不能在1931年时帮助中国，因为日本在面对这样一个被混乱的大陆时会提出自己的主张；我们也不能在1935年帮助埃塞俄比亚人，因为他们没有废除奴隶制，他们还在吃生肉；后来，我们也不能帮助西班牙政府抵抗纳粹法西斯的入侵，因为一些支持共和政府的人烧毁了教堂；我们也不能与俄罗斯合作进行共同防御，因为他们是共产党，或者说'无神论者'"(cited in "Divergent Views in United Nations Handicap to Peace," *New York Times*, 17 January 1943).
[3] Cited in "Adoption of Policy on Sanctions Urged. Dr. Leith of WPB Calls for Step to Deal with Aggressors in Testing Society Talk," *New York Times*, 29 June 1944.
[4] 在很大程度上，外贸比重的下降是由于世界商业领域内明显的分裂造成的。封锁和反封锁措施使得三个主要地区相互隔离开来，这些国家除了通过少数中立国与外部世界进行少量的贸易之外，彼此之间没有任何联系。(Bank for International Settlements, *Fourteenth Annual Report: 1st April 1943-31st March 1944* ［Basel: BIS, 1944］, p.46).

都发生了巨大的变化。苏联有 2700 万公民死亡，同时苏联也失去了战前 80% 的贸易以及 1/4 的资本存量。但即使是在苏联，战时物流所建立的新联系也为战后重建提供了基础：苏联还根据回惠租借向美国提供了 3200 万吨锰以及 30 万吨铬，使得美国能够为盟国生产足够的高质量钢铁。[1] 随着盟军的胜利近在眼前，经济武器在战后国际组织中应发挥何种作用的问题也随之凸显出来。

新多边主义中的制裁

1943 年 10 月 30 日，美国、英国、苏联与中国的外交部部长发表了《莫斯科宣言》(the Moscow Declaration)，在这份文件中，四国代表同意在战后建立一个安全组织。[2] 在国际联盟协会的支持下，塞西尔起草了一份以上述四大国为核心的"未来国际机构公约草案"。[3] 斯威策将这份草案转交给了美国国务院的工作人员，并于 1944 年 2 月告知英国人，美国方面认为在战后秩序中最重要的因素是军事合作。[4] 而这一点正是英美在 1919 年巴黎和会上不愿意达成合作的领域。时年已经 79 岁的塞西尔认为，绝对有必要建立一个拥有军事力

---

[1] Mark Harrison, "The Soviet Union: The Defeated Victor," in Harrison, *The Economics of World War II*, p.292.

[2] 事实上，苏联与中国都愿意参与集体安全的建构，这在很大程度上能够反驳那些认为联合国在成立之时依旧是以西方为中心的论述，一些著作错误地将1943年10月的莫斯科外长会议描述为赫尔与艾登"说服苏联与中国支持在战后建立一个集体安全组织"的会议。(W. Nester, *Globalization, War, and Peace in the Twenty-First Century* [New York: Palgrave Macmillan, 2010], p.132).

[3] *The Future International Authority: Draft Pact with Commentary* (London: Executive Committee of the League of Nations Union, 1944).

[4] "This country would be willing to do far more on a straight security basis than on the other and broader phases of international cooperation" (LOC ASP, Box 30, Letter from Sweetser to Cecil, 8 February 1944).

量的国际组织。战争期间，他在给他哥哥写的一封信中说道，在有些情况下，"除了武力之外，没有什么东西能够阻止侵略者"。①

塞西尔家族中的很多人都参与到了经济战当中。他姐姐莫德（Maud）的儿子，也就是他的外甥，第三代塞尔本伯爵（Earl of Selborne）帕尔默（Roundell Palmer），从1942年2月到战争结束之时一直担任英国的经济战部大臣。和他的舅舅一样，塞尔本也支持通过长期封锁来消耗敌人的有生力量。在上议院，他为英国的经济战政策辩护称，这是一场旨在拖垮敌人的巨大系统工程，其中，"海军负责拦截德国从马来亚进口的橡胶，而空军则负责摧毁德国的合成橡胶工厂"。其结果是"在敌人的边界内外，以大规模联合行动的方式，采用各种手段削弱敌人的战斗力"。② 一方面，塞尔本遵循了塞西尔本人在1916年提出的设想，即将封锁视为一种塑造世界秩序的手段，另一方面，由于新技术、新政策的出现，他们又对塞西尔的设想进行了拓展。战略空军以及全球范围内的资源控制使得现代经济战争能够击败最为顽强的敌人。如果重点在于避免战争，那么，尽管制裁可能是有用的，但最好的威慑仍然是采取直接的军事措施。对塞西尔来说，"九一八"事变以及埃塞俄比亚危机已经表明，预防战争的最重要因素与其说是经济武器本身，不如说是"在必要时刻愿意通过武力阻止侵略的国际组织的坚定决心"。③ 战间期的国际主义者希望经济胁迫能够超越军事力量，来管理全球事务，但很不幸，这种希望已经破灭了。陆军、海军以及空军仍然是全球秩序的必要保障。

---

① BL, RCP MS Add 51086, Letter from Cecil to James Gascoyne-Cecil, 4th Marquess of Salisbury, 3 September 1942.
② House of Lords Debate of 9 May 1944, in Hansard, vol. 131, pp.640–641, 644.
③ LOC, ASP, Box 30, Letter from Cecil to Sweetser, 23 February 1944, p.2.

第三部分　战间期危机中的经济制裁

1944年7月，英国政府建议，"为了实现共同的目标，新成立的组织将必须依靠联合国，特别是四大国的联合军事力量"，很明显，和先前相比，英国方面也转变了态度。对联合国来说，国际联盟所说的"公战"只不过是由美国、英国、苏联与中国发动的一场联合军事行动。外交部认为，经济制裁"可能会威慑住潜在的侵略者，但除非有武力支持或有效的武力威慑，否则无法真正制约一个本身就准备诉诸武力的国家"。[1] 在这些观点看来，经济制裁是一件具有中等威力的武器。美国政府将制裁视为"经济、商业、金融以及其他不涉及武力的强制执行措施"。[2] 同时，1944—1945年，联合国所预设的不同等级的强制执行措施实现了国联没能成功建立的一套区分体系：区分属于战争的武力使用以及经济制裁等不属于战争的强制手段，从而在名义上依旧维护了和平。

在这一规划阶段，联合国正利用经济制裁打击眼下的敌人。与1918年一样，1944年对制裁的普遍性讨论中蕴含着一个十分具体的政治问题：应当如何处置德国。美国的占领计划强调要拆分工业卡特尔、取消外汇管制以及双边贸易协定来实现德国经济的自由化。后纳粹时代的德国应当深深融入世界贸易中去，从而不可能再积极地追求自给自足。不应当限制德国的进出口，因为这恰恰是让德国保持高度开放的手段，从而使其更容易地受到制裁的约束。[3]

---

[1] Memorandum C. Security. The Military Aspect of Any Post-War Security Organisation, in "Tentative Proposals by the United Kingdom for a General International Organization," 22 July 1944, in FRUS, 1944, General (Washington, DC: GPO, 1948), 1:686.
[2] "United States Tentative Proposals for a General International Organization, July 18, 1944," in FRUS, 1944, 1:654.
[3] 参见Cordell Hull, *The Memoirs of Cordell Hull* (New York: Macmillan, 1948), 2:1602-1609; Memorandum by the Executive Committee on Foreign Economic Policy, 14 August 1944, in FRUS, 1944, 1:285-286.

⚓ 经济制裁：封锁、遏制与对抗的历史

  1944年8月至10月，在苏格兰的邓巴顿橡树园举行的盟国会谈之中，国联的制裁机制得到了重新修订。在人们眼中，制裁既是预防战争的措施，也是遏制战争的措施。制裁可以由联合国安理会强制执行，安理会可以惩罚不参与制裁的成员国，同时强制执行全体性的制裁。[1] 安理会可以决定是否采取军事行动来确保封锁的有效性，如此一来，封锁就顺利地成为战争中的一项措施了。由此，制裁的位置得以确定，即在道义压力与军事行动之间。与国际联盟相比，联合国在制裁方面的主要创新在于其引入了一个两级制裁模式。这一构想源于苏联方面的一份备忘录，这份备忘录为不同等级的强制措施进行了排序。[2] 首先是特定种类的"经济压力"，之后是断绝外交关系，再之后是切断与侵略国的所有商业与金融往来，包括邮政、铁路、电报以及其他交通往来。这三套制裁措施在《联合国宪章》第41条中被统一表述为"武力以外之办法"。在这份备忘录中，苏联提出的更有力的强制执行措施包括：在受害国的领土上建立联合国军事基地，实施海上、陆上封锁，海军与空军力量的示威，对"侵略国特定军事目标"进行空袭，以及最后由联合国部队采取军事行动。第42条规定了应当如何动用这些武力措施，当第41条相对较温和的制裁措施"不足或已经证明为不足"时，即可适用该条。此外，第42条允许安全理事会在预计经济制裁不可能奏效的情况下立即将强制措施升级为军事行动。在这方面，国联的一个主要弱点——坚持要一步一步地升级强制措施，进而导致无法及时对侵

---

[1] Lori Fisler Damrosch, "Collective Economic Sanctions: Nonforcible Responses to Threats to Peace," in *The Dumbarton Oaks Conversations and the United Nations, 1944-1994*, ed. Ernest May and Angeliki E. Laiou, pp.61–70, esp. pp.63–67 (Washington, DC: Dumbarton Oaks Research Library and Collection, 1998).
[2] "Memorandum on an International Security Organization, by the Soviet Union," 12 August 1944, Document 415 in FRUS, 1944, 1:710–711.

略国施加有效的压力——也得以纠正。总的来说，这一系列创新使得《联合国宪章》第 41 条与第 42 条成为比国联第 16 条更有力、更精确、更有效率的制裁机制。①

在 1945 年 4 月 25 日，距离欧洲战场结束战斗的两周前召开的旧金山会议上，英、美、苏的提案被提交给更多的国家进行讨论。共有 51 个国家出席了此次会议，以确定联合国组织的运作细节；在出席会议的代表团中，有 3/4 的国家，也就是 38 个国家，都接受了《租借法案》的援助。② 因此，这一时期的经济制裁作为一种国际惯例的合法性要大大高于 1919 年塞西尔与布尔茹瓦向欧洲各中立国提出制裁条款的时候。此外，由于非资本主义国家苏联、非西方国家中国都在安理会拥有席位，联合国似乎因此成为更可靠的保护国家主权的国际组织。

在第二次世界大战后的国际秩序中，经济制裁是否会继续存在从来都不是一个问题。即使是不复存在的国际联盟的官员，如沃尔特斯，也早在 1940 年 12 月时就看出，关键的问题在于在一个新的制度架构当中，如何以及何时能动用有效的经济制裁。尽管人们通常将战间期国联的制裁视为一场彻底失败了的实验，但这一误解只会让人们更加无法理解为什么在《联合国宪章》中，经济制裁依旧存在。正如我们所看到的那样，认为经济制裁失败的观点本身就是存在问题的。塞西尔、斯威策等国际主义者认为，在 20 世纪 30 年

---

① "（联合国）宪章第41条再次将经济与金融制裁纳入了联合国的武器库中，但其只是作为应对维护和平的总体方案的一个组成部分。"(Rita and Howard J. Taubenfeld, "'The Economic Weapon': The League and the United Nations," *Proceedings of the American Society of International Law* 58［1964］: 186).
② 其余13个国家是按照丘吉尔、斯大林以及罗斯福在雅尔塔会议上的要求，同意在1945年2月底前对德国宣战的国家；因此，阿根廷、埃及与土耳其等国家参加了旧金山会议，而爱尔兰、葡萄牙、西班牙以及瑞士等中立国没有参加。G. Roberts, *Stalin's Wars*, p.240.

代，国际联盟从不敢将集体安全措施推到向侵略者发动公战的逻辑极端。在旧金山会议上，许多代表对此表示同意。例如，法国政府认为，在 1935 年斯特雷萨战线组成时，经济制裁能够防止欧洲发生安全危机，但问题在于其"缺乏足够坚定的意志"，而非"机构上存在的缺陷"。① 法国的精英阶层认为，在这一点上，英国彻底地抛弃了他们。② 然而，1944—1945 年，盟国对法国异常慷慨。斯大林同意了丘吉尔的提议，给予戴高乐政府一个安理会常任理事国席位。③ 因此，旧金山会议的结果与布尔茹瓦最初在凡尔赛和会上提出的方案相当接近：既要能实施消极的经济制裁，又要提供积极的经济援助，同时还应当有权动用联合军事力量打击侵略国。

在《联合国宪章》中依旧存在的经济制裁，标志着一种新国际主义的胜利。正如那些经历过"19 世纪末"的人所意识到的那样，战后秩序中的经济制裁也算得上是国际法领域内的一次重大革命。英国政治家约瑟夫·肯沃西（Joseph Kenworthy）就意识到了这一点。第一次世界大战期间，肯沃西供职于海军部，1919 年时，他极力批判协约国对俄国实施的不宣而战的封锁。和许多英国自由党人一样，他认为利用不宣而战的经济战来保卫文明是相当卑鄙的。到 1944 年，肯沃西已经离开了自由党，成为上议院中的一名工党议员。在第二次世界大战期间，他观察到，"在这些日子里，首先发生的是极权主义战争，然后是其他国家联合起来对德国、日本这样的强盗国家发

---

① Memorandum by French Ministry of Foreign Affairs, 21 March 1945, in *The United Nations Conference on International Organization* (Washington, DC: GPO, 1946), p.380.
② MAE, Série SDN, Box No. 817, Art. 16, Memorandum "Éleménts pour M. Massigli," 8 July 1935, pp.1–3.
③ 罗斯福希望给巴西一个常任理事国的席位，但没能成功。Hilderbrand, *Dumbarton Oaks*, pp.122–125; Andrew Williams, "France and the Origins of the United Nations, 1944–1945: 'Si la France ne compte plus, qu'on nous le dise,' *Diplomacy and Statecraft* 28, no.2 (2017): 215–234.

动的战争,中立的概念已经基本消失了。在未来,你不可能再看到旧有意义上的中立国了,如果我们不能在战后成功地建立起一套新的制度,以确保在新的侵略者出现之时,世界上不会再有中立国存在,那么我们就没能在政治上赢得这场战争"。①

古典的中立时代确实已经结束了,在新的国际秩序中,原先战争与和平之间的区分也随之消失。② 在即将到来的超级大国冲突的时代,中立制度的没落让人们重新怀疑小国是否拥有真正的独立地位。用一位研究封锁的历史学家的话说,经济战打造出了"一个适合,也只适合交战国生存的世界"。③ 在中立派看来,这是一场悲剧性的失败。1946 年,美国法学家埃德温·伯查德(Edwin Borchard)抨击了这种新的制度设计,他认为:"'侵略者'是一个内涵反复无常的修饰词……霸权国家能够有选择性地将这个帽子扣给它碰巧不喜欢的、破坏现状的国家……这个词是制裁理论的核心,而制裁理论的目标在于让其他国家屈从于霸主的意志"。伯查德不是一个犬儒派的人:他是德国犹太移民的孩子,他鄙视纳粹主义,支持拉丁美洲各国的主权,也支持限制使用武力,多多发展援助事业。不过,伯查德还是主张:"即使不彻底放弃制裁,也要减少制裁的使用,因为制裁是经济战争的工具,它扩大了能够实施制裁的国家与其他国家之间的差距,是导致冲突持续存在的重要因素。"④ 在 1919 年的巴黎和会上,

---

① Lord Strabolgi in House of Lords Debate of 9 May 1944, in Hansard, vol. 131, p.655.
② 布鲁克·L.布劳尔(Brooke L. Blower)指出,与《国联盟约》相比,《联合国宪章》"对中立国的敌意要大得多"。("From Isolationism to Neutrality: A New Framework for Understanding American Political Culture, 1919–1941," *Diplomatic History* 38, no.2〔2014〕: 367n43). 以及Jürg Martin Gabriel, *The American Conception of Neutrality after 1941* (New York: St. Martin's Press, 1988).
③ Medlicott, *The Economic Blockade*, 1:3.
④ Edwin Borchard, "The Impracticability of 'Enforcing' Peace through 'Sanctions,'" editorial comment, *Yale Law Journal* 55, no.5 (1946): 971–972.

经济制裁：封锁、遏制与对抗的历史

有很多人批评制裁是将战争非法地延续到了和平时期。但到了1945年，在西方各国，制裁主义者占了多数，且在人数上大大超过了中立派。这并不是因为人们不再将制裁看作强制措施了。恰恰相反，在目睹了十年的野蛮景象——奥斯威辛的恐怖以及广岛的毁灭——之后人们发现，人类能够采取的暴力措施大大增加，因此制裁就显得十分温和了。

到1945年，人类已经有了足够的物质条件来彻底终结侵略了。历史上第一次，一个规模庞大的国家集团不仅能够且愿意打击侵略者，而且还能够组织资源来支援受侵略国。此时，美国是这个集团的领导者，因为美国既是世界工厂，也是主要的援助国，同时其国内也有越来越多的人支持采用制裁。考虑到在战间期，美国十分反对制裁主义的观点，如今的转变可以说相当具有历史意义。[①] 同时，联合国之所以诞生，是因为各成员国基于地缘政治抵御侵略的需要，而且《租借法案》也并不关心受援国的国内政治情况，这说明联合国是一个多元的政权集合体。从这一点来看，联合国就与国际联盟不同，"它从来不是一个意识形态战争的工具"。[②] 无论一个国家是独裁也好，帝国也好，这都不构成其不能加入联合国的理由；只有对那些在战时支持轴心国的国家而言，加入联合国才有困难。例如，1946年，安理会正式决定对西班牙实施外交制裁，不承认佛朗哥政府。一年后，两位美国负责经济战事务的人士提议，佛朗哥的独裁政权"是法西斯余孽，国际社会不应接纳该政权"。同时，可以仿照1940年美国对西班牙实施的石油制裁，用经济手段摧毁佛朗哥政府。借助和平的制裁措

---

① 艾伦·米尔沃德（Alan Milward）写道："过去最支持国际中立法的国家，现在却成了中立制度最凶恶的敌人。"(*War, Economy and Society, 1939-1945*, p.306).
② Mazower, *No Enchanted Palace*, p.198.

施，我们可以为一个联合国主导的"临时政府"铺平道路。[①] 对西班牙的经济制裁一直持续到 1950 年，这一年，曾经负责对日本实施致命的石油禁运的艾奇逊安排西班牙加入了联合国。

今天，我们仍然生活在 20 世纪中叶诞生的国际秩序当中，在战后新秩序中，经济制裁以新的面貌重新登场。战间期的制裁史要么被遗忘了，要么被视作一个错误的开端，要么被视作一次失败的理想主义实验。相比之下，联合国主导的禁运以及冷战期间的制裁则被描绘为代替核战争的更优解，是避免过去悲惨历史重演的重要手段。然而，事实上，经济武器是战间期的产物，被权力政治带到了战后秩序之中。1945 年后发生的变化在于，一个新的国家集团就新的制裁体制框架达成了一致。之后的制裁史在性质上也发生了变化。在战间期，制裁主要是欧美国家的事情；而在战后，制裁扩展到了全球范围。

[①] David L. Gordon and Royden Dangerfield, *The Hidden Weapon: The Story of Economic Warfare* (New York: Harper and Brothers, 1947), pp.228–229.

结　论

从解药到替代品

我们今天所熟知的经济制裁诞生于一个世纪之前。在第一次世界大战即将结束之时，人们将有组织的物质压力视为一个老问题的新答案：如何在不诉诸军事力量的情况下防止战争爆发？在战间期，国联利用被胜利者称为"经济武器"的工具迫使那些"不听话"的国家恢复理智。在经历了第一次世界大战之后，国际组织选择利用经济战作为强制执行的工具，并将其视为彻底解决战争的灵药。很明显，在战争结束之时，制裁很可能成为"人类组织中永恒存在的一个组成部分"。[①]

从21世纪的情况来看，制裁确实已经成为一项永久性的工具了，但无论是在范围上，还是在功能上，与当年相比，经济制裁都发生了重大变化。[②] 战间期的制裁史在三个方面能帮助我们更好地理解当下。第一，这一阶段的制裁史表明，在1914—1945年的总体战

[①] Atticus, "The Economic Weapon and Imperial Unity," *The New Europe: "Pour la victoire intégrale"* 6, no.73 (7 March 1918): 226.
[②] A good overview is Lance E. Davis and Stanley L. Engerman, *Naval Blockades in Peace and War: An Economic History since 1750* (New York: Cambridge University Press, 2006), pp.383–415.

时代，自由国际主义是如何被时代背景所深刻影响的。第二，它向人们展示了在美国霸权崛起的过程中，美国是如何一步一步将制裁转变为日常政策工具，并扩大制裁的打击目标的。第三，战间期的制裁史也迫使我们思考在什么情况下，经济压力能实现其政治目标，在什么情况下不能实现其目标，这表明，在人类历史当中，制裁的后果与效用之间存在着一个关键区别。

战间期的国际主义者真诚地希望维护世界和平。但由于他们无法抹去战时封锁给平民造成的痛苦记忆，他们决定转而接受这一遗产。这就是制裁的威慑主义思想的起源。由于他们曾经经历过那些恐怖之事，知道了制裁的厉害，因此就不会轻易违法。在20世纪20年代，制裁所具有的威慑力为维护巴尔干地区的和平做出了相当的贡献。但在大萧条之后，随着意识形态与军事竞争的加剧，经济制裁的威慑力受到了挑战。1933年，挪威国际主义者克里斯蒂安·朗厄（Christian Lange）担心："我们是不是只能利用第16条的威胁来阻止小国发动战争……而没有办法利用第16条阻止那些强大的国家发动战争？"[1]

在经济民族主义抬头的时期，和平时期的制裁与战时的封锁变得越来越难以区分。在这一大背景下，制裁非但没能阻止政治与经济秩序的瓦解，反而加速了这一进程。英国国际事务专家斯旺维克在1937年指出，制裁的威慑意味着要为战争做准备："如果我们坚持在欧洲推行现在这样的制裁政策，那么我们就必须重新武装起来……制裁主义者不会意识到的是，制裁理论已经将整个国联拉入了均势的逻辑之中。"[2] 在20世纪40年代，国际主义者并没有放弃将

---

[1] Christian Lange, "An American Discussion of International Sanctions," *New Commonwealth*, April 1933, p.4.
[2] Helena Swanwick, *Collective Insecurity* (London: Jonathan Cape, 1937), p.216.

经济制裁作为维护集体安全的一种手段。但他们不得不再打一场更具破坏性的世界大战,然后才能在更为坚实的基础上执行这一政策。

20世纪初的自由国际主义者绝非滥好人般的和平主义者,他们十分关注武力的使用问题。在他们眼中,第一次世界大战打破了旧有的观念,即人民天生爱好和平,只有统治者是好战的。制裁的创新之处在于,利用经济上的总体战来恐吓人民,使其约束本国统治者的行为。战间期的制裁主义者改造了自由主义国家,捍卫了国联,同时反对中立制度,打击侵略,并为针对平民的制裁行为进行辩护。这是一项艰巨的政治任务,最初遭遇极大的阻力也不足为奇。

但是,实施制裁从来就不是一个单纯的、狭隘的法律问题。自第二次世界大战以来,人们已经清楚地看到,要想实施制裁,就需要人们普遍同意。如果经济制裁的目标与手段都合法,那么它就能在政治组织中拥有一席之地。联合国与欧盟这样的多边组织为制裁提供了合法性,而战间期的国际联盟——一个由公开支持文明等级制度的帝国所主宰的国际组织——永远无法做到这一点。[①] 但随着自由主义国际组织逐渐将制裁视为一个理所当然的工具,动用制裁的门槛也在逐渐降低。如何应对违反规范的行为这一问题,归根结底还是一个政治性问题。1919年春,塞西尔以他"看不到其他选项"为由,反驳了那些反对利用封锁来推翻布尔什维克主义的声音。今天的很多国际主义者也认为他们看不到其他选项。这一观点导致了一系列造成严重后果以及完全适得其反的制裁行动,其中最具有代表性的莫过于20世纪90年代对伊拉克的制裁,当时联合国安理会对伊拉克实施的制裁导致数十万人丧生,同时永久性地破坏了伊拉

[①] Lisa L. Martin, *Coercive Cooperation: Explaining Multilateral Economic Sanctions* (Princeton, NJ: Princeton University Press, 1992).

克的社会与经济结构。①

　　这一系列人道主义灾难提醒着人们，在20世纪初制裁刚刚诞生之时，这一武器有多么致命。但大多数今天各国所实施的经济制裁在性质上要温和得多。2015年，一位联合国官员估计，世界上有1/3的人口生活在受到某种形式经济制裁的国家之中。②在这些制裁措施当中，既包括具体的，例如个人旅行禁令以及资产冻结，也包括更为宽泛的措施，如技术与贸易限制。③如今，无处不在的制裁事实上已经不再起到战间期防止战争的作用了。

　　制裁逐渐常态化，成为国际政治日常现实的这一事实证明了上述的第二个重点：这是美国在20世纪崛起为全球性霸权的结果。颇具历史讽刺意味的是，在两次世界大战之间最热衷于反对经济制裁的国家，在过去70年中却成为最热衷于使用经济制裁的国家。1929年，作为中立主义者与人道主义国际主义者的胡佛总统仍然将制裁视为一种非美国式的做法，一种不合时宜的欧洲帝国主义的措施。而仅十多年后，罗斯福就转向了全球霸权，同时使用了消极制裁（石油禁运）以及积极经济武器（租借）。当时，在移民经济学家阿尔伯特·赫希曼（Albert Hirschman）看来，"将统摄对外经济的权力国际化的举措能极大地帮助人类建立一个和平的世界"。④美国能

---

① Joy Gordon, *Invisible War: The United States and the Iraq Sanctions* (Cambridge, MA: Harvard University Press, 2010).
② Idriss Jazairy, "Un tiers de la population mondiale habite dans des pays touchés par des sanctions, affirme un expert de l'ONU," September 2015; avail-able at http://www.unmultimedia.org/radio/french/2015/09/un-tiers-dela-population-mondiale-habite-dans-des-pays-touches-par-des-sanctionsaffirme-un-expert-de-lonu/. Accessed 20 February 2018.
③ 有关1950年至2016年729个多边与单边制裁案例的趋势概述，参见Gabriel Felbermayr et al., "The Global Sanctions Database," *European Economic Review* 129 (October 2020): 1–23, article 103561.
④ Albert O. Hirschman, *National Power and the Structure of Foreign Trade* (Berkeley: University of California Press, 1945), p.81.

够从国联手中接过接力棒。实际上，世界上事实上的经济制裁总部，很快就从纽约的联合国总部转移到了华盛顿的美国国家安全机构。

美国对制裁的热爱建立在三个基础之上：其独一无二的军事地位，冷战期间的意识形态化，以及美国金融市场在世界经济中所发挥的作用。核武器与战略空军使得美国有能力在全球范围内施加威慑，而这是战间期的经济武器难以企及的。但核武器的诞生也给经济战注入了新的活力。核威慑所具的风险意味着在打击敌对国家之时，其他一系列不会引发常规战争的胁迫手段是更具吸引力的。[1] 在很长的一段时间内，资本主义西方集团都利用其经济实力来压制社会主义东方集团的经济增长。为实施经济制裁，西方各国组建了一系列多边机构，如巴黎统筹委员会（CoCom）。[2] 在国家政策层面，美国政府改造了财政部的外国资金管制办公室。在朝鲜战争期间，该机构被重新命名，并扩张为外国资产管制办公室（OFAC），直到今天，该机构仍然负责实施美国的制裁政策。在本书写作之时，该机构对超过 1.6 万人以及一些组织实施了制裁。[3]

经济制裁的目标也有所扩大。战间期的制裁目标仅仅在于阻止国家间爆发战争。而自 1945 年以来，一系列多边与单边制裁通常都有内部目标：解决侵犯人权的问题，要求独裁政府转向民主制，阻止一国的核计划，惩罚罪犯，要求释放政治犯，或是要求其他种类的让步。由于自由国际主义秩序在很大程度上是由跨大西洋联盟主导的，

---

[1] Alan S. Milward, "Economic Warfare in Historical Perspective," in *East-West Trade and the Cold War*, ed. Jari Eloranta and Jari Ojala, p.201 (Jyväskylä: University of Jyväskylä, 2005).
[2] Michael Mastanduno, *Economic Containment: CoCom and the Politics of East-West Trade* (Ithaca, NY: Cornell University Press, 1992).
[3] A search for active OFAC sanctions using the Sanctions Explorer by C4ADS yields 16,726 individuals and organizations; available at https://sanctionsexplorer.org/search. Accessed 12 January 2021.

因此制裁的目标也会随着这些国家的外交政策关注重点变化而变化。冷战时期的制裁与封锁主要针对的是社会主义国家,如苏联、中国、朝鲜、古巴以及越南。[1] 去殖民化运动使得西方国家无法再垄断制裁,亚洲与非洲国家纷纷要求对白人移居者的政权实施制裁。1965—1979年,联合国对罗得西亚的制裁达到了顶峰,在此之后,南非也受到了越来越大的压力。[2] 伊朗革命促使美国对伊朗伊斯兰共和国实施了长达40年的经济制裁,并一直持续至今,这一系列长期的制裁措施给伊朗方面带来了十分复杂的影响。[3] 此外,还有一些伊斯兰国家遭受了严厉的国际制裁或美国单边制裁,例如1989年后的苏丹以及1992

---

[1] Peter Schwab, *Cuba: Confronting the U.S. Embargo* (New York: Macmillan, 1999); Xin-zhu J. Chen, "China and the US Trade Embargo, 1950–1972," *American Journal of Chinese Studies* 13, no.2 (October 2006): 169–186; Suk Hi Kim and Semoon Chang, eds., *Economic Sanctions against a Nuclear North Korea: An Analysis of United States and United Nations Actions since 1950* (Jefferson, NC: McFarland, 2007).

[2] Giovanni Arrighi, "The Political Economy of Rhodesia," *New Left Review* 1, no.39 (September-October 1966): 35–65; George W. Sheperd, ed., *Effective Sanctions on South Africa: The Cutting Edge of Economic Intervention* (New York: Praeger, 1995); David M. Rowe, *Manipulating the Market: Understanding Economic Sanctions, Institutional Change, and the Political Unity of White Rhodesia* (Ann Arbor: University of Michigan Press, 2001). 有关针对南非种族隔离政策而进行的制裁方面的出色研究得出结论:"在终结种族隔离政策的过程中,这些制裁措施并没有做出什么贡献。"参见Lee Jones, *Societies under Siege: Exploring How International Economic Sanctions (Do Not) Work* (Oxford: Oxford University Press, 2015), pp.52–92. 1973—1989年的滞胀、石油危机与债务危机都进一步加速了上述两个政权的垮台。有关早期针对南非的制裁,参见Simon Stevens, "Boycotts and Sanctions against South Africa: An International History, 1946–1970" (PhD diss., Columbia University, 2016); 有关美国对古巴的干预等问题,参见Piero Gleijeses, *Visions of Freedom: Havana, Washington, Pretoria, and the Struggle for Southern Africa, 1976–1991* (Chapel Hill: University of North Carolina Press, 2013).

[3] Trita Parsi, *Losing an Enemy: Obama, Iran, and the Triumph of Diplomacy* (New Haven: Yale University Press, 2017); Richard Nephew, *The Art of Sanctions: A View from the Field* (New York: Columbia University Press, 2017); Kevan Harris, "Of Eggs and Stones: Foreign Sanctions and Domestic Political Economy in the Islamic Republic of Iran," in *Economic Shocks and Authoritarian Stability: Duration, Financial Control, and Institutions*, ed. Victor Shih, pp.72–96 (Ann Arbor: University of Michigan Press, 2020).

结 论

年后的利比亚。20世纪90年代的这一批制裁都旨在遏制并推翻"反动政权"以及"流氓"国家,而这也是这一时期跨大西洋联盟的主要外交任务。[1] 这种长时间的制裁措施通常是围绕着核不扩散与人权问题而展开的,尽管在大多数情况下,制裁都没有办法颠覆现有政权,同时也给中东与东亚地区的人民以及经济带来了严重的灾难,但似乎没有任何理由认为制裁会因此而退出历史舞台。

在美国的霸权之下,制裁的出场频率不断上升,目标不断扩大,这也反映了全球经济史上的一个重要变化。1940—1941年,罗斯福之所以能制裁西班牙以及日本,是因为他统治着世界上最大的石油生产国。但等到20世纪60年代到70年代,石油输出国组织(OPEC)的崛起使得美国手中不再掌握这一权力。[2] 美国最引人注意的一次出口禁运是1980年对苏联实施的粮食出口禁运,但收效不佳。[3] 然而,从长远来看,美国的最大优势并非对商品的管控。美国的霸权与其说是来自商品贸易,不如说是来自其在企业、监管、技术以及金融领域的国际领导力——在拥有这一系列能力之后,美国的决策层就掌握了实施其"经济方略"的工具。[4]

---

[1] Anthony Lake, "Confronting Backlash States," *Foreign Affairs* 73, no.2 (March-April 1994): 45–46; 有关这一时期制裁数量的激增,参见David Cortright and George A. Lopez, *The Sanctions Decade: Assessing UN Strategies in the 1990s* (Boulder, CO: Lynne Rienner, 2000).

[2] Giuliano Garavini, *The Rise and Fall of OPEC in the Twentieth Century* (Oxford: Oxford University Press, 2019).

[3] L. Martin, *Coercive Cooperation*, pp.234–237.

[4] 这一概念最早由大卫·鲍德温(David A. Baldwin)提出,参见David A. Baldwin, *Economic Statecraft* (Princeton, NJ: Princeton University Press, 1985),此后,学术界、外交政策分析家以及决策者都对这一概念大加赞赏。参见Daniel Drezner, *The Sanctions Paradox: Economic Statecraft and International Relations* (Cambridge: Cambridge University Press, 1999); Robert D. Blackwill and Jennifer M. Harris, *War by Other Means: Geoeconomics and Statecraft* (Cambridge, MA: Harvard University Press, 2016); William J. Norris, *Chinese Economic Statecraft* (Ithaca, NY: Cornell University Press, 2018).

金融领域是美国尤其能施加压力的一个领域。正如霍特里、斯特拉科什以及凯恩斯在20世纪20年代将伦敦金融城视为一个重要的制裁中心一样，自20世纪70年代以来，华尔街在全球金融体系中的关键作用为美国的决策者提供了重要的武器。① 由于美元是第一大储备货币，也是全球贸易与债务发行中最受欢迎的货币，国际市场以及做跨国贸易的公司在很大程度上都会以各种各样的方式受到美国政府的管辖。自2008年国际金融危机以来，美联储前所未有的干预措施进一步展现出这种"将相互依存关系武器化的行为"。② 如今，全球性银行以及公司的金融活动是制裁的主战场。美国方面在动用此类金融制裁之时，通常只需要考虑在政治上是否合适，而无须担心美国方面无法落实相关制裁。美国的决策者们掌握了经济全球化的连接通道。但他们面临的挑战是，如何将这一能力转化为对现实世界有益的结果。

这让我们想到有关制裁的最后一个要点：经济效用与政治后果之间的区别。自第一次世界大战后国联成立以来，关于制裁的政策辩论就没有中断过。辩论的核心在于这样一个长期以来一直未能得到明确解答的问题：经济制裁是否有效？③ 虽然成功率因打击目标不同而有所不同，但历史记录却相对清晰：大多数经济制裁都不起作用。在20世纪，每三次制裁当中，只有一次"至少部分获得成

---

① 有关美国霸权崛起的过程中金融以及资本流入所发挥的作用，参见Greta Krippner, *Capitalizing on Crisis: Political Origins of the Rise of Finance* (Cambridge, MA: Harvard University Press, 2011), pp.86–105.
② Henry Farrell and Abraham Newman, "Weaponized Interdependence," *International Security* 44, no.1 (Summer 2019): 42–79; Adam Tooze, *Crashed: How a Decade of Financial Crises Changed the World* (New York: Penguin, 2018), pp.202–219.
③ David A. Baldwin, "The Sanctions Debate and the Logic of Choice," *International Security* 24, no.3 (1999–2000): 80–107; Jonathan Kirshner, "Economic Sanctions: The State of the Art," *Security Studies* 11, no.4 (2002): 160–179.

功"。① 如果目标较为温和，那么成功的概率会高一些。但从现有的数据来看，制裁史基本上是一部失败的历史。

引人注意的是，尽管效用有限，但经济制裁的使用频率完全没有受到影响。恰恰相反，与1950年至1985年这一时间段相比，20世纪90年代以及21世纪初的制裁使用量翻了一番；到21世纪10年代又翻了一番。然而，1985—1995年，在西方还相对强大的时刻，制裁成功的概率仍有35%至40%，而到了2016年，这一比例已降至20%以下。② 换句话说，尽管制裁的数量激增，但其成功的概率却急剧下降。

但是，如果仅关注制裁在实现其目标方面是否有效，就会忽略经济制裁给世界政治与经济历史带来的巨大后果。区分这两者至关重要。③ 战间期的制裁史就是一个很好的例子，能为我们说明效用与后果之间存在的区别与联系。战间期的观察家们常常将封锁在中欧造成的可怕影响作为证据，证明在第一次世界大战期间，经济封锁政策对协约国取得胜利而言至关重要。实际上，这就是将制裁的效

---

① 2000年，彼得森国际经济研究所（PIIE）在对20世纪的经济制裁进行了广泛研究后发现，34%的制裁"至少部分获得成功"。这项研究发现，不同的目标使得制裁的成功率存在明显差异：如果目标仅仅是要求被制裁国对政策做出一些调整，那么大约有一半的制裁能够起效，但如果目标在于阻碍军事行动或实现政权更迭，那么制裁的成功率就只有20%—25%。Gary Clyde Hufbauer, Jeffrey J. Schott, Kimberly Ann Elliott, and Barbara Oegg, *Economic Sanctions Reconsidered*, 3rd ed. (Washington, DC: Peterson Institute for International Economics, 2007), pp.158–159. 政治学家罗伯特·帕佩（Robert Pape）对彼得森国际经济研究所的研究提出了令人信服的质疑，他认为，在其研究的115个案例中，有40个所谓的成功案例，但在这40个案例中，仅有5个经得起真正的检验，即相关的政策变动可以归因于经济制裁。（"Why Economic Sanctions Do Not Work," *International Security* 22, no.2［1997］: 90–136, and "Why Economic Sanctions Still Do Not Work," *International Security* 23, no.1［1998］: 66–77).
② Felbermayr et al., "The Global Sanctions Database," p.12, fig. 7.
③ Kevan Harris, "Shock without Success: Effects and Effectiveness of Economic Sanctions on Iran," *Democracy and Autocracy* 18, no.2 (June 2020): 19–24.

用与后果混淆了起来，这种混淆在政治上是有意义的，因为如此一来，人们就更加相信国联手中的经济武器能维护和平。然而，其所造成的后果并非其所发挥的效用的必要条件。战间期最成功的制裁，即1921年对南斯拉夫以及1925年对希腊的制裁，仅仅是威胁动用制裁，而没有真正将其付诸实践。对维护巴尔干地区的和平而言，威胁动用制裁的代价很小。因此，制裁完全有可能在没有造成戏剧性后果的情况下，带来相当程度的效用。在20世纪30年代，后果与效用之间的关系再次发生变化。国际联盟对意大利的制裁并没有有效地阻止墨索里尼，也没能成功拯救埃塞俄比亚，但此次制裁带来了巨大的后果，它沉重打击了意大利政权，同时让纳粹德国以及日本开始加速本国的自给自足计划，也改变了轴心国的政策方向。封锁恐惧症的出现意味着经济制裁造成的后果，即其所带来的意外与反作用要远比其政治目标的影响更大。无论是在战间期，还是在当下，正是在这种后果与效用之间的动态互动之中，制裁展现了它真正的历史意义。

也许，制裁最令人困惑的地方在于，无论技术有多先进，其结果从来都不仅只停留在经济领域。战间期的制裁主义者认为，一个国家会采取什么样的行为，取决于民意以及该国民众与精英的物质利益。但从第一次世界大战的经验来看，这种观点问题很大。在第一次世界大战期间，民族主义、恐慌情绪以及暴力种族主义激增。实现文化圈统一的理想、历史上对某片领土的权利，以及实现独立与社会变革的承诺，在这一期间动员了数百万欧洲人。考虑到上述思想对整个社会的动员作用，怎么可能仅靠经济压力就让他们放弃斗争呢？虽然历史证明，经济制裁确实能起到作用，但历史也证明，制裁会带来同样重要的反作用。希罗多德在其《历史》一书的结尾之处向人们解释了，公元前6世纪的波斯人为何有意识地选择不在

结　论

容易受到外国影响的富饶的农业地区定居，而宁愿继续居住在他们祖先生活的崎岖山地之中；用他的话说，"他们宁肯居住在崎岖的山地上担任统治者，也不愿居住在平坦的良田上充当别人的奴隶"。[①]

　　经济制裁所依赖的经济人假设也使得制裁在哲学上对自由国际主义者而言十分具有吸引力，但经济制裁的特征不仅限于此。经济制裁并不在物质层面发挥作用；制裁还能发挥政治、社会以及文化价值。在一个完全理性、一贯自利的世界中，制裁无疑会更有效，但那个世界并非我们实际生活的世界。大多数地方的大多数人在大多数时候考虑的因素都会更多，做出集体决策的过程也更复杂。经济武器是另外一种形式的政治工具。但最终，将敌意植入国际事务与人类交流体系之中的行为，对改变这个世界而言，终究意义有限。

---

① Herodotus, *The Histories*, book 9, trans. Tom Holland (New York: Viking, 2013), p.639.

致　谢

在研究经济制裁的历史的过程中，我的导师、同事、朋友以及家人为我提供了太多的帮助，正是有了他们的帮助，我才能够将这一作品呈现给大家。

我在哥伦比亚大学攻读历史学博士学位期间，导师马克·马佐尔（Mark Mazower）为我提供了巨大的帮助。他早些年时曾对制裁这一问题有过研究，也为我的思考与写作提供了重要的示范。亚当·图兹（Adam Tooze）也为我的研究提供了慷慨的支持。我还要感谢苏珊·佩德森（Susan Pedersen），正是在她组织的研讨会上，我第一次意识到需要研究第一次世界大战中经济封锁带来的影响，她提供的建议也为我设置了一个相当高的标准。萨缪尔·莫恩（Samuel Moyn）提出了许多十分尖锐的问题，同时也帮助我将研究领域扩展到国际法史。我还要感谢丽莎·泰尔斯登（Lisa Tiersten），感谢她充满善意的支持以及富有价值的建议。娜塔莎·惠特莉（Natasha Wheatley）在写作方法上为我提供了很好的建议。我还要感谢查理·科尔曼（Charly Coleman）、维多利亚·格拉齐亚（Victoria de Grazia）、玛莎·哈维尔（Martha Howell）、玛高扎塔·玛祖卡（Małgorzata Mazurek）、蒂莫西·米切尔（Timothy Mitchell）、卡米尔·罗伯斯（Camille Robcis）以及卡尔·温纳林德（Carl Wennerlind），在与他们的交流、学习当中，我获益匪浅。

自从我来到伊萨卡，康奈尔大学的同事们都对我格外欢迎。我特别感谢雷·克雷布（Ray Craib）、克里斯蒂娜·弗洛莉亚（Cristina Florea）、玛丽亚·克里斯蒂娜·加西亚（Maria Cristina Garcia）、杜尔瓦·戈什（Durba Ghosh）、拉里·格利克曼（Larry Glickman）、塔玛拉·露丝（Tamara Loos）、阿齐兹·拉纳（Aziz Rana）、拉塞尔·利科福德（Russell Rickford）、罗伯特·特拉弗斯（Robert Travers）、艾伦·萨克斯（Aaron Sachs）以及克劳迪娅·范霍文（Claudia Verhoeven）。在研讨会上，我采纳了杰米·马丁（Jamie Martin）以及斯蒂芬·林克（Stefan Link）的建议。我还要感谢罗伯特·博伊斯（Robert Boyce）、帕特里夏·卡尔文（Patricia Clavin）、大卫·艾杰顿（David Edgerton）以及帕特里克·威尔（Patrick Weil）的批评意见。弗利兹·巴特尔（Fritz Bartel）、黛博拉·科亨（Deborah Cohen）、马里奥·佩洛（Mario del Pero）、尼古拉斯·德拉兰德（Nicolas Delalande）、米歇尔·埃珀尔丁（Michel Erpelding）、杰里米·弗里德曼（Jeremy Friedman）、斯特凡诺斯·戈洛拉诺斯（Stefanos Geroulanos）、米歇尔·耶尔（Michael Geyer）、乔治斯·扬纳科普洛斯（Georgios Giannakopoulos）、丹尼尔·伊默瓦尔（Daniel Immerwahr）、西蒙·杰克森（Simon Jackson）、科斯蒂斯·卡波齐洛斯（Kostis Karpozilos）、邓肯·凯利（Duncan Kelly）、简·莱姆尼策（Jan Lemnitzer）、约恩·莱纳德（Jörn Leonhard）、弗里德里克·罗格瓦尔（Fredrik Logevall）、查尔斯·迈尔（Charles Maier）、雷德·保利（Reid Pauly）、莫顿·拉斯穆森（Morten Rasmussen）、杰尼弗·西格尔（Jennifer Siegel）、奎恩·斯洛博迪安（Quinn Slobodian）、莱纳德·史密斯（Leonard Smith）、安德斯·斯蒂芬森（Anders Stephanson）、马克·特拉赫滕贝格（Marc Trachtenberg）以及凯文·里乌文（Karin van Leeuwen）提出的问题以及批评，这些

建议都很有启发。感谢本杰明·艾布拉姆斯（Benjamin Abrams）、大卫·阿德勒（David Adler）、纳德·阿塔西（Nader al-Atassi）、托马斯·伯特里尔（Thomas Bottelier）、丹妮尔·卡尔（Danielle Carr）、阿鲁沙·法鲁基（Anusar Farooqui）、泰德·菲迪克（Ted Fertik）、雅科夫·费金（Yakov Feygin）、佩里-克里斯蒂安·芬克（Pierre-Christian Fink）、弗莱迪·福克斯（Freddy Foks）、凯特·杰克森（Kate Jackson）、安东·雅戈尔（Anton Jäger）、杰里米·凯斯勒（Jeremy Kessler）、马达夫·斯拉（Madhav Khosla）、安登·克纳普（Aden Knaap）、马克斯·克拉赫（Max Krahé）、约翰内斯·伦纳德（Johannes Lenhard）、多米尼克·莱斯德（Dominik Leusder）、切斯·马达尔（Chase Madar）、克莱拉·玛泰（Clara Mattei）、弗拉维恩·莫罗（Flavien Moreau）、本·缪塞尔（Ben Mueser）、蒂莫西·努南（Timothy Nunan）、奥尔俊·奥坎（Orçun Okan）、查尔斯·佩特森（Charles Petersen）、维克托·彼得罗夫（Victor Petrov）、里安·拉法蒂（Ryan Rafaty）、杰罗姆·鲁斯（Jerome Roos）、阿拉蒂姆·萨海（Apratim Sahay）、玛雅·斯帕努（Maja Spanu）、丹尼尔·斯坦梅茨-詹金斯（Daniel Steinmetz-Jenkins）、简·斯蒂克曼（Jan Stöckmann）、博伊德·范迪克（Boyd van Dijk）、杰斯·范特·克鲁斯特（Jens van 't Klooster）、卡米拉·威尔加拉（Camila Vergara）、达里乌斯·威尔（Darius Weil）、玛德琳·沃克尔（Madeline Woker）以及亚历山大·泽文（Alexander Zevin）。

在法国、英国、德国、瑞士、荷兰以及美国查阅档案之时，我得到了伯恩哈德王子文化基金（Prins Bernhard Cultuurfonds）、社会科学研究委员会国际论文研究奖学金（IDRF）、哥伦比亚大学—巴黎政治学院联盟奖学金、法国驻美国大使馆的夏多布里昂人文与社会科学（HSS）奖学金以及胡佛研究所档案馆的研究经费资助。

我还要感谢那些在我研究过程中接待并协助我的人。如巴黎的格雷·安德森（Grey Anderson）、尼尔斯·曼金（Nils Mangin）、比尔茨·缪尔霍夫（Birthe Mühlhoff）、亚历山德拉·珀斯格尔（Alexandra Persegol）、皮萨尼-费里（Pisani-Ferry）家族以及达尼洛·肖尔茨（Danilo Scholz）；伦敦的斯蒂芬·韦特海姆（Stephen Wertheim）；剑桥的亨特·杜克斯（Hunter Dukes）与艾玛·韦赫维莱宁（Emma Vehviläinen）；柏林的安娜·博格丹（Ana Bogdan）、托马斯·米尼（Thomas Meaney）、莎卡亚·菲舍尔（Saskia Schäfer）与约纳斯·蒂尼乌斯（Jonas Tinius）；日内瓦的亚赫亚·可汗（Yahya Khan）与尤斯拉·米尔扎（Yusra Mirza）；雅典的亚历山大·克莱普（Alexander Clapp）与泽尼娅·库纳拉基（Xenia Kounalaki）；阿姆斯特丹的丹尼尔·科斯塔（Daniel da Costa）、狄安娜·埃弗丁恩（Diana van Everdingen）与阿诺德·蒂埃尔（Arnoud van Thiel）；帕罗·阿托的伊丽莎白·罗宾芬（Elisabeth Rubinfien）与丹尼尔·斯奈德（Daniel Sneider）；以及伯克利的乌戈·马蒂（Ugo Mattei）。

感谢位于伊斯坦布尔的美国哥伦比亚大学全球中心、牛津大学圣安东尼学院、伦敦历史研究所、巴黎政治学院、位于巴黎与华盛顿的德国历史研究所、蒂尔堡大学、阿姆斯特丹大学、哥本哈根大学提供的平台，让我有机会与其他人分享我的研究成果，也正因此，我的研究得到了极大推进；感谢查尔斯·博莱特（Charles Bright）、米歇尔·耶尔、泰德·菲迪克、亚当·图兹在哥伦比亚大学组织的研讨会；感谢哈佛大学国际历史会议以及耶鲁大学国际战略研讨会；感谢英国皇家联合军种研究所的乔纳森·埃亚尔（Jonathan Eyal）与我的交流；感谢马蒂亚斯·菲比尔（Mattias Fibiger）让我有机会向哈佛大学商学院的朋友们介绍我其中一章的内容。

我还要感谢耶鲁大学出版社的编辑西斯·迪奇克（Seth

Ditchik),以及凯伦·奥尔森(Karen Olson)、克里斯蒂·伦纳德(Kristy Leonard)、博亚纳·里斯蒂克(Bojana Ristich)以及两位匿名读者,感谢他们的耐心付出以及有价值的建议,也感谢他们在出版过程中异常高效的工作。

最后,我还要感谢我在荷兰、比利时、纽约、伊萨卡以及世界其他地方的亲密伙伴,还有我的家人。感谢索菲亚·平克海姆(Sophie Pinkham)的爱、良好的判断力以及好奇心,帮助我顺利完成了此项研究。这本书献给我的父母,丹妮斯·范德勒尔(Denise van de Leur)与塔克·穆尔德(Taco Mulder),感谢他们一直以来的支持与帮助。

附 录

The story of economic sanctions

档案馆

- BA-BL 柏林-利希特费尔德联邦档案馆（Bundesarchiv Berlin-Lichterfelde）
- BA-MA 联邦档案馆军事档案（弗赖堡）（Bundesarchiv Militär-Archiv）
- BL 大英图书馆（伦敦）（British Library）
- RCP 罗伯特·塞西尔文件集（Robert Cecil Papers）
- HIA 胡佛研究所档案馆（斯坦福）（Hoover Institution Archives）
- SHP 斯坦利·霍恩贝克文件集（Stanley Hornbeck Papers）
- KCAC 剑桥大学国王学院档案中心（King's College Archive Centre, Cambridge）
- AEF 亚瑟·费尔金文件集（Arthur Elliott Felkin Papers）
- JMK 约翰·梅纳德·凯恩斯文件集（John Maynard Keynes Papers）
- LOC 国会图书馆（华盛顿）（Library of Congress）
- AS 亚瑟·萨尔特文件集（Arthur Salter Papers）
- ND 诺曼·戴维斯文件集（Norman Davis Papers）
- LoN 国际联盟档案馆（日内瓦）（League of Nations Archives）
- EFO 国联经济与金融组织（Economic and Financial Organization）
- MAE 外交部档案馆（拉库尔讷沃）（Ministère des Affaires Étrangères）

- PA-AP 私人档案与文件（Private Archives and Papers）
- PAAA 联邦外交部政治档案馆（柏林）（Politisches Archiv des Auswärtiges Amt）
- SHD 国防历史档案馆（温森）（Service historique de la Défense）
- TNA 国家档案馆（克佑区）（The National Archives）
- ADM 海军部（Admiralty）
- AIR 空军部（Air Ministry）
- CAB 内阁部（Cabinet）
- CID 帝国防御委员会（Commitee of Imperial Defense）
- FO 外交部（Foreign Office）
- T 财政部（Treasury）

已出版文件集

- ADAP《德国外交政策文件集》（*Akten zur Deutschen Auswärtigen Politik*）（1918—1925；1925—1933；1933—1939）
- DBFP《英国外交政策文件集》（*Documents on British Foreign Policy*）（1919—1939）
- DDI《意大利外交文件集》（*I Documenti Diplomatici Italiani*）（1918—1935）
- DGFP《德国外交政策文件集》（*Documents on German Foreign Policy*）
- FRUS《美国外交关系文件集》（*Foreign Relations of the United States*）
- HCPP《下议院议会文件集》（*House of Commons Parliamentary Papers*）
- IMT《国际军事法庭对主要战犯的审判文件集》（*Trial of the Major War Criminals before the International Military Tribunal*）（1945—1946）
- LON《国际联盟官方文件集》（*League of Nations Official Documents*）

⊙ NCA《纳粹阴谋与侵略文件集》(*Nazi Conspiracy and Aggression*)
（1945—1946）
⊙ NMT《纽伦堡军事法庭文件集》(*Nuremberg Military Tribunals*)
（1945—1949）